Alfred Renz

Kaukasus

Alfred Renz

Kaukasus

Georgien Aserbaidschan Armenien

Prestel-Verlag
München

Mit 36 Zeichnungen des Verfassers

2. durchgesehene Auflage 1987
Passavia Druckerei GmbH Passau
ISBN 3-7913-0725-8

Inhalt

In Russisch-Kaukasien

Auf der grusinischen Heerstraße

Tage in Tbilissi

Unterwegs in Georgien

Aserbaidschan – ein Zwischenspiel

In Armenien

IN RUSSISCH-KAUKASIEN

Diesseits – jenseits?

Das ›steilwandige Gebirg‹, daran der Titan Prometheus auf des Zeus' Geheiß geschmiedet wurde, weil er den Menschen das Feuer vom Himmel gebracht hatte, galt den Griechen als der Erde entlegenste Öde, als Grenzwall gegen »das Land der Skythen, menschenleere Wüstenei« (Aischylos). Diese skythische Wüstenei lag noch immer ›trans Caucasum‹, lang, noch nachdem selbst das in zäher Beharrlichkeit aufgebaute Imperium Romanum nur noch eine Legende war. Der Kaukasus bildete die von der Natur errichtete Grenzscheide zum nebligen Barbarenland ›jenseits‹. Heute steht alles auf dem Kopf. Als Transkaukasien bezeichnet die offizielle Sprachregelung die alten Kulturgebiete südlich des Gebirges, den Bereich zwischen Elbrus und Ararat, zwischen Schwarzem und Kaspischem Meer, also die Sowjetrepubliken Georgien, Aserbaidschan und Armenien mitsamt den ihnen angeschlossenen Autonomen Republiken und Gebieten. ›Jenseits‹ aber liegen sie eben nur, wenn man von St. Petersburg/Leningrad oder Moskau auf sie schaut, das heißt seit kaum 250 Jahren: russisches Kolonialgebiet, im 19. Jahrhundert erworben und erkämpft.

Die drei Sozialistischen Sowjetrepubliken ›jenseits‹ des Kaukasus sind allesamt nur Winzlinge neben der ›Russischen Föderation‹ mit ihren siebzehn Millionen Quadratkilometern (die USA und China zusammen sind fast zwei Millionen Quadratkilometer kleiner als diese Landmasse). Die Aserbaidschanische SSR (86600 qkm, was der Fläche Österreichs mit einem zweiten Vorarlberg als Zuwaage entspräche),

Georgien (mit 69700 qkm nicht ganz so groß wie der Freistaat Bayern) und die Armenische SSR (mit 29800 qkm flächenmäßig kleiner als Baden-Württemberg) sind dagegen Zwerge. Kluge Kleine mit Selbstbewußtsein.

Für sie liegt der russische Riese immer noch ›jenseits‹. Und mit Recht, denn längst bevor eines Menschen Ohr Namen wie Kiew, Moskva, Petersburg vernommen hatte, waren die Gebiete südlich des Kaukasus schon Provinzen oder Rivalen uralter Kulturreiche. Armenien als Teil des Großreiches Urartu konkurrierte mit Assyrien, Aserbaidschan war als Media Atropatene Teil des Meder- und Perserreiches, Armenien und Georgien durften sich christliche Länder nennen, noch bevor die Religion Jesu im Römerreich auch nur geduldet war. Ehe von griechisch-russisch-orthodoxer Kirchen- und Ikonenkunst, von europäisch-romanischer Kultur die Rede sein konnte, haben, von syrischen Vorbildern ausgehend, armenische und georgische Bauleute die ersten christlichen Kirchenbauten südlich des Kaukasus geschaffen, keineswegs als bloße Nachbilder griechisch-römisch-byzantinischer Bauwerke, sondern eher als deren Vorläufer.

Sinngemäß also müßte man sich dem Kaukasus von Süden her nähern, jedoch die politischen Verhältnisse unseres Jahrhunderts – Ergebnis geschichtlicher Entwicklung – legen es dem Reisenden heute nahe, sich von Norden auf ihn zuzubewegen. Dann freilich gibt es keine Diskussion mehr darüber, was diesseits und was jenseits liegt. Dann sind die drei Republiken Georgien, Aserbaidschan und Armenien eindeutig ›transkaukasisch‹. Damit wird unsere Reise zu einer Fahrt gegen die Zeit, zu einem Hinabsteigen aus dem Heute in die Brunnentiefe der Vergangenheit, bis wir schließlich jenen mythischen Berg erblicken, von dem es im Buche Genesis heißt: »Am 17. Tage des siebenten Monats ließ sich Noahs Arche nieder auf dem Gebirge Ararat.«

Wer von Charkow herkommend auf der einzigen für den Tourismus freigegebenen Strecke, von der man ohne besondere Genehmigungen nicht abweichen darf, die Donbrücke in Rostow passiert, hat damit auch die imaginäre

Grenzlinie zwischen europäischem und asiatischem Teil der Russischen Föderation überschritten. Immer noch stehen ihm etwa fünfhundert Fahrtkilometer bevor, durch die brettflache Kuban-Ebene, durch den ›Krasnodarer Kreis‹, durch die nur sehr flach gewellte Landschaft des ›Stawropolsker Kreises‹. Felder links, Felder rechts, in weiten und breiten Flächen, schwarzerdig, hellgrünend im Frühjahr, später gelb von Sonnenblumen oder Mais, mit abgeernteten und schon wieder umgebrochenen fettschwarzen Böden. Aufatmend begrüßt er die fünf pittoresk ›mißlungenen‹ Vulkane, welche die Nähe der Fünf-Berge-Stadt Piatigorsk ankünden. Das ist das Zentrum des nordkaukasischen Bädergebiets, das unter dem Namen ›Mineralnyje Vody‹ zusammengefaßt wird. Mineralnyje Vody heißt der Flughafen, auf dem jener Reisende ankommt, der den Luftweg über Moskau oder Kiew vorzog und dort schon durch die penible Mühle der Grenz- und Zollformalitäten gedreht wurde.

›Willkommen in der UdSSR!‹

Die Vorschriften sind streng; man hat auch das Kleingedruckte gelesen und alles daheimgelassen, was verboten sein oder Verdacht erwecken könnte. Nur ja keine Wertsachen und schon gar keine russischen Rubel! Deren Einfuhr ist streng verboten. Daß man sich unschuldig fühlt und seine Harmlosigkeit zuversichtlich zur Schau trägt, ist ein dialektischer Fehler. Viele zwar kommen ungeschoren davon, aber einen erwischt es. ›Freundschaft und Frieden‹ künden die weißen Lettern auf roten Stoffbahnen, wohlwollend lächelt Urgroßvater Marx aus seinem Rauschebart, maliziös das Tatarengesicht des Genossesn Uljanov, der als Vaterfigur wieder zu alleinigen Ehren kam, seit der georgische Schnauz nicht mehr furchtbar hämisch grinst. (Ob Lenin im Leben wirklich so ausgesehen hat, wie man ihn überall – fast karikierend – darstellt?) ›Frieden und Freundschaft‹ – wer wünscht sie sich nicht. Doch die gar zu blonde Genossin vom Zoll in Kiew muß sich offenbar erst bewähren, ist unsicher, bleibt unter den lächelnden Vätern todernst und stachelig wie ein Igel. Was ihren Verdacht erregt haben könnte? »Wo Rrrubel?« Vergebens versuche ich zu erklären, daß ich keine Landeswährung mit mir führe. Als Gast habe man sich nach den Gesetzen des Landes zu richten, und die Einfuhr von russischem Geld sei doch verboten. Man darf nur Bargeld westlicher Herkunft mit sich führen, das man dann nach Bedarf an der Hotelrezeption wechselt. Kein Lächeln hilft, die Blonde versteht kein Wort, will nicht verstehen. Drohend: »Wo Rrrubel?« – Ich geduldig: »Nix Rubel, njet.« Der Koffer wird durchwühlt, jedes Stück geprüft, selbst der Waschbeutel untersucht und die Zahncremetube mißtrauisch befingert. »Rrrubel?« Jede einzelne Filmpakkung muß beschaut werden. Nix Rubel. Aus einer vergessenen Falte der Handtasche taucht ein verräterisches Papier auf: zwar nur die verknüllte Eintrittskarte irgendeines Museums im ›sozialistischen‹ Syrien, aber mit Nummer und Stempel versehen, erweckt der Zettel mit arabischer Schrift Verdacht. Es dauert einige Zeit, bis ein Vorgesetzter gefunden ist, der ihn entkräftet. Atemlos erreiche ich in Begleitung der Intouristdolmetscherin, welche die Reisegruppe zu betreuen hat, das Flugzeug nach Mineralnyje Vody, das voller Ungeduld gewartet hatte.

Die UdSSR ist kein Land für Einzelreisende. Hier hat der Ausländer sich im Kollektiv zu bewegen, d.h. sich einer Reisegruppe anzuschließen – oder er wird einer angeschlossen. Über ihn und sein Wohl wacht das staatliche Reisebüro, das über ein Heer von Angestellten gebietet. Intourist hat die Programme ausgearbeitet, die es ausländischen Reiseagenturen anbietet (diese fungieren rechtlich nur als ›Vermittler‹), organisiert deren Durchführung, stellt die Busse, die Reisebegleiter und die jeweiligen lokalen Führer, junge Damen und Herren, die oft ein verblüffend gutes Deutsch – oder auch Englisch, Französisch oder Italienisch – sprechen und kaum einmal um eine Antwort verlegen sind. Intourist bestimmt, wo der Fremde wohnt, was er zu sehen und was er zu essen bekommt, vermittelt die Eintrittskarten für Theater, Konzert oder Zirkus. Ohne Intourist geht nichts, kann man sich in der UdSSR nicht bewegen. Manchmal allerdings läßt sich der aufkeimende Verdacht kaum unterdrücken, es komme der Organisation mehr darauf an, dem Fremden harte Valuta zu entlocken, als ihm ein umfassendes Bild des Landes zu vermitteln. Und das vor allem mit Hilfe einer exakt-sorglosen Zeiteinteilung.

Das Frühstück wird kaum einmal vor 9 Uhr serviert, die Programme beginnen in der Regel erst um zehn, und häufig liegen die Hotels so weit von den interessanten Dingen entfernt, daß man die reichlich bemessenen Mittagspausen nicht zu selbständigen Unternehmungen nutzen kann und der Fremde auf den Intourist-Bus angewiesen bleibt. Freilich braucht er sich nicht an seine Gruppe gefesselt zu fühlen, er hat vielmehr völlige Bewegungsfreiheit in den Städten, die in seinem Visum vermerkt sind. Dort benötigt er keinen Paß, denn dieser liegt mitsamt dem Visum im Hotel, dessen Zimmerausweis genügt, wenn irgendwelche Probleme auftauchen sollten.

Nur muß man sich an die Spielregeln halten, also darauf verzichten, auf dem schwarzen Markt Rubel einzuwechseln, selbst wenn der unter der Hand gebotene Kurs dazu verlockt, und besser nicht seine Jeans, die von den Einheimischen begehrten, oder andere Waren verhökern (gegen Geschenke ist nichts einzuwenden) und bitte nicht – just weil's verboten ist – Brücken, Verkehrseinrichtungen, industrielle oder militärische Objekte fotografieren oder Menschen ohne deren Einverständnis.

Intourist führt einen immer am Zügel, gewährt selten mehr als drei Übernachtungen in ein und derselben Stadt, aber läßt einem Gelegenheit, aus der vorgegebenen Frist so viel herauszuholen wie möglich. Auf eigene Faust und auf eigenen Füßen umherzustreifen, Museen zu besuchen und nebenbei mit Menschen Kontakt aufzunehmen, das erfordert allerdings einigen Opferwillen. In einer fremden Stadt, ohne

Stadtplan (wenn es einen zu kaufen gibt, bietet er nur Annäherungswerte), meist ohne Kenntnis von Sprache und Schrift, tut man sich schwer auf eigenfüßigen Entdeckungswegen. Einen ersten Eindruck und eine erste Orientierung vermittelt überall die ›Stadtrundfahrt‹, die in der Regel drei Stunden dauert und zu den wichtigsten Sehenswürdigkeiten oder wenigstens an ihnen vorbeiführt. Selten gewährt sie einen Fotohalt. Sie zeigt außerdem nur die jeweilige Schokoladenseite. Daß die andere, die schwärzlich-graue, bitter schmeckt, das bleibt aber auch bei einer solchen Unternehmung dem aufmerksamen Beobachter kaum verborgen.

Wer darauf aus ist, sich über die Lebensbedingungen von heute zu informieren, wird, nicht anders als der Reisende, der etwas von den historischen Dimensionen und deren Wirklichkeit erleben möchte, mit dem nahrhaften Frühstück im Leibe das Mittagessen durch ein Stück Brot, durch eine Kleinigkeit aus einem Schnellimbiß ersetzen, um alte und neue Straßen, Parks, Sammlungen oder was immer ihn lockt, zu besehen. Nur zur für seine Gruppe angesagten Abendessenszeit sollte er wieder im Hotel sein. Wer da nicht kommt zur rechten Zeit, der muß eben ungegessen ins Bett gehen.

Auch wer die endlosen Anfahrtswege nicht scheuend mit eigenem Wagen in der Sowjetunion – in unserem Fall: in deren kaukasischem Süden – Umschau halten will, kommt an Intourist nicht vorbei. Auch er hat sich an ein starres Programm zu halten. Mindestens zwei Monate vor Antritt der Reise muß er einen detaillierten Strecken- und Zeitplan bei der Vertretung, die Intourist in seinem Heimatland unterhält, einreichen und darf, wenn die Pläne abgesegnet, Einreise- und Besuchervisum einmal erteilt sind, nicht von der genehmigten Route abweichen. Schon bei der Planung sollte man beachten, daß man nur die für den Ausländertourismus freigegebenen Straßen befahren darf und die tägliche Strecke nicht mehr als 350 Kilometer betragen soll. Der Große Bruder wacht und schickt dem Individualtouristen im Privatwagen die Miliz auf den Hals, wenn sich sein Eintreffen am vorgesehenen Etappenziel (Hotel, Motel, Campingplatz) über Gebühr verzögert. Größere Abstecher von der geplant-genehmigten Route sind also untunlich. Wer sich ohne plausiblen Grund wie Reifenpanne oder Motorschaden zum dritten Mal einer Verspätung schuldig macht, also sein Soll nicht erfüllt, wird auf dem schnellsten Weg aus der UdSSR abgeschoben.

Das sind Umstände, die es einem schwer machen, das Land südlich des Kaukasus in allen seinen Winkeln zu erforschen und gar erst, es im Rahmen eines Landschaftsbuches vorzustellen, das nicht nur als Lesebuch am winterlichen Kachelofen gemeint ist, sondern als möglicher Begleiter durch das Land zwischen Elbrus und Ararat, zwischen Schwarzem und Kaspischem Meer, mit dem viele nur wenig konkrete Vorstellungen verbinden, und das auf Schritt und Tritt Überraschungen bereithält. Ein Winkel unseres Planeten mit einer weiträumigen und zugleich vielfältigen Landschaft, in der sich seit Jahrtausenden Kulturen überlagern, sich Orient und Okzident begegnen. Hinter den gestenreichen Denkmälern, den bronzenen Büsten, den unzählbaren Hochschulen, Instituten, Bibliotheken, Kinos, Parteizentralen, spärlich bestückten Warenhäusern, die einem als Errungenschaften des werktätigen Sowjetvolkes vorgestellt werden – oft handelt es sich um Bauten aus der verpönten bürgerlichen Epoche –, und den unerbittlich ratternden Zahlenangaben aus der Mühle der Statistik tut sich die Tiefe der Vergangenheit auf. Ihren Zeugnissen zu begegnen, gehört zu den faszinierendsten Erlebnissen in diesem Länderstrich.

Es sollen darum in den folgenden Kapiteln zwar die Routen, Städte und ›Sehenswürdigkeiten‹ vorgestellt werden, die zum Standard- oder auch nur einem Minimalprogramm einer kaukasischen Fahrt gehören, manchmal etwas gegen den amtlichen Strich gekämmt, ohne die Superlative und ohne die Parteibauten, denen man sowieso nicht entgeht. Wenn dagegen auf manche dem Tourismus freigegebenen Ziele abseits der eingefahrenen Parcours eingegangen wird – Vollständigkeit ist so unmöglich wie sie sinnlos wäre –, dann sei das als Hilfe für die Planung einer Individualreise verstanden, vor allem aber als Hinweis auf die erstaunliche Fülle baulicher und künstlerischer Zeugnisse einer langen Geschichte in einem Land voller bedeutender Landschaftseindrücke.

Im kaukasischen Bäderviereck

›Mineralnyje Vody‹, das man als Siedlung gar nicht zu Gesicht bekommt, ist selbst kein Badeort, sondern nur ein Verkehrsknoten für Auto, Eisenbahn und Flugzeug. Hier landen die Maschinen von Moskau, Kiew, Eriwan, Tbilissi, Sotschi und Baku, hier zweigt die elektrifizierte Bahnlinie zu den kaukasischen Bädern ab, von hier auch führen die Straßen in dieses Bäderviereck, das seit dem frühen 19. Jahrhundert dem Böhmischen Bäderdreieck konkurriert. Heute ist das Publikum hier wie dort nur sich selber gleich und erinnert durch gar nichts an die ›Gesellschaft‹ des vergangenen Jahrhunderts und beinahe noch versunkeneren ersten Jahrzehnte des unseren.

Nach *Piatigorsk,* mit etwa neunzigtausend Einwohnern zwischen 510 und 630 Metern über dem Meeresspiegel gelegen, sind es vom Flughafen nur etwa zwanzig Kilometer.

»Ich kam gestern in Pjatigorsk an und mietete mir eine Wohnung fast außerhalb der Stadt auf ihrem höchsten Punkt am Fuße des Maschuk – während eines Gewitters werden die Wolken sich bis auf mein Dach herabsenken. Als ich heute um fünf Uhr morgens mein Fenster öffnete, füllte sich mein Zimmer sogleich mit dem Duft der Blumen, die in den bescheidenen Vorgärtchen blühen ... Ich habe nach drei Seiten den herrlichsten Blick. Im Westen blaut der Beschtau mit seinen fünf Gipfeln wie ›die letzte Wolke verstreuten Gewitters‹; im Norden ragt der Maschuk wie eine zottige Persermütze und verdeckt den ganzen Teil des Himmels in dieser Richtung. Nach Osten zu ist der Ausblick heiterer: unter mir schimmert bunt das reinlich neue Städtchen, es rauschen die Heilquellen, es lärmt die vielsprachige Menge – weiterhin aber erheben sich, amphitheatralisch aufgebaut, immer blauer und immer nebliger die Berge, und fern am Horizont erstreckt sich die silberne Kette der Schneegipfel, beginnend mit dem Kasbek und endend mit dem doppelten Gipfel des Elbrus.« So beginnt Michail J. Lermontow die umfangreichste der fünf Novellen, die seinen Roman ›Ein Held unserer Zeit‹ bilden, und die Piatigorsk und das benachbarte Kislowodsk zum Schauplatz hat. Die ›Fünf-Berge-Stadt‹ – nichts anderes meint der russische Name – gilt mit Recht als der reizvollste und traditionsreichste Kurort im Kaukasus und als einer der ältesten Rußlands. Zwischen der Steppe der Stawropolsker Region und dem hohen Bergwall gelegen, geschützt durch die umliegenden Berge, den Maschuk und den Beschtau (etwa 1400 m), der dem Ort seinen Namen gab. Beschtau – in der heutigen Türkei würde man ›beş dağ‹ schreiben – bedeutet eben ›fünf Berge‹. Das Zusammentreffen von Steppe und Gebirge schafft ein ausgeglichenes, dem Kurbetrieb günstiges Reizklima. Die Quellen mögen schon die Menschen der Ur- und Vorzeit genutzt haben. In Namen wie ›Heldenwasser‹ und ›Lebenswasser‹ scheint Märchenkunde aus ritterlichem Mittelalter nachzuklingen,

Blick zum Beschtau

obwohl sie erstmals der Reisende Ibn Battuta aus Tanger im 14. Jahrhundert erwähnt. Mit ihrer Erforschung und Untersuchung wurde bereits auf Peters des Großen Befehl begonnen, doch erst 1803 wurden Piatigorsk und Kislowodsk als Kurgebiete anerkannt. Bald darauf hat man auch die Mineralquellen von Essentuki und Schelesnowodsk entdeckt. Offiziell wurde die Kursaison 1809 eröffnet, aber damals waren die Kurorte noch klein und wenig komfortabel. Nur Piatigorsk war eine wirkliche Stadt – eine Kleinstadt natürlich –, Kislowodsk eine Gemeinde, in der nur zwei Ärzte praktizierten, Essentuki war eine Kosakensiedlung und Schelesnowodsk ein elendes Bauerndorf. Die Badeeinrichtungen waren damals in Privatbesitz und nur für die wohlhabenderen Schichten bestimmt. Trotz der Bescheidenheit des Komforts und obwohl die Reise von Petersburg her weiter war als von dort nach Karlsbad oder Baden-Baden, entwickelte sich bald ein reges gesellschaftliches Leben.

Hören wir wieder Lermontow – sein Roman erschien 1840 – »Ich muß zum Elisabethbrunnen: dort, heißt es, versammelt sich am Morgen die ganze Kurgesellschaft ... Auf einem ebenen Platz vor ihm hat man ein Häuschen mit einem roten Dach errichtet, unweit davon befindet sich auch die gedeckte Galerie zum Auf- und Abwandeln bei Regenwetter.« Eine gedeckte Wandelhalle ganz im Stil des 19. Jahrhunderts gibt es heute noch. Und es gibt als Erinnerung ans alte Piatigorsk immer noch den Aussichtspunkt mit dem Monopteros-Pavillon, dessen Name eine Äolsharfe verheißt, die aber längst verschwunden ist. Wie gerne hätte ich ein solches Instrument, dessen Ton durch romantische und biedermeierliche Romane geistert, einmal gesehen und vor allem gehört! »Auf der steilen Klippe, auf der man den Pavillon, genannt die Äolsharfe, errichtet hat, drängten sich die Freunde der schönen Aussicht und richteten ihre Fernrohre auf den Elbrus ...« (Lermontow). Noch heute drängen sich hier die Freunde schöner Ausblicke: auf die umgebenden Berge, auf die Kaukasuskette, auf die Stadt, die sich natürlich seit Lermontows Zeiten sehr verändert hat.

Lenins Dekret vom 20. März 1919 über die Kurgebiete allgemeinstaatlicher Bedeutung erklärte alle Badeorte zu Heilstätten fürs Proletariat. Ein Jahr später wurde das erste balneologische Forschungsinstitut gegründet, 1926 wurden neue Badeeinrichtungen gebaut, die wiederholt erweitert werden mußten. Nach den Zerstörungen durch Hitlers Krieg, der in der UdSSR der ›Große Vaterländische‹ heißt, erfolgte ein großzügiger Wiederaufbau. Er hat die Stadt erschreckend erweitert, über Hänge und durch Täler wachsen lassen, etliche öde und phantasielose Zweckkästen ins Grüne gesetzt, aber doch so viel von alter Substanz restaurierend geschont, daß man sich in Piatigorsk noch immer ein wenig in jene Zeit versetzten kann, als Puschkin, Tolstoj, Tschechow, Schaljapin, Maxim Gorki, Majakowskij und viele andere Große und Kleine hier zur Kur weilten. Vor allem aber ist Lermontow (1814-41) der literarische Kronzeuge und Patron von Piatigorsk. Sein Bildnis, umgeben von den Abbildern der Stätten, zu denen uns die Lektüre von ›Prinzessin Mary‹ führt, dient als Traditionsfigur, sein Name begegnet uns überall: beim Besuch von Einrichtungen, die nach ihm benannt wurden, einer gedeckten Wandelhalle, die jetzt als Konzertsaal dient, eines Restaurants, einer Grotte, eines Bade-Sanatoriums. Das Häuschen, in dem er hier wohnte, ist treulich auf altrussisch restauriert zum Museum geworden, bewahrt den Stil des russisch-kolonialen Lebens von vor 150 Jahren: mit den Möbeln, den Teppichen, den Bildern, mit denen damals die Wohnung eines Wohlhabenden in Piatigorsk ausgestattet war. In ein paar Zimmern sind Bilder und Dokumente zu Lermontows Leben zu sehen, Dinge, die er hinterließ, sein Uniformrock, sein Mantel, sein Schreibzeug, Briefe, eine Zeichnung ... Aber der Besuch hier steht nicht auf dem offiziellen Programm, das auf exakt drei Stunden bemessen ist. Noch vor der obligaten Umschau im Berioska-Laden, wo es gegen harte Valuta Alkoholika und Souvenirs zu kaufen gibt, bekommt man bei dieser Rundfahrt die Stelle zu sehen, wo der Dichter im Duell fiel. Ein Denkmal mit Obelisk und Adlern entstellt sie.

Michail Jurjewitsch Lermontow, der nach Puschkin und Gogol als der dritte große Dichter Rußlands auftrat, wurde am 3. Oktober (julianischen Kalenders) 1814 in Moskau geboren. Sein Vater, ein einfacher Hauptmann, war von uralter Familie. Der adlige Schotte George Learmont, der seinen Stammbaum bis in jene Tage zurückführen konnte, da König Malcolm den Macbeth besiegte, und auf den Barden Thomas of Erceldoune (den ›Tom der Reimer‹ Walter Scotts und der Loewe-Ballade), war aus polnischen Diensten 1613 in russische Gefangenschaft geraten, trat nun in den Sold des Zaren und wurde dafür von Michail Feodorowitsch 1624 mit Landbesitz belohnt. Seine Nachkommen russifizierten ihren Namen zu Lermantow (in dieser Form taucht der Name auch noch in den Personalakten des Dichters auf), büßten aber im Lauf des 18. Jahrhunderts viel von ihrer Stellung ein und Jurij Petrowitsch, der Vater des Dichters, war keine gute Partie für Maria Arsenjewa, die einzige Tochter seiner reichen und adelsstolzen Gutsnachbarin, die er gegen deren Widerstand ehelichte. Es war eine Liebesheirat, die aufgrund der übernervös-hysterischen Veranlagung der Frau in eine Ehehölle führte und die Anfang 1817 durch den Tod Maria Lermontowas endete. Deren Mutter, die ihren mittellosen Schwiegersohn haßte, ihm die Schuld am Tod ihrer Tochter gab, bemächtigte sich des kaum dreijährigen Enkels, verzog und verwöhnte ihn maßlos, flößte ihm die Vorstellung ein, er sei ein Ausnahmegeschöpf und allen anderen überlegen und hielt ihn von seinem Vater fern. Wenn der sein Kind sehen wollte, kam es jedesmal zu lautstarken und quälenden Szenen. Die Großmutter wollte nicht einmal dulden, daß Vater und Sohn ohne Zeugen ein Wort miteinander sprachen, zwang den nur von Weibervolk umgebenen und verhätschelten Knaben, seine sehnsüchtige Neigung zum Vater zu verbergen. Schon vor dem Tod Jurij Lermontows (1831) hatte sein Sohn – belastet mit dem reizbaren Temperament der Mutter – gelernt, sich auch vor anderen zu verschließen. Auf der ›Adeligen Pension‹ in Moskau wie auf der dortigen Universität beteiligte er sich nicht an den lebhaften, ja hitzigen Debatten seiner Kommilitonen, sondern saß mit einem Buch still in einem Winkel. Nur manchmal – so erinnert sich sein Studiengenosse Wüstenhof – »hob (er) den Kopf von seinem Buche auf und sah den Redner an – aber *wie!* ... Die Verachtung, der Spott und das Mitleid, das sich gleichzeitig auf Lermontows strengem Gesicht malte, lassen sich nicht beschreiben.«

Arroganz des Auftretens, der Wunsch, eine ›Rolle‹ zu spielen, sein ätzender Spott über seine Umgebung haben ihn in der Gesellschaft, die er suchte und die er doch verachtete, unbeliebt gemacht. Wegen seiner frechen Antworten in einem Examen von der Universität Moskau entfernt, ging er 1832 nach Petersburg. Da sich ihm auch die dortige Universität verweigerte, trat er in die kaiserliche Kavallerieschule ein. Dort fand er Leute, die er ihres geistigen Tiefstandes wegen mit Recht verachten durfte, vor denen er sein Dichten geheimhielt – und mit denen er sich doch gemein machte. Für ihre nur handschriftlich verbreitete ›Monatsschrift‹, eine fidele Bierzeitung, steuerte er schamlos obszöne, aber glänzend geschliffene Verse bei, die seine Kameraden zum Wiehern brachten, die verachteten und doch heimlich umworbenen Genossen seiner Schmach.

Der »Byron der russischen Seele« mit seiner ziellosen Sehnsucht war innerlich ein Zerrissener, war Werther, war Faust und Mephisto zugleich, war ›Kain‹ und ›Manfred‹ und ›Don Juan‹ – nicht nur Zeit-Genosse Lenaus, Heines, Georg Büchners. Seine Liebesbeziehungen sind entsprechend timbriert: als Fünfzehnjähriger erinnert er sich seiner ersten Liebesempfindung, die ihn überfiel, als er gerade erst neun war. Dann erlebte er eine ernstliche Liebe zu seiner Kusine Warwara Lopuchina, deren Heirat mit einem anderen er als »Verrat« empfand. Seine Romanze mit Katerina Suschkowa klingt nach in der ›Prinzessin Mary‹-Novelle.

Der Kaukasus und Piatigorsk wurden Lermontows Schicksal. Das Poem ›Der Tod des Dichters‹

»Er fiel im Sklavendienst der Ehre,
Die man verleumdend ihm geraubt ...«

darin er schneidend und haßerfüllt den Tod seines Vorbilds Puschkin (Der Dichter fiel 1837 im Duell mit dem in zaristischen Diensten stehenden französischen Offizier Charles d'Anthès) der böszüngig hechelnden ›besten‹ Gesellschaft zur Last legt, die in dem Fremden nur den Vollstrecker ihrer Rachelust fand, erregte in diesen Kreisen Empörung.

»Da half kein Gott! Der Mörder zielte
kaltblütig lächelnden Gesichts,
Die Waffe bebte nicht. Er fühlte
im ausgebrannten Herzen nichts.«
(Übers. A. Luther)

Jemand sandte eine Abschrift des Gedichts unter dem Titel ›Aufruf zur Revolution‹ an den Zaren. In dem darauffolgenden Prozeß gegen den Gardeoffizier konnte der Einfluß der Großmama und der Verwandtschaft das Schlimmste verhüten. Der angebetete Enkel wurde in kaiserlicher Ungnade aus der Hauptstadt entfernt und zu einem Dragonerregiment im Kaukasus versetzt.

Im Kaukasus – wohin die besorgte Großmutter schon einmal ihr Hätschelkind zur Kräftigung seiner Gesundheit gebracht hatte – fand der in seinen Byronismus verquälte heimliche Dichter zur Wirklichkeit und genas körperlich und seelisch. Er benutzte die Bäder von Piatigorsk und war viel unterwegs. Wichtig wurde vor allem seine Fahrt nach Tiflis. »Die Bergluft ist Balsam für mich.« Hier erlebte er – anders als in der Gardekaserne und den adligen Salons St. Petersburgs – das ›Volk‹ in seiner Unmittelbarkeit. Hier im ›Exil‹ vollendete er sein herrliches ›Lied vom Zaren Iwan Wassilijwitsch, seinem jungen Leibwächter und dem kühnen Kaufmann Kalaschnikow‹. Doch die verhängnisvoll-liebreiche Großmama erwirkte vom Zaren ›Vergebung‹. Lermontow mußte nach Petersburg zurückkehren. Er stürzte sich in das alte ›gesellschaftliche Leben‹, das ihn doch nur anwiderte. Ein Zeitgenosse erinnert sich: »Lermontow stand hoch über der Gesellschaft, die ihn umgab, er konnte diese Leute nicht ernst nehmen.« Und Iwan Turgenjew: »In der ganzen Erscheinung Lermontows war etwas Unheildrohendes und

Tragisches … Der finstere Blick stand in seltsamem Gegensatz zu den beinahe kindlich zart vorgeschobenen Lippen. Seine ganze Gestalt, kurz, krummbeinig, mit dem großen Kopf auf den breiten Schultern, wirkte unangenehm. Aber jeder spürte die ihr innewohnende Kraft.«

Inzwischen war durch Veröffentlichungen in Zeitschriften (nicht selten durch die Zensur behindert) und in Abschriften, die heimlich kursierten, das Iwan-Lied, ›Borodino‹ und ›Die Rentmeisterin‹ bekannt geworden und 1839 erschienen auch die Novellen ›Bela‹ und ›Der Fatalist‹ aus dem Roman ›Ein Held unserer Zeit‹ und lenkten das Interesse der Literaten auf den jungen adeligen Offizier, dem das Treiben ›seiner‹ Gesellschaftsschicht immer unerträglicher wurde. »Sie werden es ohne weiteres glauben, daß ich täglich Bälle mitmache. Die schönsten Frauenzimmer betteln mich um Verse an und prahlen später damit. Und doch hängt mir das alles zum Halse heraus. Ich bat, wieder in den Kaukasus versetzt zu werden – auch das wurde abgelehnt; man will nicht einmal, daß ich drüben totgeschossen werde …«

Aber nach einem – unblutigen – Duell mit dem Sohn des französischen Gesandten ging sein Wunsch in Erfüllung: er wurde wieder in den geliebten Kaukasus versetzt. In ernsten Kämpfen gegen die Tscherkessen zeichnete er sich durch Tapferkeit aus. Die ›Schlacht am Bach des Todes‹ (4. Juli 1840) hat er im Gedicht ›Walerik‹ verewigt. Hier im Kaukasus vollendete er seinen Roman ›Ein Held unserer Zeit‹, unterzog den ›Dämon‹ einer letzten Umarbeitung und widmete diese »nachlässigen Zeilen« dem »Kaukasus, der Erde rauhem Zaren«. Er wußte nun, wozu er bestimmt war: zum Dichter.

Im Urlaub in St. Petersburg, den er im Januar 1841 antrat, wollte er seine Entlassung aus dem Militärdienst erwirken, doch ein strenger Befehl von höchster Stelle zwang ihn im April, die Hauptstadt binnen 48 Stunden zu verlassen. Ende Mai war er wieder in Piatigorsk. Hier fand er einen Kreis alter Bekannter, liebelte, spöttelte, dichtete. Das merkwürdige ›Traum‹-Gedicht, in der er dreifach gespiegelt die letzten

Visionen eines Sterbenden nachträumt, entstand nur wenige Wochen vor seinem eigenen Tode. Auch er fiel – wie Puschkin – im Duell, *»Im Sklavendienst der Ehre«.*

Um den großen Dichter – einen Adligen aus der Zarenzeit, der freilich bei Nikolaus I. in Ungnade stand –, für den ›Sozialismus‹ zu retten, wird er zum Märtyrer der Despotie stilisiert und zu einem Proto-Revolutionär, zum Opfer der zaristischen Geheimpolizei, die den Unbequemen – wie Puschkin auch – durch einen bezahlten Killer in den Ehrenhandel verwickeln und beseitigen ließ. Aber Lermontow war so wenig wie Puschkin ein gefährlicher Revoluzzer, sondern eine wunde, zerrissene Seele der Leopardi-Generation.

Seinen späteren ›Mörder‹, den Major Martynow, kannte er schon seit Petersburger Tagen. Es war ein im Grund gutmütiger und harmloser Geselle, gut aussehend und nicht ohne Wirkung auf die Frauen, aber borniert und eitel, und er liebte es, sich wie ein einheimischer Gebirgler zu kleiden und einen großen Dolch zu tragen wie diese. ›Le montagnard au grand poignard‹ – mit diesem Witzwort heftete Lermontow ihm seinen Spitznamen an, unter dem der wahre Name des vom nimmermüden Spott Michail Lermontows verfolgten Martynow fast vergessen wurde. Der Geplagte ertrug die ewigen Bremsenstiche wochenlang – aber als Lermontow auf einer fröhlichen Abendgesellschaft mit ein paar Kreidestrichen eine Karikatur des ›Poignard‹ auf den Kartentisch warf, geriet das Opfer plötzlich in Rage. Wer wen zum Duell forderte, darüber waren sich schon die Augenzeugen des Vorfalls nicht im klaren. Genug: da niemand sagen konnte, wer der Herausforderer war, blieben nach dem Ehrenkodex der Zeit alle Versöhnungsversuche fruchtlos. Aber in der heiteren Offiziersgesellschaft von Piatigorsk war man überzeugt, daß der Handel sich mit ein paar Schüssen in die Luft beilegen werde. Am Nachmittag des heißen Tages trank und sang man noch in der deutschen Wirtschaft der Frau Roschke (auf halbem Weg zwischen Piatigorsk und Essentuki) und begab sich dann fröhlilch zu Wagen und Pferd an den Kampfplatz am Fuß des Maschuk-Berges, damals ein halb steppenhaftes steiniges Gelände, gut anderthalb Werst vom Zentrum Piatigorsks entfernt. Die Schranken werden aufgerichtet, die Schritte abgezählt. Aufs eins-zwei-Kommando schießt Lermontow lächelnd in den schwarzbewölkten Himmel – einen Augenblick danach wirft ihn die Kugel seines Gegners tödlich nieder. Und zugleich – fast wie in einem schlechten Roman – zerreißen Blitz und Donnerschlag die Spannung und unendlicher Regen rauscht herab. Alles rennt davon, nur ein Freund hält Wache bei dem Toten. In der Überzeugung, das Duell sei nur eine Farce, hatte man keinen Arzt zum Austragungsort mitgenommen, nun findet sich keiner, der beim Ungewitter hinausfahren will, um in der Einöde einen Totenschein auszustellen. Als der Leichnam ins Gehöft, das der Dichter zu Lebzeiten bewohnt hatte – das heutige Lermontow-Museum – zurückgeführt wurde, drängte sich eine schmerzlich bewegte Menschenmenge. Der Todesschütze wurde vor dem Volkszorn in Schutzhaft genommen. Was ihn zu seinem Mord – kaum anders läßt sich seine Tat nennen – veranlaßt hat, das war wohl erneut aufkeimende Wut des stets Getretenen angesichts der blasier-

Piatigorsk, Das Haus Lermontows

ten Nonchalance, mit der sein Gegner ihm entgegentrat. Der orthodoxe Pope, der dem Dichter, der zu Lebzeiten einen »ewigen Prozeß mit Gott« (D. Mereschkowskij) geführt hatte, das Grabgeleit gab, wurde später wegen der Bestattung eines ›Selbstmörders‹ verurteilt. Ein Jahr nach seinem Tod wurde, was von Michail J. Lermontow sterblich war, aufs Gut der eifervollen Großmutter überführt und dort in einem kleinen Mausoleum an der Seite seiner Mutter beigesetzt.

Zum offiziellen Programm gehört auch der Besuch der Prowal-Grotte am Hang des Maschuk, einer tiefen Doline. Ein gedrungen-klassizistisches Portal – wie das Bühnenbild einer russisch-römischen ›Elektra‹ – öffnet den (erst 1858 angelegten) Tunnelweg zu dem bleiern-bleichen Wasserspiegel, den senkrecht ein Schlot rissigen Gesteins umfaßt. Von oben fällt selbst an Sommermittagen das Licht nur gebrochen herab.

Lermontow berichtet: »Nach Ansicht der hiesigen Gelehrten ist dieser Schacht nichts anderes als ein erloschener Krater am Abhange des Maschuk, etwa eine Werst von der Stadt entfernt.« Zu seinen Zeiten war ein Besuch, das heißt ein Blick von oben hinab in diese Unterwelt ein kühnes Unterfangen, bei dem die Damen in beinahe Ohmacht zu fallen hatten, damit ihr Kavalier Gelegenheit bekam, sie in seine starken Arme zu schließen und an die breite Brust zu drücken.

Unten, im Zentrum von Piatigorsk von einstens, schiebt sich eine halb neugierige, halb gelangweilte Menge, nimmt, eislutschend, die bildenden Worte der Fremdenführerin zur Kenntnis, die zu erzählen weiß, daß die Diana-Grotte im Roman den Schauplatz von Petschorins Wiederbegegnung mit Vera bildet; steigt auf bequemen Stufen hinauf zum Adler-Denkmal auf dem höchsten Sporn des Stadtparks. Der bronzene Adler, der eine Viper schlägt, ist zum Zeichen der ganzen kaukasischen Bäderregion avanciert, zum Symbol für die Heilkraft ihrer Quellen. Von der recht bescheidenen Anhöhe überschaut man die unwandelbaren Linien der Landschaft und ihre verblauenden Silhouetten, sieht manches, was noch aus Lermontows Zeit stammen könnte, erblickt vor allem aber neue Hotel- und Sanatoriumsbauten, deren Ödnis Bäume gnädig verhüllen, die sich aber im Nahblick unbeschönigt kundtut. Freilich wohl, sie sind funktional und für den Patienten aus Sibirien, aus der Ukraine oder aus Moskau, wo jeder Familie nur wenige Quadratmeter Wohnfläche zur Verfügung stehen, recht luxuriös. Uns verwöhnten Westlern scheinen sie trist, besonders jenem Devisenbringer, der sich – versehen mit dem Attest seines Arztes – über Intourist hier zur Kur anmeldet.

Piatigorsk verfügt über mehr als vierzig warme und kalte Quellen. Über dreißig von ihnen werden benützt. Die Kohlensäure-, Schwefelwasserstoff- und Radonquellen für Bäder, die kohlensauer-alkalischen Brunnen für Trinkkuren. Medizinische Indikation: Rheumatische, Verdauungs- und Stoffwechselbeschwerden, Nerven- und Frauenleiden.

Die ernsthafte Kur wird den Gast tagsüber beanspruchen und ihm nur wenig freie Zeit lassen. Wenn er den Maschuk, den Hausberg von Piatigorsk, (994 m), nicht zu Fuß besteigen kann oder will, fährt ihn eine Drahtseilbahn zum Aussichtspunkt hinauf. Bei halbwegs klarem Wetter erblickt er im Süden die hellen Häupter der Kaukasusketten. Intourist bietet auch einen Ausflug zum Staatsgestüt Tersk an. Der Preis für die Fahrt ist in westlicher Valuta zu zahlen, steht aber in keinem rechten Verhältnis zu dem, was man geboten bekommt. Edle Pferde in Bewegung zu sehen, das ist eine hohe Freude; aber wer gemeint hatte, er werde eine Herde hochgezüchteter Rosse auf weiten Weiden beobachten dürfen, der wird enttäuscht. Nach Begrüßungs- und Einführungsworten – gespickt mit Angaben über die stattlichen Summen, für welche Tiere von hier an Züchter und Rennstallbesitzer in den USA verkauft wurden – bekommt der Gast gerade ein halbes Dutzend herrlich rassiger Tiere zu sehen. Bei jedem werden wieder vielerlei Angaben geliefert, dann wird es am langen Zügel einmal in der Runde geführt – und dann ist die Vorführung auch schon vorbei. Das soll alles gewesen sein? Das war alles.

Wer nicht das ›Kur-‹, sondern das vierwöchige Intourist-Programm ›Kur und Aufenthalt‹ gewählt hat, der hat Zeit, auch die anderen Badeorte zu besuchen: mit der Bahn, mit dem Intouristbus – oder gar im eigenen Automobil.

Essentuki, zwanzig Kilometer westlich von Piatigorsk gelegen, ist – wie ein Faltblatt vollmundig verkündet – »der bekannteste trinkbalneologische Kurort der UdSSR«. Es liegt an der Bahnlinie, die Piatigorsk mit Kislowodsk verbindet und heißt nach dem Essentuk-Fluß, der in den Piatigorsk durchfließenden Podkumok mündet. Hier wie dort Landschaftsbilder, die durch Erscheinungskraft und melodiöse Anmut Auge und Seele entzücken. Der Ort liegt zwar etwas höher als Piatigorsk, hat aber ein ähnliches Klima und ist an Sommertagen nicht weniger heiß. Seine Quellen wurden erst in den Anfangsjahren des 19. Jahrhunderts durch F. M. Gaaz untersucht, erst 1823 von einem anderen Mediziner beschrieben und in zwei Gruppen eingeteilt: in die alkalischen und die alkali- und schwefelhaltigen Wasser. Manche dienen der äußeren Anwendung, andere für Trinkkuren zur Heilung von Erkrankungen des Magen- und Darmtrakts, von Leber- und Gallenleiden und Entzündungen der Harnkanäle.

Gebiet und Quellen von Essentuki gehörten bis 1847 dem Kosakenheer, gingen dann in den Besitz des Zaren über, der Bade- und Quellanlagen in einem streng klassizistischen Stil errichten ließ (Baumeister der meisten: E. F. Schretter). Nach der Revolution wurden auch hier neue Sanatorien errichtet und weitere nach dem Ende des ›Großen Vaterländischen Krieges‹. Obwohl die Quellen hier nicht sprudeln, sondern eher fließen oder rinnen, der Kurgast sich also wie überall geduldig in Warteschlangen einzureihen hat, verdient der Ort sein Prädikat. Die Parkanlagen mit subtropischen Gewächsen füllen dem Erholungssuchenden freie Stunden mit vielfältigem Grün, mit Blütendüften und -farben.

Nur undeutlich steht mir noch ein umfängliches Nachtmahl in einem der rustikal aufgemachten Restaurants in Erinnerung: Anmeldung, Wartezeit, dann mehrere Gänge, serviert von eilfertig lächelnden Damen, die aus ihren Trachtenkostümen fast herausplatzten. Keine rechte Behaglichkeit kommt auf, wenn man immer wieder daran erinnert wird, daß draußen vor der Tür schon eine neue Schlange Eßlustiger auf Einlaß und Sitzplatz wartet.

Kislowodsk, 75 km vom Zentrum Mineralnyje Vody entfernter Endpunkt der Bahnlinie, ist nach unseren Begriffen eine Großstadt und damit eigentlich das Gegenteil von Erholung. Zwischen 820 und 950 Meter über dem Meer an grünen Berghängen gelegen, wird es – weil es in der UdSSR ohne Superlative nicht geht – als der »südlichste und größte« Kurort vor dem Kaukasus angepriesen. Im Hochsommer sollen die Temperaturen milder, im Winter die Tage noch klarer und sonniger sein als in den anderen Orten. Die kalten Quellen (nichts anderes bedeutet der ›Sauerwasser‹-Name) sind außerordentlich reich an Kohlensäure, werden für Trink-, Inhalations- und Badekuren genutzt, um Herz und Kreislauf, Stoffwechsel und Nervenleiden und nicht zuletzt asthmatische Beschwerden zu lindern. Der Kurpark bietet alte Bäume, subtropische Gehölze, malerische Felsgruppen, aber leider auch Blicke auf die Betonklötze der Kur-Stadt. Der Kislowodsk-See (Ozeri Kislowodsk) mit Restaurant und Badeanstalt ist immer von textilreich bekleideten ›Wassersportlern‹, nämlich Sonnenbadern, besucht.

Auch in Kislowodsk ist Lermontow gegenwärtig. »Die hiesigen Einwohner behaupten, daß die Kislowodsker Luft sehr zur Liebe geneigt mache und daß hier alle Romane, die irgendwann einmal am Fuße des Maschuk angesponnen worden seien, ihre Lösung fänden.« Fünf Werst von hier läßt er das Duell stattfinden, in dem sein ›Held‹ Petschorin seinen Freund-Feind Grusinski in einer Wallung kalter Wut abschießt.

Puschkin hatte in seiner Novelle ›Der Schuß‹ über den Ehrenkodex von dazumal geschrieben: »Mangel an Mut wird ja von den jungen Leuten am allerwenigsten vergeben. In ihren Augen ist die Tapferkeit der Gipfel der Tugend, neben der die meisten menschlichen Fehler verblassen.« Der diese Worte schrieb, ließ Lenski, den Poeten, im Duell mit Eugen Onegin fallen und fiel selbst »im Sklavendienst der Ehre«. Lermontows Petschorin, der Opfer einer feigen Verschwörung werden sollte, wäre uns nicht so lebendig, hätte er nicht viel von seinem Schöpfer, der selbst auch im Duell abgeschossen wurde. Tod eines Dichters, dessen flammende Elegie auf den Tod Puschkins die an dessen Tod schuldige Gesellschaft vors Letzte Gericht geschleppt hatte.

»Vergebens schmäht ihr dann in frechem Übermute,
Dann hilft kein schnödes Lügenwort –
Und nimmer waschet ihr mit eurem schwarzen Blute
Das heil'ge Blut des Dichters fort!«

Schelesnowodsk, dessen Name sich als ›Eisenwasser‹ übersetzen ließe, verdient seinen Namen redlich. Grün ist die Farbe dieses ›grünsten und jüngsten‹ der kaukasischen Badeorte. Wenn man die normierten Bade- und Kuranstalten und die Hotelblocks aus den Augen verloren hat, finden sich Spazierwege. Hinterm Geblätter von Edelkastanien und Steineichen steht blau der Himmel, um dann, wenn sichs unten abendrötlich färbt, in kühle Türkistöne und noch kühleres Limonengelb zu changieren. »Hier atmet alles Einsamkeit, hier ist alles rätselhaft: sowohl die dichten Lindenalleen, die sich über den Bach neigen, der, mit Tosen und Schäumen von Klippe zu Klippe stürzend, sich seinen Weg durch die grünen Berge bahnt, als auch die Schluchten voller Dunkel und Schweigen, die sich nach allen Richtungen hinziehen.« (Lermontow)

Rußlands Weg über den Kaukasus

Weil's schon seit langem so ist, nimmt man es für selbstverständlich, daß Moskau im Kaukasus und in Transkaukasien gebietet. Aber diese ›Selbstverständlichkeit‹ ist Ergebnis einer ganz und gar nicht selbstverständlichen Geschichte, wie denn geschichtliche Verläufe sich nie von selbst verstehen, sondern sich rätselhaft-undurchschaubar aus Schickung und scheinbar freien Antwort-Entscheidungen zusammenflechten.

Wollten wir Rußlands Weg in den Kaukasus ab ovo erzählen, so träten aus diesem Ur-Ei zuerst die Mongolen hervor, die 1223 erstmals auf russischem Boden auftauchten, die seit 1236 unter Batu, dem Enkel Dschingis-Khans das ganze Gebiet eroberten und tributpflichtig machten. Iwan I., zubenannt Kalita, das ist der ›Geldbeutel‹ (1325-41), Fürst des kleinen, erstmals 1147 erwähnten Moskau, setzte sich als Tributeintreiber für den Khan der Goldenen Horde (wie die Mongolen unter Batus Nachkommen genannt wurden) gegen russische Rivalen durch. Seine Nachfolger betrieben die gleiche Politik, bis Moskau stark genug war, sich gegen die bisherigen Herren zu stellen. Der Sieg, den die Moskoviter bei Kulikowo 1380 errangen, war nicht glorios, aber ein Sieg immerhin und von Bedeutung, weil er die Legende von der Unbesiegbarkeit der Mongolen-Tataren zerstörte. Für sie der Anfang vom Ende. Timur Lenk (gest. 1405) versetzte ihrem Khanat – das der Goldenen Horde hatte sich um den Bereich der ›Weißen Horde‹ vergrößert, war aber aus dem übergeordneten Verband des mongolischen Großreiches ausgeschieden und wurde nun das der Kiptschak-Tataren genannt – so brutale Schläge, daß es letztlich – es sei in dieser Übersicht gestattet, lange Zeiträume raffend zu überspringen – ins Khanat der Krimtataren und die Khanate von Kasan und von Astrachan zerfiel. Sie alle hat – als Land der einstigen Herren, unter deren Oberhoheit es nach seinem ersten Sieg über sie doch noch hundert Jahre stand – Moskau schließlich verschlungen: Kasan 1552, Astrachan 1556, die Krim erst 1783. Krisen, innere Konflikte, Rückschläge konnten Moskau auf seinem Wege nicht aufhalten. Iwan III. (1462-1502), zubenannt der Große, vermählte sich mit der byzantinischen Prinzessin Zoe, nahm – Konstantinopel war 1453 von den Türken erobert worden – den byzantinischen Kaisertitel an, nannte sich Zar (Caesar) und Autokrator (Selbstherrscher) von ganz Rußland, betrachtete seine Stadt als die Hauptstadt der rechtgläubigen Christenheit und leitete daraus das Recht ab, Rivalen – selbst wenn sie mit der Republik Nowgorod oder dem Großfürstentum Litauen verbunden waren – zu unterwerfen. Iwan IV. ›der Schreckliche‹ (1533-84) machte ernst mit der Autokratie im härtesten Sinne. Er zentralisierte Regierung, Recht und Heeresverwaltung und wies Moskau den Weg in die Welt – wenn auch noch nicht zur Weltherrschaft. 1570 ließ der Zar die Handelsstadt Nowgorod zerstören. Die Verbindung der Wolga zum Weißen Meer wurde erschlossen, 1584 Archangelsk gegründet, zur gleichen Zeit der erste Schritt zur Gewinnung Sibiriens getan: 1581 begann der Kosakenhetman Jermak mit 800 Männern seinen Marsch zum Irtysch. Das Khanat Sibir, das Sibirien seinen Namen vererbte, fiel ans moskovitische Zarenreich. Iwan unternahm auch die ersten entscheidenden Schritte zur ›Reconquista‹ der Tatarenreiche. Mit der Einverleibung von Astrachan hatte Moskau – der durch den Lauf der Wolga vorgezeichneten Richtung folgend – das Ufer des Kaspisees, des größten eurasischen Binnenmeeres erreicht. Einzig das Krim-Khanat, das sich 1475 der Hoheit des Osmanensultans unterstellt hatte, war noch nicht gewonnen.

Die blutigen Kämpfe und gefährlichen Krisen der Folgezeit – die Usurpation des Boris Godunow, das Intermezzo des falschen Demetrius, der Aufstieg des Hauses Romanow – sind uns durch Schiller, Puschkin, Mussorgski ins faßliche Bild gestaltet worden. Vor diesem Hintergrund wollen wir mit Siebenmeilenstiefeln durch die Jahrzehnte stapfen. Seit 1320 hatte Kiew und das, was heute die Ukraine heißt, zum Großfürstentum Litauen und seit 1386 zum mit diesem vereinigten Königreich Polen gehört. Doch 1654 erhoben sich die Kosaken unter ihrem Hetman Chmelnitzky gegen die polnische Herrschaft und schworen dem Zaren von Moskau Treue. Dem größten dieser Zaren, Peter I. (1689-1725), ging es darum, Rußland ein ›Fenster zum Westen‹ aufzustoßen. Den Gründer von Petersburg interessierten in erster Linie die Ostseeprovinzen, jedoch durfte er auch den Süden nicht aus dem Blick verlieren, dazu zwangen ihn schon die Schach- und Kriegszüge seines gefährlichsten Gegners, des Schwedenkönigs Karl XI., den er bei Poltawa schlug. Peter der Große eroberte Asow und einen Teil des Krim-Khanats, mußte das Gewonnene freilich wieder herausgeben, aber auch hier war die Linie vorgezeichnet, auf der die zweite Katharina (1762-96) als des ersten Peter echte Nachfolgerin weiterschritt. Ihr gelang es, nicht nur Kurland, Litauen, Kleinrußland und Podolien zu gewinnen, sondern auch die Krim (1783), die Steppenzone bis an die Kuban-Grenze und an den Fuß des Kaukasus sowie die Reste des Khanats von Astrachan bis an die eisernen Tore von Derbent.

Die christlichen Staaten südlich des Kaukasus, die unter den Einfällen ihrer moslemischen Nachbarn und Gegner – der miteinander rivalisierenden türkischen Osmanen und persischen Safawiden – Furchtbares zu erleiden hatten, beobachteten das Vordringen des großen christlichen Reiches im Norden voller Hoffnung. Bereits 1587 hatte der Fürst des georgischen Teilreiches Kachetien die russische Oberhoheit anerkannt, ohne jedoch Hilfe zu finden, als die Türken 1590 ins Land südlich des Kaukasus einfielen. Vergeblich bekräftigte 1639 König Teimuras von Kachetien (1605-63) die Unterwerfung unter den orthodoxen Glaubensbruder, vergebens folgte König Alexander von Imeretien seinem Beispiel. Rußland erschien im Kaukasus erstmals, als Peter des Großen Truppen gegen Persien zu Felde zogen.

1758 schlossen die georgischen Reiche Kartli-Kachetien und Imeretien einen militärischen Beistandspakt mit Rußland, der im russisch-türkischen Krieg von 1768-74 zu einem gemeinsamen Sieg (Apsinda, 20.4.1770) führte. Der Friedensvertrag von Kücük Kainarcı (1774) brachte Rußland Asow und die Stellung einer Schutzmacht über die christlichen Untertanen des Sultans. Im gleichen Jahr ließ Katharina am nördlichen Ausgangspunkt des schon seit Vorzeiten bekannten und benutzten Kaukasusüberganges ein Fort anlegen, das den Namen ›Wladikawkas‹ – Beherrscher des Kaukasus – erhielt und schon dadurch seine Bestimmung kundtat.

Im Jahre 1783 schloß König Irakli (Erekle, Heraklius) II. von Kartli-Kachetien, d.h. also Ostgeorgien, einen neuen Pakt mit dem Zarenreich, erhielt jedoch keine Hilfe, als der Perserschah Mohammed Aga Khan Tiflis besetzte und plünderte. Die Zarin war mit der dritten Teilung Polens beschäftigt. Doch als 1801 Giorgi XII. starb, da entsann man sich in Petersburg der alten Verträge, sandte aber nicht Hilfs-, sondern Besetzungstruppen. Georgien wurde dem Reich Alexanders I. einverleibt, dazu gleich auch noch die Khanate Nukha und Schirwan, das heißt also Teile Aserbaidschans. (Russisch-persischer Krieg 1806-13.) In einem neuen Perserkrieg (1826-28) ließ Nikolaus I. (1825-55) Alexandropol (heute Leninakan), die Arasebene mit Eriwan und Edschmiadsin besetzen und weite Teile des ostanatolischen Armenien, mußte sich jedoch unter dem Druck der europäischen Mächte zur herben Enttäuschung der Armenier mit der Aras-Grenze begnügen. Damit war grosso modo die noch jetzt gültige Scheidelinie zwischen Rußland-UdSSR und der Türkei wie dem Iran erreicht. Der Friede von Turkman-Cay (1830) hat neben Teilen Armeniens auch beinahe das gesamte Gebiet der heutigen Aserbaidschanischen SSR Rußland zugesprochen.

Der Name ›Wladikawkas‹ für das Fort an der Straße übers Gebirge war ein Programm. Wenn Rußland eine Stellung jenseits des Kaukasus erringen und ausbauen wollte, dann mußte es auch dieses Gebirge beherrschen. Die zahlenmäßig schwachen Bergvölker mußten, obwohl sie Rußland nichts zuleide getan hatten, unterworfen werden. Ihre Freiheit und Selbstverwaltung war »mit der Würde und Hoheit des Zaren

Zu den Farbtafeln:

1 *Teeplantage bei Sotschi*

2 *Landschaft bei Eriwan*

3 *Am Kreuzpaß im Hohen Kaukasus*

unvereinbar«. Sie galten als Räuber und Viehdiebe und man glaubte sie den Armeen Rußlands lächerlich unterlegen. Tatsächlich stieß man zunächst auf keine Schwierigkeiten. Die dem Namen nach christlichen Osseten wie die georgisch-christlichen Bergstämme (Chewschuren, Peschawer, Tschuscher, Swanen), durch deren Gebiet die militärische Verbindung nach Georgien verlief, stellten sich auf die Seite der Russen. Obwohl sie gelegentlich Fremde ausplünderten, ab und zu gegen die neue Herrschaft aufmuckten, kam es hier nie zu einem ernstlichen Aufstand. Das Gebiet der Kabardiner westlich und nordwestlich von Wladikawkas war so dicht durch Forts und Kosakeneinheiten gesichert, daß die Einwohner hier keinen Widerstand wagen konnten. Aber die Tscherkessen an den westlichen Kaukasushängen und die Abchasier am Schwarzen Meer – Moslems auch sie – setzten den Russen erbitterten Widerstand entgegen. Gleiches taten die moslemischen Einwohner des östlichen Kaukasus, das heißt von Daghestan, die Tschetschenzen und Lesghier. Sie waren in viele Stämme und Mundartgruppen zersplittert, politisch in kleine und miteinander rivalisierende Khanate aufgeteilt, die sich gegeneinander ausspielen und in gezielter Aktion unterwerfen ließen. General Jermolow, 1816 mit dem Oberkommando in Georgien und im Kaukasus betraut, konnte 1820 melden: »Die im vergangenen Jahr begonnene Unterwerfung Daghestans ist abgeschlossen. Das stolze kriegerische und bis dahin unbesiegte Land liegt zu den geheiligten Füßen Eurer Kaiserlichen Majestät.« Das waren verfrühte Siegesfanfaren. Noch 39 Jahre lang kostete ein blutiger Kleinkrieg ungezählte Opfer.

Jermolow hatte durch seine brutale Kriegführung unauslöschlichen Haß gesät, und dieser Haß fand seine religiöse Begründung. Ein frommer und weiser Kadi, Mullah Mohammed genannt, der in Süd-Daghestan hohes Ansehen genoß, versuchte zunächst, die Gegensätze zwischen Sunniten und Schiiten auszugleichen. Als ihm klar wurde, daß es für den Moslem Sünde ist, sich den Ungläubigen zu unterwerfen, da begann er, den Heiligen Krieg gegen die Unterdrükker zu predigen. Seine Worte zündeten in unzähligen Herzen, seine Lehre fand Schüler (= Muriden). Im Jahr 1826 segnete er seinen feurigsten Apostel, den jungen Kari-Mullah aus Gimri in Awarien. Der predigte die Lehre der Muriden unter Tschetschenzen und Lesghiern und sammelte das Volk zum Kampf gegen die Russen, deren Truppen damals im Krieg gegen Türken und Perser gebunden waren. Sein Helfer war der 1797 geborene Schamyl, das ist Samuel (ausgesprochen müßte der Name etwa wie šamvīl klingen). Unter Kari-Mullahs Nachfolger Hamsad Bey, einem Awaren aus der Gegend von Chunsach, richtete sich aber die erste Aktion der Muriden nicht gegen die Russen, sondern gegen das Khanat von Chunsach. Durch Verrat brachte Hamsad wohl die jungen Khane in seine Hand und ums Leben, die Awaren jedoch erwählten deren Milchbrüder Osman und Hadschi Murat zu Herren Awariens. Ihrer Blutrache fiel im September 1834 der treulose Hamsad zum Opfer. Hadschi Murat – sein Bruder war im Getümmel getötet worden – wurde zum Herrn Awariens erklärt. Ein Feind hetzte durch Verleumdungen die Russen gegen ihn und trieb ihn dazu, sich dem ›Heiligen Krieg‹ der Muriden anzuschließen. Er wurde des neuen Imams Schamyl – trotz der unbeglichenen Blutrechnung – tapferster, ja tollkühnster Unterführer im Kampf gegen die Russen, bis er sich von dem immer despotischer werdenden Feind-Verbündeten lossagte und zu den Russen überging. Daß diese nichts taten, um Hadschi Murats bei Schamyl gefangene Familie zu retten, sondern ihn beargwöhnten, brachte ihn zu dem Entschluß, ihre Rettung auf eigene Faust zu versuchen, sich aus russischem Gewahrsam zu entfernen, was ihn, den tragischen Helden von L. Tolstojs letzter (posthum 1912 erschienenen) Erzählung, das Leben kostete. Diese vermittelt – durch einen großen und engagierten Dichter gestaltet – auch einen Eindruck von der Wirklichkeit dieses Kleinkrieges, den wir hier nicht im einzelnen nachzeichnen können, der sich gar nicht nachzeichnen läßt – mit allen grauenvollen Einzelheiten, versetzt manchmal mit unfreiwillig komischen Zügen.

Zurück: den russischen Truppen war es im Oktober 1832 gelungen, Gimri einzunehmen, wobei bis auf zwei alle Einwohner niedergemacht wurden. Schamyl aber entkam – schwerverwundet – auf fast wunderbare Weise, und das verschaffte ihm so hohes religiöses Ansehen, daß er sich fortan an die Spitze des islamischen Widerstandes stellen und gegen andere Anführer, Stammeschefs und Khane durchsetzen konnte. Er wurde zum Helden des Aufstands: eine der merkwürdigsten und widersprüchlichsten Gestalten des 19. Jahrhunderts. Hochgewachsen, schlank, von stolzer Haltung, das lange, schmale Gesicht mit graublauen Augen von dunkelblondem Bart umrahmt, von beherrschter Würde des Auftretens, schlicht und zugleich erlesen gekleidet, ein Fechter, Läufer, Springer, dem es an Ausdauer keiner gleichtat, von kühnem Mut, Organisationstalent, unbeugsamer Willenskraft und erfinderischer Geistesgegenwart. Heerführer und Politiker, Menschenkenner und mitreißender Rhetor und als solcher ein Schauspieler, zugleich ein Mystiker und wahrer Frommer, war er gleichzeitig ein unerbittlicher Feind eines jeden, der sich ihm nicht unterwarf, war als Richter von fühlloser Grausamkeit und verhängte unbewegt schauerlichste Martern – und war er ein besorgter Familienvater und ein Kinderfreund, der mit den Kleinen harmlos heiter spielen konnte. Je länger er den Krieg gegen die Russen führte, desto stärker traten die prophetisch-despotischen Züge Schamyls hervor, schreckten Anhänger wie Gegner. 1838 nahmen die Russen Schamyls 12jährigen Sohn als Geisel, der erst 16 Jahre später – inzwischen russischer Offizier geworden – gegen die von Schamyl bei einem Einfall in Georgien 1854 gefangengenommenen Fürstinnen Tschatschawadse und Orbeliani ausgetauscht wurde.

Ein längeres Zitat aus Fr. Nansens Kaukasus-Buch sei hier eingeschaltet:

»Schamyls Charakter und die Art, wie er die Leute behandelte, werden durch eine Begebenheit aus jener Zeit schlaglichtartig beleuchtet. Er hatte während der Kämpfe in Dagestan Tschetschenien nicht hinreichend beschützen können. Die Tschetschenzen in den Vorbergen und im Flachland hatten daher mehr denn je unter den Raubzügen der Russen zu leiden. In ihrer Verzweiflung schickten sie vier Abgesandte zu Schamyl nach Dargo und ließen ihn bitten, er möge ihnen entweder ausreichenden Schutz gewähren oder ihnen den Friedensschluß mit den Russen erlauben. Die Abgesandten wagten nicht, ihren Auftrag dem fanatischen Imam selbst auszurichten. Sie fürchteten für ihr Leben. Statt dessen gelang es ihnen durch Bestechungsgelder, Zutritt zu Schamyls greiser Mutter zu erlangen und sie dazu zu bewegen, daß sie ihrem Sohn den Fall vortrage. Schamyl liebte seine Mutter zärtlich, aber in diesem Falle blieb er hart. Er sah ein, daß es verhängnisvolle Folgen haben könne, wenn er die Abgesandten umbringen ließ oder sie mit ausgestochenen Augen, abgehauenen Händen oder in sonst verstümmeltem Zustand nach Hause schickte, wie das sonst in solchen Fällen seiner Gewohnheit entsprach. Er ließ den Wunsch der tschetschenzischen Bevölkerung bekanntgeben und gleichzeitig verbreiten, daß er sich zu Fasten und Gebet zurückziehe, bis der Prophet selbst ihm seinen Willen kundgebe. Hierauf schloß er sich in der Moschee ein, seine Muriden und die Eingeborenen von Dargo versammelten sich auf seinen Befehl vor den Türen der Moschee und vereinigten ihre Gebete mit dem seinen. Drei Tage und drei Nächte hindurch blieben die Pforten der Moschee geschlossen. Die Menge draußen war von Fasten und Gebetsübungen ganz erschöpft, das lange Warten hatte sie in einen Zustand fieberhafter religiöser Erregung versetzt. Endlich öffnete sich die Tür, auf der Schwelle stand Schamyl, bleich und mit blutunterlaufenen Augen. Zwei Muriden begleiteten ihn auf das flache Dach der Moschee. Oben angekommen, befahl er, seine Mutter zu ihm zu führen. Sie erschien, in das weiße Tuch, die Tschardra, eingehüllt. Von zwei Mullahs geführt, näherte sie sich mit langsamen, unsicheren Schritten ihrem Sohn. Der starrte sie minutenlang schweigend an, dann hob er die Augen zum Himmel und rief mit weithin hallender Stimme:

›Großer Prophet Mohammed, heilig und unantastbar sind deine Gebote. Dein gerechtes Urteil mag als Beispiel und Warnung für alle Rechtgläubigen vollzogen werden.‹

Hierauf wandte er sich an das Volk und sagte, die eidbrüchigen Tschetschenzen wollten sich den Ungläubigen unterwerfen, ja sie seien schamlos genug gewesen, sogar Abgesandte nach Dargo zu schicken und sein Einverständnis zu solchem Treubruch einzuholen. Die Gesandtschaft habe nicht den Mut gehabt, mit ihrem Auftrag vor ihn selbst hinzutreten, sie habe sich an seine Mutter gewandt und die unglückliche schwache Frau dazu vermocht, bei ihm Fürbitte zu tun. Ihre eindringlichen Vorstellungen und seine unbegrenzte Verehrung für sie hätten ihm den Mut gegeben, Gottes Propheten Mohammed selbst um seinen Willen zu befragen.

›Und sehet: hier in eurer Gegenwart, begleitet von euern Gebeten, habe ich in dreitägigem Gebet und Fasten die gnädige Antwort des Propheten auf meine vermessene Frage erhalten. Des Propheten Antwort traf mich wie ein Donnerkeil. Denn es ist Allahs Wille, daß derjenige, der mir zuerst die schmähliche Absicht des Volkes der Tschetschenzen offenbarte, mit 100 schweren Peitschenhieben bestraft werden solle. Und dieser erste Bote war – meine eigene Mutter.‹

Auf den Wink des Imam rissen die Muriden der unglücklichen alten Frau die Tschadra vom Leibe, packten sie an den Händen und hieben mit einer geflochtenen Peitsche auf sie ein. Ein Schauer des Grauens und der Bewunderung durchrieselte die Menge. Schon beim fünften Schlag wurde das Opfer ohnmächtig. Schamyl selbst war außer sich vor innerer Qual, fiel den Bütteln in die Arme und warf sich seiner Mutter zu Füßen. Der Auftritt war ergreifend, die Augenzeugen flehten weinend und heulend um Gnade für ihre Wohltäterin. Nach wenigen Sekunden erhob sich Schamyl. Nichts mehr war ihm von seiner Gemütsbewegung anzusehen. Abermals hob er die Augen zum Himmel und rief mit grabesernster Stimme:

›Es gibt keinen Gott außer dem einen, und Mohammed ist sein Prophet. Ihr Bewohner des Paradieses, ihr habt mein inniges Gebet gehört, ihr habt mir erlaubt, daß ich selbst die Schläge entgegennehme, zu denen meine arme Mutter verurteilt war. Laßt mich diese Schläge mit Freude empfangen als ein unschätzbares Geschenk eurer Gnade und Güte.‹ Mit lächenden Lippen zog er den roten Kittel aus, drückte den beiden Muriden schwere Nogaipeitschen in die Hände und sagte ihnen, er werde mit eigener Hand den töten, der es wage, dem Befehl des Propheten lässig zu gehorchen. Stumm und ohne Schmerzenszeichen nahm er die 95 Schläge hin. Dann schlüpfte er wieder in seine Jacke, stieg zu der in Schreck erstarrten Menge herab und fragte: ›Wo sind die verfluchten Hunde, um derentwillen meine Mutter eine so entehrende Strafe erleiden mußte?‹ Die Unglücklichen wurden herbeigeschleppt und krümmten sich zu seinen Füßen. Niemand zweifelte, welches Schicksal die Gesandten treffen würde. Aber zur Überraschung aller hob Schamyl die vier Tschetschenzen auf und sagte: ›Kehrt heim zu euern Landsleuten und berichtet ihnen als Antwort auf ihr wahnwitziges Ansinnen, was ihr soeben gehört und gesehen habt.‹

Es ist wohl nicht nur der Schauspieler Schamyl, der uns in dieser Szene begegnet, es ist der Glaubenseiferer. Die meisterhaft inszenierte dramatische Vorstellung mußte auf die abergläubische und leichtgläubige Bergbevölkerung tiefen Eindruck machen.«

Das Jahr 1849 sah Schamyl auf dem Höhepunkt seiner Macht, dann sank sein Stern. Er herrschte wohl als blutiger Despot über seine Anhänger, aber fand doch nicht mehr die Kraft zu erfolgreichen Unternehmungen, während die russischen Truppen durch den Krimkrieg gebunden waren. Die Bergvölker waren seiner Glaubenstyrannei müde. Der Pariser Friede beendete den Krimkrieg, im Juli des gleichen Jahres 1856 wurde der Fürst Barjatinski Oberbefehlshaber im Kaukasus. In Gunib eingeschlossen, mußte der Imam 1859 sich ergeben Alexander II. empfing ihn huldvoll und wies ihm das südwestlich von Moskau gelegene Kaluga als Aufenthaltsort an, wo der einst Gefürchtete mit seinen drei Frauen und deren Kindern auskömmlich von einer Staatspension leben konnte. Im Jahr 1870 wurde ihm die Wallfahrt nach Mekka und Medina gestattet. Dort, wo der Prophet Mohammed begraben liegt, starb der 74jährige Schamyl (1871).

Wiederholt hatte er versucht, die westgeorgischen Stämme als Gefolgsleute seines Kampfes zu gewinnen. Mochten seine Jünger dort auch zeitweilig ein Echo finden, der tscherkessische Adel fürchtete Schamyls Despotismus, die weiten Entfernungen erschwerten eine Koordination, die kurzsichtige Politik der Pforte trieb die abchasischen Moslems endlich ins christliche Lager. Nach der Kapitulation Schamyls konnten die Russen ihre vereinigten Kräfte einsetzen, um den Widerstand der Tscherkessen und Abchasier zu brechen und sie unters Joch zu beugen. 400 000 Tscherkessen, zusammen mit Tschetschenzen und Lesghiern, verließen ihre grüne Heimat. Sie verkamen in der osmanischen Türkei: als Hilflose in den syrischen Steppen, als Räuber in den Bergen, als ärmliche Bauern in der libanesischen Bekaa-Ebene.

Als Alexandre Dumas 1859 den Kaukasus bereiste, war das Andenken an Schamyl in Daghestan noch ganz frisch und er gibt ausführlichen Bericht über den Imam und seine Familie. Was er erfuhr, zeigt, daß Daghestan und der westliche Kaukasus noch keineswegs friedlich lebten. So ging es in Nukha, dem heutigen Scheki, beim Fürsten Tarkanow zu: »Der Eingang in das Haus des Fürsten war außerordentlich malerisch. Das große Haustor hatte eine kleine Eingangstür, die nur durch einen einzigen Mann passierbar war, offenbar eine Vorsichtsmaßregel gegen feindliche Überfälle. Das Tor führte auf einen sehr großen Hof mit gigantischen Platanen, und unter jedem dieser Bäume stampften zwei oder drei Pferde, die zum Kampf aufgeschirrt waren. Dazwischen gingen etwa 20 Milizsoldaten umher, die Burka auf der Schulter, den spitzen Papak auf dem Kopfe, Schaschka und Kandschar zur linken sowie Pistolen an der rechten Seite. Ihr Anführer war etwa 40 Jahre alt und unterhielt sich mit einem wohl zwölfjährigen Knaben, der Tscherkessentracht trug und mit einem langen Dolch bewaffnet war.« Es war der junge Prinz Iwan Tarkanow, der, obwohl er aus seiner Heimat Schirwan nie herausgekommen war, geläufig französisch sprach. »Während wir Tee tranken, dachte ich an die Schildwache in der letzten Nacht vor unserer Wohnung. Deshalb fragte ich Prinz Iwan: ›Apropos, hatte man gefürchtet, wir würden entwischen, weil wir bewacht wurden?‹

›O nein‹, erwiderte er lachend: ›Man hat Ihnen zu Ihrer Sicherheit eine Schildwache gegeben.‹

›Wieso? Waren wir denn hier nicht in Sicherheit?‹

›Durchaus nicht, unsere Spione hatten uns gemeldet, daß die Lesgier eigentlich einen Angriff auf unsere Seidenfabrik beabsichtigten, außerdem wollten sie nach Möglichkeit mich entführen. Wir haben unsere Spione bei den Lesgiern, ebenso wie sie welche bei uns haben. Und mein Vater hat ihnen nicht nur großen Schaden getan, sondern auch eigenhändig einige Dutzend Köpfe abgeschlagen. Beim zweiundzwanzigsten hat ihm der Zar Nikolaus einen Ring als Anerkennung geschickt. Papa, hole ihn doch und zeige ihn Herrn Dumas!‹

Der Oberst stand lächelnd auf und kam bald darauf mit einem kostbaren Ring wieder, welcher außen vier große Diamanten und innen den Namenszug des Kaisers hatte.

›Übrigens hat mein Vater ihn mir versprochen, wenn ich die ersten drei Lesgierköpfe abgeschlagen habe.‹

Das äußerte er so gleichgültig, als ob er gesagt hätte, nachdem er drei Nüsse gepflückt habe.

›Warum wollen Sie nicht warten, bis Sie 22 Köpfe erbeutet haben, dann erhalten Sie auch einen Ehrenring wie Ihr Vater, und Sie haben dann zwei in der Familie?‹

Er antwortete: ›Wer weiß, ob ich ebenso gute Gelegenheit haben werde, denn es wird von Tag zu Tag schwieriger, weil sich viele Dörfer unterwerfen. Lieber will ich bei meinen drei Köpfen bleiben. Auf diese Zahl komme ich bestimmt. Wer hat denn noch nicht drei Lesgier getötet?‹«

Trotz der Niederlage im Krimkrieg erweiterte das Zarenreich seinen Besitz im Süden um Teile Mingreliens an der Schwarzmeerküste. Wie blutig, wie erbittert die Kämpfe waren, die Rußland zum Herren des Kaukasus machten, das erwähnt kein offizieller Reiseführer. Die reden immer nur von Völkerfreundschaft mit dem großen russischen Bruder und lasten alles Negative allein der zaristischen Autokratie an, deren Knute das kulturelle Eigenleben in den Kolonien niederhielt. Kolonien, obwohl man sie, da sie nicht wie die der westeuropäischen Mächte in Übersee lagen, sondern eben nur wie vor der eigenen Haustüre, als bloße Erweiterung und Arrondierung des ›natürlichen Gebietes‹ ausgeben konnte.

So viel an wirtschaftlichem ›Fortschritt‹ diese Jahre brachten, es waren solche eines Kolonialregimes, das die Menschen zu willenlosen Werkzeugen kaiserlicher Selbstherrschaft und starrer Bürokratie erniedrigte, welche ihnen mit ihrer Sprache und Schrift auch ihre kulturelle Eigenart zu rauben versuchte. Georgisch und Armenisch waren weder im amtlichen Verkehr noch im christlichen Gottesdienst zugelassen, wurden, wie alle anderen Volkssprachen, in der Schule nicht gelehrt, ja waren dort verboten.

Im Jahr 1917, als das Zarenregime zusammenbrach und in Petersburg die Bolschewiki die Macht an sich risssen, schien sich den transkaukasischen Provinzen eine Chance zu eröffnen, ihre Selbständigkeit zurückzugewinnen. Aber was der russische Bär einmal in Tatzen und Zähnen hält, gibt er nicht mehr her: allen Verträgen und allen freundschaftlichen Versicherungen der neuen Herren in Petrograd und im Moskauer Kreml zum Trotz und obwohl die Sowjets am 7. 5. 1920 einen Friedensvertrag mit Georgien unterzeichneten und dessen Unabhängigkeit anerkannten ebenso wie die unterm 15. Januar 1921 durch die Alliierten sanktionierte Selbständigkeit der Aserbaidschanischen Republik und Armeniens.

Während die Diplomaten in Paris sich Zeit ließen, nützten die roten Herren im Kreml die Tage, um verlorene Positionen südlich des Kaukasus zurückzugewinnen. Geschickt profitierten sie vom Nach- und Bürgerkriegschaos, um – von innen wie von außen her – die kaum erst gehfähigen ›bürgerlichen‹ Republiken zu Fall zu bringen. Endlich machten die Soldaten der Roten Armee ihnen gewaltsam den Garaus.

In der ›offiziellen‹ Sprache ist immer nur die Rede vom ›Sieg und der endlichen Etablierung der Sowjetmacht‹, Denkmäler ehren jene ›Helden‹, die als Anhänger der letztlich siegreichen Sache unter die Räder kamen. Von den vielen, die der Rache der Sieger zum Opfer fielen, ist nirgendwo die Rede. Sie sollen vergessen sein, waren sie doch nur ›Klassenfeinde‹.

Am 24. Februar 1921 besetzten rote Einheiten Tiflis/Tbilissi, am nächsten Tag wurde in Georgien die Sowjetherrschaft ausgerufen, wenig später auch in Eriwan, Ende April in Aserbaidschan. Kirow, dessen Denkmal über der Bucht von Baku ragt, ließ 120000 Aserbaidschaner als ›nationalistische Abweichler‹ deportieren. Sein Vorgesetzter, der Georgier Stalin, ›Volkskommissar für die völkischen Minderheiten‹ im Moskauer Politbüro, der in seiner Heimat nur auf eine dünne Anhängerschaft rechnen konnte und um die separatistischen Neigungen auch linientreuer Kommunisten Georgiens wußte, schloß 1922 die Gebiete südlich des Kaukasus zur Transkaukasischen Föderalistischen Sozialistischen Sowjet-Republik zusammen, ließ 1924 einen Aufstand von der Roten Armee blutig unterdrücken. Erst Ende 1936 wurde die Föderation wieder aufgelöst und wurden die drei transkaukasischen Republiken als direkte Mitglieder in den Verband der UdSSR aufgenommen. Seither dürfen die Menschen Transkaukasiens wieder ihre Muttersprachen gebrauchen, sind diese in den einheimischen Schulen Unterrichts- und das Russische nur Fremdsprache, stehen auf den Straßenschildern die georgischen, armenischen, aserbaidschanischen Schriftzeichen (im letzteren Falle die kyrillischen, bereichert um ein paar Lettern für die dem Russischen fremden türkischen Vokale) vor den russischen Bezeichnungen, werden folkloristische Überlieferungen, werden Volksmusik und -tanz gefördert, beschäftigen sich Wissenschaftler mit dem Eigen-Erbe der Staatsvölker des Kaukasus und mit dem seiner ethnischen Minderheiten. Doch das alles darf einzig innerhalb der Sowjetunion stattfinden, aus deren Wirtschaftsorthodoxie es kein Entrinnen gibt.

Da wir unterwegs immer wieder Ausdrücken wie ›Sozialistische Sowjetrepublik (SSR)‹, ›Autonome Sozialistische Sowjetrepublik (ASSR)‹, ›Autonomes Gebiet (AG)‹ begegnen werden, ist es vielleicht nützlich, ein Wort über die administrative Gliederung der UdSSR einzufügen. Die Sowjetunion ist – wie der Name sagt – ein Bundesstaat, der aus fünfzehn Republiken (SSR) gebildet ist. Nach Größe und Bedeutung an erster Stelle unter ihnen steht die Russische Sozialistische Föderative Sowjetrepublik oder kürzer die Russsische Föderation mit ihren mehr als siebzehn Millionen Quadratkilometern, also ganz ›Rußland‹ und das, was man bei uns landläufig als ›Sibirien‹ bezeichnet. Zu ihr gehören zwölf Autonome Republiken (ASSR) – in unserem Zusammenhang werden wir nur die Kabardino-Balkarische, die Daghestanische und die Nord-Ossetische ASSR zu erwähnen haben –, fünf Autonome Gebiete (AG) und 10 Nationalkreise (NK). Der Russischen Föderation verfassungsmäßig gleichgeordnet sind die übrigen vierzehn Unionsrepubliken, die zusammen etwa fünf Millionen Quadratkilometer umfassen. Man kann sie der leichteren Merkbarkeit zuliebe in eine Fünfer- und drei Dreiergruppen fassen (in Klammer jeweils die Hauptstadt), nämlich in die fünf mittelasiatischen Republiken, die Turkmenische (Aschchabad), die Kirgisische (Frunse), die Kasachische (Alma-Ata), die Tadschikische (Duschanbe) und die Usbekische SSR (Taschkent), in die drei slavischen Republiken: die Ukrainische (Kiew), die Weißrussische (Minsk) und die Moldauische SSR (Kischinow), die drei baltischen: die Estnische (Tallinn/Reval), die Lettische (Riga) und die Litauische SSR (Wilnjus/Wilna) und endlich die drei transkaukasischen Republiken Armenien (Eriwan), Aserbaidschan (Baku) und Georgien oder Grusinien (Tbilissi). Zu letzterer gehören die Autonomen Republiken Abchasien und Adscharien sowie das Autonome Gebiet Süd-Ossetien. Zur Aserbaidschanischen SSR gehören die Nachitschewanische ASSR und das Nagorno-Karabachische AG.

Der juristische Unterschied zwischen einer SSR und einer ASSR besteht darin, daß die erstere volle Staatlichkeit besitzt, das heißt laut Verfassung das Recht, unter gewissen Umständen aus der Union auszutreten, während einer Autonomen Republik diese (freilich nur auf dem Papier bestehende) Freiheit nicht zusteht und sie auch keine direkten Vertreter in den Obersten Sowjet entsendet, sondern ihre internen Angelegenheiten durch eigene ›Räte‹ nur im Rahmen einer SSR bestimmen kann. Die Autonomen Gebiete und die Nationalkreise (geschlossene Gebiete ethnischer Minderheiten) genießen Selbstbestimmung nur wiederum im administrativen Rahmen einer ASSR. Die Interessen der vielen völkischen und sprachlichen Gruppen sind durch dieses auf den ersten Blick etwas komplizierte System gewährleistet, zugleich mit dem nötigen zentralistischen Kitt, der die imperiale Vorherrschaft Moskaus sichert. Wenn nämlich auch die vielen Völker und Volksgruppen ihre Sprache reden und bewahren, ihre weltlichen Bräuche und ihre Trachten weiter pflegen dürfen, ja sollen: Aufstiegschancen eröffnet – von der Ideologietreue einmal abgesehen – in erster Linie die Beherrschung der gemeinsamen Verständigungssprache, des Russischen, in Wort und Schrift.

Es liegt auf der Hand, daß in einem Staatsgebiet, das 22,4 Millionen Quadratkilometer umfaßt, das sich über zehn Zeitzonen erstreckt, ein solcher Kitt unerläßlich ist. Man mache es sich nur einmal klar: Wenn es in Odessa 14 Uhr ist, d.h. heller Frühnachmittag, dann liegt gleichzeitig tiefe Mitternacht über dem östlichsten Ausläufer Sibiriens, zwischen welchem und dem einst auch russischen Alaska die Datumsgrenze verläuft. Von der Zentrale Moskau bis dorthin sind es fast siebentausend Kilometer in der Luftlinie, nach Wladiwostok braucht die transsibirische Eisenbahn rund sieben Tage und ein Flugzeug gute zehn Stunden.

Aber genug von den mammuthaften Größenverhältnissen der UdSSR. Die Unionsrepubliken, mit denen wir es zu tun haben werden, sie sind dagegen handlich und überschaubar, quasi nach europäischem Maß gemacht.

Der Kaukasus und seine Völker

Der alte Rußland-Baedeker von 1897 ist in vielem bloß noch ein historisches Zeugnis und liest sich manchmal recht kurios, aber Abschnitte daraus haben doch noch heute ihre Gültigkeit. »Der Kaukasus, der große Grenzwall Asiens und Europas zwischen dem Kaspischen und dem Schwarzen Meere, erstreckt sich in der Richtung von Ostsüdost nach Westnordwest von der Halbinsel Apscheron am Kaspischen Meer bis zur Kuban-Mündung am Schwarzen Meer; seine natürliche Fortsetzung jenseits der Straße von Kertsch bilden die Kalkgebirge der Krim. Die ganze Länge des Gebirges beträgt 1280 km, die Breite wechselt von 100 bis zu 225 km.«

Seinem Aufbau nach ist der Kaukasus ein Kettengebirge, das seine Entstehung, wie auch unsere Alpen, einer Auffaltung der Erdkruste verdankt. Die Hauptfalte ist in der Mitte, zwischen den Quellen des Kuban und des Terek, am höchsten aufgebauscht. In diesem mittleren Abschnitt liegt der Gebirgsrücken aus kristallinischem Urgestein unter weniger Ablagerungen verborgen, als in den anderen Teilen des Gebirges. Nördlich dieses Granitrückens sind in erdgeschichtlich junger Zeit zwei Vulkanmassive aufgebrochen, die sich über die Granite gelegt haben: im Nordwesten der Elbrus, der mit 5629 m höchste Gipfel des Kaukasus, im Volk der ›Geisterkönig‹ genannt, und südöstlich davon der Kasbek (5043 m), nicht minder sagenumwoben. Sie sind die höchsten Berge des Kaukasus, von denen allein zwanzig höher sind als der Montblanc, aus Trachyten gebaut, mit Flanken aus Basaltlava. Der südöstliche Teil der Gebirgskette – etwa vom Kasbek bis zum Kaspischen Meer – besteht größtenteils aus Lias-, Jura-, Kreide- und frühtertiären Sedimentärschichten. Dieser ›Daghestanische Berggürtel‹ ist breiter als der mittlere und westliche Kaukasus, dafür sind seine Berge nicht so hoch, obwohl sie sich auch hier bis 4000 m aufrecken.

Die Schneegrenze liegt an der Südseite des Gebirges zwischen 2900 und 3500 m, an der Nordseite, die sich in mehreren Parallelketten gegen die südrussischen Steppen absenkt, um etwa 400 m niedriger. Obwohl auch dieses Gebirge wie die Alpen Eiszeiten erlebt haben muß, weisen die Täler nicht die typisch glaciale U-Form auf (auch fehlen ihnen Seen als Relikte einstiger Gletscher), sondern sind V-förmig zwischen tiefe Wände eingeschnitten. Wasserläufe haben ihr enges Bett mühselig zwischen steile Wände eingesägt, tosen durch Cañons und enge Klamms und finden nirgendwo Ruhe, sich zu setzen und ihr Wasser zu klären. Die geodynamischen Verschiebungen, die Zusammenpressung und -faltung der Erdrinde, denen der Kaukasus seine Entstehung verdankt, sind noch immer nicht abgeschlossen. Man hat festgestellt, daß der Große Kaukasus jährlich um zwölf Millimeter wächst. Damit stehen die in diesem Gebirgsbereich häufigen Erdbeben in Zusammenhang (in unserem Jahrhundert zählte man allein mehr als 70 Beben der Stärke 7 und 8 auf der in der UdSSR gebräuchlichen Mercalli-Skala), wie auch der bereits erwähnte Vulkanismus und mit diesem wiederum der Reichtum des Gebietes an mineralischen und Thermalquellen.

Vier große Ströme gehen aus dem Gebirge hervor. Der Kuban entspringt am Elbrus, fließt in nördlicher Richtung und wendet sich dann nach Westen, dem Asowschen Meere zu. Der Terek, der südlich des Kasbek seinen Lauf beginnt, sucht seinen Weg zunächst nach Osten, schäumt dann durch enge Schluchten nach Norden, Wladikawkas/Ordschonikidse berührend, der Steppenebene zu, wo er sich nach Osten wendet, um sich in breitem Deltafächer ins Kaspische Meer zu ergießen, in dem sich seine Wasser mit denen der Wolga vermählen. Am südlichen Hang des Kaukasus entspringt der Rioni, zieht durch das sagenberühmte Kolchis dem Schwarzen Meer zu, dem Pontos Euxeinos der Griechen. Der vierte dieser Flüsse, der Aras, der längste und wasserreichste, entspringt im russisch-türkischen Grenzgebiet um Kars, also im armenischen Hochland, dessen Nordrand oft als ›Kleiner Kaukasus‹ bezeichnet wird. Der Große Kaukasus sendet ihm von Norden die Kura zu, welche die Wässer von Aragwi, Jori, Alasani mitbringt.

Lesen wir noch einmal im alten Baedeker von vor fast hundert Jahren: »In ethnographischer Hinsicht ist der Kaukasus eines der merkwürdigsten Gebiete der Erde: die Unwegsamkeit des Gebirges und die Abgeschlossenheit der Thäler befördern die Spaltung der Bevölkerung in zahlreiche Stämme und die Erhaltung versprengter Reste von Völkern, die im Laufe der Zeiten auf den großen Völkerstraßen im Norden und Osten vorüberzogen.« Schon die Alten (Strabo) nannten den Kaukasus den ›Berg der Sprachen‹, und zu des älteren Plinius Zeit, also im 1. Jahrhundert nach Chr., war die Schwarzmeerstadt Dioskurias, die später im Meer versank, Treffpunkt von Händlern aus siebzig verschiedenen Völkern.

Die russische Eroberung, die Russifizierungspolitik, die Revolution von 1917 und ihre Folgen, die Herrschaft Stalins und die Ereignisse während des ›Großen Vaterländischen Krieges‹ haben die kleinen Volksgruppen dezimiert und manche von ihnen so gut wie ausgelöscht. Die Tscherkessen z.B., die einst in dem Gebiet, das heute Karatschejewo-Tscherkessische Autonome Region heißt, den Hauptteil der Bevölkerung ausmachten, sind zusammen mit vielen gleichfalls moslemischen Abchasiern seit 1864 ins Exil abgewandert, vor allem in die Gebiete des damaligen Osmanischen Reiches und stellen heute innerhalb der UdSSR eine kaum mehr auszumachende Minorität dar. Zwar ist das Land im Gebirg und an seinen beiden Flanken auch unter der sowjetischen Einheitsfarbe immer noch ein ethnischer Fleckerlteppich, doch wie in aller Welt jedes Jahr seltene Tier- und Pflanzenarten verschwinden, das Leben an Vielfalt verliert, so geht es auch mit der Vielgesichtigkeit des Volkslebens: die alten Sprachen kleinerer Gruppen, die alten Sitten, Trachten, kurz alles, was ein Volk zu einer eigengeprägten Gruppe macht, das verschwindet unter einem Einheitsgrau. Immerhin haben außer den Georgiern (Grusiern), oder richtiger Kartveliern, zu denen die Völkerkundler außerdem noch die Imerier (Imeretier), Swanen (Swanetier), die Mingrelier, auch die Chewschuren, Tschuscher, Peschawer und die Lasen an der Schwarzmeerküste um Batumi zählen, auch die Armenier und die türkischen Aserbaidschaner (Kumüken, Tataren zusammen mit Kaukasischen Stämmen wie den Darginern, Lakern, Kürinen) eine eigene Sowjetrepublik. Die Osseten, Abchasier, Adscharen (Kartvelier moslemischen Bekenntnisses), die Nagoriner und Balkaren genießen innerhalb ihrer Autonomen Republiken oder Regionen (ebenso wie die türkisch-tatarischen Stämme des zur Russischen Föderation gehörenden Daghestan) eine beschränkte Selbstverwaltung, ihre Sprachen werden in den Schulen gelehrt, aber sie sind nur noch abbröckelnde Minoritäten, die eines nicht fernen Tages verschwinden werden, wie die Lesghier, Darginer, Laker, Kürinen, Nogaier, von denen die Reisenden des 19. Jahrhunderts zu berichten wußten. Auch wenn die verschiedenen Idiome im Alltag der Dörfer noch gesprochen, in den Schulen unterrichtet werden: ohne das Russische kommt niemand aus. Unter dem gesellschaftlichen und wirtschaftlichen Uniformierungszwang verbleichen die bunten Farben von einst. Die alten Waffen und Geräte kann man nur noch im Museum sehen. Noch ein Glück, wenn staatliche Folkloreensembles noch etwas von Musik und Gesang, von Tänzen und Trachten der vielen Völker des Kaukasus am Leben – einem etwas künstlichen Leben – erhalten. Aber was hat Friedrich Torbergs Tante Jolesch gesagt? »Gott soll einen hüten vor allem, was noch ein Glück ist.«

Ausflug zum Elbrus

Wer am Nordrand eines Gebirges lebt, der weiß um den Unbestand des Wetters. Nach heiteren Tagen kann sich eine Wolkenwand einhängen und dem Vorland wässerige Feuchte bescheren, während weiter drin in den Bergen noch Himmelsbläue herrscht. Aber so etwas ist eher die Ausnahme.

Nach einem Sonnentag in Piatigorsk hat sich abends der Himmel bezogen, in der Nacht fiel Regen. Als wir frühmorgens – es soll ein langer Tag werden – zu einem Elbrus-Ausflug aufbrachen (natürlich nicht zur Besteigung des Berges, sondern nur, um ihm auf gebahnten Wegen so nahe zu kommen, wie es ohne Mühe und Sondererlaubnisse geht), da hängen die nassen Wolken bis vor die Fensterscheiben. Hat es überhaupt einen Sinn, loszufahren? Wir haben doch gehört und gelesen, daß der Elbrus sich nur selten sehen läßt und wie alle hohen Berge gern schon in den Vormittagsstunden einen Wolkenschleier angelt, den er sich als Turban ums Haupt legt. Aber Tatjana, unsere sowjetische Begleiterin, ermutigt uns, wenigstens bis zur Bergwerksstadt Tyrnyauz zu fahren. Sie gilt – obwohl durch keinerlei Besonderheiten der Lage ausgezeichnet – bei Kennern des einheimischen Klimas als eine Wetterscheide. Wenn es sich nicht bald nach diesem Ort aufhellt, dann wird's nichts mit einem Blick auf den Elbrus.

Ein vorgebuchtes Programm läßt sich in der UdSSR nicht so einfach ändern. Wir lassen es also auf den Versuch ankommen, steigen, noch etwas traumhappert, in unseren Reisebus, ohne rechtes Zutrauen zu den Voraussagen.

Der Tambukan-See (das Wort soll in der kabardinischen Zunge schlicht ›es stinkt‹ bedeuten), ein Gewässer mit Heilschlamm und reichem Gehalt an Glaubersalz, gehört eigentlich ins Unterhaltungs- und Ausflugsprogramm der Kurgäste von Piatigorsk, wir kassieren dieses Ziel so nebenbei auf unserem Weg dem Kaukasus zu. Was sich sagen läßt, sagt der Name schon: der See stinkt. Nach Schwefelwasserstoff.

Kein Grenzmal hat uns darauf aufmerksam gemacht, daß wir uns nach wenigen Kilometern schon auf dem Gebiet der Kabardino-Balkarischen ASSR befinden, einem Territorium, das etwa ein Drittel so groß ist wie die Schweiz, aber nur eine halbe Million Einwohner zählt, etwa zehn Prozent von ihnen sind Kabardiner ibero-kaukasischer Zunge (also sprachlich den Georgiern verwandt) und achtzigtausend turksprachige Balkaren, in denen man auf den Krücken einer kühnen Etymologie (Balkaren = Bulgaren) die Nachkommen derer erblicken will, die sich einstmals nicht auf den Weg zum Balkan machten, um sich dort zu slavisieren, dazu kommen noch Splitter von dreißig anderen Nationalitäten.

Blick zum Elbrus

Im westlichen Winkel dieser Republik erhebt sich der doppelgipflige höchste Berg des Kaukasus.

Bei *Baksan* biegt die Straße in südwestliche Richtung ab, folgt – schmal, aber gut ausgebaut – dem Lauf des gleichnamigen schäumenden und brausenden Bergflusses. Tief hängen die nassen Wolken ins Tal, schwarz und regenfeucht glänzen die Felshänge, gelbe Azaleen setzen Farbflecke ins Grau. Viel ist nicht zu sehen von der Landschaft. Das Stündchen Fahrt bis zu der Stelle, wo sich das Schicksal des Tages entscheiden soll, nützen wir zu einem Nickerchen.

Tyrnyauz, wo Wolfram und Molybdän abgebaut werden, scheint einförmig und triste, obwohl die Gegend ahnungsweise wie ein tirolerisches Gebirgstal anmutet. Immer noch ist der Himmel grau, grauer und dunkler noch die Erde. Noch ein paar Kurven talaufwärts um Felsnasen herum und – ist's möglich? – das obere Grau lichtet sich, läßt bald blaue Flecken durchscheinen, die sich zu größeren Flächen vereinigen, Strahlen der Sonne spielen schon durch die Wolkenschleier, heben kalkweiße und blaßrose Felswände heraus, smaragden aufleuchtende Rasenstücke, dunklere Büsche.

Noch ein paar Kilometer talaufwärts strahlt der Himmel im reinsten Blau, kann er sich gar nicht mehr erinnern, was Wolken überhaupt sind. Die Straße schlängelt sich weiter talauf, uns erfaßt Bergeuphorie, man möchte zarathustrisch tanzen. Eine Straßenbiegung – und ein erster Blick zum Elbrus. Neben uns schäumt wildes Bergwasser, Birken und Föhren stehen im Tal, Sanddornbüsche säumen die Straße. Im Süden zeigt sich schneeglänzend der Uschba (4711 m) im Kreis anderer Bergriesen. Über *Itkol* und *Terskol* fahren wir hinauf zur Talstation der Kabinenbahn.

Der Touristenrummel hält sich in braven Grenzen. Kein Vergleich mit dem, was sich bei uns an einer Bergbahn abspielt. Wer in den Kaukasus fährt, teilt das Erlebnis stets nur mit wenigen Bevorzugten. Ein Dutzend sowjetischer Bergsteiger ist mit dabei, als wir uns an der Kasse anstellen – denn angestanden muß überall werden.

Wer im Kaukasus einen Berg besteigen möchte, der kann – als Ausländer – nicht einfach mit seiner Ausrüstung auftauchen und sagen ›Auf geht's‹. Er braucht Genehmigungen, muß vorher Anträge gestellt haben ...

Bald schweben wir hinauf zum ›Alten Rundblick‹, der Mittelstation der Bahn, steigen dort um zur Bergstation ›Mir‹, das ist ›Friede‹ (3500 m). Unten hatten wir uns vorsichtshalber in Pullis und Anoraks vermummt, aber was wir hier oben brauchen, ist Sonnenöl und eine starke Gletscherbrille. Wonnig und sonnig ist's hier oben. Ein Dutzend gut eingefetteter russisch-blonder Bikini-Mädchen tollt im Tanz um einen Schneemann. Zum Greifen nahe stehen bizarre Felsgipfel und bläulich schimmernde Gletscher jenseits des Talkessels, fernhin leuchten weiße Zacken. Wer kennt ihre Namen – Nakra, ›Zwillinge‹, Dingus, Ongun –, wer merkt sie sich. Nicht ragend, sondern eher unspektakulär der Elbrus selbst. In der klaren Luft meint man, bis zu seinem Gipfel wären es gerade nur ein paar Wanderstunden. Und dabei beträgt der Höhenunterschied noch mehr als 2000 Meter. Die Bergsteiger, die mit hochgetürmter Ausrüstung über die Schneefelder stapfen, sie kommen einem fast komisch vor.

Doch der so harmlos aussehende Elbrus soll seine Tücken haben und vor allem eine gewisse Akklimatisationszeit erfordern. Nicht einfach zu sagen, ob das mit den besonderen und sehr wechselhaften Klimaverhältnissen zu tun hat, von denen wir eine Kostprobe genießen? Jedenfalls soll selbst dem Mount-Everest-Sherpa Tensing – so plaudert unsere Führerin – die Luft ausgegangen sein, als er den Elbrus aus dem Stand angehen wollte. Am 21. August 1942 haben deutsche Gebirgsjäger, Angehörige des Gebirgsjägerregiments 99 der 1. Gebirgsdivision, den höheren der beiden Elbrusgipfel bestiegen und auf ihm die deutsche Fahne aufgepflanzt. Wäre es nicht die mit dem finsteren Hakenkreuz gewesen, man dächte dieser sportlichen Leistung noch heute mit Stolz. Der ›Führer‹ aber – unsportiver Kleinbürger – soll auf die Nachricht davon einen seiner irren Wutausbrüche ausgetobt haben, als hätte man ihm ›seinen‹ ganzen Krieg vermasselt.

Wir haben zwar nichts geleistet, aber belohnen uns in Terskol unten – ein riesiger Parkplatz mit Sporthotel auf der einen, Schaschlykbuden auf der anderen Seite – mit einem Imbiß und einem Fläschchen georgischen Weins und feiern das Glück des Tages. Schon während wir dann mit dem Sessellift den Hang des 3800 m hohen Tscheget-Berges hinauffahren, um von dort aus wie von einem Aussichtsbalkon noch einmal zum doppelgipfeligen Geisterkönig hinüber – und hinaufzuschauen, der sich von dort in seiner ganzen Majestät zeigen soll, hat er sich schon verschleiert. Wir schauen hinaus ins Baksan-Tal. Als wir dann an diesem Bergwasser entlang wieder abwärts fahren, dankbar für einen herrlichen Tag, tauchen wir vor Tyrnyaus wieder in die Nebelschwadenwaschküche. Sie bedrückt uns nicht, wir haben Glück gehabt.

Als wir ein Jahr später wieder zum Elbrus unterwegs waren, da war alles ganz anders, verhext-verkehrt. Da war es in Piatigorsk sommertrocken, der Himmel blau bis Tyrnyauz, aber dann blieben die Berggipfel verhangen, ablehnend-unsichtbar.

Tief hängt der Wolkenhimmel herab. Die schmale ›Autobahn‹ zieht durch eine grüne Ebene, vorbei an Dörfern, deren niedrige Häuschen ihre blaugekalkte Front fensterlos der Straße zuwenden – Nester, verloren in der Weite, die fernviolette Erhebungen umziehen. Da und dort – vereinzelt und manchmal auch geschart – kleine Buckel im Flachen: Kurgane.

Das sind Grabhügel, aus Erde aufgeschüttet (seltener aus Steinen getürmt), wie sie sich im ganzen Gebiet von der Schwarzmeerregion über die kaukasische bis ins südliche Sibirien finden. Hügel, die zuerst Erdgruben deckten in denen die Toten mit angezogenen Knien auf der Seite liegend bestattet wurden (diese werden ins 3. Jahrtausend v. Chr. datiert), dann auch Steinkistengräber, die um 2500 im Kaukasus und später in Sibirien üblich wurden, dann auch Schachtgräber mit einer seitlich anschließenden halbrunden Kammer, die den Toten in Hockerlage, zusammen mit den Beigaben, aufnahm (ein Typus, der nördlich des Schwarzen Meeres um die Mitte des 2. Jahrtausends v. Chr. in Gebrauch war) und Erdgräber schließlich, in denen der Tote ausgestreckt in einem Sarg lag, und die zunächst durch eine aus Baumstämmen gezimmerte Hütte überfangen wurden, in welche die Opfergaben gelegt wurden. Beigaben und Knochen von Opfertieren finden sich bei den Grabstätten dieses Typus auch in der Erde des über der Blockhütte aufgeschütteten Tumulus. Dieser Typus tritt nördlich des Schwarzen Meeres schon in der 2. Hälfte des 2. Jahrtausends auf, ein Jahrtausend später bildet er die typische Bestattungsform im Altai (Pazyryk, Mitte 1. Jahrtausend v. Chr.) Die Tatsache, daß die Entwicklung in Sibirien hinter der kaukasisch-südrussischen deutlich nachhinkt, läßt in eben diesen Gebieten den Ursprung der erwähnten Bestattungssitten vermuten, zeigt jedoch auch, in welch weite Zusammenhänge der Kaukasusbereich eingespannt ist und bekundet eine rätselhaft über weite Zeiten und Räume wirkende Tradition. Schließlich sind die

Türben der Seldschuken in Persien und Kleinasien – aus einem anderen Geist geschaffen und mit iranisch oder armenisch geprägten Zügen – nichts anderes als Enkel und Urenkel der Kurgan-Mausoleen der Steppenvölker.

Auch wenn jahrtausendferne Vergangenheit keineswegs faltenlos und ohne Rätsel vor unseren Augen liegt: das Liniennetz weiter Beziehungen über immer gegebene geographische Grenzen und politische Grenzen von heute hinweg, es wird faßbar.

Im bronzezeitlichen 3. Jahrtausend v. Chr. spielte die Kaukasusregion dank ihrer Bodenschätze eine nicht unwichtige Rolle und stand in Verbindung mit den fortgeschrittenen Zentren Irans, Mesopotamiens und Kleinasiens, aus denen Güter und Gedanken, neue handwerkliche und künstlerische Techniken ihren Weg nach Norden fanden. An der Wende zum 2. Jahrtausend dürfte der Kaukasus eines der metallurgischen Zentren Eurasiens gewesen sein, dessen Bronzeerzeugnisse den Weg zu den Steppenvölkern Osteuropas fanden. Wichtige Belege für diese Verbindungen lieferte die *Maikop-Kultur,* benannt nach der Stadt im Krasnodarer Kreis, in der 1897 ein mächtiger Kurgan durchforscht wurde. Obwohl die Ortsbewohner Erde abgetragen hatten, war er immer noch fast 11 Meter hoch. Seine Masse deckte eine Grabkammer von 5,3 x 3,7 m mit Rundholzwänden und kieselbelegtem Boden. Den Bestatteten, die man mit Ocker bestreut hatte, war eine außerordentlich reiche Ausstattung mitgegeben worden: Tongefäße, Waffen, Werkzeuge und Schmuckstücke aus Stein und Kupfer. Erst wieder in skythischen Gräbern fand sich Mobiliar von vergleichbarem Reichtum, jedoch der Maikop-Kurgan war älter als die skythischen. Das ist aber so etwa das einzige, worüber sich die gelehrte Welt einig ist – sonst schwanken die Fachleute zwischen einer Datierung ins späte 4. und in die Mitte des 1. Jahrtausends v. Chr., die meisten jedoch halten das 3. Jahrtausend (was ja auch noch ein beträchtlich langer Zeitraum ist) für am wahrscheinlichsten. Kupferne Geräte (Hacken, Meißel, Hämmer usw.) finden Entsprechungen einzig in Dingen, die im südlichen Vorderasien ans Licht kamen. Die Analyse des Metalls ergab, daß es sich um Importwaren aus dem Süden handeln muß: ihr Kupfer enthielt einen hohen Anteil von Nickel, und dieses Metall kommt im Kaukasus nicht vor. Zwei der 14 Silbergefäße, die man im Kurgan fand, zeigen bildliche Gravierungen, Tiere und früheste ›Landschaftsbilder‹. Die Keramik (auf der Scheibe gedreht) bot ein uneinheitliches Bild – und dabei ist sie doch Leitfossil für die Archäologen. Genug, die Maikop-Funde (sie sind heute z. T. in der Leningrader Eremitage ausgestellt) belegen, daß in dieser Bestattung eines Priesters, eines Fürsten, vielleicht des Hauptes einer großen Stammesföderation Güter zusammenkamen, welche die seit dem 4. Jahrtausend v. Chr. währenden Kultur- und Völkerbewegungen spiegeln.

Der Kurgan von Maikop steht durch seine reiche Fülle einzig da, aber er hat bescheidene Verwandte in den ›großen Kuban-Kurganen‹, die sich vom äußersten Westen des Krasnodarer Kreises bis in den nördlichen und mittleren Kaukasus finden und die manchmal keinerlei Beigaben aufweisen. In den letzten Jahren sind auch Wohnstätten der Träger der Maikop-Kultur gefunden worden, mit Rechteckhütten, die ringförmig eine Einfriedung und einen zentralen Anger umstanden. Die Werkzeuge, die man fand, deuten auf eine seßhafte Bevölkerung, die Viehzucht und Ackerbau betrieb.

Eine Lockerung oder gar Unterbrechung der Beziehungen zu Vorderasien südlich des kaukasischen Gebirgswalles hat wohl eine gewisse Verlangsamung der kulturellen Entwicklung im Gefolge gehabt, wie die Nord-Kaukasische Kultur vermuten läßt, die sich vom Anfang des 2. Jahrtausends bis ins 13. und 12. Jahrhundert v. Chr. nachweisen läßt.

Das Ende der Bronze- und das Heraufkommen der Eisenzeit auch in den Kaukasusgebieten brachte wirtschaftliche, gesellschaftliche, politische Veränderungen. Das Gebiet dürfte damals eine recht bedeutende Rolle gespielt haben, wie das Aufblühen einer künstlerisch-handwerklichen Produktion von großer Originalität zu erweisen scheint. Im Jahre 1869 traten nach einem, durch die Frühlingsregen verursachten Erdrutsch beim Dorf *Koban* Steinfliesen, Knochen und Gegenstände aus Bronze zutage. Es waren, wie sich später herausstellen sollte, Reste einer Nekropole. Manche der Funde kamen ins Kaukasische Museum nach Tbilissi, nach einigen Jahren begannen systematische Ausgrabungen. Diese Funde – angeblich mehr als 12000 Objekte – vom Ende des 2. und vom Anfang des 1. Jahrtausends v. Chr. bildeten die Sensation des Russischen Archäologenkongresses von Tiflis 1881. In der Folge fand man an den Nordhängen des Kaukasus und seiner Vorberge vergleichbare Stätten, was zur Annahme führte, die Kultur, welche diese Funde repräsentieren, sei über ein weites Gebiet verbreitet gewesen.

Leider haben sich nicht nur um Erkenntisse bemühte Fachleute sondern auch gewinngierige Laien und Grabräuber an der ›Ausbeutung‹ der Grabstätten beteiligt. Die Sammlungen kaukasischer Altertümer in den Museen von Paris, Berlin, Wien, Philadelphia, Budapest zeugen davon. Die bedeutendsten Funde bietet immer noch die Leningrader Eremitage.

Schritt für Schritt und Stück um Stück enthüllte sich eine bisher völlig unbekannte Zivilisation. Nicht nur Begräbnisstätten wurden gefunden, sondern auch die Siedlungen, in denen die Bestatteten einst gelebt hatten. Selbst wenn keine schriftliche Nachricht uns den Namen des Volkes verrät – man spricht daher einfach nach der Fundstelle von der Koban-Kultur – sind wir heute imstande, etwas vom einstigen Lebensalltag zu erfassen, stehen verwundert vor den Zeugnissen ihrer Erfindungs- und Schöpferkraft. Diese vorgeschichtlichen Menschen hatten es verstanden, sich die steilen Höhen, die waldigen Hochtäler, die saftigen Almweiden untertan zu machen. Als Viehzüchter lebten sie winters in der Ebene, sommers mit ihrem Vieh auf den Hochalmen, nährten sich von Milch und Käse, von Fleisch und dem, was ein paar kleine Äcker an Feldfrucht hergaben. Trotz aller Verschiedenheit von Sprache, Religion, Tracht, Sitte und Bräuchen im Grunde nicht viel anders als Bauern im Allgäu oder im oberbayerischen Voralpenland vor noch 100 oder

200 Jahren. Die Weiber wußten zu spinnen, weben und stricken, sie formten freihändig die Töpfe, Schalen, Becher und Teller aus Ton, die sie – mit eingeritzten geometrischen Motiven verziert – in einfachen Öfen brannten. Aufgabe der Männer dagegen – und wohl nicht jeden Mannes Sache – war der Bronzeguß, in dem die Koban-Leute es zur handwerklichen Meisterschaft brachten. Wo aber stammte das zur Herstellung nötige Zinn her? Dieses Metall findet sich weder im Kaukasus noch in seinem Umfeld. Die Wissenschaft weiß noch nicht zu sagen, ob es aus Südostasien, aus dem heutigen Kasachstan oder von den britannischen ›Zinninseln‹ kam. Aber die Tatsache, daß es kam, beweist einen ausgedehnten, ja geradezu ›weltweiten‹ Rohstoffhandel. Die Fähigkeit, hochwertige Bronze herzustellen, spricht für einen technischen Hochstand: man kannte nicht nur das Geheimnis der Legierung, man verstand sich auch meisterlich auf die Gußtechnik der ›verlorenen Form‹ und darauf, die Güsse mit ebenso meisterlicher Geduld zu glätten, zu gravieren und zu ziselieren, verstand sich aufs Treiben und aufs Einlegen und Einhämmern von hellem Silber in die schimmernde Bronze.

Zweifellos sind die bronzenen Meisterstücke, die gefunden wurden, nicht ›Volkskunst‹, sondern Werke von begabten Handwerkern, von Spezialisten, deren Erzeugnisse nicht nur im eigenen Volk, sondern auch von den Nachbarn geschätzt und begehrt waren. Geschätzt in erster Linie ihrer Brauchbarkeit wegen. Die Koban-Zeit war – ihren hinterlassenen Zeugnissen nach zu schließen – keineswegs eine friedliche. Die Fehden um Weidegründe mögen zwischen den Stämmen und Sippen kaum jemals abgerissen sein. Waffen waren also ein lebensnotwendiger Besitz, ein begehrtes Gut. Der Nachfrage antwortete eine umfangreiche Produktion von Pfeil- und Speerspitzen, von Dolchen und Streitäxten.

Was den kriegerischen Bergbauern und -hirten im hiesigen Leben begleitet hatte, das sollte er auch im jenseitigen nicht entbehren. Aus den Gräbern konnte der Geist der Koban-Leute beschworen werden. Mit angezogenen Knien auf der linken Seite liegend – in Embryonalhaltung also – haben sie ihre Toten in rechteckigen, aus Steinplatten gebildeten ›Kisten‹ bestattet, mit reichen Gewändern bekleidet, die vergangen sind wie das sterbliche Fleisch, das sie deckten. Und sie gaben ihnen alles mit, was für den jenseitigen Alltag nötig war: Gefäße mit Speise, Handwerkszeug, Äxte und Dolche aus Bronze und Schmuck aller Art, damit sie sich im Drüben daran erfreuen konnten.

Bis in unsere 20er Jahre lieferten einzig die nördlichen Vorberge und die Hänge des nördlichen Kaukasus Liebhabern und Museen die begehrten Koban-Bronzen, dann kamen im westlichen Transkaukasien, im Bereich des legendären alten Kolchis erste und dann immer mehr Dinge aus dem Boden, die den Koban-Bronzen überraschend ähnlich, in manchen Details aber auch von ihnen so verschieden waren, daß man für diese Kultur der ausgehenden Bronzezeit einen neuen Namen finden mußte. Man nannte sie die ›kolchische‹. Ihre Träger waren Bauern, die zwar Viehzucht und Almwirtschaft kannten, aber vor allem die Äcker bestellten und gelegentlich auf die Jagd gingen.

Wir werden auf unserer Fahrt – falls es uns glückt, ein paar Stunden vom vorgefertigten Reiseprogramm abzuzweigen – in den einschlägigen Museen Bronzefunden aus dem Kaukasus begegnen, uns an ihren rassigen Formen und ihrem Dekor erfreuen können.

Wenn wir ohne Überlegung ein Wort wie ›Dekor‹ verwenden, ist damit gar nichts über die mutmaßliche Bedeutung ausgesagt. Dem Menschen auch der späten Bronzezeit war Bildschmuck nicht bloß Verzierung. Die Geometrie bot ihm Formeln, die Elemente zu beschwören, die Kraft der Natur zu bändigen. Nicht anders verhielt es sich mit der figürlichen Kunst. Auch sie entspringt nicht bloß naiver Bild- und Schaufreude, sondern ist geprägt durch animistisch-totemistisch-magisch-schamanische Vorstellungen, welche eine Brücke schlagen in die frühe Eisenzeit, die in unserem Raum ums Jahr 1000 v. Chr. einsetzt. Das nächste halbe Jahrtausend, die Zeit Davids und der Propheten, Buddhas und Zarathustras, Homers und der jonischen Naturphilosophen, der schrecklichen Könige von Assyrien und ihrer Rivalen im Reiche Urartu, der frühen Etrusker und der Hallstattkultur, das die Gründung von Karthago, Eriwan/Erebuni und Rom sah, die Zerstörung Jerusalems (578 v. Chr.) und Babylons (539 v. Chr.), es war im weiten Land nördlich des Kaukasus die Zeit der Skythen und Sarmaten (Sawromaten).

Von den Skythen – einem Verband iranisch-asiatischer Steppenvölker, berichtet als erster Herodot (etwa 590-425/20 v. Chr.) im Vierten Buch seiner Historien. Er referiert die Mythen vom Ursprung dieser Völker, auch wenn er ihnen nicht traut und eingesteht, das Skythenland nicht aus eigener Anschauung zu kennen. Und trotzdem sind seine Skythenkapitel eine faszinierende Lektüre. Der ›Vater der Geschichte‹ erzählt auch, daß es die Skythen waren, welche die Kimmerier, die dann für das ostanatolisch-armenische Reich der Urartäer so verhängnisvoll wurden, über den Kaukasus drängten, daß sie endlich selbst ein Menschenalter lang die iranischen Meder unterjochten, bis König Hystaspes sie vertreiben konnte. Geschichten aus einer Zeit, die den ›Nahen Osten‹ durcheinanderrüttelte, nicht anders als in tieferer Zeitenferne einst der Sturm der ›Seevölker‹ um 1250/1200 den Raum des östlichen Mittelmeeres oder später der Hunnensturm und die germanische Völkerwanderung das Europa der Spätantike. An dieser Wanderbewegung waren auch Stämme aus dem Kaukasus beteiligt.

Man hat einige Mühe, die weiten Perspektiven die sich vage eröffnen, in eine konkrete Entwicklung einzubinden.

Zwischen dem 7. und 6. Jahrhundert v. Chr. dürften einige skythische Stämme in die Gebiete ›diesseits‹ des Kaukasus zurückgewandert sein. Mit Hilfe eiserner Waffen konnten sie ihre Macht bis ans Schwarze Meer ausdehnen, an dessen Nordsaum schon im 6. Jahrhundert jonische Griechen ihre Kolonien Olbia, Chersonesos, Phamagoria, Pantikapara gegründet hatten. Im unteren Dnjeprgebiet schufen die Skythen einen ›ersten osteuropäischen Staat‹.

Etwas vom Reichtum und Geschmack der Schwarzmeerskythen – ja vielleicht sogar die Existenz dieses Volkes überhaupt – ist erst seit den späten 70er Jahren durch eine Reihe von Ausstellungen – Zürich, Venedig, Paris, New York, Los Angeles und 1984 München waren nur einige Stationen – ins Bewußtsein eines um weitere Perspektiven bemühten Publikums getreten. Was dem staunenden Besucher gezeigt wurde, das stammte zum überwiegenden Teil aus dem unerschöpflichen Schatzhaus der Leningrader Eremitage. Ihre Sammlung Eurasischer Kunst bietet die reichste Übersicht auch über die Zeugnisse der kaukasischen und transkaukasischen Prähistorie (eine Auswahl freilich nur aus der Fülle, die das Museum magaziniert) und ist trotz bewußter Auswahl und Beschränkung verwirrend neu genug. Die stummen Zeugnisse früher Zeit in unserem Reisegebiet, sie gehören ›zur Sache‹ – aber Leningrad ist weit weg und wer kann sich dort schon die Zeit nehmen, sie zu besehen. Eine Umschau in den Sammlungen von Ordschonikidse, den Historischen Museen von Tbilissi, Kutaissi, Eriwan bietet dem Interessierten einen Ersatz.

Eine Auswahl eleganter Streitäxte, von Gürtelschließen vorskythischer Zeit mit geometrischen und animalischen Motiven, von Fibeln, Nadeln, Armreifen und manschettenähnlichen Armblechen, von Perlen, Anhängern und Broschen von zum Teil stattlichen Dimensionen, mit höchstem Handwerksgeschick gestaltet und geglättet, war im Frühjahr 1979 im Grand Palais in Paris zu sehen. Das Erlebnis hat den Entschluß zumindest mitbestimmt, eine neue – und wie immer unvollständige – Fahrt in die kaukasischen Landschaften zu unternehmen und ein Buch über sie zu planen.

Ossetendorf

Naltschik ist die Hauptstadt der 1921 gegründeten Kabardino-Balkarischen ASSR, eine Stadt mit kleinen Häuschen im Baumgrün, mit Hauptallee, Parteigebäude, Pionierpalast,

Rathaus, Theater, Lenindenkmal und allem, was eine Stadt dieser Größe in der ›Provinz‹ eben aufweist. Wir bekommen das alles nur im Vorbeifahren zu sehen und nur, weil eine Straßenumleitung den Bus daran hindert, an Naltschik einfach vorbeizufahren. Inmitten von Büschen und Beeten haben Tschechow und Tolstoi Denkmalsbüsten erhalten, weil sie auf ihren Reisen in den Kaukasus in Naltschik übernachtet und diese Tatsache in ein paar Zeilen festgehalten haben.

Vor ein paar Jahren noch erhob sich rechts der Straße, die nach Ordschonikidse führt, der sich verjüngende Schaft eines Minaretts vom persisch-mongolischen Typus, mit Spuren blauer Fayence und einer Inschrift unterm zerbröckelnden Stalaktitenkranz, der einmal den Balkon des Muezzins getragen hatte. Ein Erdstoß hat 1981 dieses einzige Andenken an die ganz verschwundene Mongolenstadt Tatartup in einen Trümmerhaufen verwandelt. Dafür ist das Denkmal für die Gefallenen des ›Großen Vaterländischen Krieges‹, das wir dann bald links unseres Weges sehen, heil geblieben. Bis hierher sind 1942 deutsche Truppen vorgestoßen, dann ging ihnen der Nachschub und der Atem aus. Ordschonikidse wurde nicht erreicht, der Ausgangspunkt für die Militär-

Ossetendorf

straße nach Georgien. Hitler mißtraute dieser im Winter lawinengefährdeten Route nach Georgien und hatte befohlen, auf der – leicht zu sperrenden – Schwarzmeerstraße über Sotschi und Suchumi in die Ebenen südlich des Kaukasus vorzustoßen. Das waren – nach Albert Speer – seine Pläne: »Dort können wir in Ruhe unsere Armeen aufstellen und Nachschublager anlegen. Dann starten wir in ein oder zwei Jahren eine Offensive in den Unterleib des britischen Empire. Mit geringen Kräften können wir Persien und den Irak befreien. Die Inder werden unsere Divisionen begeistert begrüßen.« Das bedarf keines Kommentars.

Genug, der befohlene Vorstoß entlang des Schwarzen Meeres kam noch vor Sotschi zum Stehen. Die Schlacht um Noworossisk, das schon in den tragischen Bürgerkriegsgeschehnissen zwischen 1917 und 1920, dem Jahr in dem die ›Roten‹ sich auch hier durchsetzen konnten, eine Rolle gespielt hatte, tobte fast ein Jahr lang und hat nach sowjetischer Darstellung 400000 deutschen Soldaten das Leben gekostet. Der zähe Widerstand, den die Hafenstadt am Westende der Kaukasuskette leistete, hat sie völlig zerstört. Nach dem Krieg ist sie – reich an pathetischen Denk- und Mahnmälern – ganz neu und leider ziemlich langweilig wiedererstanden.

Tatjanens Stimme ruft unsere Gedanken aus der schon mehr als vierzig Jahre zurückliegenden Vergangenheit in die Gegenwart, um uns mit Zahlen über die Nordossetische ASSR zu überschütten. Das Gebiet, in dem wir uns nun befinden, gehört noch zur Russischen Föderation (die Südossetische Autonome Region dagegen ist ein Teil der Georgischen oder Grusinischen SSR). Sie sei etwa achttausend qkm groß, habe 600000 Einwohner, die Hälfte davon Osseten. Über dieses Volk sollen wir morgen genaueren Aufschluß erhalten. Heute ist's dazu schon zu spät.

Wir erreichen *Ordschonikidse*, die Hauptstadt (280000 Einwohner) mit etlichen Industriebetrieben. Morgen ... Wir finden das Hotel Darjal, und obwohl drunten im Restaurant Musik dröhnt, uns auf den Gängen fahlgesichtige Wodkazecher entgegentorkeln, sinke ich bald in tiefen Schlaf, gewiegt von der Hoffnung, daß morgen, wenn wir wieder in die Berge hineinfahren wollen, das Wetter nochmals freundlich mitspielen möge.

Beim Blick auf eine ethnographische Karte Kaukasiens entdeckt man innerhalb des etwa durch Schwarzmeerküste, oberen Kura-Lauf und die Schneekette des Kaukasus umrissenen ›kartvelischen‹ Dreiecks ein nur annähernd zum Oval verschliffenes Viereck mit Ordschonikidse an seiner Nordostecke, der großen Heerstraße als Ostgrenze, das nördlich der Stadt Gori fast bis ans Kura-Knie reicht: das Gebiet der Osseten. Die Osseten heute sind aber nur noch eine Minderheit und scheinen dazu verurteilt, in den Lebensformen des russisch geprägten Sozialismus aufzugehen oder bloß in einigen Reservaten zu überdauern. Hamsun nennt sie »ein Volk, dessen Abstammung und Namen niemand ergründen kann« und Nansen schreibt: »Das Volk der Osser oder Osseten zählt ungefähr 225000 Menschen ... Über dieses Volk haben die Gelehrten viel gestritten und geschrieben. Man hält die Osser allgemein für Nachkommen der indoeuropäischen Alanen, teils auch der schon von Herodot genannten Massageten ... Ptolemaios nannte sie im 2. Jahrhundert n. Chr. Ossilier; die arabischen und abendländischen Schriftsteller des Mittelalters nennen sie Asser oder Alanen. In den russischen Chroniken aus dem Anfang des 12. Jahrhunderts heißen sie Jaser oder Jossi. Sie selbst nennen sich Ironen. In diesem Namen glaubt man die Bezeichnung ›Aryon‹ wiederzufinden, und das soll der gleiche Name sein wie ›Alan‹. Andere wieder sind der Meinung, Ironen sei dasselbe Wort wie Iranier. Die Sprache gehört zum indoeuropäischen Stamm, und zwar zur iranischen Gruppe. Sie ist von den nord- und südkaukasischen Sprachen ganz verschieden.« Und er fährt fort: »Die Osseten interessieren uns Nordländer deshalb besonders, weil ihr Name mit dem altnordischen Wort ›Åss‹ für ›Götter‹ in Verbindung gebracht worden ist« und zitiert des Isländers Snorri Sturlusson Worte über Åsaheim jenseits des Don, in Asien. Vage Spekulationen des großen Forschers.

Heute wird allgemein angenommen, es handle sich bei den Osseten des Kaukasus um Nachkommen der Alanen, eines iranischen Reitervolkes, das in Südrußland und im nördlichen Kaukasus lebte und um 370 durch die Hunnen unterworfen wurde. Ein Teil von ihnen zog um 409 mit den Goten nach Westen, schloß sich später den Vandalern an und gelangte mit diesen über Spanien bis nach Nordafrika. Der Vandalerkönig Geiserich und seine Nachfolger, die im römischen Carthago residierten, führten den Titel auch eines ›Rex Alanorum‹. Eine andere Gruppe – Daheimgebliebene – dürfte im 13. Jahrhundert von den Mongolen nach Ungarn abgedrängt worden sein, während die später Osseten genannten Splitter dieses einstigen Nomadenvolkes sich in die schwer zugänglichen Täler des Mittleren Kaukasus zurückzogen. Immer wieder auch hier von Feinden heimgesucht, führten sie ein ärmliches und stets bedrohtes Leben. Wer in Armut lebt, lebt nicht angenehm – und ist auch nicht angesehen. Die Osseten hatten, seitdem Rußland den Schritt über den Kaukasus getan hatte, stets eine schlechte Presse.

»Das ist mir ein Volk« läßt Lermontow den Stabskapitän in der Bela-Novelle seines Romans sagen, »die wissen nicht einmal, wie Brot auf russisch heißt. Aber ›Herr Offizier, ein Trinkgeld‹, das haben sie gelernt. Da sind mir wahrhaftig die Tataren lieber, die trinken wenigstens nicht ...« Und wenig später: »Ein dummes Volk! ... Wollen Sie mirs glauben? Sie können einfach nichts, sind keiner Bildung fähig. Unsere Kabardiner und Tschetschenen sind zwar Räuber und Strolche, aber doch echte Kerle. Aber diese hier haben nicht einmal an Waffen Freude. Einen anständigen Dolch sieht man bei keinem von ihnen. So sind die Osseten.« Und Alexandre Dumas – kaum zwanzig Jahre nach dem Erscheinen von Lermontows Roman und wie dessen Erzähler von Süden her über den Kaukasus unterwegs – erinnert sich: »Auch mit Osseten machten wir bald darauf Bekanntschaft, sie waren zum Freischaufeln der Straße eingesetzt und verrichteten diese Arbeit singend und einander Schaufeln voll Schnee zuwerfend. Sie wohnen an der großen Militärstraße Georgiens und verdienen dadurch viel Geld. Aber sie sind Verschwender, Spieler und Trunkenbolde ... und leben im Gebirge mehr vom Raub als von Arbeit, weshalb die Frauen nicht nur die häuslichen Arbeiten verrichten, sondern auch für Ernährung und Kleidung der abenteuernden Männer sorgen müssen. Deshalb kauft der Ossete, wenn er die Geldmittel hat, bis zu vier Frauen und jagt sie fort, wenn er mit ihnen unzufrieden ist. Ihre Mädchen sind nicht erbberechtigt, erhalten kein Heiratsgut und werden verkauft wie Haustiere. Die einzige Sitte, die sich bei den Osseten seit Jahrhunderten unverändert erhalten hat, ist die Blutrache, welche ursprünglich die Sicherheit für das menschliche Leben erhöhen sollte.«

Hamsun: »Ich habe gelesen, daß die Osseten eine ganze Menge Gerätschaften haben sollen, die den anderen Stämmen Kaukasiens nicht bekannt sind: Feuerzangen und Teigtröge, Butterfässer, Bierkrüge, Heurechen ...« Und Nansen – nachdem er die Mehrzahl der Osseten als griechisch-orthodox, ein Viertel als Moslems eingestuft hat (über Religionszugehörigkeit bekommt man heutzutage keinerlei Auskünfte, weil keine Statistik danach fragt) – stellt fest: und das gilt wohl heute, nachdem die christliche Tünche abgefallen ist, ganz besonders: »Sie leben in mehr oder weniger heidnischen Vorstellungen und ehren noch immer ihre alten Gottheiten und Geister ..., deren jeder für irgendetwas anderes im Leben zu sorgen hat: Da ist der höchste Gott über Gut und Böse, der in allen Nöten angerufen werden muß; der göttliche Totenrichter wacht über den Weg zum Paradies und zur Hölle; dann ist da der Sohn der Sonne und des Mondes; es folgen die Götter für den Acker, die Ernte, das Vieh, das Wild, die Gewässer, die Fische, für die Gesundheit des Leibes. Ein eigener Gott beschützt die Räuber. Für den Gott des Bösen schlachtet der Hausvater am Abend des Mittwochs zwischen Weihnachten und Neujahr ein Lamm vor der Schwelle des Hauses. Der Gott bekommt zu essen und zu trinken und wird gebeten, Haus und Vieh kein Leid anzutun. Dem Opfer folgt eine nächtliche Festmahlzeit. Dabei darf der Name des höchsten Gottes nicht genannt werden. Das ist genau wie bei uns: wer mit dem Teufel einen Bund schließen will, darf Gottes Namen nicht nennen, denn der Böse erträgt nicht, ihn zu hören.«

Intourist organisiert einen Ausflug zu einem der ossetischen Gebirgsdörfer mit Türmen und Totenhäusern. Vielleicht ein wenig museal als Vorzeigeobjekt, aber doch besser als nichts. Allein die landschaftlichen Eindrücke würden die Unternehmung lohnen. Wir fahren westwärts aus der Stadt, haben die ›Waldkette‹ des Kaukasus zur Linken. Kurzer Halt bei einem Denkmal. Sieben Brüder, die alle im Kriege blieben, die ihre Mutter täglich an dieser Stelle zurückerwartete, sind hier als sieben Kraniche symbolisiert. Wir biegen dann südlich ab ins Kurtal- oder Fiagdon-Tal. ›Don‹ – so der einheimische Begleiter – soll ein ossetisches Wort sein und bedeutet Wasser und verweist auf Flußnamen wie Don, Donez, Donau ... Das Wasser schäumt uns als wilder Bergbach entgegen, die Hänge sind dicht bewaldet mit Kastanien, Buchen, Eschen, Erlen, Haselsträuchern.

Neben der Straße ist eine Quelle gefaßt, sie gilt im Volksglauben als ein Jungbrunnen. Solche gibt es viele in diesem Gebirge, das – ungeachtet aller Industrie in den paar größeren Städten – noch reine Luft und reines Wasser hat. Und schließlich sind wir ja in der Region der Langlebigen. Georgien, das wir in einigen Tagen erreichen werden, gilt als die Heimat der meisten Hundertjährigen. Doch gegen den Tod hilft kein Wasser, vor allem nicht gegen den unnatürlich-plötzlichen. Fünf ossetische Gedenksteine sind neben der Straße errichtet, für fünf an dieser Stelle vor mehr als hundert Jahren verunglückte Brüder. Irgendwie erinnern diese flachen Stelen an Totenbretter im Bayerischen Wald, aber sie weisen weder christliche noch islamische Symbole noch irgendwelche Inschriften auf, nur eine volkstümliche Ornamentik. Da können sich leicht Legenden bilden.

Der Wald an den Hängen wird, je höher die Straße sich emporwindet, immer dürftiger. Nach der engsten Schlucht, wo zwischen steilen Felsbrocken das grüngraue Schneewasser gischtend über die Steine wirbelt, fehlen die Bäume gänzlich, nur noch kurzes Gras deckt sich über die Hänge. Ein erstes Gehöft mit viereckig sich verjüngendem Wachtturm, mit Grabhaus und einer Felsenhöhle, die Mauerwerk sichert, liegt jenseits des Baches, aber es wirkt ganz menschenleer und verlassen. Nicht lange danach liegt wieder eines am Hang und dann, bevor wir den kleinen Bergwerksort *Fiagdon* erreichen, steht da ein Denkmal. Eigentlich sind es zwei nebeneinander. Innerhalb eines kniehohen Zaunrundes trägt ein mächtiger Granitblock eine im Verhältnis dazu etwas klein geratene vergoldete Büste. Sie stellt niemand anderen dar als Stalin, von dem es einst Denkmäler so massenhaft gab. Inzwischen sind sie verschwunden – aber nicht alle, wie dieses hier belehrt. Der blutbefleckte Despot stammt aus Kaukasien (wir werden seinen Geburtsort schon noch besuchen), und da unter seiner Führung der Angriff Hitler-Deutschlands zurückgeschlagen wurde, genießt er bei vielen noch immer großes Ansehen. Neben dem Stalinmonument steht ein zweites. Wieder ein Felsblock, vor ihm ein lebensgroßes Bronzepferd, um seinen gefallenen Herren trauernd: das Kriegerdenkmal des Tales.

Einige Schritte unterhalb dieser Stelle ein Friedhof mit einigen Birken, Erlen und einer Pappel, den einzigen Bäumen weitum. Die schmale Talebene ist mit grün sprießendem Getreide bestellt. Grün auch, aber schotterig durchsetzt und stellenweise wie räudig die unteren Hänge, darüber nur noch Stein und Geröll. Die Berghäupter sind in weiße und rauchgraue Wolken gehüllt, zwischen denen sich Löcher auf einen wässerig-blauen Himmel öffnen. Einzelne Sonnenstrahlen, die sich durchs Gewölk stehlen, heben wie Scheinwerfer da und dort einen smaragdenen Kringel, eine Bergflanke ins Licht, streifen über die schlanken hellen Türme in dem Weiler am jenseitigen Hangfuß. Wie tote Zähne stehen diese zwischen offensichtlich Verfallenem. Nur einige wenige helle Blechdächer verraten Bewohntheit.

Wir steigen dann auf kiesigen Wegen und über schüttere Grasnarbe zu einer alten Siedlung hinauf, einst wohl das Zentrum der Talschaft, vorbei an Weidewiesen, von geflochtenen Zäumen umgrenzt, das aus Stein gebaute, steinern zerfallende Dorf unterm Wolkenhimmel als Ziel. Ein Gehöft am Ortsrand hat ein neues Dach. In einem und noch einem anderen auch regt sich unter dem aus schlanken Stämmchen errichteten Vordach Leben: zahnlose Alte nicken im Windschatten.

Über grobe Trittsteine wandert man durch die Gassen der Siedlung. Aus dem steinigen Ruin, den Gras beschönigt, stehen Türme schattendunkel gegen den halbgrauen Himmel: erhöhte Ausluge gegen einen nahenden Feind, Plattformen für Rauch- und Feuersignale und endlich schwer einnehmbare letzte Festungen für eine Familie, eine Sippschaft. Das Einstiegsloch liegt jeweils etwa drei bis vier Meter über dem Boden. Über Leitern mußte ein Feind sich den Zugang erkämpfen.

Man steigt aufwärts durch dieses ›Reservat‹ und schaut hinab ins wolkenbeschattete Tal, auf die grünen Hänge jenseits, die terrassiert sind, damit sich ihnen ein wenig Brotfrucht abringen lasse. Darunter liegt wieder ein Dorf auf einer Schotterterrasse, betürmt und anscheinend kaum bewohnt. Im Talboden dafür eine aus lieblos normierten Be-

Ossetische Totenhäuser

tonschachteln zusammengesetzte Bergarbeitersiedlung. Mag sein, daß man in deren hellhörigen sechs Stockwerken den harten Winter angenehmer überdauert als in den alten Gehöften aus Stein, Holz und Lehm. Ob auch zufriedener? Durch die steinigen Gassen und zwischen verfallenen Häusern finden wir unseren Weg aufwärts bis zu einer in dünne Röhren gefaßten Quelle unter einer niedrig-breiten Birke, wo noch ein Haus der Lebenden bewohnt ist. Nur wenige Schritte hangaufwärts, und wir stehen vor den ersten ›Totenhäusern‹: kleinen, langrechteckigen Kammern aus kaum behauenen, aber geschickt aufeinandergefügten Steinblöcken. Ein ›falsches Gewölbe‹ aus Bruchsteinlagen, in die alle zwei Spannen Schieferplatten dachziegelartig eingefügt sind, schließt ein solches Familienmausoleum spitzbogig ab. In der Front sind zwei ganz schmale Schlitze und darüber ein großes Mittelfenster ausgespart. Durch dieses zog jeder Tote zu seinen Vätern ein. Man sucht in seinem Gedächtnis, ob und wo einem Vergleichbares schon begegnet sei und findet nichts, was diesen ganz bescheiden bemessenen und ganz urtümlichen Totenhäusern ähnelte. Das Rätsel der Osseten tritt einem wieder entgegen, zu Vermutungen verführend und doch ohne greifbare Lösung. Wer sich von zwei Reisegefährten auf die Schultern heben läßt, um durch das ›Fenster‹ neugierig hineinzuschauen in die Totenkammer, dem grinsen aus Staub und Moder und hellen Knochen kahle Schädel entgegen.

Drunten, wo unser Fahrzeug stehenbleiben mußte, finden wir uns zu einem kurzen Imbiß aus der Tüte zusammen. Wie sehr hätte es uns verlockt, über die vorgesehene Zeit auch in den anderen in Sichtweite liegenden Dörfern Umschau zu halten, wie noch viel lieber wären wir noch tiefer ins Ossetengebirg hineingedrungen!

Dorfbuben aus der Umgebung sammeln sich neugierig um die Fremden, halten aber Abstand, über den hinweg sie andeuten, was sie möchten: die in aller Welt bei Schulkindern beliebten Kugelschreiber und vor allem: Kaugummi. Man kann von dem Zeug gar nicht genug mitnehmen auf eine

Fahrt durch die UdSSR. Die Kinder wirken jedoch alles andere als bettelhaft. Zwei haben Fahrräder und ein Bursch sogar ein leichtes Motorrad. Auf ihm gibt er uns ein Stück das Geleit, als wir uns auf den Rückweg machen. Er rast, was die Maschine hergibt, die grasigen Hänge hinauf und dann in halsbrecherischer Fahrt wieder abwärts. Es ist, als führe einer der Steppennomaden seine Reiterkünste vor – nur eben nicht auf einem Pferd, sondern auf einer Maschine.

›Beherrscher des Kaukasus‹

Ossetischem begegnen wir wieder im Museum von Ordschonikidse. Da finden wir nicht nur frühe ›alanische‹ Dinge, in denen sich vielerlei West-östliches zu mischen scheint, sondern und vor allem sehenswerte Beispiele ossetischer Volkskunst: hölzerne Gefäße und schlichte Werkzeuge, Geräte von bestechend funktional-einfacher Form, die anspruchslosen Möbel und die Rekonstruktion eines ossetischen Wohnraumes, ja eines ganzen Wohnhauses von einst mit Herd und Schlafstelle, Schneereifen und Schneeschuhen und vielerlei noch. Das alles ist sehr sehenswert und sehr belehrend, recht provinziell aufgemacht und hat den seltsam muffigen Geruch, der den meisten ›Heimatmuseen‹ eigen ist. Beachtliche Fundstücke führen aus der Enge in die Tiefe kaukasischer Vergangenheit. Da begegnen wir Zeugnissen für die Anwesenheit der Skythen und Sarmaten, die einst die Steppen Südrußlands bewohnten wie später die Kosaken, sehen Erzeugnisse der bronzezeitlichen Koban-Kultur und noch Älteres: Stücke aus der Aeneolithischen Periode, aus dem Neolithikum, der Jungsteinzeit. Doch die ältesten Belege für menschliche Anwesenheit und Schöpferkraft im Kaukasusbereich stammen aus dem tiefen Paläolithikum, das etwa vor einer halben Million Jahren begann und bis um 80 000 v. Chr., gedauert haben mag. Natürlich sind die besten und kostbarsten Dinge nicht hier, sind ins Eremitage-Museum oder in ausländische Sammlungen abgewandert, und doch vermag uns das Museum von Ordschonikidse zu fesseln. Auch die Dokumentation über die jüngere Vergangenheit, seit der Zeit, da an der Stelle der heutigen Stadt 1784 das russische Fort ›Wladikawkas‹, der ›Sieger über den oder Beherrscher des Kaukasus‹ entstand. Wir lernen es in einem Modell kennen. Bilder, Fotos, Dokumente, Uniformen aus der Zarenzeit, Orden, Waffen aus Revolutions- und Kriegsläuften – das alles scheint uns von eher lokalem Interesse und die vom örtlichen Intouristbüro als Begleiterin zugeordnete Dame ist freundlich genug, uns Einzelheiten aus der Großen Sozialistischen Revolution, dem Aufbau des Sozialismus usw. zu ersparen. Es interessiert sie selber nicht.

Das älteste Wladikawkas von 1774, das wir im Modell gesehen haben, war wirklich kein Ort zum Wohnen, sondern nur ein aus Baracken und sichernden Palisaden bestehender Stützpunkt. Heute ist die Stadt – sie hieß nach der Oktoberrevolution vorübergehend gut ossetisch Dsaudzikau, wurde aber dann nach dem georgischen Revolutionär S. Ordschonikidse benannt – mit ihren etwa 300000 Einwohnern die Hauptstadt der Nordossetischen Autonomen Sozialistischen Sowjetrepublik und ist nach wie vor Ausgangspunkt für die Große Grusinische Heerstraße, das heißt die 1863 vollständig ausgebaute Militärstraße über die Kaukasusketten nach Georgien, nach Tiflis/Tbilissi. Durch die Bahnlinie nach Baku bereits dem Tourismus des späten 19. Jahrhunderts erschlossen, ist die Stadt heute ein Stützpunkt der Intouristreisen mit Motel und mehreren Hotels, darunter dem altmodisch-behaglichen ›Intourist‹, das einst das erste Haus am Platze war. Sein schattiger Garten mit Veranden, Brünnlein und Gipsfiguren erinnert ganz ohne künstliche Nostalgie an den Geschmack von vor hundert Jahren. Mag auch nicht jeder Wasserhahn funktionieren – im neuen Hotelhochhaus ›Wladikawkas‹, das sich mit von Motiven der Volkskunst inspirierten ›Kunstwerken‹ schmückt, funktionieren auch nicht alle. Ordschonikidse liegt auf der ›Großer kaukasischer Ring‹ genannten Intourist-Route, die von Charkow bzw. Rostow am Don über Piatigorsk – Ordschonikidse – Tbilissi

– Kutaissi – Suchumi – Sotschi – Krasnodar wieder nach Rostow am Don oder Charkow zurückführt. Jeder, der von Tiflis/Tbilissi kommt oder nach dorthin unterwegs ist, muß hier Station machen, kann sich hier umsehen. Sehr aufregend ist nicht, was er geboten bekommt.

Die neuen Wohnviertel sind von lähmender Eintönigkeit, die Hauptstraßen des Zentrums (mit schönen Platanenalleen) haben selbst den maroden Charme zaristischer Provinzstädte eingebüßt, die großspurigen offiziellen Bauten, die den weiten Hauptplatz umstehen, sie reizen so wenig zu ›Erlebnissen‹ wie das Literatur-, das Kunst-, das Kirow-Museum. Das einzig sehenswerte haben wir ja bereits kennengelernt. Und wenn es zumacht, was dann? Das entsetzte Rufzeichen (»Sechs Tage in Wladikawkas!«), das Knut Hamsun in seinen Reisebildern aus dem Kaukasus setzt, als er erfährt, daß sämtliche staatlichen Kutschpferde ausgebucht sind (damals fuhr man noch mit Pferdewagen übers Gebirg), entlocken uns einverständiges Lächeln. Es ist schwer, sich im Leben zu langweilen und auf Reisen ist es wohl überhaupt unmöglich, aber hier könnte es einmal beinahe gelingen. Die Stadt ist trotz roter, grünlicher, hellgelber Fassaden mit zaghaften Jugendstilelementen in der Hauptstraße freudlos-grau und redet von gar nichts anderem als vom sozialistischen Alltag, seinen Parolen und seinen Mühen. Die Läden sind halbleer, nichts, was sich auch nur anzusehen lohnte. In der einzigen Buchhandlung verstauben auf langen Regalen die Schriften der kommunistischen ›Väter‹ – außer parteiamtlicher Theorie in billigen Broschüren nichts – nicht einmal Puschkin oder Lermontow. Vor der Bäckerei formiert sich eine lange Warteschlange.

Auf einer Parkbank harren wir des verheißenen Folklore-Spektakels. Folkloristische Tanz- und Gesangsgruppen – hochgeschult – sind in der UdSSR häufig sensationell gut. Die besten von ihnen sind fast ständig auf Tourneen unterwegs – und zu den besten gehört das nordossetische Ensemble ›Alan‹. Ich erinnere mich an einen Abend in Moskau, als seine rhythmische Virtuosität, die berückende Anmut der

Mädchen, die wie mühelose Akrobatik seiner kraftvollen Tänzer ein internationales Publikum im schönen Tschaikowski-Saal zu endlosen Beifallsstürmen hinriß und an das Finale, einen alten alanischen Kriegstanz, bei dem die Schwerter und Schilde aufeinanderschlugen, daß auf der halbverdunkelten Bühne ganze Funkengarben aufstiegen wie ein Feuerwerk.

Die ›Alan‹-Truppe ist wieder einmal nicht daheim. Auch eine Gruppe zweiter Wahl steht diesen Abend nicht zur Verfügung. Damit wir nicht gar zu enttäuscht sind, zeigt man uns – gratis – im Kinosaal neben dem Museum ein paar Kurzfilme: Eine Zelluloid-Erinnerung an unseren Osseten-ausflug, ein paar Streifen mit Folklore – aber so aufgemacht und geschnitten, daß man applaudiert, wenn so viel provinzielle Bravheit und Linientreue endlich vorbei sind. Am informativsten schien uns die Dreingabe eines Films über die ›Ossetische Straße‹, die von Ordschonikidse in etwa südwestlicher Richtung durch die Täler und über Pässe des Großen Kaukasus nach Kutaissi in Westgeorgien verläuft. Dieser altgenutzte Weg soll ausgebaut und später einmal dem devisenbringenden Tourismus geöffnet werden. Die flimmernden Filmbilder lassen vermuten, daß diese Strecke sich, was landschaftliche Eindruckskraft anbelangt, mit der berühmteren Grusinischen Heerstraße vergleichen könnte. Aber sie ist – wie menschenlose Natur überall – stumm. Die Große Grusinische dagegen redet von den Zeiten der sarmatischen und skythischen Einfälle, von Georgiens großer Zeit, von der Tagesnot der Menschen. Und die gewaltige Natur selbst scheint – vom Dichterwort gefeiert – ein freundliches Auge aufzuschlagen. Die Heerstraße über den Kaukasus ist allen den Menschen verzwergenden Mächten zum Trotz eine menschliche und das heißt auch geschichtenvolle Route.

Bevor sich uns das Kino öffnet, gilt es noch, die jetzt als ›Filiale‹ zum Stadtmuseum gehörende Muktarow-Schuma-Moschee zu besehen. Ein reicher und frommer moslemischer Kaufherr hat sie gestiftet, ein russisch-polnischer Baumeister den Plan entworfen, der im Sinn einer Stilmimikry des allerspätesten 19. Jahrhunderts (der Bau entstand sogar erst jenseits der Jahrhundertwende, 1908), das Vorbild einer Mamlukenmoschee Kairos ins Regelhaft-Reißbretthafte einschnürt. Die Ausmalung im gleichen Geiste erfolgte durch einen böhmischen Maler namens Doležal. Unter der Kuppel schwingt ein Foucauldsches Pendel. Die Umschau von einem der Minaretts klärt die Situation. An beiden Ufern des Terek, der reguliert und gebändigt an der Moschee vorbeischäumt, erstrecken sich die Wohn- und Industriequartiere der Stadt von heute, im Süden steilt sich die erste, die Waldkette des Kaukasus grünblau empor. Nebelschleier hängen auf sie herab. Landkarten, Museumsmodelle, historische Berichte – sie alle belehren über die strategisch bedeutende Position von Wladikawkas. Daß das wirklich der Schlüssel zum Kaukasus war und zu allem was ›jenseits‹ liegt, das erlebt man mit allen Sinnen erst, wenn man jenen schwierigen Weg einschlägt, als dessen Ausgangspunkt und Schutz der ›Sieger über den Kaukasus‹ einst angelegt wurde, nämlich die Große Grusinische, das heißt Georgische Militärstraße.

AUF DER GRUSINISCHEN HEERSTRASSE

Über den Kreuzpaß

Bereits Strabon kannte den Weg über die fünf parallelen Gebirgszüge des Großen Kaukasus, die Wald-, die Weide-, die Felsen-, die Schnee- und endlich die Wasserscheidenkette. Vor aller Schriftlichkeit sind diesen Weg schon die Kimmerier und Skythen gezogen, und auch in noch älteren, nur durch stumme Funde sprechenden Zeiten bestanden Verbindungen zwischen den Ländern dies- und jenseits der Bergketten. Sie können sich kaum auf einem anderen Wege hergestellt haben als auf jenem, den die Russen – Traditionen aus Jahrtausenden aufnehmend – als ›ihren‹ Weg in die alten Länder südlich des Kaukasus schließlich zur Militärstraße ausgebaut haben. Zu einer Straße, die trotzdem noch ein Abenteuerpfad blieb, bis ins beginnende 20. Jahrhundert von Räubern unsicher gemacht, auf der Paßhöhe von Lawinen bedroht, gegen die auch Schutzhütten und überdeckte Passagen wenig halfen. Inzwischen ist diese Straße in den schneefreien Monaten ein recht problemloser Übergang mit täglicher Busverbindung von Ordschonikidse nach Tbilissi und umgekehrt, im Winterhalbjahr, von Mitte Oktober bis Ende April dafür einfach gesperrt. Dann ist der Luftweg sicherer und einfacher. Schneller sowieso.

Die Straße von Wladikawkas nach Tiflis gewann militärischen Ruhm erst, seitdem das alte christliche Georgien eine Kolonie des Zarenreiches geworden war. Seither haben zahllose Reisende sie benutzt. In Zeiten da eine Kaukasusfahrt kein alltägliches Unternehmen war, hat fast jeder, der sich darauf einließ, Notizen hinterlassen. Nur ein Bruchteil ist je veröffentlicht worden. Aber diese teils poetischen, teils wissenschaftlich-nüchternen Reiseerinnerungen stellen einen Bezug her zwischen der gewaltigen Natur – groß wie am ersten Schöpfungstag – und dem ihr gegenüber so winzigen Menschen, der sich doch das Ungeheure dadurch geheuer und untertan macht, daß er es mit Namen nennt.

Die literarischen Gewährsmänner, deren wir uns als Begleiter versichern, entstammen – ohne pedantisch bemessene Jahrzehntabstände – aus dem Jahrhundert zwischen 1829 und 1930. Ihre Aufzeichnungen zeigen, wie wenig sich die Natur in einem Jahrhundert verändert hat, wie sich die Bilder gleichen, die Reisende aufnehmen – und wie verschieden doch der Blickwinkel sein kann, unter dem sie es tun. Wer wagt zu entscheiden, welches die einzig richtige Sicht sei? Eine heilsame, aber nicht eben ermutigende Erfahrung für den Verfasser eines Landschaftsbuches, zu sehen, wie vielartig sich ein und dieselbe Straße im Auge der Reisenden spiegelt: einer des anderen Vor- und Gegenbild. Doch selbst wenn der eine vom anderen gar keine Kenntnis hat, bilden sie eine Tradition, in deren Kette sich auch ein neuer Berichterstatter bescheiden einordnen darf.

Der erste Blick nach dem Erwachen hat sich zum Himmel gerichtet. Klar und wolkenlos verheißt er einen Tag, wie man ihn sich für die heute bevorstehende Fahrt erhofft hatte. Als wir in Ordschonikidse in den Bus klettern, grüßt das eisumgürtete Haupt des Kasbek hinter den bewaldeten Kämmen hervor.

Ein Tafelberg, der einem phantasievollen Auge wie ein schlummerndes Mädchen erscheinen kann, gibt unserer Geleiterin Anlaß, eine erste Kaukasussage zu erzählen. Die von der wunderschönen Jungfrau, die sich einem ihr Vaterland verheerenden Ungeheur zum Opfer anbot, um dessen Zorn zu besänftigen, und von ihrem Geliebten, den der Schmerz über ihren Verlust zum eisigen Kasbek versteinerte.

Nach der Poesie die Prosa. Der Biologe Ernst Haeckel (1834-1919) schrieb unter dem Datum des 9.9.1897: »Die berühmte Grusinische Heerstraße ... 1863 nach Unterwerfung des Kaukasus vollendet, kann sich mit unseren Alpenstraßen an Schönheit nicht messen. Überhaupt ist der Kaukasus zwar höher und wilder als die Schweizer und Deutschen Alpen, aber viel einförmiger. Die Gletscher sind sehr ausgedehnt! dabei Wasserfälle und Seen seltener; der größte Teil des nackten Felsengebirges erscheint fast unbewohnt ... Wälder sind dürftig.«

Über *Balta* führt die Straße hinein ins Tal des Terek. Der Boden zwischen den grünen Hängen ist mit Geröll übersät, das der ungebärdige Fluß bei der Schneeschmelze mit sich gerissen hat. Jetzt – Ende Mai – ist er ein eher bescheidener Bergbach in sonnigem Tal. Berberitzensträucher und gelbe Azaleen in dicken Büscheln klettern die Hänge empor. Kalkstein und Schiefer wechseln miteinander. Einmal liegt ein riesiger Felsblock im Flußbett. Vor Zeiten hat eine Gletscherzunge diesen ›Großen Stein‹ mitgebracht und liegengelassen. Wir wären nicht im Orient, wenn man sich davon nicht Geschichten erzählte. Vom Riesen, der, als ihr Geliebter die von dem Unhold geraubte Prinzessin befreite, dem flüchtenden Paar – vergeblich – den Brocken nachwarf.

Darjal-Schlucht

Hamsun (1899): »Aus den Beschreibungen, die ich gelesen habe, wußte ich, daß hier bei Balta die Berge anfangen sollen. Als hätten wir bisher keine Berge gehabt! Die Landschaft verändert sich, wir sehen durch eine gewaltige Kluft, deren Seiten in den Himmel hineinragen, Schneeberge in der Ferne, aber sowohl zur Rechten wie zur Linken sind die Berge grün: keine Bäume, keine Büsche, nur Grasnarbe. Über den Gipfeln kreisen Adler.«

Wir fahren in die *Darjal-Schlucht* ein, die von vielen Reisenden mit Schauder und Beklemmung geschilderte ›Sarmatische Pforte‹, den Zugang ins Gebirge und nach Georgien. Eine wilde Enge, die – ähnlich wie die griechisch-berühmten Thermopylen – jederzeit durch eine Handvoll Entschlossener gesperrt werden konnte. Die Straße von heute umgeht die steilwandige Klamm durch einen Tunnel – und als wir wieder das Tageslicht erblicken, müssen wir unsere Uhren um eine Stunde vorstellen. Wir sind bereits auf dem Boden der Georgischen SSR, in der die Uhren anders gehen als in Moskau.

Einst war die Passage nicht so bequem. »Wir passierten die wilde Dariel-Schlucht (›Portae Sarmaticae‹ der Alten, ähnlich der Via mala in Graubünden). Die Landstraße ist eine Viertelstunde lang zwischen senkrechten Felswänden in 1600 Meter Höhe eingeschlossen, daneben der wilde Terek-Fluß. Am Ausgang der Schlucht liegt ein Fort.« (E. Haeckel). Nur zwei Jahre später Knut Hamsun: »Nun kommen wir nach Fort Darjal mit seinen runden Flügeln und Kanonen und Schildwachen davor. Ich habe gelesen, schon Plinius habe den Darjalpaß und die starke Festung Cumania, die hier lag und zahllose Völkerscharen am Durchzug hinderte, beschrieben. Einige wenige Soldaten konnten an diesem engen Loch ein ganzes Heer aufhalten.«

Das russische Fort, etwa 1830 erbaut, ist inzwischen Ruine, aber ein malerischer Punkt für einen Fotohalt. Am anderen Terekufer steht auf steilem Felssockel eine uralte Befestigung, ›Burg der Tamara‹ genannt, aber vermutlich viel älter. Der großen Königin des georgischen Mittelalters schreibt das

Volk – ähnlich wie weiter südöstlich der großen Semiramis – alle bedeutenden Bauwerke aus der Vergangenheit zu.

Lermontow hat die Ruine zu seinem loreley-verhexten Gedicht angeregt:

»Wo der Terek im nebligen Schleier
Durchbraust den Paß von Darjal,
Da ragte mit morschem Gemäuer
Ein Turm auf felsigem Wall.
Im Turm bei der Winde Gestöhne
Tamara, die Königin, saß;
Ein Engel an himmlischer Schöne,
Ein Dämon an Tücke und Haß.«

(Übersetzt von A. Ascharin)

›Tücke und Haß‹ – das ist Vampir-Romantik. Eher dürften die auch in ihrer Art romantisierenden Zeilen zutreffen, die Fr. Nansen der Königin widmet. »Sie war schön und muß unwiderstehliche weibliche Anmut besessen haben. Ihre Zeitgenossen huldigten ihr mit überschwenglichen Lobreden; sie wurde gepriesen ob ihrer Tatkraft, ihrer kriegerischen Werke zu Pferd und zu Fuß, ihrer Reden, die Ruhe, Milde und Mäßigung atmeten, und ob ihrer weisen Antworten. Ohne Strenge und ohne Zorn, ohne Unsicherheit und ohne innere Schwierigkeiten bezwang sie die trotzigsten und unbeherrschtesten Männer. Sie leitete ihr Volk mit einer für jene Zeit ganz ungewöhnlichen Milde und Menschlichkeit. Niemand wurde auf ihren Befehl geprügelt. Zu strengeren Strafen entschloß sie sich mit größtem Widerwillen, ja sie verzieh den Aufrührern, die sich, aufgehetzt von ihrem ersten, von ihr verstoßenen Gatten, gegen sie erhoben hatten. Adel sowohl als Bauern waren ihr treu ergeben; das Heer zog auf ihren Befehl mit Begeisterung in den Kampf und kehrte regelmäßig siegreich heim.«

Steil aufwärts geht es im Tal des Terek, mit jedem Kilometer gewinnen wir fünfzig Meter Höhe. Und doch kommt unser Bus nur langsam voran. Wollige Schafherden, unzählbar trippelnd, sind unterwegs von den Niederungen Daghestans hinauf zu den Sommerweiden im Gebirge. Eine alljährliche Wanderung wie seit undenklichen Zeiten. Auf die

Frage, warum man denn so lange Strecken zu Fuß zurücklege und die Tiere nicht einfach mit Lastwagen transportiere, erfahren wir, daß dies selbstverständlich versucht worden sei, aber der Transport den Tieren nicht bekommt. Wer redet noch von ›dummen Schafen‹? ›Bekommt‹ dem Menschen der Transport mit dem Auto? Die Opfer, die das Automobil fordert, würde kein guter Hirte seiner Herde zumuten.

Die wenigen Stinkvehikel müssen sich gedulden, bis das Gewelle der wolligen Rücken sich gemächlich-müde teilt. Schafmütter bekümmern sich um ihre Kleintiere, einer der Hirten trägt ein ermattetes Lämmchen behutsam auf der Schulter. Keine Revolutionen und sozialen Umschichtungen haben etwas ändern können. Vor beinahe hundert Jahren notierte Knut Hamsun: »Als wir die Station verlassen wollen, geraten wir in eine riesige Schafherde, die mitten im Wege steht. Diese hält unsere Pferde auf, packt sich dicht um uns zusammen und hält uns fest. Die vier Hirten haben lange Stöcke, Dolche auf dem Bauch und Gewehre über der Schulter, außerdem haben sie Hunde. Die Hunde sind gelbgrau und wenig hundemäßig, sie sehen mehr aus wie Eisbären. Die Luft ist rein und herb.«

Drunten im Talboden schlängelt sich der Terek in mehreren silbernen Adern durch Geschotter. Das Dorf *Kasbegi* liegt schon etwa 1700 Meter über dem Meer, also fast 1000 Meter höher als Ordschonikidse, »unmittelbar am Fuß des Berges Kasbek und befindet sich im Besitz des Fürsten Kasbek«, wie Puschkin notiert. Der Dichter nennt diesen Feudalherren einen ›Riesen‹. Er traf ihn in der Schenke, wo der Riese aus einem Ochsenfell jungen Rotwein sog. Den Weinsauger hat Brecht als den ›fetten Fürsten‹ in seinem ›Kaukasischen Kreidekreis‹ auf die Bühne gestellt – in dem meines Wissens einzigen deutschen Theaterstück, das im Kaukasus spielt.

Auf der Höhe rechts sehen wir die Wallfahrtskirche Maria Himmelfahrt aus dem 14. Jahrhundert, deren Einsamkeit sich zudringlich die Bergstation eines Schiliftes gesellt hat. Die hohen Häupter aber haben ihre Launen. Jetzt, wo man ihm so nahe wäre, hat der Kasbek sich einen Wolkenhut aufgesetzt.

Rechts, jenseits des Flusses, steht wieder ein Wachtturm, wie wir ihn aus den Ossetensiedlungen kennen. Die Heerstraße führt teilweise entlang am Wohngebiet dieses verschreckten Volkes. Links zweigt ein Sträßlein ins Sno-Tal ab, und dann passieren wir das kleine Dorf *Archa* (niedrige Häuschen, mit weißgleißendem Blech gedeckt), beliebt bei kaukasischen Bergfexen als Ausgangspunkt für Touren, für die es eben jetzt beste Zeit wäre. Aber wir haben ja unser Geschick nicht in eigener Hand, dürfen uns gerade in *Sioni* ein bißchen die Füße vertreten. Auf der Höhe über dem Dorf redet der Wach- und Auslugturm von der steten Bedrohung, der das Leben der Menschen hier immer ausgesetzt war. Die Sage singt, es habe sich in Sioni einst ein heiliger Hain befunden – vielleicht gab es einstmals genug Bäume hier, um einen echten ›Hain‹ zu bilden. Noch etwas höher steht eine Basilika aus der Zeit um 900 – in Georgien ein Spätling dieses frühchristlichen Bautyps. Während wir Umschau halten, zurückblicken zum Koro-Berg (4007 m), siehe, da geruht der gewaltige Kasbek sich wieder zu entmanteln. Ein Gebirgsbild, das einen an Tiroler Täler erinnert. Ein Vorwitziger könnte fragen, warum wir so weit gefahren sind, wenns dann doch bloß so ist wie daheim in Tirol. Aber es ist doch nicht ganz so. Hier gibt es keine Schizentren, keine Grandhotelburgen, keine zwiebeltürmigen Barockkirchen, sondern Menschenleere zwischen den wenigen Siedlungen aus ein paar geduckten Hütten. Ab und zu jenseits der Talschlucht steht ein alter Wachtturm der Osseten.

Unsere Straße windet sich steil in die Höhe, ist durch Regenfälle vermurt, so daß wir aussteigen müssen, vielleicht kann der leere Bus die Hindernisse leichter überwinden. Weite und Schroffheit treten in seltsamen Kontrast. An den Stütz- und Befestigungsmauern der Straße kalkiges Gepinsel. In kyrillischer wie georgischer Mchedruli-Schrift läßt man hier den ›großen Stalin‹ hochleben. Der blutige Tyrann wird geehrt als Teil der georgischen Legende. Er verkörpert den Traum der stets bedrückten Georgier, einmal ihrerseits den mächtigen russischen Nachbarn das Fürchten zu lehren.

Das Dorf *Kobi* liegt bereits 1950 m hoch. Hier, an der ›Windrose der Grusinischen Heerstraße‹ vereinigen sich vier Talschluchten. Der Terek, dessen Lauf wir bisher folgten, kommt aus dem Seitental rechter Hand, von Nordwesten. Wir biegen nach Südosten ab. Durch ein schroffes Hochtal – das des Baikara-Baches – kurvt die Straße aufwärts zum *Kreuzpaß,* Schneefelder links, Schneefelder rechts. Unterwegs Halt bei einer Mineralquelle, deren Wasser im Land der Langlebigen ›Jugend‹ verheißt. Ich koste davon – nicht, weil ich mir davon wiederkehrende Jugend verspräche, sondern weil ich Durst habe und meine Feldflasche füllen möchte. Das Wasser ist herrlich kalt und schmeckt angenehm. Oben am Straßenrand verhökern ein paar arme Weiber Bescheidenes: ein paar aus der Wolle der eigenen Schafe gefertigte Socken, ein wenig Honig, ein paar schöne Steine.

Durch einen Lawinenrest ist der Weg gefräst, unbekümmert um die Schutzgalerien, die z. T. noch aus der Postkutschenzeit stammen. Immer war der Übergang über den Paß im Winterhalbjahr durch Lawinen gefährdet, in Eis und Schnee äußerst mühsam.

Der Weg über den Kreuzpaß führt wenig unterhalb des alten Obelisken vorbei, der zur Zarenzeit den Übergang bezeichnete: »... eine Anhöhe, die ganz mit Schnee bedeckt war; auf ihrem Gipfel ragt ein dunkles Steinkreuz, an dem ein kaum erkennbarer Pfad vorüberführt, den man gewöhnlich nur dann einschlägt, wenn der Seitenweg zu tief im Schnee liegt ... Von diesem Kreuz erzählt man übrigens eine sonderbare, aber allgemein verbreitete Legende: Zar Peter I. habe es aufgepflanzt, als er den Kaukasus passierte; dagegen spricht allerdings, daß Peter I. nicht weiter kam als bis Daghestan und daß zweitens das Kreuz eine Inschrift trägt, auf der mit großen Buchstaben zu lesen steht, daß es auf Befehl des Generals Jermolow errichtet worden sei, und zwar im Jahre 1824.« (Lermontow)

Dieser ›Sattel des Kaukasus‹, die Wasserscheide, liegt 2395 m hoch und ist – wie die meisten Paßhöhen – ohne besonderen Reiz. Doch nur wenig später überfällt den, der sich ein paar Schritte hinauswagt auf eine Felskanzel, ein Gebirgsbild, das sich aus seinem inneren Haushalt nicht mehr verlieren wird: da steht der porphyrrote ›Weiße Berg‹ mit seiner Schneekappe, stehen die einst vulkanischen ›Sieben Brüder‹ steil über dem Ursprungstal der Weißen Aragwa. Man möchte jubeln angesichts dieses Panoramas – und wird doch ganz still. Mögen vor der eisigen Größe andere zu Wort kommen. Nansen, mit dem Auge des nicht bloß messenden und zählenden Forschers: »Schneeferner und Gletscher überall, durch tiefe Schluchten und Klammen getrennt, zwischen deren senkrechten Wänden in tiefem Grund der weiße Gischt der Flüsse brauste ... Wir blicken in den Gud-Chewi, die Teufelsschlucht, hinab, durch die der Aragwa vom Gebirge herabbraust, ein enger, schwindelnd tiefer Abgrund zwischen fast lotrechten Wänden.« Puschkin (1829): »Von der Höhe des Gutt-Berges erschließt sich das Tal von Koischaur mit seinen unbewohnten Felshügeln, mit seinen Gärten und mit seiner lichten Aragwa, die sich wie ein silbernes Band hindurchschlängelt.«

Lermontow stand an dieser Stelle und hat angesichts des weiten Gipfel- und Tälerpanoramas ähnliches empfunden wie Puschkin in seinem Gedicht:

»Zu Füßen der Kaukasus. Herrliche Schau
Am Absturz allein über ewigem Firne;
Ein Aar, der sich aufschwang von felsiger Stirne,
Schwebt regungslos ebenso hoch hier im Blau.
Hier seh ich die Quellen, hier folge ich ihnen,
Hier spür ich die drohnde Geburt der Lawinen.

Ich schau auf der Wolken befriedeten Schoß,
Dazwischen der Wildbäche rauschend Gefälle;
Darunter der Felsen nacktstrebende Schwelle;
Noch weiter nach unten Gesträuche und Moos;
Und dort schon die Haine, wo Matten sich schlingen,
Es zwitschern die Vögel, die Hirsche, sie springen.

Und dorten, da nisten schon Menschen im Stein,
Dort klettern die Schafe an saftigen Hängen,
Der Hirt steigt zu Tale mit heitren Gesängen,
Dort schnellt die Aragwa in Schatten hinein ...«

Mit Mühe reißt man sich los von diesem Ausblick. Sacht senkt sich die Straße, man passiert das Dorf *Gudauri* (2157 m). In Kehren geht es abwärts. Gelbe Azaleen schäumen wie am Anfang unseres Weges kaskadengleich die Hänge herab, nur hier an der Südseite in sehr viel höheren Regionen. Drunten in der Talschlucht alte Siedlungen, dürftige Dörfchen, alte Wach- und Signaltürme. Endlich dann eine Aussichtsplattform, auf der Autos halten können. Man schaut zurück auf erosionszerfressene Felswände und hinunter auf die in den Steilhang geschnittenen Kehren der alten Straße. Sie ist eine erstaunliche Leistung und hat nicht nur sehr viel Geld gekostet, sondern wie andere große Unternehmungen – nicht nur des 19. Jahrhunderts – auch ungezählte Menschenleben. Mleti-Abstieg nennt unsere Führerin diese kühn in die steile Felswand eingehauene Haarnadelkurverei.

So erzählt Knut Hamsun: »Ich habe nie in meinem Leben solche Abgründe gesehen, ich muß ab und zu aussteigen und zu Fuß gehen und halte mich dann dicht an der Seite des Berges. Aber die Tiefe zieht und zieht. Ich sehe dann und wann hinunter und entdecke durch das Fernglas drunten in der Tiefe winzige Ackerflächen. Wenn ich im Wagen sitze, halte ich mich gut fest. ... Hier ist der Weg an der glatten Bergwand aufgemauert, er ruht auf eisernen Trägern, er hängt in der Luft. Das sahen wir jedoch nicht, bevor wir uns mehrere Kurven den Berg hinabgeschlängelt hatten, da legten wir die Köpfe hinüber und sahen hinauf zu dem Wege, den wir gefahren waren. Und dieser Anblick machte uns erbeben.« Wir, achtzig Jahre später im Reisebus unterwegs, erbeben vielleicht nicht mehr beim Rückblick, aber fragen uns, ins Aragwa-Tal hinabgelangt, kopfschüttelnd, ob wir tatsächlich diese steile Felswand herabgekommen sind. Angesichts dieser Mauer versteht man, daß niemals die Völker südlich des Gebirges sich aufmachten, die Gefilde im Norden zu erobern. Aber wann hätten sich Südländer je versucht gefühlt, in den Norden vorzustoßen? Es waren immer nur die Nordleute, die es in den Süden zog: über die Pyrenäen, über die Alpen, über den Kaukasus.

Der Süden kommt einem nun entgegen wie bei einer Fahrt über die Alpen. Aus den Seitentälern blitzen noch Schneefelder und weiße Kammlinien. Ein Dorf genau am halben Wege zwischen Ordschonikidse und Tbilissi grüßt mit Steinhäusern und Holzveranden. Die Berge zu beiden Seiten entsenden hellsprudelnde Bäche und mit frühem Führertritt nimmt die Weiße Aragwa die Bruderquellen mit sich fort. Auch hier sind Schafherden bergwärts unterwegs, geleitet von Hirten in ›persischen‹ Pelzmützen, mit langem Stab. Geduldige Esel schleppen das Gepäck auch hier. Je tiefer die Straße hinabführt – als bloßer Fahrgast merkt man gar nicht, daß sie sich senkt –, um so grüner wird das Tal, um so wohlhäbiger werden die Wohnstätten mit Keller- und Erdgeschoß und ringsumlaufendem Balkon vor den Räumen des Oberstocks, um so höher hinauf klettern an den waldigen Hängen die Eichen, Pappeln, Platanen, Kiefern, unter die sich auch schon Obstbäume mischen und bald Kukuruzfelder sprenkeln. Oben im tiefen Himmelsblau segeln einzelne weiße Wolkenballen. Kilometer 117/85 sagt der Meilenstein dort, wo die Weiße Aragwa sich mit ihrer schwarzen Schwester vereint, die aus den nordöstlichen Bergen herabkommt. »Die Flüsse verdanken ihre verschiedene Farbenzeichnung dem Schlamm, den sie führen, und dieser wiederum ist je nach dem Gestein des Flußgebietes verschieden. Wo das Gestein hart ist, bleibt das Wasser klar, der Fluß sieht dunkel aus, weil der Grund durchschimmert, und wird also ›schwarz‹ genannt. Rinnt der Fluß über mürbes Gestein, so führt er Schlamm mit sich, dessen Farbe von der Gesteinsart abhängt.« (Nansen)

Ungefähr dort, wo die beiden Bergflüsse zusammenkommen, ist das Hotel Aragwa hochgezogen worden, ein öder Betonbau. Man hält hier nur an, um nach einem Glas Tee das breite Tal, die noch ungezähmten Bergflüsse zwischen wald- und macchiagrünen Hängen nicht immer nur aus einem Vehikel kinoartig zu erleben. Das Hotel ist eine Bausünde. Daß die rote UdSSR ganz und gar kein ›grünes‹ Paradies ist, das merken wir bald und wiederholt und sehr massiv.

Im Tal weiter abwärts. Die Bergflanken sind von üppig-romantischen Wäldern überzogen, aus denen sich da ein Weiler, dort ein alter Turm herausheben. Und dann zieht die – offensichtlich neue – Straße aus dem Tal empor. Von der Brücke, die ein Nebental überspannt, eröffnet sich ein wunderschöner Blick auf die alte Klosterfestung *Ananuri,* ein eindrucksvolles Werk aus dem 16./17. Jahrhundert, der ›Spätzeit‹ georgisch-mittelalterlicher Architektur. Es ist der erste georgische Baukomplex, den wir nicht nur im Vorbeifahren oder aus gemessener Distanz betrachten können. Was wir sehen, wirkt irgendwie fremdartig, erinnert zugleich mit Rund- und Spitzbogen an abendländisches Mittelalter. Wir bewahren das Bild zunächst im Gedächtnis oder auf dem Zeichenpapier. Nicht hier unterwegs (obwohl Ananuri einst, als man noch mit Pferdewagen unterwegs war, als Poststation mit Unterkunft und Pferdewechsel Rast gewährte) wollen wir uns mit der Baukunst des alten Georgien etwas vertrauter machen. Das Ensemble, das wir sehen, diente seit seiner Gründung im 16. Jahrhundert bis 1734 den Feudalherren des Gebietes, den Aragwi-Eristawen, als Residenz. Die untere Festung (17./18. Jahrhundert) blieb weniger gut erhalten als die obere, welche in einer turmbewehrten Rechteckmauer eine aus Ziegeln errichtete kleinere mit einer aus Gußmauerwerk bestehenden großen Kirche (1680) verbindet, deren Fassaden große Reliefkreuze schmücken, flankiert von Lebensbäumen. Im Inneren finden wir Freskenreste von einem ›Jüngsten Gericht‹ an der Südwand, von Heiligen an den westlichen Freipfeilern, welche zusammen mit den Wandpfeilern der Apsis die Pendentifkuppel tragen. Die Ikonostase ist ›barock‹. Der Glockenturm, welcher die Fassadenreliefs der Westfront zum Teil verdeckt, also nachträglich angefügt wurde, repräsentiert einen in der späten Phase der georgischen wie der armenischen Baukunst beliebten Typ.

Die alte Straße, die einst unterhalb der Festung entlanglief, ist aufgegeben. Ein Staudamm soll die ganze Gegend in einen See verwandeln, elf Kilometer lang, gut einen Kilometer breit: Hochwasserschutz, Trinkwasserspeicher für Tbilissi,

Stromerzeuger und Reservoir für die Landwirtschaft in trokkenen Monaten. Das Dorf Rinwali, eine alte Zollstation, wird wie manch alter Turm in den Fluten versinken. Schon ist der Damm im Bau, schon stehen die genormten Betonkästen einer neuen Arbeitersiedlung.

Nun weitet sich das Tal zu fruchtbarer Breite mit Maisfeldern und Wingerten, Tabakpflanzungen, Gemüse- und Obstgärten, aus deren Grün die ziegelroten Dächer der Häuser hervorlugen. Nur eine gute Fahrtstunde liegt zwischen den Felsflanken der Schneeberge und dieser schönen Fülle, in der man sich an das Etschtal erinnert fühlt zwischen Auer und Trient, wie es einstmals gewesen sein mag.

Ananuri

Die Große Heerstraße von Ordschonikidse nach Tbilissi ist nur wenig mehr als zweihundert Kilometer lang, aber eine überaus lohnende Route, für die man heutzutage freilich keine vier Tage mehr braucht. Aber sonst können wir der Notiz Haeckels ohne Vorbehalt zustimmen: »Die 4-Tagesfahrt über den Kaukasus im offenen Wagen, bei schönstem Wetter, waren herrlich, eine der interessantesten Reiseerinnerungen für mich ... Außer sechs größeren Aquarellen lieferte die Fahrt viele kleine Skizzen ... Von den gefürchteten Räubern bekamen wir nichts zu sehen.«

Eine freundliche Legende erzählt man sich hier in Georgien. Als der Schöpfer schon alles Land an die verschiedenen Völker vergeben hatte, da kamen die Georgier. Und als der Herr sie fragte, warum sie denn nicht dabeigewesen wären, als die Erde verteilt wurde, da bekannten sie fröhlich: »Wir haben ein paar Flaschen auf Dein Wohl geleert.« Da lächelte Gott: »Dann also, meine Kinder – die Erde ist schon aufgeteilt – will ich euch ein Stück von meinem Paradiese schenken.« Georgien ist trotzdem kein Garten Eden, das Land hat seine rauhen, kahlen und steinigen Seiten – und von ihnen haben wir heute einiges gesehen –, aber es ist von größter landschaftlicher Vielfalt. Die paradiesisch-üppigen und die weinfrohen Gebreiten, die werden wir noch zu sehen bekommen.

Noch bevor wir Mzcheta, die Fürstenresidenz seit frühen Zeiten und noch heute das geistliche Herz des Landes, erreichen, zweigt nach Westen, dem Schwarzen Meer zu, jene Straße ab, auf der wir mehr von der Vielgestalt und dem Segen des georgischen Landes erleben können, das seinen in europäischen Sprachen eingebürgerten Namen vom griechischen ›Georgios‹ ableitet, dem Wort für den Landmann, den Erdbesteller. Trotz aller forcierten Industrialisierung: Georgien ist Bauernland.

Mzcheta, das ist ein Reiseziel. Aber hier findet der Fremde nicht Obdach und Bleibe. So wollen wir uns im Hotel in Tiflis – pardon: Tbilissi – fahrtmüde und voll von Eindrükken – Zeit nehmen, auf die Vergangenheit, die Schicksale dieses Landes zurückzuschauen.

Aus Georgiens Vergangenheit

Wir atmen die Luft, schnuppern die Aromata, schmecken die Speisen, hören die Sprache, sehen die Menschen und ein reiches Land, dessen Name vielleicht dem einen oder anderen bei uns daheim schon ans Ohr gedrungen ist, unter dem er sich aber wenig vorzustellen vermochte. Eines Landes, welches die Russen Grusia (Grusien, Grusinien) nennen, seine

Bewohner selbst aber Sakhartwelo. Es ist nur wenig kleiner als Österreich und fast doppelt so groß wie die Schweiz und liegt zwischen dem Wall des Großen Kaukasus im Norden und der Kette des Kleinen Kaukasus im Süden, wird durchströmt vom Rioni, der sich ins Schwarze Meer ergießt, und teilweise von der Kura, die im Großen Kaukasus entspringt und durch Aserbaidschan über den Aras in die Kaspisee fließt. Die Grusinskaja SSR ist mit ihren etwa fünf Millionen Einwohnern ein reiches und dank seiner Bodenschätze und Energiequellen auch industrialisiertes Land und zugleich eines von großer landschaftlicher Vielgestalt. Das Spektrum reicht von den Eishöhen und Steilhängen des Kaukasus zu den mediterranen, ja subtropischen Schwarzmeergestaden. Die Likhi-Kette scheidet das nach Westen blickende ›kolchische‹ Land vom Mittellauf der Kura und dem am Alasani gelegenen Ostgeorgien.

Landschaftliche Vielfalt bringt unterschiedliche Lebensbedingungen hervor und ist alles andere als ein Bindemittel für das Selbstverständnis eines Volkes. Die Stämme Grusiniens haben sich also in der Vergangenheit viel öfter als Rivalen denn als ein einzig Volk von Brüdern verstanden und doch nie ihre gemeinsame Herkunft vergessen.

Wo ein Volk ›herkommt‹, das wollte das 19. Jahrhundert wissen. Heute fragt man eher nach den Umständen, unter denen ein Volk entstand. Darüber gibt es im Fall der Georgier nur Vermutungen. Vielleicht aus einer Verschmelzung aus Kleinasien im 12. Jahrhundert v. Chr. eingewanderter Stämme, schlankwüchsig brünetter Mediterranier, hell- bis olivenblaßhäutig, mit großen dunkeln Augen und ›semitisch‹ geprägter Gruppen mit Adlerprofil und starkem Kinn als Basis eines schmalen Gesichts, eines Typus, den die einen indoeuropäischen Dialekt sprechenden Armenier beispielhaft darstellen. Man will auch verwandtschaftliche Beziehungen zu den Hatti, den Vorhethitern Kleinasiens und zu den Sumerern des südlichen Zweistromlandes annehmen, aber das sind mehr oder weniger Spekulationen.

Karte der Historischen Reiche und Landschaften

Was die Georgier als Volk von ihren Nachbarn ab- und zur Einheit erhob, war trotz aller Dialektunterschiede ihre sprachliche Gemeinsamkeit. Das Georgische bildet – so erklären uns die Philologen – zusammen mit dem Swanischen, Mingrelischen und Lasischen die ›kartvelische‹ Gruppe der Kaukasussprachen. Zum Rang einer Schriftsprache stieg einzig der Dialekt von Kartli-Iberien auf. Er wurde – wie das Toskanische in Italien – zur Sprache der Gelehrten und der Dichter.

Sie gilt ihrer komplizierten Grammatik wegen als ›unerlernbar‹. Wer nur ein paar Tage oder Wochen im Lande unterwegs ist, wird kaum auch nur eine Redewendung aufschnappen, sich nur wenige der weinrankenschönen Schriftzeichen einprägen, die – noch vor den kyrillischen – den Reisenden auf Straßenschildern, Ladentafeln und Zeitungs-

titeln entgegentreten. Aber wenn er versucht, wenigstens seinen Dank mit einem ›madlub‹ auszudrücken, dann wird er stets ein fröhliches Lächeln ernten.

Eine Legende will die Erfindung der 38 georgischen Schriftzeichen dem armenischen Mönchsgelehrten Mesrop zuschreiben, der das armenische Alphabet schuf, aber sie entbehrt jeder Grundlage. Woher die Elemente dieser Schrift auch bezogen wurden – sie hat in ihren verschiedenen Ausprägungen (vor allem im Duktus der Mchedruli-, der Ritterschrift, welche die Grundlage der heutigen Drucktypen darstellt) als Kitt der Einheit gewirkt und die bedeutende Literatur Georgiens erst ermöglicht. Über diese später ein Wort.

Kopfzerbrechen bereitet den Forschern die Einordnung der Kaukasussprachen. Sie stellen eine vereinzelte Gruppe dar. In ihrer Struktur finden sich mit den indoeuropäischen

Sprachen verwandte Züge, aber im Wortschatz wie in der Flexion des Verbums finden sich keinerlei Gemeinsamkeiten mit diesen. Sind sie ein archaisch-orientalischer Block innerhalb einer jüngeren Sprachlandschaft? Spezialisten glauben Zusammenhänge mit dem Baskischen (auch einem erratischen Findling innerhalb der europäischen Sprachenwelt) feststellen zu können, und so stehen – so erzählt man uns – georgische und baskische Gelehrte in engem wissenschaftlichem Austausch. Ob sich einmal die Schleier lüften, die über so uralten Verbindungen liegen?

Zahlreiche Funde belegen, daß Georgien schon in der frühen Steinzeit bewohnt war. Nicht nur an der Schwarzmeerküste (bei Suchumi, Otschamtschira, Sugdidi) kamen Zeugnisse aus dem Paläolithikum zutage. Die jüngere Steinzeit, gleichfalls durch Funde reichlich belegt, ging um 3000 v. Chr. in die Kupferzeit über. Mit dem 2. Jahrtausend v. Chr. begann die Bronzezeit, aus der uns die Museen eine Fülle hochstehender Handwerkserzeugnisse bewahren.

Aus so frühen Zeiten raunt nur die Sage seltsame Kunde von Tergamos, einem Nachkommen des Noah-Sohnes Japhet, dem aus Babylonien eingewanderten Ahnherrn der Georgier. Sie kennt Kartlos als einen seiner Söhne, als den Stammvater der ostgeorgischen Kartlier und seinen Bruder Egrossi als den der Mingrelier und Lasen westlich der Likhi-Wasserscheide. Auf weniger schwankem Boden befinden wir uns, wenn wir das 8. oder 7. Jahrhundert v. Chr. als die Zeit annehmen, in der sich die Stämme der Kartlier (Iberier) und Mingrelier (Lasen) und der Swanen zu Gemeinschaften mit eigenen Lebens- und Sprachgewohnheiten formierten; Gebiete, die sich im 6.-4. Jahrhundert v. Chr. zu quasi staatsähnlichen Gebilden zusammenschlossen.

Die griechischen Mythen vom Argonautenzug ums Goldene Vlies spiegeln die Bedeutung des mingrelischen Kolchis zu einer Zeit, da die Beziehungen der Kaukasusstämme zu den südlichen Nachbarn, den Mitanni, den Hethitern, den Urartäern wie diese Völker selbst bereits der Vergangenheit angehörten. ›Aufklärer‹ schon in der Antike wollten im

Goldenen Vlies nichts weiter als einen Hinweis auf die Methode erkennen, mit Hilfe ins Wasser gelegter Schaffelle das Gold aufzufangen, das der Rioni aus dem Kaukasus herabführte. Doch das Vlies aus Gold war mehr: es war Chiffre für den Reichtum des Landes überhaupt, der es den cleveren Griechen wirtschaftlich interessant machte. Jonier aus Milet gründeten an den kolchischen Gestaden ihre Pflanzstädte: Phasis (Poti), Dioskurias (Suchumi), Pithiunt (Bischwinda). Schon um die Mitte des 6. Jahrhunderts v. Chr. prägte das kolchische Küstenreich Egrisi eigene Silbermünzen. Etwa um die gleiche Zeit entstand in Ostgeorgien (Iberien) das Königreich Kartli. Seine Hauptstadt war Mzcheta. Aus legendärem Halbdunkel taucht der Name eines Königs Farnavazi (Parnabazos) auf, der die Iberier von der makedonischen Oberhoheit befreit (aber des großen Alexander Reich erstreckte sich niemals bis in dieses Gebiet) und ›Eristaven‹ als Gouverneure seiner acht Provinzen eingesetzt haben soll.

Die Römer faßten zwar an der georgischen Schwarzmeerküste Fuß, vermochten jedoch Kartli-Iberien nicht zu unterwerfen und zogen es deshalb vor, freundliche Beziehungen zu dessen Königen zu pflegen. Im Staatlichen Historischen Museum von Tbilissi wird eine in Mzcheta gefundene römische Inschrift aufbewahrt, die kundtut, daß der ›Imperator Caesar Vespasianus Augustus, Pontifex Maximus, zum siebenten Male im Besitz der Tribunizischen Gewalt, zum vierzehnten Male Imperator‹, zusammen mit seinen Söhnen Titus und Domitian Mauern für König Parsman I. errichten ließ. Der Kaiser Antoninus Pius befahl später, auf dem römischen Marsfeld eine Reiterstatue König Parsmans II. aufzustellen.

Obwohl die Georgier ihre Unabhängigkeit mehrfach mit Waffengewalt verteidigen mußten, entfaltete sich in diesen Jahrhunderten eine hohe materielle und geistige Kultur, wie Funde aus Mzcheta, Uplisziche und weiteren Orten belegen. Georgien im Schutze seiner Berge war übers Meer mit der Welt verbunden und stand doch glücklich abseits der weltpolitischen Händel.

Eine der entscheidendsten Weichenstellungen seiner Geschichte ging ohne Lärm vor sich: die Bekehrung zum Christentum in der Zeit des iberischen Königs Mirian (300-362), bewirkt durch die heilige Jungfrau Nino, die ›Erleuchterin‹ Georgiens, nur ein paar Jahre nach der Christianisierung Armeniens. Seither dürfen sich die beiden Nachbarländer als die ältesten christlichen Staaten bezeichnen. Im Römerreich war die neue Religion ja seit 313 gerade erst geduldet und gleichberechtigt. Staatsreligion wurde sie dort erst 391, als Kaiser Theodosius der Große die heidnischen Kulte verbot.

Während das christliche Ostgeorgien vom sassanidisch-zoroastrischen Persien bedroht war, gelang es im 4. Jahrhundert den Westgeorgiern, die römische Herrschaft abzuschütteln. Der mit den Mingreliern verwandte Stamm der Lasen gewann die Herrschaft über die zentrale Kolchis und über die Gebiete der Abchasen und Swanen. Dieses Königreich Lasika erklärte im frühen 6. Jahrhundert das Christentum zur Staatsreligion und blieb dem byzantinischen Ostrom freundschaftlich verbunden.

Damals scheinen sich die kartvelischen Reiche einander genähert zu haben, löste die Sprache Kartlis an der Küste das bisher vorherrschende Griechische ab. Gleichzeitig galt es, die Einfälle der Chazaren von jenseits des Kaukasus und der Perser abzuwehren. Im Kampf gegen letztere fiel König Wachtang Gorgasali, der ›Erbauer‹ von Tbilissi, 502 als Führer einer anti-iranischen Koalition der Kaukasusvölker. Die Perser unterwarfen 523 Iberien, drangen bis Westgeorgien (Egrisi) vor, das zum Schauplatz eines zwanzigjährigen persisch-byzantinischen Krieges wurde. Es war nicht das erste und sollte nicht das letzte Mal sein, daß Georgien in die Rivalitäten der übermächtigen Nachbarn hineingerissen wurde. Diese leidvolle Verflechtung ist vielmehr etwas wie eine tragische Konstante in der Geschichte Transkaukasiens.

Die christliche Kirche war Hort und Bundesgenosse des Volkes, wenn dessen Leben und Überleben auf dem Spiele stand. Zu Beginn des 7. Jahrhunderts (608/609) trennten sich die Bischöfe Georgiens von der ›gregorianischen‹ Kirche der

Armenier und unterwarfen sich dem orthodoxen Patriarchen von Byzanz, so daß Georgien fortan in engem geistig-geistlichem und wirtschaftlich-politischem Austausch mit dem christlichen Kaiserreich stand. Unter dem Dach seiner Kirche überlebte das zersplitterte Georgien auch den Einfall der Araber, die 654 im Namen des Propheten Kartli und Kachetien tributpflichtig machten. In Tbilissi residierte seit 755 ein arabischer Emir, der durch überhöhte Steuerforderungen das Land wirtschaftlich lähmte und schließlich in den Widerstand trieb. In dieser Zeit wurde die georgische Kirchensprache die Staatssprache in allen georgischen Königreichen und Fürstentümern. Kirchlich, sprachlich und kulturell geeint haben die Georgier als Nation jahrhundertelang die Rivalitäten obskurer Prinzen überlebt. Wiederholt versuchten Kleinkönige, mehrere Fürstentümer als Kern eines umfassenden Feudalstaates zu vereinigen, was nur im Bund mit Byzanz zu verwirklichen war. Durch entscheidende Waffenhilfe für Kaiser Basileios I. den Bulgarentöter erlangte Dawit aus der schon seit dem 8. Jahrhundert in Abchasien regierenden armenischen Familie der Bagratiden nicht nur den Hoftitel eines ›Kuropalates‹, sondern auch kaiserliche Unterstützung für seinen Plan der politischen Vereinigung von Abchasien und Tao-Klardschetien (also ›Egrisi‹) mit dem ostgeorgischen Kartli unter dem Zepter seines Pflegesohnes Bagrat Bagrationi zum Staat Sakartvelo. Er umfaßte, wie ein zeitgenössischer Chronist bezeugt, »das ganze Land ... in dem in georgischer Sprache der Gottesdienst verrichtet wird«.

Damit beginnt die Geschichte des politisch zusammengefaßten georgischen Staates, für dessen Errichtung die Geistlichkeit schon seit langem inständige Gebete zum Himmel gesandt hatte. Trotz aller äußeren und inneren Hemmnisse gelang es König Bagrat III. (975-1014), die wirtschaftlichen Grundlagen zu sichern und seinem Land Ansehen bei den Nachbarn zu schaffen. Freilich wollte Byzanz kein mächtiges Georgien dulden und Giorgi I. (1014-27) war zu wiederholten Kriegen gezwungen, bis sich der Kaiser zu gutnachbarlichen Beziehungen verstand. Bagrat IV. (1027-72), dem es gelang, 1048 Tbilissi vorübergehend von den Arabern zu befreien, hatte zwar gegen die Eigeninteressen mächtiger Feudalherren zu kämpfen, konnte jedoch das Königreich um Kledari, Kachetien und Heretien erweitern. Doch zog eine neue Gefahr herauf. Zum ersten Mal griffen 1065 die türkischen Seldschuken Georgien an, 1068 kamen sie wieder, und nachdem die Schlacht von Manzikert (1071), bei der der byzantinische Kaiser Romanos IV. Diogenes den Feinden in die Hände fiel, ihnen ganz Kleinasien geöffnet hatte, hatte auch Georgien ihre Einfälle zu erdulden. König Giorgi II. mußte sich zu einem Tribut bequemen, der sich nur durch ruinös hohe Steuern aufbringen ließ, die, zusammen mit dem Übergang von Bauernland an die Viehzüchternomaden, die wirtschaftlichen und sozialen Grundlagen zu zerstören und Georgien erneut ins Chaos zurückzuwerfen drohten. In dieser Krisenzeit bestieg König Dawit IV. (manchmal auch als I. oder II. gezählt, 1089-1125) den Thron. Ihm haben spätere Geschichtsschreiber den Beinamen ›der Erbauer‹ oder ›der Wiederhersteller‹ verliehen. Er war ohne Zweifel der größte Politiker des mittelalterlichen Georgien und nicht nur Bauherr, sondern politischer Reformer. »Die Hauptergebnisse seiner Tätigkeit bestanden darin: er unterwarf die weltlichen und geistlichen Feudalherren, die Gegner der Zentralgewalt waren, führte eine Heeresreform durch, indem er ein stehendes Heer von 60000 Mann schuf, das vor allem auf strenger

Zu den Farbtafeln

4 *Über dem Quellgebiet der Weißen Aragwa*

5 *Ketscharis-Kloster in Armenien*

6 *Wachtürme in einem Ossetendorf*

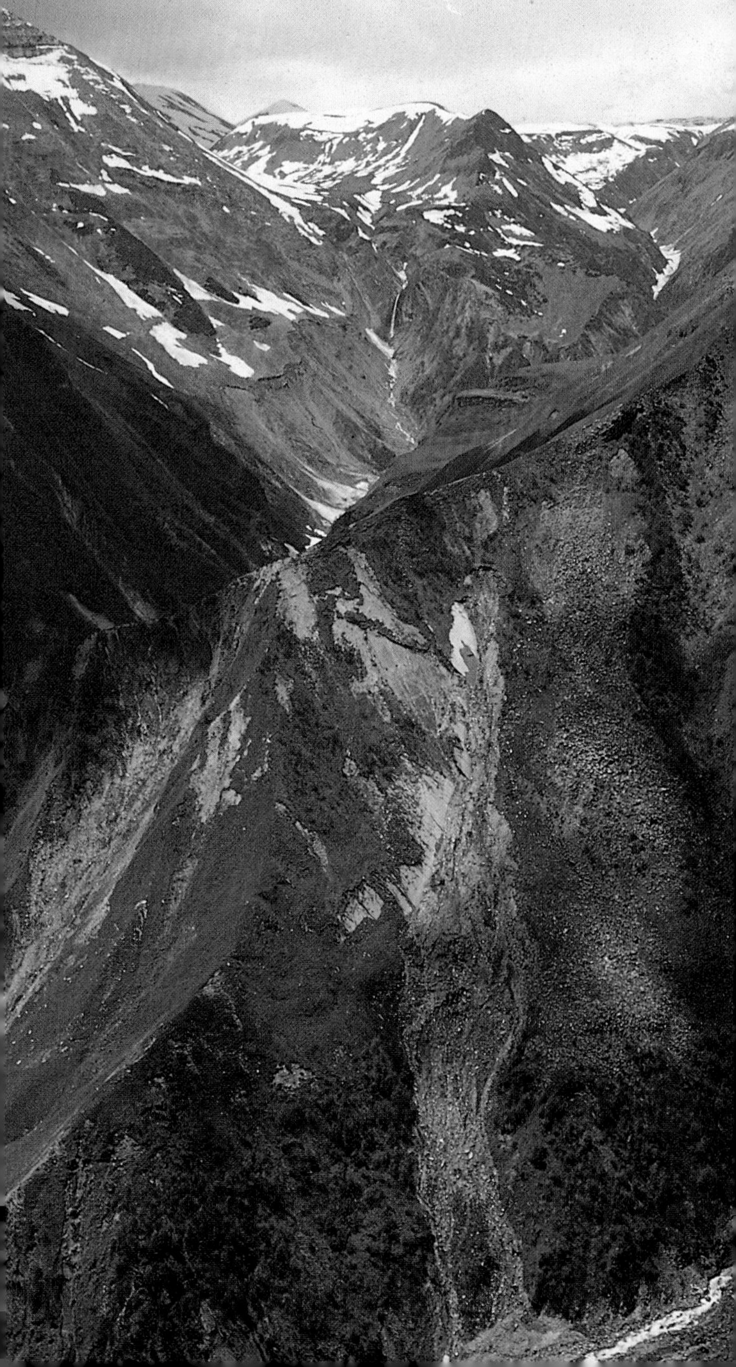

Disziplin basierte, vertrieb die Türken aus dem Land, führte den langen Kampf für die Vereinigung des Landes zu einem erfolgreichen Ende und verfolgte eine aktive Außenpolitik. Dank dieser Maßnahmen wurde Georgien im ersten Viertel des 12. Jahrhunderts zu einem der stärksten Staaten in Vorderasien.« (Schota Meskhia). Dieser größte König Georgiens – ein Philosoph auf dem Thron, ein hochgebildeter Asket, ein tapferer Krieger und erfolgreicher Feldherr, ein strenger Zuchtmeister und selbst Beispiel für Sittenstrenge und hingebungsvollen Opfersinn, ein kluger Rechner und sparsamer Haushälter – gehört ohne Zweifel zu den Großen der Geschichte, scheint er doch um ein Jahrhundert Eigenschaften vorwegzunehmen und zu vereinen, die wir an einem Friedrich Barbarossa, einem Roger von Sizilien, an deren beider Enkel Friedrich II., an Philipp August von Frankreich und Richard Löwenherz von England bewundern.

Georgien reichte damals von der Kaukasusriviera bis ans Kaspische Meer, von Ossetien bis zum Araxes. Der Egoismus machtlüsterner Adliger jedoch widersetzte sich einer zentralistischen Politik. Erst wieder Giorgi III. (1156-84) konnte versuchen, die Linie Dawits fortzusetzen. Seine Tochter und Nachfolgerin, die Königin Tamara (1184-1213), mußte wohl den großen Feudalherren gewisse Zugeständnisse machen, aber die Jahre ihrer Herrschaft sind – von ritterlicher Poesie verklärt – als das Goldene Zeitalter Georgiens unvergessen geblieben. Das christliche Georgien ist als ein Land des Orients eines der Märchen und Legenden und wie eine Gestalt aus der Phantasiewelt erscheint uns Landfremden die Figur der Königin, unter deren Herrschaft Georgien, über seine Sprachgrenzen hinausgreifend, eine kurze Sonnenhöhe erlebte. »Die Schlacht von Schamkori (1195), der Feldzug 1204 an die Südküste des Schwarzen Meeres und die Gründung des Reiches von Trapezunt endeten ebenso wie die Schlacht von Basiani (1203) und die Feldzüge gegen den Iran [illegible]) entweder mit Annexionen oder mit der Errichtung [illegible]derer Formen der Abhängigkeit über die okkupier-[illegible] (Schota Meskhia)

Nach Angaben des ersten Historikers der Königin »erstreckte sich das Reich der Königin Tamara vom Pontus bis zum Meer von Gurgan (das ist die Kaspisee), von Speri (an der Südküste des Schwarzen Meeres) bis Derbent und über alle die Länder diesseits des Kaukasus und darüber hinaus die der Chazaren und Skythen.« Georgien war – flächenmäßig fast verdoppelt – ein multinationaler Staat geworden, der eine gewichtige Rolle in der großen Politik spielen konnte. Schon Tamaras Vater, Giorgi III., titulierte sich ›König der Abchasier, Georgier, Ranen, Kachetier, Schah von Schirwan und König der Könige, Herrscher des ganzen Ostens und Westens‹. Mit wie viel größerem Recht tat es seine Tochter. Doch der Königin kam es nicht nur auf äußere Expansion an. Ebensoviel lag ihr die gedeihliche Entwicklung ihres Staates nach innen am Herzen. Die Landwirtschaft konnte damals dank der Obsorge für das Bewässerungssystem ihre Erträge steigern, in den Städten blühte das Handwerk, der Bau von Straßen, Brücken und Karawansereien kam den Handelsleuten zugute, für deren Sicherheit die Regierung besorgt war. Münzfunde belegen die weitreichenden Verbindungen der mit Selbstverwaltungsrechten ausgestatteten aufblühenden Städte. Georgien war damals ein Knotenpunkt des Handels zwischen dem Mittelmeer, den Slavenlanden (auch politisch bestanden wichtige Verbindungen zu den Fürsten der Kiewer Rus), dem Nahen und dem Fernen Osten.

»Unter der Regierung Tamaras besaß Georgien eine bedeutende Reihe hervorragender Führerpersönlichkeiten in Kirche und Staat. Mehrere waren Armenier. Oberster Feldherr war der Armenier Sarkis Mchargdseli, ihm zur Seite standen drei seiner Verwandten, darunter der zweite Gatte der Königin, David Soslani. Die höhere Geistlichkeit und ein Teil des Adels scheinen verhältnismäßig hohe Bildung besessen zu haben, und der Adel, der in den Kriegszügen reiche Beute machte, führte offenbar zum großen Teil ein Leben in Luxus und hoher Verfeinerung der Sitten; de strahlende Mittelpunkt war Tamaras prachtvolle Hof tung, die ständig von Fürsten und vornehmen Männern besucht war. Die schöne Königin geizte gewiß nicht mit ihren Reichtümern, die sich in den Schatzkammern häuften. Sie war sehr freigebig und umgab sich gern mit Lustbarkeit und Vergnügung. Sie veranstaltete prächtige Feste und Gesellschaften, ritterliche Spiele, Vorführungen von Tänzerinnen und Seiltänzern. Vor allem aber wurden große Jagden abgehalten; sie selbst war leidenschaftliche Jägerin. Was für ein prächtiger Aufzug mag das gewesen sein, wenn sie, ein Bild der Schönheit, an der Spitze ihrer Ritter auf feurigen Pferden in glitzerndem Geschirr mit Falken und Hunden in Wald und Feld zog. Der Heimkehrenden warteten reiche Gelage mit Gesang und Musik, mit Becherklang und endlosen Jagdgeschichten.« (Nansen)

Die Königin ist die geheime Heldin der bedeutendsten Dichtung des georgischen Mittelalters, von Schota Rustawelis Epos ›Der Held im Pantherfell‹. Davon, wie von dem Geistesleben und der Blüte der Künste im 12. Jahrhundert später ein Wort, damit dieser historische Überblick nicht durch zu viele Namen und Fakten belastet werde.

Die große Königin konnte freilich nicht wissen, daß sich fern im Osten eine tödliche Gefahr zusammenbraute: die Macht der Mongolen, welche der so rücksichtslose wie intelligente Dschingis Khan (gest. 1227) zur unwiderstehlichen Angriffswaffe schmiedete. Wie ein Vorbote des gelben Hagelwetters, das die hochstehende Sommerernte Georgiens niederlegen sollte, erschien der von Dschingis Khan verjagte Chorezm-Schah Dschelal ed-Din mit seinen Reitern in Ostgeorgien, bemächtigte sich der Stadt Tbilissi und führte sich dort auf wie ein in die Enge getriebener Wolf. 1235, während Tamaras Tochter Rusudan herrschte, suchten die Mongolen selbst das Land heim, um 1240 war es in ihren Händen. Ihnen war jeder Besiegte ein Knecht, dessen einziger Lebenssinn darin bestand, den nomadischen Herren eine gehobene Lebensführung zu ermöglichen. Sie sogen das Land aus, zusammen mit einheimischen Feudalherren, deren Eigensucht das einst mächtige Reich zerriß. Wiederholt erhob sich das geplagte Volk – vergeblich jedes Mal und zur Strafe blutig unterdrückt. Das Land, dessen wirtschaftliche Grundlagen zerstört wurden, begann sich zu entvölkern. Und doch lebte mit der Erinnerung an bessere Tage die Hoffnung weiter, sie möchten zurückkehren. König Demetre (Demetrius) II. (1271-89) dauert im Gedächtnis der Georgier fort, weil er sich todesbereit zu Verhandlungen ins Lager der Mongolen begab, um einen neuerlichen Einfall ihrer Scharen abzuwenden. Der Khan ließ ihn hinrichten, stand aber von einem neuen Feldzug ab. Seither trägt Demetre den Beinamen des ›Selbstaufopferers‹. Nach dem Abzug des mongolischen Gewittersturms gelang es Giorgi V., dem man den Beinamen des ›Glanzvollen‹ gegeben hat, noch einmal Fragmente des Georgien von einst zusammenzufassen. Doch dann zogen erneut die apokalyptischen Reiter über das in Fehden seiner Feudalherren zerfallende Land. Der Schwarze Tod, der 1348/49 in Europa und Nordafrika Ernte hielt, mähte auch im Kaukasus Tausende hin, und ihm folgte auf fahlem Roß der hinkende Timur Lenk, der zwischen 1387 und 1403 wiederholt seine Würgengel durchs Land rasen ließ, die Dörfer leerzumorden, Gebautes zu zerstören, Obst- und Weingärten abzuholzen, Getreide- und Gemüsefelder zu zerstampfen.

Nachdem die Osmanen, die unter Mehmet II. 1453 die Kaiserstadt Byzanz eroberten, auch das komnenische Restkaisertum Trapezunt unterworfen hatten, war das feudal zersplitterte Land zwischen dem Großen und dem Kleinen Kaukasus von seinen wirtschaftlichen Verbindungen abgeschnitten und wurde – wie Armenien – zum Zankapfel zwischen den sunnitischen Osmanen und den schiitischen Persern, die Stück für Stück des darniederliegenden Landes an sich zu reißen suchten. 1590 eroberten die Truppen des osmanischen Sultans das Land südlich des Kaukasus. Bald erhob sich die geschundene Bevölkerung gegen die neuen Herren. Am Anfang des 17. Jahrhunderts lösten die siegreichen Scharen des Perserschahs Abbas I. die türkischen Janitscharen ab, aber auch sie plagten das christliche Landvolk

Ostgeorgiens so bis aufs Blut, daß es revoltierte. Welche Leiden diese Jahrzehnte brachten, das kann ein kurzer Überblick nicht anschaulich ausmalen. Schon 1587 hatte das Fürstentum Kachetien die Hilfe des russischen Zaren erbeten und ihm dafür die Anerkennung als Oberherrn versprochen. Gleiches tat König Teimuras von Kartli (1605-83) im Jahre 1639, seinem Beispiel folgte 1651 König Alexander von Imeretien. Einzig vom christlich-orthodoxen Glaubensbruder konnten sich die Georgier – gepeinigte Opfer im letztlich ergebnis- und sinnlosen Ringen zwischen türkischen Osmanen und safawidischen Persern – Überlebenschancen erhoffen.

König Wachtang VI. von Kartli (1708-24) versuchte, die Wunden des entkräfteten und entvölkerten Landes zu heilen: durch Ansiedlung von Bauern auf verlassenem Boden, durch Anlage von Bewässerungskanälen, durch Wiederbelebung des städtischen Handels und Gewerbes, durch gesetzgeberische Maßnahmen zur Wiederherstellung der inneren Ordnung und durch kulturelle Selbstbesinnung. Noch im ersten Regierungsjahr des Königs nahm die erste georgische Druckkerei in Tiflis ihre Tätigkeit auf, und unter den ersten Büchern, die aus ihr hervorgingen, befand sich – vom König selbst betreut – die erste Druckausgabe von Rustawelis ›Held im Pantherfell‹.

Die Hoffnung freilich, im orthodoxen Rußland einen verläßlichen Bundesgenossen gegen Perser und Türken zu finden, erwies sich als trügerisch. Zwar plante Peter der Große einen Feldzug gegen den Iran und schlug dem König von Kartli ein militärisches Bündnis vor, auf das dieser bereitwillig einging, aber aus dem Krieg wurde nichts, und der sitzengelassene Verbündete blieb weiterhin Opfer seiner nahen Feinde. Von 1723 an herrschten die Türken über weite Teile Georgiens, dann – bis 1744 – die Kizilbash, die Rotköpfe der Perser. Unerfüllbare Steuerforderungen, Willkür und Gewalttaten ließen das Land aufs neue veröden. Es war nicht so sehr – wie man's heute in Georgien gerne hört – der Widerstand des georgischen Volkes, sondern der der Lesghier in Daghestan, der Naids Schah zur Aufgabe und zur Zurücknahme seiner Truppen zwang.

Im gleichen Jahr bestieg Teimuras II. den Thron von Kartli und sein Sohn Erekle (Heraklius, Irakli) II. den von Kachetien. Beide bemühten sich, die königliche Macht in ihren Ländern und über deren Grenzen hinaus zu stärken. Als nach dem Tod des Vaters Erekle 1762 Kartli und Kachetien, also fast das ganze östliche Georgien, sich zusammenschloß, schien man der angestrebten georgischen Einheit einen Schritt nähergekommen. Schon 1758 war ein Beistandspakt mit König Salomon I. von Imeretien (Westgeorgien) gegen den gemeinsamen türkischen Feind abgeschlossen worden.

Im russisch-türkischen Krieg, der 1768 begann, setzte Rußland seinen Verbündeten nur als einen Bauern ein, der feindliche Kräfte binden sollte, sich bei Aspinda glänzend gegen die Türken schlug, doch nicht die erhoffte Befreiung erreichte, sondern (nach dem Frieden von Kücük Kainarcı) nur gewisser Erleichterung teilhaftig wurde. Am 24. Juli 1783 unterzeichnete König Erekle von Kartli und Kachetien in Georgijevk einen Vertrag mit Rußland, in dem der König gegen Anerkennung der Oberhoheit des Zaren (es regierte damals die Große Katharina II.) volle Autonomie seines Landes – es erstreckte sich von der Darjalschlucht bis Nachitschewan und von der Likhi-Kette bis Gandscha (Kirowabad) – und russischen Beistand gegen äußere Feinde zugesichert erhielt. Er begann eine wirtschaftliche, geistige, politische Aufbau- und Europäisierungsarbeit, die ihm weithin Bewunderung eintrug. (Lessing ließ schon 1763 in seiner ›Minna von Barnhelm‹ den Wachtmeister Werner planen, in den Diensten des ›Prinzen Heraklius‹ Karriere zu machen). Dieser fand sich jedoch im Stich gelassen – die Zarin war gerade mit der Dritten Teilung Polens beschäftigt –, als 1795 der Perserschah Agha Mohammed Khan ein riesiges Heer entsandte, um Georgien zu einer persischen Provinz zu machen. Die todesmutigen Georgier unterlagen in dem ungleichen Kampf. In aussichtsloser Lage bat Giorgi XII. um russische Hilfe. Sie wurde ihm à la russe gewährt, indem der Zar nämlich 1801 das gesamte Ostgeorgien annektierte. Gleiches Schicksal traf 1810 das Königreich Imeretien, später die Fürstentümer Gurien (1830), Mingrelien (1857), Svanetien (1864) und Abchasien (1867). Samtskhe, das seit 1625 unter osmanischer Herrschaft gestanden hatte, wurde 1878 ans Zarenreich angeschlossen. Fortan war Georgien nichts anderes als eine Kolonie, der – im Rahmen des russischen Zentralismus – vorteilhafte Bedingungen für eine friedliche wirtschaftliche Entwicklung zugestanden wurden, deren Ergebnisse aber in erster Linie den Landfremden zugute kamen.

Das einheimische Christenvolk war ärger dran als unter allen bisherigen Feinden seines Glaubens. Auf dem kalten Verwaltungsweg (das alte georgische System wurde durch eine Militärverwaltung mit einem Oberkommandierenden in Tiflis ersetzt) sollte Georgien russifiziert werden. Gottesdienst wie Unterricht in der Muttersprache wurde verboten, der Gebrauch der georgischen Sprache und Schrift im ›amtlichen Verkehr‹ – und was ist schließlich nicht ›amtlich‹? – war untersagt. Bald erhob sich das Volk. Den ersten Insurrektionen in den kartlischen Bergen folgten periodische Aufstände und endlich die Verschwörung von 1832, welche die Befreiung Georgiens vom russischen Joch zum Ziele hatte. Aber Rußland spielte sich ja selbst als ›Befreier‹ vom fremden – vom osmanischen – Joch auf. Schließlich – die Etappen dieses Weges haben wir schon vorweggenommen – waren alle georgischen Gebiete (mit Ausnahme des südlichen Imeretien) unter dem Zepter des Zaren vereinigt und konnten an jenem wirtschaftlichen Aufschwung teilnehmen, der das Europa der Industriellen Revolution (und zu Europa zählte sich Rußland trotz allem) kennzeichnete und dessen glänzende Errungenschaften beinahe seine nachttiefen Schattenseiten vergessen ließen. Neue Kulturpflanzen und neue Anbaumethoden brachten die landwirtschaftliche Produktion auf einen bisher nie dagewesenen Stand. Zugleich nahm die Bewohnerschaft der Städte ständig zu. Ihre Ansprüche konnte der Handel allein bald nicht mehr befriedigen. Industriebetriebe siedelten sich an – und damit entstand auch eine ›Arbeiterklasse‹.

Wir dürfen uns an dieser Stelle eine Darstellung der wirtschaftlichen Entwicklung Georgiens (eine politische gab es praktisch nicht) im 19. Jahrhundert ersparen. Sie ist bisher nur vom marxistisch-leninistischen Standpunkt aus geschrieben worden. Verzichten wir also auf Turnübungen am ideologischen Reck. Aus den wenigen überlieferten Daten (Bevölkerungswachstum zwischen 1849 und 1859 von 90000 auf 100000, Einwohnerzahl von Tiflis 1862: 62000) und zeitgenössischen Berichten geht hervor, daß die Dinge – in speziell russischer Variante – kaum anders verliefen als überall in der bürgerlich-kapitalistischen Welt. Ein Überblick über die Geschicke der ›nationalen Befreiungsbewegung‹, der Revolution gegen die »kapitalistischen Ausbeuter und das von der zaristischen Regierung auferlegte Kolonialregime« (Meskhia) sei aufgeschoben bis zum Besuch der diese Ereignisse betreffenden Dokumentation des Historischen Museums von Tbilissi. Die weniger ideologisch befrachteten Abteilungen dieses Museums werden uns durch ihr reiches Anschauungsmaterial aus älteren und uralten Tagen Georgiens fesseln.

Mzcheta und die georgische Baukunst

Mzcheta, wo zwei Flüsse, nämlich Aragwi und Kura zusammenkommen, und von wo ihnen folgende Wege ausgehen, war vom vierten vor- bis ins fünfte nachchristliche Jahrhundert Georgiens Zentrum – zumindest die Hauptstadt seiner binnenländischen Gebiete. Hier hat die heilige Nino für die Einführung des Christentums gewirkt, hier herrschte König Mirian, der es zur Staatsreligion erhob, hier schlägt, obwohl der Oberhirte jetzt in Tbilissi residiert, noch immer das heimliche Herz Georgiens und seiner orthodoxen Kirche. Hier auch bekommt der Fremde – nach ersten Kostproben an der Heerstraße – zum ersten und meist zum einzigen Male Zeugnisse der altgeorgischen Architektur zu sehen. Sie wird ihn zugleich vertraut und fremd anmuten. Vertraut durch ihre scheinbare Verwandtschaft mit der romanischen Kunst, fremd aber nicht nur dadurch – denn die Romanik ist uns Heutigen ja auch rätselvoll –, sondern vor allem durch einen nicht bloß byzantinischen, sondern noch östlicheren Einschlag von üppiger Bizarrerie. Und eben weil die Kirchen von Mzcheta für viele die einzigen Vertreter der hochstehenden Baukunst des georgischen Mittelalters darstellen, wollen wir nicht nur bei ihnen etwas ausführlicher verweilen, sondern auch dem Entwicklungsweg dieser Architektur und ihrer Typenvielfalt einen Gedanken widmen.

Mzcheta, das steht auf dem Intourist-Programm jedes Reisenden. Die geographische Situation, welche die Siedlung für ihre bedeutsame Rolle prädisponierte, stellt sich am eindringlichsten von droben aus dar, von jener Höhe am linken Ufer über dem Zusammenfluß, welche die *Dschwari-Kirche* so krönt, als wäre sie nicht von Menschenhand gebaut, sondern aus dem Berg herausgewachsen. Doch sie ist eben nicht Gebild unbewußter Natur, sondern die Krone, mit welcher der im Menschen wirkende Geist das bloß Natürliche überhöht, damit es gleichsam die Augen aufschlage.

Eine Teerstraße führt aus dem straßenreichen Tal aufwärts, die unteren Kehren umblüht süßduftend goldener Ginster. Ein kleiner Bergsee dann und dahinter auf der Höhe die Dschwari-, das ist die Heiligkreuz-Kirche. Vom Parkplatz unterhalb der einstigen Ringmauer sind es nur wenige Schritte hinan zu ihrer Schwelle, doch bevor wir sie überschreiten, fesselt ein großes Panorama den Fuß. Weit ist es und atemversetzend gewaltig, aber gar nicht gigantisch, sondern groß vor allem durch den glücklichen Zusammenklang von Berghöhen und Flußtälern, vielfältig bewegt im Detail, und doch nur aus wenigen Elementen gebaut, als habe der Schöpfer ein Musterbild schöner Erde zeigen wollen. Rechts kommt von Norden, von den Höhen des Kaukasus herab die Aragwi, mischt ihr graugrünes Wasser mit dem grünlichen der Kura, die von Westen heranströmt und durch das stürmischere Temperament des Bergwassers nach Süden abgelenkt wird. In dem Ausblick von hier oben blättert sich wie in einem Buch die Vergangenheit des Ortes auf, die über lange Zeiträume hinweg fast identisch ist mit der Geschichte Georgiens. Im flachen Zwickel zwischen beiden Gewässern liegt das etwas dürftige Mzcheta von heute, geschart um die Kathedrale Sweti Zchoweli und ihren Bezirk. Gegenüber, am Südufer der Kura, steilt sich in Terrassen der Bagineti-Berg empor. Seit 1937 der archäologische Spaten angesetzt wurde, weiß man von einer bronzezeitlichen Siedlung aus dem 3. Jahrtausend v. Chr. auf seiner Höhe. Später erhob sich hier die Festung Armasisziche, seit dem 4. Jahrhundert schon Residenz der Könige von Iberien.

Den Spuren des Altertums dort drüben nachzugehen, ist uns nicht gegönnt, doch auch wenn sich von unserem Standort aus kaum ein paar Mauerreste am Hang jenseits des Tales ausmachen lassen: es fällt nicht schwer, eine Vorstellung von der Situation und Art der Stadt des 1. vorchristlichen Jahrhunderts zu gewinnen. Eine Vorstellung, die sich auch in Tbilissi hilfreich erweisen, sich dort vielleicht ins noch Anschaulichere klären wird. Auf der Berghöhe muß man sich die Burg des Herrschers vorstellen, hangabwärts lag zwischen von der Zitadelle zum Fluß hinabziehenden Mauern die Wohnstadt. Man fand hier die Reste der Eristawen-Residenz: einen Palast mit Säulensaal und ein Bad römischer Art, entstanden wohl erst nach der Zerstörung der Stadt durch Pompeius. Hinter dem Berg, an einer von unserem Standort aus nicht sichtbaren Stelle, kam das Grab einer Fürstin des frühen 2. Jahrhunderts zum Vorschein und hat man eine Nekropole, genannt die der Eristawen und Pitiachschen – also der nach dem König höchsten Würdenträger Kartli-Iberiens – gefunden und durchforscht. Die Kostbarkeiten, die dort zutage traten, wanderten ins Historische Museum von Tbilissi.

Das alles sind Erinnerungen an die Zeit, da die Doppelstadt Armasis-Mzcheta seit dem 1. Jahrhundert n. Chr. zu einem Gemeinwesen verschmolzen die Hauptstadt Georgiens war. Auch als Tiflis zur Königsresidenz emportieg, verlor

Mzcheta, Dschwari-Kirche

Mzcheta sein Prestige nicht, das vor allem auf den christlichen Heiligtümern beruht.

Auf der Höhe, von der aus wir Ausschau halten, lag einst eine heidnische Kultstätte. An ihrer Stelle ließ die heilige Nino ein hohes hölzernes Kreuz aufrichten, ein Zeichen, das weit ins Land hinaus den Sieg des Christentums verkünden sollte. Bei diesem Mal erbaute König Guram von Kartli in der 2. Hälfte des 6. Jahrhunderts ein steinernes tonnengewölbtes Kirchlein. Diese ›kleine Dschwari-Kirche‹ ist heute noch, wenn auch nur als Fragment, zu sehen. Des Stifters Sohn Stephan I. ließ um das heilige Kreuzmal 586/97 eine Kirche errichten, die 605/06 vollendet war. Mitstifter waren des Königs Bruder Demetre und sein Thronfolger Adarnese.

Die Lage des Kreuzmales unmittelbar am Rand des Steilabfalles muß dem Baumeister größte Schwierigkeiten bereitet haben, gelang es ihm doch nicht, die Kirche so zu postieren, daß der (heute noch erhaltene) achteckige Sockel des Nino-Kreuzes genau in die Raummitte zu stehen kam, hat ihn andererseits zu einer künstlerischen Höchstleistung angespornt. Für die Plangestalt gab es nur recht unvollkommene

Vorbilder. Hier ist etwas Vollkommenes entstanden, ein längsgerichteter Tetrakonchos mit dreiviertelrunden Diagonalnischen und Eckräumen, der die Idee einer Zentralkuppelkirche in erster früher Reife formuliert. An das überkuppelte Quadrat schließen in den Achsen vier halbrunde Apsiden an, denen im Osten und Westen jeweils noch ein breiter Gurtbogen vorgeschaltet ist. Neben ihnen behaupten sich die rundbogigen Durchgänge zu den gerundeten Raumnischen in den Diagonalen, von denen aus man die selbständigen Viereckräume in den Ecken betreten kann.

Dieser Grundriß schon beglückt das Auge wie ein ausgewogenes Ornament, noch mehr erfreut sich der ganze Mensch mit Leib und Seele am gebauten Gebilde. Es weckt jenes rätselvolle Wohlgefühl, das Zentralbauten vermitteln und verbindet es mit der feierlichen Wirkung eines gerichteten Raumes, eines Raumes, der seine an sich bescheidenen Dimensionen übersteigt, der wächst, je länger man in ihm verweilt und der doch immer bergende Hülle bleibt.

Der Bautypus, der schon im 6. Jahrhundert in Armenien wie Georgien Vorstufen hatte (Ninozminda) und im 7. Jahrhundert Nachfolge fand (Ateni – 1. Hälfte 7. Jahrhundert – Martwili) hat in Armenien seine Parallelen. Die Hripsime-Kirche von Edschmiadsin bei Eriwan wird uns wie ein Zwilling anmuten. Aber es gibt Unterschiede zwischen dem georgischen und dem armenischen Bau und sie verraten etwas vom unterschiedlichen Kunstwollen der beiden kaukasischen Nachbarvölker, die sprachlich gar nichts miteinander zu tun haben. Am augenfälligsten ist die unterschiedliche Gestaltung des Äußeren. Was sich in Armenien als geschlossener Kubus darstellt und einzig durch Dreiecksnischen das Vorhandensein von Apsiden andeutet, das entfaltet sich in Georgien zum reich gegliederten Ausdruck des Inneren. Deutlich treten die vier Apsiden vor, sondern sich die Eckräume ab.

Da die Westfront sich unmittelbar über dem Absturz erhebt, ist die Ostapsis zur eigentlichen ›Fassade‹ geworden. Über der ornamentalen Bekrönung ihrer Fenster sind drei – leider arg verstümmelte – Reliefs eingelassen und bilden eine Art Triptychon. In der Mitte Christus, vor dem König Stephan kniet, seitlich die beiden Nebenstifter, von Engeln herangeleitet. Der Haupteingang der Kirche liegt im Süden. Auch dort finden wir über dem mittleren Fenster ein Stifterrelief und im Tympanon des Portals (seine Vorhalle ist nur unvollständig erhalten) die Erscheinung des von Engeln getragenen Kreuzes, ein Motiv, das von byzantinischen Sarkophag- und anderen Reliefs wohlbekannt ist. Mit Byzantinischem aber hat der Bau wenig zu tun, das zeigt die bewußte Durchformung des Äußeren ebenso wie die klare Begrenzung des Innenraumes.

Vor einigen Jahren wurde dieses Meisterwerk der frühen georgisch-christlichen Architektur gründlich in seinem Bestand gesichert. Nun beglückt es wieder den Besucher durch seine reine Strenge, sammelt seinen Geist und weitet ihn zugleich.

Als die georgische Baukunst des Mittelalters erstmals ins Blickfeld der Kunstwissenschaft trat, hat man sie schlicht als einen provinziellen Ableger der byzantinischen betrachtet, und nachdem man die künstlerische Eigenart der Baudenkmäler Transkaukasiens erkannt hatte, wurde die georgische mit der armenischen Baukunst in einen Topf geworden. Josef Strzygowski, der in der armenischen die wichtigste Anregerin für die gesamte mittelalterliche Architektur Europas sehen wollte, betrachtete die georgische nur als einen Ableger der armenischen Kunst. Ihm gegenüber betonte Giorgi Tschubinaschwili, der große alte Mann der georgischen Architekturforschung, die künstlerische Eigenständigkeit seines Heimatlandes. So eigenartig und selbständig dieses sich auch entwickelt haben mag, man dient der Wahrheit nicht, wenn man die Wechselwirkung zwischen Kunst und Kultur der beiden großen, christlichen Kaukasusvölker verschweigt oder gar leugnet.

Die Baukunst des georgischen Mittelalters – und das Mittelalter dauerte in Georgien bedeutend länger als bis ins endende 15. Jahrhundert – hat sich in enger Beziehung zur armenischen entfaltet, bedient sich seit dem 8. Jahrhundert der in Armenien üblichen Gußmauertechnik, scheint aber früher eine raumkünstlerische Phantasie entfaltet zu haben. Das jedenfalls legt das überlieferte Baudatum der Dschwari-Kirche nahe: es liegt mehr als ein Jahrzehnt vor dem des genauen armenischen Gegenstücks, der Hripsime-Kirche von Edschmiadsin (erbaut 618). Armenische Gelehrte mögen auf armenische ›Vorstufen‹ (Sorardir, heute Türkei) hinweisen und die georgischen mit solchen auf ihrem Boden kontern: im Grunde bringt ein Streit um lokale Prioritäten nicht viel angesichts der Tatsache, daß die Kunst der beiden Länder sich – von ähnlichen Bedingungen ausgehend – in Familienähnlichkeit wie zweieiige Zwillinge zur jeweils sehr charaktervollen Eigenart entwickelt hat.

Die georgische Sakralarchitektur (profane Werke sind nur fragmentarisch erhalten und bereichern die Palette kaum) kennt in der frühesten Zeit vielerlei Typen. Als einfachsten den kurzen tonnengewölbten Saal, der sich in manchen Gegenden bis ins 19. Jahrhundert großer Beliebtheit erfreute. Durch eingestellte Pfeiler konnte er sich zu einer dreischiffigen Halle entwickeln (Bolnisi, 478-94). Daneben finden sich echte Basiliken (Urbnisi, 6. Jahrhundert) und – für Georgien charakteristisch – die ›Dreikirchenbasilika‹ mit drei basilikalen Schiffen, die nicht durch Arkaden, sondern nur durch schmale Türen miteinander verbunden sind (Segani, um 600). Kirchen dieses Typus entstehen seit dem 11. Jahrhundert nicht mehr. Die Zukunft gehörte – wie auch in Armenien – dem durch eine Kuppel zentralisierten Bau auf tri-, auf tetrakonchalem oder kreuzförmigem Grundriß.

Wie die Dschwari-Kirche von Mzcheta als Vorbild für die der heiligen Hripsime in Edschmiadsin gelten darf, so kann man die dortige Gayane-Kirche (630) als ältere Schwester der wenige Jahre später vollendeten Kirche im georgischen Zromi ansehen, eines Baues, dessen Kuppel auf vier freistehenden Pfeilern ruht.

Im 7. Jahrhundert, der ›klassischen‹ Zeit der georgischen Baukunst hat der von runden Umgängen umzogene zentrale

Tetrakonchos im armenischen Zwarthnotz (wir werden seine Ruinen bei Edschmiadsin noch zu sehen bekommen) auch in Georgien Schule gemacht. Beweis dafür unter anderem die Rundkirche von Bana (Penek), die – wie große Teile des einstigen kartvelischen Teilreiches Tao-Klardschetien – heute zum türkischen Staatsgebiet gehört. Seit dem russisch-türkischen Krieg 1877 ist sie nur noch eine traurig verkommende Ruine mit sehr feinen Resten dekorativer Bauskulptur. Diese erste Blütezeit hat dem mit basilikalen Elementen durchsetzten Kuppelbau in Georgien wie in Armenien die zukunftsbestimmende Rolle zugewiesen.

Der ›klassischen‹ Periode folgte im 8. und 9. Jahrhundert eine des Übergangs. Trotz Bilderstreit und Arabereinfall war sie nicht eine des Stillstandes, sondern vielmehr eine der Experimentierfreude. Im georgischen Südwesten (Tao-Klardschetien), in den nördlichen gebirgsnahen Regionen wie auch in den östlichen Kaukasustälern (also außerhalb des Machtbereichs der arabischen Emire von Tiflis) zeugen die damals entstandenen Kirchen von origineller Raumphantasie ihrer Schöpfer (Samschwilde, 759-77; Wadschnadsiani, 9. Jahrhundert; Guradschaani 8. Jahrhundert). Die Zersplitterung Georgiens in rivalisierende Fürstentümer begünstigte die Herausbildung von Sonderformen (Kumurdo, 964, Nikorzminda, 1010-14). Aufgabe der Baumeister des hohen Mittelalters seit der 2. Hälfte des 10. Jahrhunderts sollte es sein, die verschiedenen Ideen zu einem neuen Ganzen zu verschmelzen.

Wer bloß aus Privatneugier unterwegs ist und nicht als Mitglied einer im Rahmen von Kulturaustauschprogrammen eingeladenen Kunsthistorikerdelegation, der hat nur geringe Chancen, einer größeren Anzahl der kaum zählbaren Denkmäler altgeorgischer Baukunst leibhaftig zu begegnen. Er ist auf die Fotos in Bildbänden oder in den Dokumentationsschauen der Museen verwiesen. So verbietet es sich, im Rahmen eines kurzen Seiten- oder Überblicks auf die Sakralarchitektur der Georgier gar zu viele Namen als bloße Wortklänge anzuführen, denen sich keine Anschauung beigesellt. Manches aus dem reichlichen Dutzend besonders eindrucksmächtiger und sehenswerter Denkmäler, das hier stellvertretend für die ganze Fülle vorgestellt oder genannt sei – für den wirklich Interessierten lohnende Ziele –, liegt nicht allzu weit abseits der Straßen und meist in Reichweite einer nicht gar zu knapp geplanten Reise auf den Touristenwegen durch Georgien. Die ganze Fülle seiner historischen Denkmäler – man spricht von etwa 5000 – kann jemand, der nur zwei oder drei Wochen Zeit hat, unmöglich kennenlernen.

Mit der ›Blütezeit‹ verschwindet der alte, nur in Georgien vorfindliche Typus der Dreikirchenbasilika. Die Zukunft sollte den Kuppelkirchen gehören mit einem zentralen Vier-, Acht-oder Zehnpaß, dem sie, den Dschwari-Grundriß vereinfachend, alle Teile unterordnen. Nach außen hin tun sie den Zentralgedanken durch einen hohen, durch schmale Fenster aufgeschlitzten Tambour und einen schlanken Pyramidenhelm kund. Gegen die phantasievolle Vielfalt der Lösungen (Oschik, ab 958; Chachuli, Mokwi – beide Mitte 10. Jahrhundert) setzt sich um 1000 sieghaft der langschiffig-basilikale Bau mit zentraler Kuppel durch. Ihn erheben die kurz nacheinander geschaffenen Kathedralen von Kutaissi, (voll. 1003), Alawerdi (1. Viertel 11. Jahrhundert) und Sweti Zchoweli hier in Mzcheta (1010-29) zu kanonischer Geltung. Ihnen folgen die ihre Außengestalt ›manieristisch‹ bereichernden Kirchen von Samtawissi (voll. 1030), und von Samtavro in Mzcheta (1. H. 11. Jahrhundert) – nur ein paar hundert Meter von der Kathedrale entfernt – und auch noch die Hauptkirche des Klosters Gelati (1. Viertel 12. Jahrhundert). Zum Bild der georgischen Kultur jener Zeit gehören auch die Außenposten, wie die Klöster im Heiligen Land (Kreuzkirche in Jerusalem, Bir el-Kutt bei Bethlehem), die Kirche am Sinai, die (zerstörten) Kirchen auf dem Schwarzen Berg und dem Mons Admirabilis bei Antiochia (Antakya), das Iberier-(Iviron-)Kloster auf dem Athos oder das Petrizon-Kloster in Bulgarien. Zur Geschichte der georgischen Baukunst aber leisten sie kaum einen Beitrag.

Mit den Mongoleneinfällen begann eine Zeit des Ringens ums bare Überleben, in der gleichwohl noch bedeutende Gotteshäuser entstanden wie z. B. Kinzwissi und Timotesubani, beide Anf. 13. Jahrhundert; die Metechi-Kirche in Tbilissi, 1278-89. Nach den furchtbaren Verheerungen durch die Scharen des Timur Lenk konnten sich die schwachen Kräfte des 15. Jahrhunderts gerade noch darauf konzentrieren, nicht völlig Zerstörtes wiederherzustellen. Georgiens Kraft aber war gebrochen. Dem 16. Jahrhundert entstammen die Zitadelle von Gremi – mit Wohnturm und Kirche, die Leon I. von Kachetien 1565 errichten ließ –, der Glockenturm von Ninozminda, der deutlich persischen Einfluß verrät. Der Turm bei der Antschischati-Basilika in Tbilissi gehört bereits ins 17. Jahrhundert. Als Bauwerk des 18. Jahrhunderts lernen wir die Sioni-Kathedrale, die heutige Metropolitankirche von Tbilissi kennen. In einem immer wieder von feindlichen Nachbarn heimgesuchten Land waren die georgischen Baumeister der Spätzeit auf die mittelalterliche Tradition zurückverwiesen. Neue Ideen erschienen einer erstarrenden Orthodoxie als ›ketzerisch‹, jede künstlerische Befruchtung durch Fremdes gar hätte als Verrat gegolten. Der lustlose Rundtanz in den Fesseln der kanonischen Tradition führte zu nichts als gelenkiger Unfruchtbarkeit und endlich zu historisierenden Stilkopien. Der ›neogeorgische‹ Stil der Stalinzeit ist deren letzte nostalgisch-diktatoriale Nachblüte – lichtjahrefern dem frommen Geist, der die Kirchen des Mittelalters schuf.

Von der Terrasse neben der Kirche zum Heiligen Kreuz über Mzcheta geht der Blick nicht nur zurück in Zeitentiefe, sondern er fällt auch hinab auf den Ort von heute und sein Zentrum, den viereckig-ummauerten Bereich der *Kathedrale Sweti Zchoweli*. Diese ist nicht nur ein Meisterwerk der georgischen Baukunst des Mittelalters, sondern auch ein nationales Heiligtum, in dem stets Opferkerzen brennen, Gläubige sich in Andacht und zugleich familiärer Nonchalance vor den Ikonen neigen. Es ist eine ähnliche Familiarität mit dem Heiligen wie im katholischen Rom – nur ins Östlich-

Orthodoxe transponiert. Ein dunkelblau gewandeter Priester verkauft Andenken und nimmt Spenden entgegen, vor dem Altar beugt und bekreuzigt sich ein dunkellockiger Jüngling in sichtlich ausländischen Jeans; wo bei Festen der Katholikos der georgischen Kirche thront, haben sich zwei schwarzgekleidete Witwen zu einem Schwatz niedergelasseen. Intourist-Dolmetscher führen ihre Herden über die Grabplatten und erzählen Fakten und Legenden. Die Anfänge dieses Nationalheiligtums sind mit der heiligen Nino verknüpft, war es doch diese fromme Jungfrau, die hier, wo sie angeblich unter einem Brombeerbusch zu beten liebte, eine erste hölzerne Kirche errichten ließ, deren eine Stütze – ein Zedernstamm – sich wunderkräftig erzeigte und deshalb den Namen ›Lebende Säule‹ erhielt. Im 5. Jahrhundert ließ König Wachtang Gorgasali über dem damals wohl schon zerstörten oder vom Zerfall bedrohten Bau eine dreischiffige Basilika errichten mit vier Paaren kreuzförmiger Stützen, mit Galerien im Norden und Süden und einer nach Osten polygonal vorspringenden Apsis. Auch diese Kirche war um 1000 so beschädigt, daß ein Neubau notwendig wurde. Er entstand zwischen 1010 und 1029; Bauherr war, wie eine Inschrift an der Ostseite der Kirche lehrt, Melchisedek, der Katholikos von Kartli. Als Baumeiser nennt sich ein Mann namens Arsukidse. An einem der Bögen der Nordseite sieht man eine Hand mit Winkelmaß und der Beischrift ›Die Hand des Knechtes Arsukidse. Vergebung‹, was natürlich zu Sagenbildungen Anlaß gab. Wieder einmal trifft man auf das Märlein, der Künstler sei verstümmelt oder getötet worden, damit er nicht anderswo ein ähnliches oder noch schöneres Werk schaffen könne.

Was feststeht: der Baumeister hat Wandteile und Stützen der älteren Kirche übernommen, umbaut und erhöht und die Ost-West-Ausdehnung verlängert, indem er die Apsis weiter nach Osten hinausschob und im Westen einen Narthex und dann noch einen Portikus anfügte. Ein Erdbeben hat 1283 diese Kirche arg mitgenommen, und Timurs Einfall hat sie teilweise zerstört. Damals erlitt ihr Westteil schwere

Schäden und stürzte die Kuppel ein. König Alexander I. (1412–1443) unternahm die Wiederherstellung. Die Pfeiler des Westbaues wurden verstärkt, ein neuer Tambour und eine neue Kuppel aufgesetzt. Beide hat das 17. Jahrhundert noch einmal erneuert. Im 19. Jahrhundert wurden die verfallenen seitlichen Anbauten bis auf die Fundamente beseitigt. Bei der jüngsten Restaurierung hat man die Spuren der Vorgängerbauten entdeckt und z. T. freigelegt. Ein Fußbodenstück des Gründungsbaues ist unter dem heutigen Bodenniveau sichtbar geblieben, und im nördlichen Seitenschiff sind die Bogenkonturen des 5. Jahrhunderts mit weißer Farbe hervorgehoben.

Diese Baugeschichte macht es verständlich, daß auch der skulpturale Schmuck in Details Veränderungen erfahren hat, doch bestimmen die für das 11. Jahrhundert charakteristischen Züge das Bild. Vor allem sind es die hohen, alle vier Fassaden gliedernden Blendarkaden, die noch das ursprüngliche Wesen zeigen. Die Nordfassade ist fast unangetastet. Die beiden Stierköpfe unterhalb des östlichen Mittelfensters gehen sogar noch aufs 5. Jahrhundert zurück.

Fühlt sich der Besucher aus dem fremden Westen schon beim Umgang um das Gotteshaus (es dient noch dem Kultus!) an Romanisches gemahnt, so verstärkt sich dieses Gefühl im Inneren durch den schlichten Kreuzplan, die klar gezogenen Arkaden, die Tonnenwölbung. In der vom Licht unzähliger Votivkerzen erhellten Dämmerung schwebt in der Apsis das Bild des thronenden Pantokrators, erkennt man die Arkaden der Chorschranken. Davor schimmerte einst auf steinernem Sockel im Schmuck seiner Bronzereliefs das ›Kreuz von Tschari‹ mit dem spitzen Mützchen, das die im Freien errichteten georgischen Kreuze als Wetterschutz zu tragen pflegten. In den Boden sind Grabplatten eingelassen. König Wachtang Gorgasalis Grab wird gezeigt, aber als Königsgräber deutlich sind nur noch die von Erekle (Heraklius) II. und seinem Sohn Giorgi XII. (gest. 1801), dem letzten georgischen Herrscher von Kartli-Kachetien aus dem Hause der Bagratiden, dessen Krone sich dann der Zar aufs

Haupt setzte. Selten fehlt auf diesem Grab ein Strauß frischer Blumen. Prominente Stelle unter den Ikonen nimmt das Bild der heiligen Nino ein, mit dem Kreuz aus zwei Ruten, die sie mit ihren eigenen Haaren zum christlichen Zeichen verband. (Dieses Ninokreuz wird heute in der Kathedrale von Tbilissi als Reliquie bewahrt). An einigen Wandabschnitten sehen wir Fresken, meist aus dem 15. Jahrhundert. Aus dieser Zeit stammt auch der bemalte bildstockartige Baldachin unter der südlichen Arkade, der so heißt, wie die ganze Kirche: Sweti Zchoweli, und etwa den Ort der einstigen ›Lebenden Säule‹, des Wunderstammes bezeichnet und der – so will man wissen – das Gewand Jesu als Reliquie birgt.

Wir haben den ummauerten grünen Plan, auf dem sich die Kirche erhebt, durch einen unter dem heutigen Straßenniveau liegenden Torbau betreten, mit zwei Wächterräumen seitlich des Durchgangs und einem Saal im Obergeschoß, der sich an der hausteinverkleideten Außenseite mit dreifacher Bogenstellung öffnet. Fachleute schreiben dieses originelle Werk gleichfalls dem Baumeister Arsukidse zu. In dem Bereich innerhalb der Mauer gab es einst Wohn- und Wirtschaftsanlagen. Beträchtliches Mauerwerk eines Palastes ist in der Südwestecke der Anlage freigelegt worden, unter anderem ein 600 qm großer Quadersaal.

Die Umschau im kleinen Museum (Ausgrabungsfunde aus den Nekropolen von Mzcheta, Materialen zu Bau und Restaurierung der Kathedrale, Folkloristisches) sollte man nicht versäumen – aber auch nicht, die dritte und nahe dabei eine ganz bescheidene vierte Kirche in Augenschein zu nehmen, die beide nicht auf dem Intourist-Programm stehen. Man muß sich zwanzig Minuten etwa stehlen für einen kurzen Gang durch von blühenden Gärten gesäumte Gassen der freundlichen Kleinstadt, um die *Samtavro-Kirche* zu sehen: einen Bau des 11. Jahrhunderts, der in der Nachfolge der Kathedrale und gar nicht weit von ihr entfernt steht. Das zugehörige Kloster ›arbeitet‹ – wie die Russen sagen – noch heute als Priesterseminar, das Innere des Gotteshauses ist daher in der Regel der Neugier des Fremden nicht offen. Bedauerlich, aber nicht so arg, denn vor allem bemerkenswert ist das Äußere der Kirche: der klare Aufbau des Baukörpers und der dekorative Reichtum seiner Fassaden. Dem Vorbild der Kathedrale folgt die Blendbogengliederung der Ostfassade. Der barock-kontrastreichen schwung- und spannungsvollen Nord- steht die ruhige Ausgewogenheit der Südfront entgegen. Wir finden kein den gesamten Kubus einheitlich gliederndes System. Wie bei der Kathedrale entstammen Tambour und Kuppel der Zeit nach der Zerstörung durch Timurs Scharen.

Auch diese Kirche hatte eine ältere Vorgängerin – und sie ist noch erhalten: die kleine, aus Feldsteinen errichtete viereckige Kuppelkapelle, als deren Bauherren König Mirian und Königin Nana gelten, jenes Herrscherpaar also, unter dem Georgien christlich wurde. Der bescheidene Bau vor der Ostapsis der Samtavro-Kirche ist also eines der frühestehrwürdigsten Zeugnisse der Baukunst des georgischen Mittelalters.

Zilkani, wo König Mirians Sohn Bakur eine erste Kirche errichten ließ, könnte man von der Großen Heerstraße nach Westen abbiegend erreichen, die Dreikirchenbasilika von *Sagurano* wenn man der am linken Aragwiufer aufwärts und dann ins Bergige führenden Straße folgte. Allein die Zeit, die uns in Tbilissi und seiner Umgebung gegönnt wird, ist stets zu knapp bemessen – und Tbilissi selbst hat doch so viel zu bieten!

TAGE IN TBILISSI

Grüne Stadt

»Wir näherten uns Tiflis, in einem kahlen, baumlosen Tal mit steinigen Berghängen zu beiden Seiten – nicht gerade so denkt man sich die Umgebung der Hauptstadt des landschaftlich so schönen Georgiens«, notiert Frithjof Nansen, der große norwegische Entdeckungsreisende und Menschenfreund, der kurz nach dem Ersten Weltkrieg als Oberkommissar des Völkerbundes Transkaukasien bereiste, um Hilfsmaßnahmen vor allem für die furchtbar heimgesuchten Armenier einzuleiten. Noch einmal betont er ausdrücklich: »Die Stadt hätte eine anmutige Lage, wären nur nicht die Bergabhänge zu beiden Seiten so ganz nackt und baumlos, wirkten sie nicht so dürr und steinig. Man muß sich vorstellen, wie es hier aussehen könnte, wenn diese Hänge mit schattigen Wäldern, Wein- und Obstgärten bedeckt wären.« Inzwischen braucht man es sich nicht nur vorzustellen, sondern kann es mit Augen sehen, daß *Tbilissi* grün geworden ist. Wenn auch nicht gerade Wein und Obst an den Berghängen wachsen, so sind sie doch grün umbuscht, grüne Laubkronen ziehen sich um die alte Burg, aus südlichem Grün schauen die hellen Kirchendächer, die Bauten aus der Zarenzeit, die massiven Klötze der Verwaltungsbauten, die weiten Sportanlagen, die Hochschulen und Hochhaus-Hotels. In einem knappen Jahrhundert hat sich hier vieles verändert, und keineswegs alles nur zum Schlechten, wie Nostalgiker meinen möchten.

Hören wir noch einmal Nansen: »In Anbetracht dessen, daß Tiflis mit etwa 275 000 Einwohnern nach der letzten

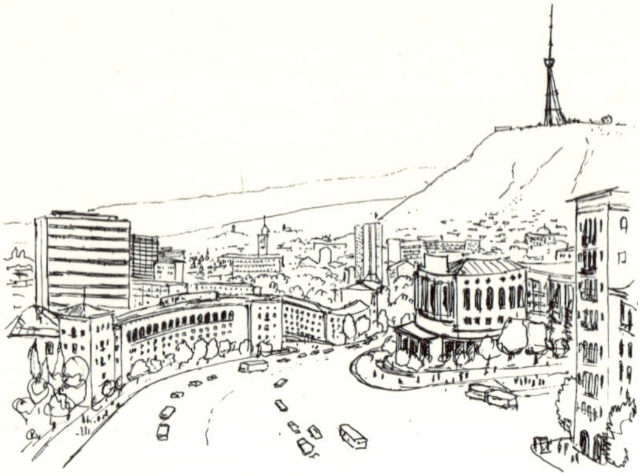

Tbilissi

Volkszählung nahezu Großstadt ist, hat es eine auffallend geringe Ausdehnung. Die Erklärung liegt wohl darin, daß namentlich im alten Stadtteil die Häuser so dichtgedrängt stehen, die Straßen und Gassen so eng sind. Es kommt dazu, daß jetzt hier wie überall in größeren Städten Wohnungsnot herrscht und die Menschen auf verhältnismäßig kleinem Raum zusammengedrängt sind. Obgleich die Häuser durchweg niedrig sind, wohnen doch in jedem eine Menge Menschen.« Inzwischen zählt die Stadt schon weit über eine Million Einwohner, verfügt daher über eine U-Bahn mit zwei Linien, hat sie sich gewaltig ausgedehnt. In den Neustadtvierteln wagen sich Betonungetüme in die Höhe, löst ein unfreundliches Grau das warme Braunrot der herkömmlichen Ziegeldächer ab, und weiter draußen, da stehen – freilich mit etwas Grün dekoriert – die uniformen sechsstöckigen hellhörigen Wohnschachteln. Tbilissi ist nicht nur grün, es ist auch locker-weit geworden und hat sogar ein eigenes ›Meer‹ bekommen, im Nordosten der Stadt, wo der 1951 angelegte 310 Millionen Kubikmeter fassende Speichersee zur Bewässerung der Samgori-Steppe und zur Stromgewinnung dient. Nur eines ist geblieben: die Wohnungsnot. Aber sie ist auch nicht mehr die von einst. Mag der Wohnraum auch beschränkt sein, erst nach längeren Wartefristen zugeteilt werden: es werden immer mehr neue Wohnungen gebaut –, und sie sind für unsere Begriffe märchenhaft billig.

Das Tiflis des 19. hat sich in das des ausgehenden 20. Jahrhunderts verwandelt – und ist doch in seinem Zentrum eine halb-orientalische Stadt aus dem vorigen Jahrhundert geblieben, eine Stadt, in der auch ein Fremder gerne verweilt.

Zwar verlocken die weiträumig geplanten neuen ›Prospekte‹ nicht gerade zum Flanieren, doch es gibt ja auch die platanengesäumten Alleen des traditionsreichen Stadtzentrums und es gibt – massiver Protest der Bewohner gegen dreiste Stadtplaner hat sie vor dem Abbruch gerettet – die Altstadtquartiere, in denen man gerne herumwandert, in denen noch die Atmosphäre von Alt-Tiflis spürbar ist.

Orient und Okzident

Die obligate Stadtrundfahrt soll beim vielstöckigen Hotel Iberia am Nordende des *Rustaweli-Prospektes* beginnen, der stets lebendigen nord-südlichen Hauptachse des Stadtzentrums, der Pracht- und Geschäftsstraße von Tbilissi, auf der tagsüber die Autos mehrreihig dahinrasen wie in jeder Millionenstadt, unter deren Platanen sich gegen Abend der ›Korso‹ abspielt, als wäre man in einer Stadt des Mittelmeers, wo die jungen Leute ihre neuesten Jeans und T-Shirts vom Schwarzmarkt zur Schau tragen.

Davit, unser gewandter Führer – schlank, schmalgesichtig mit nachtschwarzen Augen und schwarzem Wuschelkopf – überschüttet uns nach herzlichen Begrüßungsworten mit nüchternen Zahlen. Das gehört zu seiner Intourist-Pflicht. Tbilissi, eine Siedlungsstätte bereits seit der Bronzezeit, wurde im Lauf seiner Geschichte vierzig Mal zerstört, zählt heute 1,1 Millionen Einwohner (gegen 71 000 im Jahre 1865), davon sechzig Prozent Georgier, verfügt über vierzehn Museen, zehn Theater, neun noch immer ›arbeitende‹ Kirchen ... Und im heutigen Georgien gibt es zehn Berge, die höher sind als der Montblanc, leben mehr als 75 verschiedene Nationalitäten ...

Bei der Busfahrt den Rustaweli-Prospekt hinunter weist er uns – bitte schauen Sie links, jetzt rechts, wieder links – rechts – links – auf den Devisenladen hin, in dem man gegen harte Valuta ausländische Spirituosen und Souvenirs kaufen kann, die es sonst nicht gibt, auf die Hauptpost, das maurisch maskierte Opernhaus, den 1936 erbauten Regierungspalast der Georgischen SSR mit seiner dem ursprünglichen Ehrenhof straßenseitig vorgesetzten Fassade mit hohen Pfeilerarkaden, das Rustaweli-Kino, die Front des Historischen Museums, die U-Bahn-Station ›Lenina‹, ein großes Kaufhaus – und dann haben wir schon den Hauptplatz erreicht, benannt nach Lenin, dessen Denkmal vor dem Palast des Stadtsowjets gestikuliert, dem Rathaus also, der einstigen Residenz des zaristischen Vizekönigs, mit seiner ebenfalls maurischen Fassade. Auf Maurisch machten ja die Architekten des 19. Jahrhunderts, wenn's ›orientalisch‹ sein sollte. Fast hätten wir es vergessen, daß wir uns ja nicht in Europa befinden, sondern in Asien, im Orient.

In einem Orient allerdings, in dem märchenhafte Feste wie jene längst nur noch Märchen sind, die 1850 zu Ehren des Großfürsten Alexander veranstaltet wurden, als die Stadt noch Tiflis hieß, und die Emil Prinz zu Sayn-Wittgenstein-Berleburg (1821-78), Begleiter des Thronfolgers, in Briefen geschildert hat. »Überall herrliche persische Teppiche, in der Mitte des Gartens ein eigens zu diesem Zweck erbauter Pavillon ... Arabesken in blendenden Farben, Vergoldungen und persische Kolonnaden mit großen Diwanen. Hier und dort wurde getanzt, überließen sich die Frauen des Landes anmutigen Tänzen, und die am Boden sitzenden Musiker spielten Tamburin, Mandoline und alle Arten von Instrumenten ... Die gesamte riesige Karawanserei und der Bazar waren mit den schönsten goldgestickten persischen und indischen Stoffen ausgeschlagen und belegt; die Säulen der Galerien waren mit Stickereien und Blumen umwunden, der Boden mit den herrlichsten Teppichen bedeckt. Die Vorhänge, welche die Galerien trennten, bestanden aus großen indischen Kaschmirschals; die Wände entlang standen Diwane. Marmorhöfe und Springbrunnen waren mit den üppigsten Blumen geschmückt; in den Winkeln der Säle sprangen Fontänen von Wein, während überall Trinkhörner, goldene und silberne Becher standen. Musiker, Tänzerinnen und persische Sänger gab es. Von den Galerien außerhalb hatte man den schönsten Blick über die von tausenden von Lampen unter bunten Seidenschirmen beleuchtete Stadt.«

Ein anderes Bild orientalischen Lebens vor mehr denn 150 Jahren notiert Puschkin 1829. »Auf den engen und krummen Straßen liefen Esel mit Rückenkörben; die zweirädrigen Karren, mit Ochsen bespannt, versperrten die Wege. Armenier, Georgier, Tscherkessen und Perser drängten sich auf einem unregelmäßig angelegten Platz; zwischen diesen ritten junge russische Beamte auf Hengsten aus Karabach.« Und weiter liest man in seiner ›Reise nach Arsrum‹: »Tiflis liegt an den Ufern der Kura in einem Tal, das von felsigen Bergen umgeben ist. Diese halten auf allen Seiten die Winde von ihm ab, und wenn die Sonne sie erhitzt, wärmen sie nicht, sondern bringen die regungslose Luft geradezu zum Kochen. Das ist auch die Ursache der unerträglichen Hitzezeiten, die in Tiflis herrschen, ungeachtet des, daß die Stadt ja nur auf dem einundvierzigsten Breitengrad liegt. Ihr Name schon (Tbilis-Kalak) bedeutet: die heiße Stadt ... Armenier bilden in Tiflis den überragenden Teil der Bevölkerung: im Jahre 1825 gab es hier an zweitausendfünfhundert Familien. Im Laufe der jetzigen Kriegsläufte hat sich diese Zahl eher noch vermehrt. An georgischen Familien wurden etwa fünfzehnhundert gezählt. Die Russen betrachten sich hier nicht als ansässig.«

Etwa 30 Jahre später erzählt Alexandre Dumas père, der genügend Zeit hatte, »zunächst die große Karawanserei zu besichtigen, die von einem Armenier erbaut wurde. Sie bietet einen interessanten Anblick: Durch ihre Tore ziehen mit

Kamelen, Pferden und Eseln Vertreter aller Völker des Orients und des nordöstlichen Europas. Man sieht Türken, Armenier, Perser, Araber, Hindus, Chinesen, Kalmücken, Turkomanen, Tataren, Tscherkessen, Georgier, Mingrelier und Sibirier. Jeder trägt die einheimische Tracht, seine Waffen und Kopfbedeckung. Für die Unterkunft wird nichts bezahlt, aber es wird ein Prozent Lagerzins von den verkauften Waren erhoben.«

Und nicht weniger bunt sah – wiederum zwei Menschenalter später – Frithjof Nansen die Völkerpalette: »Tiflis ist der Mittelpunkt dieses Teils der Welt, dessen mannigfache Völkerschaften sich hier ein Stelldichein geben: Georgier, Armenier, Perser, Tataren, Kurden, Juden, Abchasier, Tscherkessen, Tschetschenzen, Swaner, Osseten. Awaren und Angehörige aller kaukasischen Bergvölker kann man in Tiflis finden. So bietet die Bevölkerung der Stadt ein buntes Bild: hochgewachsen und oft blond sind die Kurden, manchmal auch die Tscherkessen, dunkel die Tataren, braun und kurzschädlig die Awaren und Lesghier. Am buntesten ist das Leben in den engen Gassen und Winkeln der südlichen Altstadt, wo in Basaren und auf dem Markt geschachert und gehandelt wird. Der emsige, unternehmungslustige Armenier sucht dir dort seine Waren aufzudrängen. Der Preis, den er fordert, steht im umgekehrten Verhältnis zu der Zahl der Schritte, die du dich von ihm entfernst. Kann er dich nicht mehr zurückrufen, so läuft er dir nach. Der würdige Perser aber sitzt mit übergeschlagenen Beinen, ein Bild der Vornehmheit, hinter seinem Stapel, er überläßt es dir, ob du seinen Preis bezahlen willst, der gewiß auch nicht zu niedrig ist. Wenn der Volksmund recht hat, müssen vier Juden ihre Kräfte vereinigen, um mit einem Griechen fertig zu werden, vier Griechen können es vielleicht mit einem Armenier aufnehmen, aber vier Armenier müßten sich vor einem Perser noch in acht nehmen. … Wasserverkäufer ziehen durch die Straßen und preisen ihr köstliches Naß an. Sie lassen die großen, ledernen Wassersäcke von Eseln oder Pferden tragen oder schleppen sich auch wohl selbst damit ab.«

Das sind Bilder, wie sie der deutschstämmige Maler Oskar Schmerling, der, 1863, in Tiflis geboren, die Stadt immer als seine Heimat betrachtete, noch mit eigenen Augen sehen und mit Humor wiedergeben konnte. Übrigens: Deutsche lebten damals nicht wenige in Tiflis. Friedrich von Bodenstedt (1819-92), Journalist, Professor, Theaterintendant, Übersetzer und Poet im Kreise der ›Nordlichter‹ um König Max II. von Bayern hat frühe Mannesjahre hier verbracht. Einst waren seine orientalisierenden ›Lieder des Mirza Schaffy‹ (1851 erstmals erschienen) so berühmt wie die Gedichte von Geibel oder die Novellen von Paul Heyse – und sind heute so vergessen wie diese. Seit etwa 1818 hatte Tiflis auch ein deutsches Viertel, bewohnt von württembergischen Auswanderern. Es lag am linken Kura-Ufer, etwas südwestlich des Bahnhofs.

Orientalisches Völkertreiben und eine nach Westeuropa orientierte Oberschicht standen im Tiflis des 19. Jahrhunderts nebeneinander. Nicht ohne Ironie erinnert sich Alexandre Dumas: »Als ich in Tiflis ankam, glaubte ich in ein halbwildes Land ... zu kommen. Aber das war ein Irrtum. Die französische Kolonie setzte sich größtenteils aus Näherinnen, Putzmacherinnen und Modewarenhändlerinnen zusammen, so daß die georgischen Damen der Gesellschaft die Pariser Moden 14 Tage nach ihrem Erscheinen in Tiflis tragen konnten.«

Beim Silvesterempfang des Gouverneurs, des Fürsten Bariatinski, begegneten sich Orient und Okzident. »Auf der Freitreppe stand in Parade eine Doppelreihe von Kosakenunteroffizieren, die in ihrem weißen Papak, ihrer weißen Tscherkeßka mit vergoldeten roten Patronentaschen, goldbortenbesetzter roter Säbeltasche mit Scheide und versilbertem Dolch und Pistole im Gürtel prächtig anzusehen waren. – Diese dekorative Ehrenwache, neben welcher sich unsere mit schwarzen Fräcken bekleidete Gruppe armselig ausnahm, war jedoch nur ein schwacher Vorgeschmack des Anblicks der Galatrachten der zahlreichen Georgier, die sich neben ihren eleganten Frauen, welche lange, goldgeränderte Schleier trugen, in den Salons des Palastes drängten. Kostbare

Waffen blitzten am Gürtel der Männer und Diamanten auf der Stirn der Frauen. Man konnte sich in eine Szene des 16. Jahrhunderts zurückversetzt glauben.«

Nansen wiederum, in den Notzeiten nach dem Ersten Weltkrieg und der Sozialistischen Revolution, die immer ›die Große‹ genannt werden muß, in Transkaukasien unterwegs, sah auch den Orient verblassen. »Es herrscht die übliche farblose, europäische Architektur mit Ausnahme der russischen Kirche und einiger anderer Kirchen, deren Türme die Häuser überragen und im alten georgischen oder armenischen Stil erbaut sind. Sonst war wenig Orientalisches zu entdecken, wenig, was der Phantasie Nahrung gab. Auch das Verkehrsleben auf der Promenade zeigte wenig vom bunten Farbenreichtum des Ostens; die Männer zumeist in den nüchternen Sowjetblusen und den weichen Sowjetmützen, die Frauen, die ob ihrer Schönheit berühmten Georgierinnen, schienen jedenfalls zunächst nicht wesentlich verschieden von europäischen Frauen, wenigstens nicht in der Kleidung. Auf der Straße war viel Verkehr und Leben.«

Viel Verkehr und Leben herrscht noch heute auf den Straßen, aber manch orientalisches Detail ist aus ihnen inzwischen verschwunden, das noch – etwa zur gleichen Zeit (1924) – Konstantin Paustowskij (1892-1968) sehen konnte. »Die Kupferschmiede machten einen solchen Lärm, daß man Kopfschmerzen bekam ... der Boden um sie herum war mit glänzenden Blech-, Kupfer- und Zinkabfällen übersät. Schwere Trauben von Tschuwajki, weichen, absatzlosen Halbschuhen, hingen auf die Köpfe der Vorüberkommenden herab. Es roch nach Leder, Wein, Essig und Schlehenpflaumensaft. Aus den Kerzenhandlungen duftete es nach Wachs und Honig. Vor der Zionskathedrale handelten alte Frauen, die an vertrocknete Wurzeln erinnerten, mit Immortellen. Hinter den Straßenbahnen rannten, tänzelnd und sich verrenkend, Zigeunerkinder einher, die Schellentrommeln schlugen. Muschas (Lastträger) schleppten unter Warnrufen an die Passanten duftende Tabakballen auf ihrem Rücken. Blumenverkäuferinnen stellten im Nu Sträuße nach dem anspruchsvollsten Geschmack zusammen. Im Duchan ›Simpatija‹ waren Bildnisse großer Männer aus aller Welt gemalt – Lew Tolstoj, Edison, Charles Darwin, Puschkin und Napoleon – aber alle sahen wie heißblütige Grusinier aus, trugen Tscherkessenröcke und hatten riesige Dolche an ihrer Seite.«

Ausblicke

Inzwischen sind wir dort angelangt, wo eigentlich jeder Besuch der Stadt beginnen sollte: auf dem zum Fluß steil abfallenden *Burgplateau* bei der Metechi-Kirche. Sie bildete einst einen Teil der alten Königsburg, welche später in ein Gefängnis umgewandelt wurde. Nansen, der sie noch sah, fragt grillparzerisch: »Von der Königsburg zum Kerker – und was weiter?« Ein Weiter hat es nicht gegeben. Fotos aus den zwanziger Jahren noch zeigen die Kirche eingeklemmt zwischen schwere, fensterlose Bastionen und den Fluß gesäumt von zweistöckigen Häusern, deren verandaähnliche Balkone auf schrägen Stützbalken übers Wasser hinaushängen. Inzwischen ist die Burg, ist mit ihr das Gefängnis ver-

Metechi-Kirche

schwunden, in dem auch ›rote‹ Revolutionäre schmachteten, und hat einer Terrasse Platz gemacht, von der aus der Blick fast alles umfaßt, was Tbilissi ehrwürdig und sympathisch macht. Da fließt unten am Fuß des Felsens die Kura, von Platanenalleen gesäumt und von einer Brücke überspannt, die hinüber führt zur Altstadt. Ein robustes Reiterdenkmal erinnert an den König Wachtang Gorgasali, der um das Jahr 500 die Stadt gegründet haben soll. Die Sage erzählt, er habe die warmen Quellen entdeckt, als ein von ihm angeschossener Fasan ins Wasser fiel und gargekocht wieder zum Vorschein kam. Andere sagen, ein Hirsch, der seine Pfeilwunde in dem heilenden Wasser badete, habe den Weg zu den Thermalquellen gewiesen. Tbili ist das georgische Wort für ›warm‹, und nach den warmen Wässern sei die Stadt benannt worden. Soweit die Legende. In Wirklichkeit ist die Siedlung ja viel älter, war bereits im 4. Jahrhundert ein blühender Ort, war zu König Wachtangs Zeiten bereits als zweite Hauptstadt Kartliens neben Mzcheta anerkannt, dem sie im 6. Jahrhundert den Vorrang abgewann.

Die warmen Quellen werden noch immer gebraucht. Wir erkennen von unserem Standort jenseits des Flusses die Kuppeln des Hamam, des alten Bades, nicht weit vom Minarett der Moschee, das eher wie ein verunglückter Bahnhofsturm ausschaut. Ein Spaziergang in diesem Viertel wird sich später als lohnend erweisen, zeigt er doch die *Narikale-Festung* aus einem überraschenden Blickwinkel. So wie sie jetzt beherrschend am anderen Ufer vor uns emporsteigt, ist sie das Ergebnis vieler Epochen. Aber sie alle haben an der gegebenen Situation nichts ändern können. Schon im 4. Jahrhundert gab es auf der Höhe einen Festungsring, der vom 5. Jahrhundert an als königliche Burg diente. Hangabwärts erstreckte sich – wie wir es von Mzcheta her schon kennen und bei allen Stadtfestungen des frühmittelalterlichen Georgien feststellen könnten – Mauern bis zum Fluß hinunter. Es fällt nicht allzu schwer, sich die ursprüngliche Stadtgestalt vorzustellen. Später, auf unseren Spaziergängen, können wir entlang der Puschkin-Straße auch ein wiederaufgerichtetes, von gleichfalls restaurierten alten Häusern überragtes Stück dieser von vielen halbrunden Türmen verstärkten Mauer sehen. Etwas linksab im Hintergrund der alten Burg grüßt die ›Mutter Georgien‹ mit Schwert und Weinschale, ein gut zwanzig Meter hohes Bildwerk aus Holz und silbriger Metallfolie, dem man leider nicht wie unserer Münchner Bavaria zu Kopf steigen kann, der Gaudi und der Aussicht wegen. Einen weiten Überblick werden wir später noch vom Mtatsminda- oder Davidsberg aus genießen, dessen Höhe uns der weißrot gestrichene Fernsehturm markiert. Aus dem Grün des Berghanges leuchtet hell das Davidskloster, das Pantheon Georgiens. Geduld, wir werden es noch zu sehen bekommen. Am Hang des Festungs- und zu Füßen des Mtatsmindaberges, eingebettet ins Grün alter Platanen, zieht die Altstadt am Fluß entlang mit ihren blechgedeckten Holzhäusern, mit den hellen Kegeln der Kirchenkuppeln. Die meisten dieser Gotteshäuser – wenn man den Weg zu ihnen gefunden hat – stellen sich als Kinder des 19. Jahrhunderts heraus, glatte Epigonen, oft verrammelt und ungepflegt, mit zertrümmerten oder von Staub blinden Scheiben. Nur wenige ›arbeiten‹ noch, wie die *Sioni-Kathedrale,* deren blonder Tambour mit silbrigem Dachkonus einen entschlossenen Akzent setzt. Sie wurde bereits im 6. Jahrhundert gegründet, doch ihre heutige Gestalt stammt erst aus dem 18. Jahrhundert, das hier keine Zeit fröhlich-herzhafter Lösungen neuer künstlerischer Probleme war, sondern nur eine lahmen Nachtretens. Immerhin ist dieses sorgsam gehütete und peinlich gefegte glatte Gotteshaus die Kirche des Katholikos von Georgien.

Auf den Mtatsmindaberg mit seinem provokatorischen Funkturm führen eine Seil- und eine Zahnradbahn. Diese hält auf halber Höhe und wird uns dadurch Gelegenheit geben, das *Davidskloster* (die Kirche stammt von 1855) zu besuchen. Hundert Jahre nach dem Tod des allen Georgiern sympathischsten Russen, des hochtalentierten Alexej S. Gribojedow (1795-1829) wurde der Friedhof zu einem ›Pantheon Georgiens‹ gestaltet. Das Grabmal, welches dem Dichter-Musiker-Diplomaten seine damals erst 16jährige Witwe

Nino Tschawtschawadse errichten ließ, war Wallfahrtsort aller russischen Literaten, die freiwillig nach Georgien reisten oder dorthin strafversetzt wurden.

Puschkin stieß auf seinem Weg nach Kars auf den Karren, der den Leichnam des ›Gribojed‹ von Teheran nach Tiflis überführte. »Nie im Leben«, so schreibt er, »hätte ich daran gedacht, unserem Gribojedow wieder zu begegnen! Vor seiner Abreise nach Persien hatte ich im vorigen Jahr in Petersburg von ihm Abschied genommen. Er war bekümmert und hatte sonderbare Vorahnungen. Ich wollte ihn eigentlich beruhigen, da sprach er zu mir: ›Vous ne connaissez pas ces gens-là: vous verrez qu'il faudra jouer des couteaux.‹ Er war der Meinung, der Tod des Schahs und die Zwistigkeiten zwischen dessen siebzig Söhnen würden die Ursachen von Blutvergießen werden. Allein der überalterte Schah ist noch am Leben, dagegen sind die prophetischen Worte Gribojedows bereits in Erfüllung gegangen. Er fiel unter den Dolchen der Perser, ein Opfer der Roheit und des Verrats. Sein verunstalteter Leichnam, der drei Tage lang das Spielzeug des Teheraner Mobs war, konnte lediglich an seiner Hand festgestellt werden, die einmal von einer Pistolenkugel durchbohrt worden war …

Gribojedows Leben wurde von einigen Wolken verschattet; dies war die Folge heißer Leidenschaften und unüberwindlicher Umstände. Er empfand die Notwendigkeit, ein für allemal und auf immer mit seiner Jugend abzuschließen und sein Leben steil herumzureißen. So nahm er denn Abschied von Petersburg und allen müßigen Zerstreuungen und reiste nach Georgien, wo er acht Jahre in vereinsamten unermüdlichen Arbeiten zubrachte. Seine Rückkehr nach Moskau im Jahre 1824 bildete einen völligen Umschwung in seinem Schicksal und war der Beginn ununterbrochener Erfolge. Seine Komödie ›Geist bringt Kummer‹ übte noch im Manuskript eine unbeschreibliche Wirkung aus, so daß er dadurch mit einemmal in die gleiche Reihe mit unseren ersten Dichtern gerückt wurde. Einige Zeit darauf eröffnete seine vollkommene Kenntnis jenes Landes, darin der Krieg begann, ihm eine neue Laufbahn; er wurde zum Gesandten ernannt. Nachdem er nach Georgien gekommen, heiratete er die Frau, die er liebte ... Ich kenne nichts, was beneidenswerter zu nennen wäre als diese letzten Jahre seines stürmischen Lebens. Ja, auch der Tod, der ihn inmitten eines kühnen und ungleichen Kampfes erreichte, hatte für Gribojedow nichts Schreckliches, nichts Quälendes. Dieser Tod war plötzlich und war schön.«

Inzwischen schlafen nun dort droben auch bei uns so gut wie unbekannte georgische Poeten, Erzähler, Theaterleute, Bildner und Wissenschaftler des verflossenen Jahrhunderts, auch Revoluzzer und ›Helden des Volkes‹. Auch eine arme fromme Frau, deren einziges Verdienst darin besteht, daß sie Stalins Mutter war, der als ein blutiger Tyrann Geschichte gemacht hat. In Moskau zwar hat man dessen Leiche aus dem Mausoleum Lenins entfernt, in Georgien aber ist Stalin immer noch ein Großer und der Kultur- und Erholungspark auf der Höhe des Berges ist nach ihm benannt. Die Zahnradbahn wird uns bis dort hinaufführen, zu allen Bequemlichkeiten im üppig modernen Bau der Bergstation.

Von ihrer Aussichtsterrasse schaut man hinunter auf die in Grün gebetteten Dächer der Altstadt, auf die hellen Kuben der weitgedehnten, im Dunst verflimmernden neuen Viertel, folgt mit den Augen den breiten gleißenden Bändern der Ausfallstraßen.

Aber in Wirklichkeit stehen wir ja immer noch auf der Terrasse der *Metechi-Kirche*. Hier war schon im 5. Jahrhundert ein Grabbau für die Märtyrerin Schuschanik errichtet worden. Die Kirche, die wir heute sehen, entstand 1278-89 als Stiftung König Demetres II., der nach seiner Hinrichtung durch die Mongolen den Beinamen ›der Selbstaufopferer‹ erhielt. Ein mit Werkstein nur verkleideter, mit Backstein ausgebesserter Ziegelbau, dem drei hohe, halbrund vorspringende Apsiden im Osten eine gewisse Vertikaltendenz verleihen, welche durch ein ringsumlaufendes Horizontalband wieder ausgeglichen wird. Nur der Blick auf den Plan kann uns zeigen, daß im Inneren vier freistehende Pfeiler die Kuppel tragen, denn wir finden den Raum leider versperrt. Vielleicht dient er augenblicklich als Magazin für die Bänke, von denen aus an Sommerabenden ein begeistertes Publikum den temperamentvollen Darbietungen eines georgischen Volkstanz- und -musik-Ensembles applaudiert. Dann ist die alte Kirche als Kulisse angeleuchtet und zeigt sich nicht ohne Gefallsucht als die prominenteste Schönheit der alten Stadt. Und ihre Umgebung erscheint dann auch so schön!

Bei Tageslicht betrachtet ist da freilich manches gar zu leer-modern-banal geraten.

Spaziergänge

Das läßt sich halt nicht ändern. Auch Tiflis hat dem weltweiten Modernisierungsfimmel gehuldigt und hat nun teil an der ebenso weltweiten Nostalgiewelle. Aber immer noch ist der ganze Nahbereich, den das Auge von der Metechi-Plattform überschaut, eine Stadtlandschaft, in der man neugierig umherwandert, so lang einen die Füße tragen. Das ›orientalische‹ Viertel oberhalb der Kirche zeigt freilich einige triste Seiten. Die schön plazierten, aber gar nicht sehr alten Kirchen stehen mit gähnenden Fensterschlitzen, ein himmelblauer Wohnblock mit ein paar Läden im Erdgeschoß hat sich eine auffallende Stelle gesucht, das Pflaster ist holprig und voller Löcher. Mag sein, daß die Gassen hier staubig, die Hausfassaden verkommen aussehen, aber dahinter ist es wohl geräumiger als in einer der normierten Mietwohnungen in den Betonblocks weit weg vom Zentrum, in denen ja auch die sanitären Einrichtungen nicht immer nach Wunsch funktionieren. Glaublich, daß die Menschen, die hier daheim sind, nicht fortziehen wollen. Sie fühlen sich hier wohl. Daß Tbilissi seine alten urbanen Viertel menschlichen Bei- und Miteinanderlebens nicht einfach wegbulldozert hat, das macht die Stadt so sympathisch, macht sie zu einer der wenigen in der weiten UdSSR, in der man gerne zu Fuß unterwegs ist, auf Entdeckungen und Erlebnisse ausgeht.

Immer wieder überfällt einen auf diesen Wegen das Gefühl, man habe solche oder ganz ähnliche Gassen schon gesehen. Aber wo? Auf dem Balkan? In Südfrankreich? In der Türkei? Man fühlt sich an das alles erinnert – vielleicht sind die schönen Platanen daran schuld, die man allenthalben trifft – und an noch seltsam anderes durch die stets fühlbare Gegenwart von Fluß und Bergen, der Landschaft, die vernehmlich mitspricht. Nein, Tbilissi ist kein Heidelberg (es ist auch nicht mit der Neckarstadt partnerschaftlich verschwistert, sondern mit Saarbrücken), aber daß einem deren Bild hier einfällt – so sinnloser Zufall ist's nicht.

Natürlich sind wir im Orient. Die Kinder betteln den schnell erkannten Fremdling so direkt an wie irgendwo ums Mittelmeer. Nicht aus Not, sondern aus ›Sport‹: Kaugummi oder ausländische Kugelschreiber sind bei ihnen so Mode wie bei den größeren Burschen T-Shirts mit englischen Aufschriften und US-Jeans.

Die Gassen des alten Tiflis sind – abseits der rasenden Autos und der täglich-mürrischen Hektik – von einem zugleich lässigen und temperamentvollen Leben erfüllt, das dem strengen Sozialismus heiter auf der Nase spielt. Sowjetische Wirklichkeit sind die löchrigen Gehsteige, die tiefen Schlaglöcher, die Schlangen vor manchen Läden mit leeren Schaufenstern – und trotzdem herrscht ›Überfluß‹. Es gibt Fleisch in den Metzgereien, es gibt Imbißstuben und Restaurants, in denen auch der Fremde – gerade er – lächelnd bedient wird, Buchläden mit georgischen Büchern: solchen in georgischer Schrift und Sprache und solchen, die sich mit georgischen Dingen befassen. In einer kleinen Papierhandlung mit einem fast herausfordernd großen Stalinbild im Fenster läßt sich gegen ein paar Kopeken und ein Päckchen Kaugummi sogar eine 1:400000-Karte der Georgischen SSR auftreiben. Eine Hilfe für weitere Umschau im Lande und beinahe eine Sensation, wenn man bedenkt, was für dürftig-ungefähres Kartenmaterial man – wenn überhaupt – sonst in der Sowjetunion findet. Tbilissi liegt eben nicht nur der Luftlinie nach näher an Istanbul, Athen, Alexandrien als bei Moskau mit seiner lustlosen Systemstrenge. Die Georgier entrichten zwar der obersten Staatsmacht und der Ideologie ihren Tribut, aber als ein Opfer, das unter Augenzwinkern gebracht wird. Und hinterher macht man sich seinen Spaß, dem dummen Riesen ein Schnippchen zu schlagen.

Während ich nach einem Steh-Imbiß (das Hotel soll sein Mittagsmenu selbst essen!) einer Parkbank zusteure, quert ein schwarzlockiger Mann meinen Weg. Er trägt zwei Schampusflaschen und schüttelt sie in lustiger Laune. Er bemerkt meinen erstaunten Blick und hat mich schon am Wickel, erkundigt sich nach Woher und Wohin, faßt mich unter und schleppt mich in seine Druckereiwerkstatt im Kellergeschoß eines alten Hauses abseits der Hauptstraße. Mit Umarmungen begrüßen die Mitarbeiter den Fremden. Einer von ihnen ist zum dritten Male Vater geworden, das muß gefeiert werden. Noch eine Flasche taucht auf, und noch eine. Als ich mich nach etlichen Gläschen und erneuten freundlichen Umarmungen wieder auf den Weg mache, da glaube ich – an die stehend-heiße Luft draußen muß man sich erst wieder gewöhnen – nach ein paar hundert Schritten, ich hätte doch zu tief ins Glas geschaut: Aus dem gezackten Laub eines Alleebaumes kommt eine Aubergine herunter, und als ich stutzend – das gibt's doch nicht – einhalte, da entschwindet sie wieder nach oben. Der Faden, an dem sie hängt, führt zu einem schnauzbärtigen Dreißiger, der auf einer Parkbank, hinter einem Busch halb verborgen, das Spiel spielt, das ich als Lausbub einstmals mit Freunden und Freude gespielt habe: Passanten tratzen. Wir machtens damals mit einem ›verlorenen Geldbeutel‹, der dem ›ehrlichen Finder‹ vor den Fingern weggezogen wurde. Wir lachten uns zu, ich setze mich neben ihn. Viel Verständigungsmöglichkeit gibt es nicht, aber man tauscht die Namen aus. Natürlich möchte Giorgi die Jeans des Fremden aus ›Ferge‹ (F.R.G., so die russische Abkürzung für die Bundesrepublik Deutschland), versteht aber, daß der nicht gut unbehost durch die Stadt wandern kann und steht ab. Schulterklopfen, Adieu. Jeans, das wird fast zu einem Leitmotiv. Nördlich des

Kaukasus, da gab es nur ein paar schüchterne Versuche, dem Fremden seine Beinkleider abzukaufen – und koste es auch einen ganzen Monatsverdienst. Von Tbilissi an vergeht kaum eine Stunde ohne ein Handelsangebot. Wer ein ganzes Auto der begehrten blauen Röhren mit sich führte – aber wer tut und darf das schon –, der könnte schamlose Geschäfte machen. Daß der Stadtspaziergänger gar nichts Modisches zu verhökern hat, das macht die jungen Leute im Eis-Café an der alt-neuen Stadtmauer, die mit ein paar deutschen und englischen Brocken Verständigung suchen, fast verrückt. Wenn du nichts zu verkaufen hast, warum kommst du dann den weiten Weg hierher?

Ich bin ihn gekommen, um mich in Tbilissi umzusehen. Dann also: ›Guten Weg‹!

Ich bummle die Puschkin-Straße abwärts. Rechts vor der Brücke ziert eine Bronzegruppe trunken-tanzender Bauern den kleinen Platz vor einem neuen Alt-Tifliser Haus mit mehrstöckigen Holzbalkonen. Ein paar Schritte Kura-abwärts steht die *Antschischati-Kirche,* eine dreischiffige Basilika, die aufs 4. Jahrhundert zurückgeht. Sie ist die von der

Antschischati-Kirche

Zeit nicht unberührte, sondern mehrfach umgebaute älteste Kirche der Stadt und leider stets verschlossen. Ihr Heiligtum, das Triptychon mit der Christus-Ikone aus der Zeit der Königin Tamara, ist ins Museum gewandert. Der Glockenturm – ein Werk des 18. Jahrhunderts (?) – ist soeben restauriert, nun sind auch die umliegenden Häuser daran. Man reißt sie nicht ab, man erneuert sie. Der Weiterweg am Flußufer entlang (die Kura ist zwischen steinerne Mauern gefesselt) bietet – von Platanen beschattet – schöne Blicke aufs jenseitige Stadtviertel, aber wird einem durch den stinkenden Autoverkehr verleidet. So sucht man sich lieber seinen Weg in den löcherigen Gassen zwischen den alten Häusern an der Sioni-Kathedrale vorbei, trifft bei der Brücke unterhalb der Metechi-Kirche auf einen besonders hübschen Ausblick auf das Gotteshaus und die Stätte der alten Stadtburg und sieht, wenn man weiter flußabwärts wandert, droben über dem Steilufer die perfekt restaurierte Schauseite des ›orientalischen Viertels‹ – eine Potemkinsche Kulisse wohl, aber ein Beitrag zur Stadtbildkosmetik, den wir begrüßen sollten.

Voller Löcher sind die Straßen auch in dem Viertel zu Füßen der Narikale-Festung, orientalisch die Häuser und der Lebensstil, geschlossen die Kultstätten: die alte Moschee wie die armenischen Kirchen aus dem 19. Jahrhundert, aber immerhin gewinnen wir beim Herumsteigen und -streunen hier neue Blickwinkel auf die gigantische, schicksalskundige, von den Wettern zerrissene Burg, ohne daß sich ein Zugang zu ihr finden läßt.

Aber endlich führen doch alle Wege wieder zum Lenin-Platz und auf den Rustaweli-Prospekt zurück, nicht nur, weil dort in den Abendstunden der ›Korso‹ stattfindet, sondern weil sich dort auch die wichtigsten kulturellen Institute konzentrieren: die Theater und die Museen.

Das maurisch gestreifte Rathaus am Leninplatz – 1880 nach Plänen von Pjotr Stern erbaut, 1910-14 mit Obergeschoß und Turm versehen – bildet die Kulisse für das Lenindenkmal (1956 nach einem Modell des Staatspreisträgers Valentin Topuridse), das mit lauter Geste in die Weite des

Ensembles aus dem 19. Jahrhundert einzubrechen versucht, und an dem heute die Autos vorbeischnurren, ohne auf den großen Führer zu achten.

Nach Norden führt der Rustaweli-Prospekt, den wir ja bereits im Bus entlanggefahren sind und der früher einmal Golowinski-Prospekt hieß. F. Nansen sah hier noch »an der am meisten in die Augen fallenden Stelle die große russische Kirche mit ihren runden Kuppeln; es ist die frühere Garnisonskathedrale, also die Kirche der russischen Truppen, die in der Stadt ihre Garnison hatten ... Etwas entfernt lag ein großer unvollendeter Bau, das künftige Museum.«

Das Museum ist inzwischen vollendet (und wir wollen seine Schätze später noch besehen), die Garnisonskirche ist abgerissen, an ihrer Stelle erhebt sich heute das Regierungsgebäude der Grusinischen SSR, 1938 als Dreiflügelanlage errichtet, der 1953 die Arkadenfassade im Diktatorialstil vorgesetzt wurde. Südlich von ihm, an der Westseite des Prospektes die U-Bahnstation Lenin-Platz (Lenina) und eines der großen Kaufhäuser der Stadt. Gegenüber folgen auf das Museum nach Norden zu ein Kino, eine Kunstgalerie, das alt-behagliche Hotel Tbilissi, dann die halb unters Straßenniveau versenkte *Kvacheli-Kirche,* ein noch ›arbeitendes‹ Gotteshaus, in dessen Obergeschoß der Gottesdienst in georgischer, in dessen Unterkirche er in russischer Sprache gehalten wird. Dahinter liegt der ›Komsomol-Garten‹, ein mit Denkmälern geschmückter Park, der 1859 auf dem Gelände angelegt wurde, auf dem einstmals unter den Königen Reiterspiele und Wettkämpfe der Bogenschützen stattfanden, das dann den Russen als Exerzierplatz diente. An seiner Nordseite ist in einem weißen Altstadthaus mit schlichtem Säulenportal das *Literaturmuseum* untergebracht, benannt nach Giorgi Leonidse, seinem langjährigen, selbst literarisch tätigen Leiter. Weiter aufwärts am Rustaweli-Prospekt finden wir die Oper – die sich nach dem Komponisten Zakhari Paliachvili nennt, an den natürlich auch ein 1973 geschaffenes Denkmal erinnert. Die Oper von Tiflis wurde schon 1851 gegründet, besaß zwar kein eigenes Ensemble, aber hatte den

Ehrgeiz, auf der Höhe der Zeit zu sein. Verdis ›Othello‹, Tschaikowskijs ›Pique Dame‹, Rimski-Korssakows ›Zarenbraut‹ wurden noch zu Lebzeiten ihrer Schöpfer in diesem Theater aufgeführt, und Sänger wie der große Schaljapin waren sich nicht zu gut, hier aufzutreten. Der Bau erschien selbst dem abgebrühten Pariser Dumas bemerkenswert, obwohl er ihn des knietiefen Schlammes in den Straßen wegen selbst vom gegenüberliegenden Hotel aus nur per Kalesche erreichen konnte. »Der Saal erschien mir wie ein Feenpalast; nicht wegen kostbarer Vergoldungen, die fast ganz fehlten, aber wegen des gelungenen Stiles. Ich muß dieses Theater zu einem der schönsten erklären, die ich je gesehen habe. Der Vorhang war sehr schön bemalt, und als er aufging, begann die sehr mittelmäßige Oper.«

Der Bau, den Dumas so bewunderte, fiel 1870 einem Brand zum Opfer, das heutige Opernhaus entstand zwischen 1880 und 1896 nach den Plänen des Architekten P. Schretter, der – weil man sich ja im Orient befand – ein maurisch-orientalisches Ding schuf, das seinesgleichen schwerlich findet. 1977 wurde dieses Opernhaus gründlich in historisierendem Sinne restauriert. Vor den über tausend Zuschauern, welche das Theaer faßt, spielt man seit fünfzig Jahren auch Werke georgischer Zeitgenossen und ergötzt sich ebenso an prachtvollen Ballettaufführungen und folkloristischen Gala-Abenden.

In Kiew hatten wir seinerzeit eine erste Kostprobe sowjetischer Folkloreballettkunst erlebt: eine Darbietung voll Laune, Schmiß und Schwermut, farbenfroh, erzmusikantisch, präzise und beinahe schon akrobatisch. Man hatte uns ein ähnliches Erlebnis in Tbilissi in Aussicht gestellt, und wir hatten uns schon sehr darauf gefreut, hatten ein Schau-Erlebnis erwaret mit dunkeläugigen Schönheiten und Männern wie den zypressenschlanken Helden in Rustawelis Epos. Aber dann ists nichts damit. Das Grusinische Nationalensemble ist auf Gastspielreise – und wenn wir überhaupt etwas von georgischer Folklore sehen wollen, dann gibt es nur noch Karten für die Darbietungen einer kleinen Gruppe. Die 5-Mann-Schau wird in einer restaurierten Kirche des

18. Jahrhunderts und vor dem seltsam kontrastierenden Hintergrund neobyzantinischer Heiligenfresken auf Goldgrund abgezogen. Schlanke Schönheit ist einzig die weibliche Hauptdarstellerin – und sie rechtfertigt den Ruf, den die Georgierinnen genießen: von beweglicher Anmut, mit schöner Stimme und ganz an ihre Sache hingegeben. Ihre männlichen Partner, der eine etwas dürftig von Leibe, der andere leicht verfettet, auch sie bemühen sich nach Kräften. Aber das ›Friedens‹-Kasperletheater mit Micky-Maus zum Schluß, das ist ein enttäuschend billiges Finale.

Während wir auf der einen Seite ins Freie geleitet werden, drängt – wie wir 45 Minuten vorher – schon wieder eine neue Touristengruppe herein. Wir haben es also so getroffen wie Dumas mit seiner »sehr mittelmäßigen Oper«. Doch wer einmal das Glück hat, das Nationalensemble der Grusinischen SSR auf einer großen Bühne zu erleben, der wird hingerissen sein von den Farben der Kostüme, den Rhythmen der Musik, der eleganten Gewandtheit der Tänzer und ihrer fabelhaften Körperbeherrschung, selbst wenn manches – wie legendenhafte Mimustänze – mit etwas zu viel sentimento inszeniert ist.

Georgische Dichtung

Wo der Rustaweli-Boulevard unweit des Hochhaushotels Iberia in die Lenin-Straße übergeht, steht – unweit der nach ihm benannten Metrostation – auf schlichtem Sockel ein nichtssagend-konventionelles Denkmal für Schota Rustaweli, den großen Dichter des georgischen Mittelalters.

Vielleicht sollten wir nicht gerade hier, wo der Autoverkehr braust und die Fußgänger hasten, an den Poeten aus Georgiens großer Zeit denken. Dafür ist das schon erwähnte *Literaturmuseum* (ulica Dschodschiachwili Nr. 8) eher der Ort. Aber sein Besuch ist für jemanden, der mit der ihm in Tbilissi zugestandenen Zeit geizen muß, gar so lohnend nicht. Es bewahrt Manuskripte, stellt verblichene Fotos und Andenken aus und Bücher: die Werke von Dichtern und Schriftstellern, deren Namen uns Landfremden nur schwer aussprechliche und schnell vergessene Wörter bleiben. Literatur lebt nicht im Museum, sondern im lebendigen Gelesenwerden. Und da reißt der Faden, denn die Schöpfungen der wenigsten georgischen Dichter sind ins Deutsche übersetzt. Namen wie Aleksander Tschawtschawadse (gest. 1846), Grigol Orbeliani (gest. 1883), Niklos Baratschwili (1816-45) als die der ›Romantiker‹ müssen uns so sehr bloße Vokabeln bleiben wie die der ›Realisten‹, der Terekdeuli, der ›Terekwassertrinker‹, die längere Zeit in Rußland lebten und von dort entscheidende Anregungen erhielten. Ihr Exponent und Wortführer war A. Tschereteli (gest. 1915), ein in allen Sätteln gerechtes Talent. Die verschiedenen Richtungen des 19. Jahrhunderts repräsentieren Ilja Tschawtschawadse (1837-1907), G. Tschereteli (1842-1900), als naturalistische Heimatdichter sind A. Kasbegi (1848-93) und Wascha Pschawela (1861-1915) abgestempelt. Gar die Namen der Autoren, die seit der sozialistischen Revolution hervortraten (S. Tschikowani, G. Absachidse) bleiben uns Worte, mit denen wir wenig Vorstellung verbinden. Durch Ruth Neukomms Übersetzung sind uns wenigstens eindrucksvolle Proben der Erzählkunst eines Micheil Dschawachischwili (1888-1937, der Dichter verschwand als Opfer der stalinistischen Säuberungen), eines Konstantin Gamsachurdia (geb. 1891) und anderer zugänglich.

Das Museum legt Wert auf die Dokumentation der Beziehungen zwischen georgischen und russischen Literaten seit dem Anschluß Georgiens ans Zarenreich. Einiges davon ist uns ja bereits bekannt. Alexander Gribojedow schrieb den größten Teil seiner Komödie ›Geist bringt Kummer‹ in Tbilissi und wurde der Schwiegersohn des Lyrikers und Übersetzers Aleksander Tschawtschawadse, dessen Andenken wir auf seinem Gut Tsinandali in Kachetien noch begegnen werden. Wir wissen, daß Puschkin in Tbilissi war, desgleichen Lermontow. 1851 hielt sich Leo Tolstoj mehrere Monate lang in der Stadt auf und begann hier die Niederschrift seiner

Kindheit‹. Der Graf nahm bis 1853 als zaristischer Offizier am Kaukasischen Feldzug teil und danach am Krimkrieg. Daß ihn die Erinnerung an Kaukasien nie verließ, belegt seine Erzählung von Hadschi Murat. Maxim Gorki, der 1891/92 in Georgien lebte, nannte Tbilissi seine ›zweite Heimat‹. Für Boris Pasternak (1890-1960) wurde die Begegnung mit Georgiens Landschaft, Menschen und Dichtung zu einem bestimmenden Impuls. Er hat Georgisches ins Russische übersetzt.

Konstantin Paustowskij wohnte in Tiflis im Hause Sdanewitsch, das man heute vergeblich sucht, einem alten Haus mit Höfen und vielen Zimmern, wo sich alle Literaten, Maler, Musiker trafen, die in den ersten Jahren der Sowjetherrschaft eine neue ›linke‹ Kunst initiierten, die zu bald nur durch Stalins ›Kulturpolitik‹ abgewürgt wurde – nicht anders als alle anderen ›Aufbrüche‹ damals, wie der deutsche Expressionismus, der unter Hilter als ›entartet‹ verfolgt wurde.

In dem Haus – so erzählt der Autor – hingen an allen Wänden Werke des Malers Niko Pirosmanischwili. Kyrill Sdanewitsch – selbst Maler – hat diese ›naiven‹ Werke – Wirtshausschilder und auf Wachstuchbahnen gemalten Bilder – gesammelt und später dem ›Staat‹, das heißt, dem Volk, geschenkt. Wir werden einigen – aus Raumgründen nur wenigen – Bildern ›Pirosmans‹ in dem Museum der Künste begegnen – und an den Wänden des exklusiven Restaurants ›Darial‹ einigen Kopien.

Obwohl man die Nachlässe der Dichter archivalisch bewahren muß, gehört Dichtung nicht ins Museum, sondern vor das Auge des Lesers. So lassen wir uns doch lieber auf einer platanenbeschatteten Bank im Komsomolpark nieder und blättern in der hübschen Manesse-Ausgabe von Schota Rustawelis ›Mann im Pantherfell‹. Das ist – in mageren Andeutungen – die Geschichte: König Rostewan von Arabien, der das Alter nahen fühlt, will die Krone seiner Tochter Tinatin übergeben. Seine Räte sind einverstanden. Wohl ist Tinatin eine Frau, aber »die Löwenjungen sind dem Löwen gleich, seien sie nun männlich oder weiblich«. Tinatin ist schön wie die Sonne, verständig und freigebig, eine wahre Königin. Auf einer königlichen Jagd wird ein fremder Ritter gesehen, ein herrlicher Mann, mit einem Pantherfell bekleidet, aber in tiefe Trauer versunken. Rostewan will ihn zu sich rufen lassen, aber dieser, aus seiner Trauerversunkenheit aufgeschreckt, erschlägt des Königs Boten und verschwindet. Schwer gekränkt läßt Rostewan überall nach ihm fahnden – vergebens. Da bittet Tinatin den Kronfeldherren Awtandil, der ihr heimlich in ritterlicher Minne zugetan ist, den fremden Ritter zu suchen. Sein Lohn werde ihre Liebe sein. Fast drei Jahre ist Awtandil unterwegs, bis es ihm gelingt, den umherirrenden Fremden zu finden und ihn zu bewegen, seine Geschichte zu erzählen. Es ist der indische Fürstensohn Tariel, dem die von Jugend an in ritterlicher Minne verehrte Nestan Daredschan, die Tochter seines Königs, entrissen wurde, und der nach vergeblicher Suche, halb wahnsinnig vor Liebe, wie ein Tier in der Einöde haust, betreut nur von Nestans Vertrauter Asmat. Awtandil gelingt es, auf weiteren Ritterfahrten den Aufenthalt Nestans ausfindig zu machen. Die lebenslustige Gattin des Obersten der Kaufherrengilde in der Stadt überm Meer, in ihrer Ehe unbefriedigt, die sich in den herrlichen Helden verliebt hat, bringt ihm die Kunde zu, daß die Prinzessin von einem zauberkundigen Volk auf einer uneinnehmbaren Festung im Meer gefangengehalten wird. Zusammen mit einem dritten Freund gelingt es Awtandil und Tariel, alle Widerstände überwindend sie zu befreien. Der Mann im Pantherfell vermählt sich mit der indischen Prinzessin, Awtandil aber gewinnt die Hand der Königin Tinatin, hinter deren Gestalt sich niemand anders verbirgt als Tamara, die große Königin Georgiens.

»Ein Bild der Sonne selbst des Morgenlandes
Hat sie uns Seele, Herz und Sinn betört.«

Die drei Helden aus drei verschiedenen Völkern bleiben einander zugetan und in dauernder Freundschaft miteinander verbunden.

Über den Dichter weiß man wenig Genaues. Er bleibt als Gestalt so vom Geheimnis umgeben wie Homer oder Shakespeare. Er nennt sich selbst am Ende seines Epos ›Rustaweli‹, d.h. einen aus Rustawi, aber da es zwei Orte dieses Namens in Georgien gibt, ist uns selbst seine Herkunft so unsicher wie die Daten seiner Geburt und seines Todes. Höchstwahrscheinlich war er eine hochgestellte Persönlichkeit am Hofe der Königin und verfügte über eine umfängliche Bildung. Er kannte nicht nur die Briefe der Apostel, sondern auch die antiken Philosophen und die Religionen der Nachbarvölker. Seine Weltsicht ist neuplatonisch getönt. Die Legende macht ihn zum Geheimschreiber der großen Königin, der aus unglücklicher Liebe zu ihr das Land verlassen und sein Leben im Kreuzkloster in Jerusalem beschlossen haben soll. Ein Fresko und eine Grabinschrift, die man dort fand, sollen sich auf ihn beziehen. Die Worte glühender Verehrung, die er im Prolog für seine Herrin findet, lassen sich durchaus mit solchen der Trouvères und Minnesinger vergleichen, sein großes Epos mit den Ritterromanen eines Chrétien de Troyes. In gewissen Übersteigerungen des Gefühls und Seltsamkeiten der Psychologie aber macht sich der Orient bemerkbar: Awtandil mag einem Erc oder Iwein und vielleicht noch näher einem Perceval verwandt sein, die Titelgestalt, der liebeskranke Tariel, ist ein Bruder Madschnuns, des ›Wahnsinnigen‹, den Nizami zum berühmtesten Romanhelden des Morgenlandes gemacht hat. Kenner der georgischen Sprache versichern, Rustawelis Verse seien von einer so harmonischen Melodik und graziösen Eleganz, daß sich im mittelalterlichen Westen einzig die Gottfrieds von Straßburg an ihre Seite stellen ließen.

Von Tristan und Isolde kennt auch Georgien ein traurig Stück: den Versroman von Wis und Ramin, die vom Geschick füreinander bestimmt sind, obwohl Wis schon vor ihrer Geburt Ramins älterem Bruder Moabad verlobt wurde. Nicht anders als in Gottfrieds Dichtung durchfliegen die Liebenden alle Höhen und Tiefen der Leidenschaft, spielen sie im Bunde mit der Amme dem König Moabad/Marke (den Zauber seiner Manneskraft beraubt hat und der doch seine Liebe zu Wis nicht bezwingen kann) hinterm Rücken. Wie im Märchen werden die Liebenden durch einen tödlichen Jagdunfall des Großkönigs auf dessen Thron vereint. Nach dem Tod der altgewordenen Wis schließt sich der Greis Ramin in deren Mausoleum ein, um das Licht nie mehr wiederzusehen. Wie Gottfrieds Werk eine französische Vorlage ›übersetzt‹, so das georgische Gedicht ein persisches Vorbild. Als Dichter vermutet man einen Sargis Tmogweli, der im 12. Jahrhundert lebte. Schota Rustaweli nennt diesen Namen im Epilog seines Epos, das Mystik und ritterliche Ethik, höchste Idealität und Wissen ums Triviale, orientalischen Märchenglanz und ritterliche Galanterie, poetische Übersteilung mit Sinn fürs Praktische zu vereinen weiß.

Wenn wir uns durch Vergleiche – auf fragwürdigen Krükken also – dem uns bisher Fremden zu nähern versuchen, dann tun wir nichts anderes, als wenn wir uns bei der Begegnung mit der mittelalterlichen Baukunst Georgiens durch Erinnerungen an romanische oder frühgotische Abtei- und Kathedralkirchen das Fremde faßbar zu machen suchen. Wem diese christlich-orientalische Welt vertrauter geworden ist, der mag solche Notbehelfe getrost hinter sich werfen. Aber das ist ja die Crux, daß seit mehr als einem halben Jahrhundert die Länder südlich des Kaukasus hinter einem – heute freilich nicht mehr undurchdringlichen – Vorhang verborgen liegen, daß niemand – außer wer dort seine Jugend verbracht hat – auf der Schulbank je etwas von diesen Ländern zu hören bekam (wer's freilich anders weiß, kriegt einen Taler!) und daß immer noch der freien Umschau in dieser Fremde Zügel angelegt und Hindernisse vor ihr aufgebaut werden. Wie die Dinge liegen, muß – und das sei hier deutlich gesagt – dieser Versuch, eine kaum bekannte Landschaft und ihre Kultur ins Bewußtsein zu rufen, unvollkommen bleiben. Und er darf darum auf Nachsicht hoffen.

Auch – und gerade – dem, der die Fremde deutlich fühlt und trotz aller Hindernisse diese Fremdheit überwinden möchte, bieten die Museen von Tbilissi dabei Hilfen.

In den Museen:
Imaginäre Reisen durch Raum und Zeit

Wer in Tbilissi einen halben Tag programmfrei hat, sollte nicht versäumen, eines der Museen zu besuchen. Von den vierzehn, von denen der Intourist-Führer sprach, sind dem Ausländer nur einige wenige sehenswert, diese aber lehren über Georgiens Vergangenheit und den einstigen Hochstand seiner Künstler-Handwerker mehr als viele Straßenkilometer.

Das *Staatliche Museum der Künste Georgiens* (an der Abzweigung der Leselidse- von der Puschkin-Straße, nur ein paar Schritte vom Lenin-Platz) im Bau des einstigen Priesterseminars, an dem eine Gedenktafel daran erinnert, daß hier von 1894 bis 1898 Josef W. Dschugaschwili studierte, der sich später Stalin nannte, ist täglich außer Montag von 10 bis 17 Uhr geöffnet. Die kleine Sammlung europäischer Malerei (mittelmäßige Italiener-Kopien, zweit- und drittrangige Niederländer, qualitätvollstes Werk eine kleine ›Kupplerin‹ des älteren Cranach) kann man übergehen, ebenso wie die paar Dinge aus Ägypten oder dem Fernen Osten. Da gehören die iranischen Erzeugnisse (Teppiche, Miniaturen, Porträts aus höfischen Kreisen) schon eher ›zur Sache‹. Viel interessanter – einfach, weil sie zumeist etwas vom Land und seinen Leuten erzählen – sind die Bilder der georgischen Maler seit dem 18. und dem frühen 19. Jahrhundert im zweiten Obergeschoß. Man merkt, daß die georgische Malerei erst mit Grigo Gabaschwili (1862-1936) den Anschluß an die westeuropäische fand, um die Kontakte alsbald wieder zu verlieren. Der ihm gleichaltrige Niko Pirosmanischwili (1862-1918) ging als Autodidakt den Weg eines naiven Expressionismus. Im kachetischen Dorf Mirsaki als Sohn eines armen Bauern geboren, lange Jahre Bediensteter eines reichen Herrn, schlug er sich dann als Händler durch und malte besessen Bild nach Bild, hungerte, bemalte Stuben und sein Wohnhaus im heimischen Bauerndorf, in Tiflis Wirtshausschilder. Doch der Lohn dafür gestattete ihm nur den Erwerb von Farben, nicht aber auch von Malgründen. So nahm er her, was selbst im billigsten Wirtshaus stets bei der Hand war: das einfache Wachstuch, mit dem man die Tische deckte. »Das Wachstuch war entweder schwarz oder weiß. Pirosman sparte beim Malen, wo er es für angebracht hielt, ein Stück Wachstuch aus ... Pirosman wurde für mich zu einer malerischen, im Ausdruck freien Enyzklopädie Grusiniens, seiner Menschen, seiner Geschichte, seiner Natur ... Hunderte von mageren Bauern, fröhlichen Winzern, armen und schüchternen Frauen, Fischern, hochnäsigen Reichen mit dicken Schnurrbärten, gleichmütigen Musikanten, Tifliser Hausknechten mit Bärten, zottig wie ihre zerzausten Besen, drängten sich auf den leicht angestaubten Wachstuchgründen ...« (Paustowskij)

Wir wollen darauf verzichten, hier weitere Namen anzuführen, wollen die Sammlung vor allem als ein Bilderbuch betrachten, das uns Georgien zeigt, gebrochen durch die Facetten verschiedenster Temperamente. Was nicht mit Georgischem zu tun hat, läuft nur so nebenher als Zeugnis, daß man auch nach 1917 nicht gänzlich von der Welt außerhalb der UdSSR abgeschnitten war.

Was den Besucher eigentlich herlockt, das ist die unterirdische ›Schatzkammer‹, die er freilich nur im Rahmen einer Führung besehen darf. Hier überfällt ihn eine Fülle funkelnder Pracht. Das Gedächtnis bewahrt die enkaustische Marien-Ikone von Zilkani (9. Jahrhundert), getriebene Ikonenrahmen wie den um die Gottesmutter Schemokmedi (frühes 11. Jahrhundert), vergoldete Silbertafeln mit dekorativ-hieratischen Szenen aus dem Leben Jesu (um 1000), metallgetriebene Georgs-Ikonen und die mit aus Goldblech reliefierten Bibelszenen verkleideten Altarkreuze, die ehernen Prozessionskreuze von Ishkani (973) und Breti (994-1001), das um 1000 datierte goldgetriebene Weihwasserbecken. Das während des Bürgerkriegs in den Westen entführte, 1945 aus Paris zurückerworbene Brustkreuz der Königin Tamara nimmt den Rang einer nationalen Reliquie ein. In die Stimme der mit unbewegtem Gesicht ihre Informationen abliefernden Führerin tritt für einen Augenblick etwas wie liebende Rührung. Dann weist sie – schon wieder beherrscht – auf die vier Vitrinen mit farbglühenden Zellenschmelzemails hin und gleich danach auf die Christus-Ikone der Antschischati-Kirche in ihrem mit Spinellen und Reliefs besetzten Triptychon-Rahmen (12. Jahrhundert). Am prächtigsten erscheint uns das bei geöffneten Flügeln gut zwei Meter breite Triptychon der Madonna von Chachuli. Von der einst 54x41 cm messenden Email-Ikone des 10. Jahrhunderts – sie war das verehrteste Marienbild Georgiens – blieben nur Gesicht und Hand. Das Bild war einmal das Heiligtum des Klosters Chachuli, ward später nach Gelati in Sicherheit gebracht, dort 1859 durch Plünderer zerstückelt. Erhalten blieb der ›Rahmen‹, ein dreiflügeliger Altar aus vergoldetem Silber, besetzt mit filigranen Ranken, mit farbigen Edelsteinen und perlgerahmten Email-Ikonen, wie sie seit dem 10. Jahrhundert aus den Werkstätten georgischer und byzantinischer Meister hervorgingen. Gestiftet hat dieses kostbar-köstliche Werk König Demetre I. (1125-55). Es braucht den Vergleich mit der Pala d'oro von S. Marco in Venedig nicht zu scheuen und führt zugleich mit der Leistung georgischer Handwerker auch die Bedeutung des mittelalterlichen Georgien vor Augen und Gedanken des bewundernden Betrachters. Im zweiten Saal sind das Triptychon von Alawerdi (16. Jahrhundert), sind weitere Altarkreuze und Treib-Ikonen ausgestellt. Sie stammen aus der Zeit, da Georgien von seinen Nachbarn zerrissen und gemartert wurde und spiegeln den politischen Niedergang auch im Bereich der Kunst, zeigen Einflüsse der fremden Herren.

Das erste Obergeschoß des Museums beherbergt eine mit Originalen (Mosaikresten, Reliefs, Stelen, Altarschranken) und Abgüssen, Freskokopien, Plänen, alten Abbildungen und neuen Fotos bestückte Dokumentation der georgischen Kunst des Mittelalters, betreffend unter anderen die Kirchen von Bolnissi, Zromi, Nekresi, von Mzcheta, Ateni, Chachuli, Kutaissi, Alawerdi und Samtavissi. Der Helldunkelstil der justinianischen Zeit scheint in skulptierten Kapitellen naive Urständ zu feiern, verbindet sich in Werken des 13. Jahrhunderts mit Formen, die man in Europa ›langobardisch‹ oder ›merowingisch‹ nennen würde. Hier im Osten gelten die Vorstellungen, die der Besucher aus dem Westen mitbringt, nur sehr bedingt.

Der flammenflügelige Engel, der am Ostermorgen den frommen Frauen die Auferstehung verkündet (Kopie aus der Kirche von Kinzwissi) begrüßt den Besucher auch im *Historischen Museum Georgiens* in dem 1928 fertiggestellten Bau des einstigen ›Kaukasischen Museums‹ am Rustaweli-Prospekt. Auch hier gibt es eine gesicherte und behütete ›Schatzkammer‹, in der die materiell wertvollsten Dinge bewahrt und – für geführte Gruppen – ausgestellt werden. Auch hier gibt es keinerlei Bildmaterial zu kaufen, muß man, was zu sehen ist, auf der Netzhaut mitnehmen: den kleinen granulierten Goldlöwen, der aus dem 3. Jahrtausend v. Chr. stammen soll, die silberne Situla aus Mzcheta, die kolchischen Goldmünzen, hellenistisch beeinflußten Goldschmuck aus den Gräbern der Eristawen und Pitiachschen von Mzcheta (Ohrringe und Halsketten, feingetrieben und aufs feinste granuliert, goldene Dolchscheiden und Anhänger mit Kameen und bunten Steinen besetzt), Parfümbehälter und was sonst noch die Kunsthandwerker zwischen dem 3. vor- und dem 4. nachchristlichen Jahrhundert schufen als Zeugnisse vom Hochstand des zwischen Ost und West eingespannten antiken Kartlien. Aus römischer Zeit stammen Silberschüsseln mit Büsten Hadrians und seines Antinous, ein Kameo mit dem brutalen Gesicht Caracallas, überladen-phantastische Ohrgehänge. Die 15 Panzervitrinen bergen Objekte, die zum Teil schon vor dem Ersten Weltkrieg ans Licht kamen, von den ›Weißen‹ im Bürgerkrieg nach Paris entführt wurden, von wo sie Stalin nach dem Zweiten Weltkrieg zurückerhielt.

Das sind unvergeßliche Dinge – aber ebenso unvergessen bleibt die freundliche Geste des jungen Mannes, der, des Fremden kaum ansichtig, ihn der Frau an der Kasse als seinen Gast vorstellt, die paar Kopeken hinlegt und dafür sorgt, daß dem fremden Einzelgeher beim Rundgang in der Schatzkammer auch in seiner Sprache gedolmetscht wird.

Das bereits 1852 gegründete Museum – es soll schon vor dem Einzug ins neue Haus am Rustaweli-Prospekt vortrefflich geordnet gewesen sein – gewährt einem eine höchst eindrückliche Übersicht über die Vergangenheit des Landes. Im Erdgeschoß ist die Archäologische Abteilung untergebracht. Der erste Saal links zeigt Zeugnisse der Ur- und Frühgeschichte (vorzeitliche Tierknochen, paläolithische Faustkeile etc.), der zweite neolithische und frühbronzezeitliche Funde: Feuersteinsicheln, erste Keramik, bronzene Speerspitzen, Beile, Klingen, Nadeln, Tierfigürchen aus Ton, mit Spiralmustern verzierte Schüsseln, Pfeilspitzen aus Obsidian, Zwillingsgefäße und rot-schwarze Keramik, Bronzeäxte von phantastischen Formen, Scheibenfibeln und Langschwerter und in der Mitte des Raumes neben Tongefäßen der Trialeti-Kultur einen Wagen mit massiven Holzrädern – erinnernd an die aussterbenden ›anatolischen Nachtigallen‹.

Die Säle rechter Hand machen einen zum Zeugen des Übergangs von der Bronze- zur Eisenzeit – Äxte, Ketten, Ringe, Kultwagenmodell, ein Hort von Schwertklingen –, bevor sich der griechische Einfluß in mächtigen geometrisch bemalten Pithoi kundtut, in hellenistischen Bronzen, eisernen Geräten und Waffen, in ›sarmatischen‹ Gürtelschnallen, in architektonischen und epigraphischen Funden, in tönernen, gläsernen und bronzenen Gefäßen.

Im ersten Stock, welcher der Zeit zwischen dem 4. und dem 18. Jahrhundert gewidmet ist, bezeugen zunächst Gürtelzungen, Münzen und Gläser aus Urbnissi, Tbilissi und Mzcheta, Mosaiksteinchen aus Zromi den Beginn der ›feudalen‹ Periode. Dazu sind frühe Beispiele der altgeorgischen Asamtawruli-Schrift und Abgüsse der Reliefs der Dschwari-Kirche ob Mzcheta zu sehen. Der folgende Saal bietet dem Besucher glasierte Keramik: weißgrundige, polychrome, grün-blaue Erzeugnisse des 11. bis 13. Jahrhunderts, die an byzantinische Ware erinnern. Tbilissi, Dmanisi, Tsinvali scheinen die bedeutendsten Produktionszentren gewesen zu sein.

Eiserne Waffen reden dann vom rauhen Ritterleben, Spielsteine und Würfel aus Bein vom seltsamen Streben des Menschen, seine ohnehin so knapp bemessene Zeit spielend zu verkürzen. Ein dritter Saal mit Kopien von Freskobildern der Könige aus der Goldenen Zeit des Landes und ihrer Angehörigen an den Wänden ist der sakralen Kunst des Mittelalters gewidmet, ein vierter der Verfallszeit seit dem 15. Jahrhundert. Riesig und mehr als halb islamisch prangt an der Wand das Seidenbanner König Wachtangs VI. (1711).

Die Abteilung ›1801-1921‹ dokumentiert die Zeit, da Georgien zum Zarenreich gehörte. Natürlich fehlt dann auch nicht die obligate Überschau über die Jahre seit der Bolschewistischen Revolution, den Hitlerkrieg und den sozialistischen Aufbau. Nur ist das einseitig vom parteiamtlichen Standpunkt aus gesehen und erweckt kein volles Vertrauen. Das sind ja Dinge, die das ›Volk‹ nichts angingen, sondern es nur – sehr schmerzlich – berührten. Von seinem wahren und wirklichen Leben, das von Politik nichts wußte und wissen wollte, redet die reichhaltige ethnographische Sammlung im zweiten Stock. Sie zeigt Textilien, Waffen, Musikinstrumente, Gefäße, Werkzeuge des täglichen Lebens in Stadt und Land, Ackergerät, Trachten, ländliches Mobiliar und selbst ganze Wohnräume.

Und damit tritt sie in Konkurrenz zum *Ethnographischen Museum* am gegen Norden abfallenden Hang des vom ›Siegespark‹ nach Westen streichenden Höhenzuges. Hinter seinem schwerfälligen Namen ›Museum der altüberlieferten Bauweisen und Sitten‹ verbirgt sich nichts anderes als ein Bauernhausmuseum, in dem ländliche Anwesen aus dem ganzen Land zusammengetragen und wiedererrichtet wurden. Wir kennen Vergleichbares von daheim. Das Gelände ist in zehn ›Zonen‹ eingeteilt, die anhand von transplantierten Originalen oder treulicher Rekonstruktionen einen Überblick über die Bau- und Lebensweise in allen Teilen Georgiens gewähren. Von den auf Stützen stehenden Gehöften der kolchischen Ebene wandert man zu den ›darbazi‹-Häusern Ostgeorgiens mit ihren aus übereck gestaffelten Balken gebildeten ›falschen‹ Kuppeln, die so überaus urzeitlich anmuten und die man heute nicht mehr antrifft. Auf der Höhe des Geländes erhebt sich ein steinerner Turm, wie man ihn in Swanetien heute noch sehen könnte. Alle die Wohnhäuser von einst sind umgeben von den zugehörigen Stallungen und Bienenhäusern, von Backöfen, Kellern und Keltern und den riesigen Krügen, darin unterm Baumschatten in der Erde der Most zum Wein reifte. Die Zimmer sind, wie es sich gehört, mit authentischem Gerät ausgestattet. In ein paar Stunden erfährt man hier unter sachkundiger Führung mehr von der georgischen Wirklichkeit von ehegestern und gestern als man auf tagelangen Fahrten erfahren könnte, auf denen man ja auch nicht sehr viel von der georgischen Wirklichkeit von heute zu sehen bekommt.

Ach ja, es gibt dann auch die ›Ständige Ausstellung der wirtschaftlichen Errungenschaften der Grusinischen SSR‹ (lokaler Ableger der Moskauer All-Unions-Ausstellung), es gibt ein Eisenbahn-, ein Marionetten-, ein Spielzeug-, ein Imkerei-, das Lenin-Museum und eines für Kinderzeichnungen, es gibt einen Zoo, den Botanischen Garten, das Medizinhistorische Museum und das der Untergrund-Druckerei Avlabar (es wäre doch gelacht, wenn man nicht wenigstens das Dutzend vollbekäme): Dinge, für die sich nur interessieren kann, wer in Tbilissi nicht nur ein paar Tage, sondern ein paar Wochen zubringen darf.

UNTERWEGS IN GEORGIEN

Gori und Uplisziche

Die Route über die Ketten des Kaukasus hat uns bereits wesentliche Aspekte georgischer Landschaft gezeigt. Ganz andere erleben wir auf dem Weg von Mzcheta nach Westen, auf der Straße über Gori, die durch das Herzland Kartlis zum Schwarzen Meer läuft, eine Strecke, die uns auch zu weiteren Begegnungen mit altgeorgischer Baukunst führen kann und soll. Ein älterer Weg von Mzcheta nach Gori zieht am rechten Ufer der Kura aufwärts, doch der Fahrer wählt die schnellere Straße nördlich des Flußlaufes, die an alten Burgen vorbeiführt (wie z.B. der Xani-Festung am gleichnamigen Fluß) und an alten Kirchen wie der von *Samtavissi,* die nur ein paar hundert Meter abseits der Strecke liegt (bei km 822/607 rechts abbiegen). Der kurze Abstecher lohnt. Auf einem ummauerten Wiesenplan – an die südliche Mauer lehnt sich der Rest des einstigen Bischofspalastes an – steht der Bau von 1030, eine schlank proportionierte Kreuzkuppelkirche mit reichem und besonders qualitätsvollem plastischem Dekor, vor allem an der Ostseite. Wie bei Sweti Zchoweli in Mzcheta wurde der Kuppelkonus nach Zerstörung durch Timurs Krieger im 15. Jahrhundert erneuert. Zwar finden wir das Bauwerk versperrt, aber es kommt uns ja vor allem auf die äußere Erscheinung an, sie ist es, die zu betrachten sich lohnt. Nicht ohne Grund hat Intourist diese Kirche auf die Werbeplakate für Tourismus in Georgien gesetzt. Nur: in den normierten Programmen fehlt sie.

Zwischen fruchtbaren Feldern, wo Sonnenblumen und Tabak, Mais und Wein wachsen und reifen, fahren wir dahin.

Blick auf Gori

Im Norden schwingen melodisch die Bergketten des Kaukasus, überglänzt von fernen Schneegipfeln.

Inmitten der Stadt *Gori* (wohl schon seit dem 6. Jahrhundert v. Chr. besiedelt) pflügt wie ein Schiff durchs Meer ein länglicher Felsklotz durchs Dächergewirr der alten Häuser. »Man stelle sich einen eintausendfünfhundert Fuß hohen, steilen Felsen vor mit einer Riesentreppe aus Mauern und Türmen, die sich von unten bis zum Gipfel in sieben aufeinanderfolgenden Umwallungen ringförmig übereinander aufbauen. An allen Vorsprüngen ist die Anlage durch Wehrtürme verstärkt. Ganz oben befand sich eine achte Ringmauer um die Schloßruine mit dem Hauptturm!« (Dumas) Diese Festung, jetzt geborsten und von der Zeit zernagt, ließ einst König Dawit der Erbauer auftürmen, aber was von ihr blieb, stammt zum größten Teil aus dem 17. und 18. Jahrhundert. Wenn man seinen Weg hinaufgefunden hat, dann gibt es – bis auf eine Zisterne und ein paar Mauertrakte nicht viel zu sehen – nur eben die Aussicht auf Stadt und Umgebung, doch die alleine lohnt die Mühe reichlich.

Aber nicht da hinauf wird der Fremde geführt. Anderes bildet den Stolz der Stadt. Eine breite Achse führt auf einen

Garten zu, gabelt sich vor ihm, an dessen Ende vor dem klassizistisch-neugeorgischen Museumsbau das Ziel dieser Via triumphalis steht: ein Säulenpavillon aus Marmor als Schrein für ein altes, ganz bescheidenes und ärmliches Ziegelhäuschen. Eines von vielen, die einmal hier standen, aber den opulenten Anlagen weichen mußten. In einem der beiden Zimmerchen wohnte und werkte einst der Flickschuster Wissarion Dschugaschwili. Hier gebar ihm sein Weib am 21. Dezember 1879 einen Sohn, der auf den Namen Joseph getauft wurde. Der verlebte hier seine arme Kindheit und wurde dann nicht Priester, wie es der frommen Mutter Herzenswunsch war, sondern Revolutionär. Unter seinem Decknamen Stalin hat er nicht nur die Geschicke der UdSSR, sondern die des ganzen 20. Jahrhunderts mitbestimmt.

Gewaltig ragt sein Denkmal auf dem weiten und langweilig-öden Hauptplatz. In seiner Geburtsstadt ist er immer noch hochangesehen, ist die Größe. Uns will nachträglich der dichte Teppich aus rotem Mohn, der uns unterwegs so sehr entzückte, wie ein Symbol für die blutige Erdenspur dieses Mächtigen erscheinen.

Das Museum – mehr Kultstätte und Lehr- und Propagandaschau als Aufbewahrungsort von irgendwelchen originalen ›Reliquien‹ – können wir getrost unbesucht lassen: es zeigt nichts, weil es die Wahrheit verschweigt. Nichts erfährt man von den zahllosen Opfern von Stalins Terror, den Opfern der ›Säuberungen‹, der Arbeitslager, der Umsiedlungsaktionen, nichts von dem zynischen Pakt mit Hitler, der diesem grünes Licht gab für seinen Krieg, sondern nur von Stalins Führerschaft im ›Großen Vaterländischen Krieg‹, den er durch dieses Bündnis letztlich heraufbeschworen hatte, und seiner revolutionären Weisheit.

Seit Chruschtschow 1956 die ›Entstalinisierung‹ einleitete, ist der Wallfahrtsort von einst recht still geworden, für keine Besucherscharen ist es mehr Pflicht, des in Ungnade gefallenen Diktators zu gedenken. Aber für viele seiner Landsleute ist er immer noch nicht tot. Ein knochiger Alter, der uns in den beiden Kämmerchen des Geburtshauses die wenigen

Fotos an der Wand erklären will, hat etwas von scheuer Rührung in der Stimme, als er uns die Bilder des Gori von einst, der Eltern Stalins zeigt. Und auf den unerläßlichen Lenin hindeutend meint er wegwerfend: »Den kennen Sie ja sowieso.«

Es fröstelt einen in diesem halb-verlassenen Anti-Bethlehem. Und doch lohnt es sich, in Gori länger – mindestens einen vollen Tag – zu verweilen. Das Intourist-Hotel – weitläufig, im kalten Diktatorialstil errichtet – ist bequemer Stützpunkt. Nur etwa 10 km östlich liegt eine der einzigartigen Merkwürdigkeiten Georgiens, die Felsenstadt *Uplisziche*. Die Verlängerung des Stalin-Prospektes leitet aus Gori hinaus, nach der Eisenbahnüberführung biegen wir links ein. Nach 3 km weist ein Schild wieder nach links. Noch 6 km – und vier davon sind miserable Straße – bis zur primitiven Hängebrücke, die einen Übergang notdürftig ersetzt, den ein Hochwasser weggerissen hat. Von da aus hat man noch etwa einen Kilometer am linken Kura-Ufer wieder aufwärts zu marschieren, bis zu jener Stelle, wo sich – wir sahen es schon unterwegs, vom anderen Flußufer aus – die aus dem Felsen gehauene Stadt aufschichtet. Seit dem 3. Jahrhundert v. Chr. bis ins 18. Jahrhundert soll sie bewohnt, im Mittelalter ein wichtiger Handelsplatz gewesen sein mit angeblich 20000 Einwohnern, also so vielen, wie damals Nowgorod oder Köln aufwiesen. Wenn man freilich die Ausdehnung des durch seine Lage und teilweise auch durch Festungsgräben und -mauern geschützten Stadtareals betrachtet, dann erscheinen einem solche Zahlenagaben nicht ganz glaubwürdig. Die Felswohnungen wie die freistehenden monolithischen Häuser der praktisch uneinnehmbaren Stadt widerstanden lange Zeit den hier häufigen Erdbeben. Was diese übriggelassen haben, stammt im wesentlichen aus den letzten vor- und den ersten nachchristlichen Jahrhunderten, ohne daß eine genaue Datierung noch möglich wäre. Es gab in dieser unregelmäßigen Stadtanlage Straßen, Plätze, Kanalisationsrinnen, volkstümliche und höfische Quartiere. Ein Felsensaal mit Giebelfassade, einer Tonnendecke, die

Upliszische

römische Kassettierung nachahmt, mit Nischen und Nebenräumen, deren Decken nach dem Vorbild einer hölzernen Balkendecke gestaltet sind, wird nach der großen Königin Tamara genannt, hat aber sicher nichts mit ihr zu tun. Auch in anderen Höhlen tragen aus dem Fels gehauene Pfeiler aus dem Fels gehauene Deckenkonstruktionen – und obwohl man den Grundriß einer kurzen dreischiffigen Basilika klar erkennen kann, so bleibt das alles doch merkwürdig stumm.

Der schlanke dunkellockige Bursch, der sich uns beigesellt hat, erzählt in gebrochenem Englisch von Opferriten in diesem ›Gefängnis‹. Es klingt gar sehr nach seltsamen Märchen und etwas zusammenhanglos. Georgische Märchen sind dem, der mit denen der Brüder Grimm großgeworden ist, halbvertraut und zugleich durch ihre Inkonsequenz – man könnte von Motiv- oder Gedankenflucht sprechen – befremdlich. Unser junger Mann, da er einsieht, daß man nicht gut aus den Jeans schlüpfen kann, um sie ihm zu übereignen, will dann wenigstens ein Foto von sich und stellt sich in Positur.

Das eindrucksreiche Schweigen der Felsenstadt muß uns dafür entschädigen, daß ein Besuch des Höhlenklosters Wardsia wegen der Nähe zur türkischen Grenze gänzlich unmöglich ist.

Unterhalb des steilsten Absturzes zum breiten Schotterbett der Kura wurde bei den Resten erdbebenzerstörter Häuser jüngst die Nekropole von Uplisziche geortet, ihre Erforschung, von der sich wichtige Aufschlüsse erhoffen lassen, ist jedoch noch nicht in Angriff genommen. Der Blick von oben umfaßt das breite Flußtal, in dessen Baumgrün die hellen Blech- und Asbestdächer des Brückendorfes liegen. Bleigrau stehen dahinter die Bergrücken, über die sich eine dunkle Wolkenbank ins abendliche Himmelsblau schiebt.

Was die muldigen Höhlen und labyrinthischen Gänge von Uplisziche in klarer Gestalt überhöht, das ist die aufgemauerte, nicht aus dem Fels herausgetiefte, frühmittelalterliche Kirche. Sie vertritt den Typ einer ›Dreikirchenbasilika‹, von dem schon die Rede ging, ist leider im Inneren durch Vermauerungen arg entstellt und heute Eremitage für unseren auf Hosen oder Fotos begehrlichen Freund, der uns zum Abschied nach langem Händeschütteln noch den Weg durch den ›Tunnel‹ zeigt, eine heimliche Poterne.

Südlich von Gori – gleiche Ausfahrt, aber nach der Bahnlinie rechts abbiegen – liegt jenseits des Dorfes *Ateni* die Sioni-Kirche, eine aus dem 7. Jahrhundert stammende, etwas schlichtere Wiederholung der Dschwari-Kirche ob Mzcheta, bemerkenswert auch durch einige Fresken, die aus der 2. Hälfte des 12. Jahrhunderts erhalten blieben.

Wer von Gori aus die in den halb-kahlen nördlichen Bergen gelegene Kirche von *Ikorta,* eine 1172 errichtete Stiftung hoher Würdenträger am Hof Giorgis III., einen Bau mit reich ornamentiertem Tambour und prachtvoll-lebendigem Fassadendekor, dazu auch Fragmenten von gleichzeitigen Wandmalereien sehen will, der muß tiefer in den Beutel greifen, denn er braucht außer der Bewilligung durch das örtliche Intourist-Büro noch einen ortskundigen Führer und Begleiter. Die Kreuzkuppelkirchen von *Samtschewrissi*

(7. Jahrhundert) und *Kawatschewi* (12. Jahrhundert) und das Kloster *Kintwisi* (13. Jahrhundert) mit bedeutenden Fresken sind im Angebot.

Die Vormittage sind in der UdSSR für Gruppenreisende immer sehr kurz, denn vor 10 beginnt kein Programm, ist auch kein Museum offen. Wer als Individualtourist unterwegs ist, kann auch einmal die Opulenz der Morgenmahlzeit durch ein paar Bissen Brot und ein Glas Wasser ersetzen und dafür Zeit gewinnen zu weiteren Abstechern vom Weg westwärts dem Schwarzen Meer entgegen. Etwas mehr als 10 km westlich von Gori findet sich linker Hand, nur wenig abseits der Hauptstraße jenseits eines Bachlaufes *Urbnissi* mit den Resten einer städtischen, schon bis in vorgeschichtliche Zeit zurückreichenden Siedlung und einer aus der 2. Hälfte des 6. Jahrhunderts stammenden gewölbten dreischiffigen Pfeilerbasilika. Es handelt sich um eines der am besten konservierten Beispiele für diesen einzig in der frühchristlichen Architektur der Transkaukasusländer üblichen Typus. Die Apsis wird flankiert durch die liturgisch geforderten Neben-

Ateni, Sionikirche

räume, die sich hinter der gerade schließenden Ostwand verbergen. Einst zogen sich offene Portiken an den Längsseiten hin. Vergleichbares blieb in Bolnissi – etwa 70 km südwestlich Tbilissi – erhalten. Die dortige Bischofskirche entstand zwischen 478 und 494 und vertritt beispielhaft einen dritten Typus, den einer dreischiffigen Pfeilerhalle.

Nachdem wir auf die Hauptstraße zurückgekehrt sind und *Agara* passiert haben, können wir bei *Gomi* links abbiegen nach *Zromi*, berühmt wegen seiner Erlöserkirche, einem Kreuzkuppelbau aus den Jahren zwischen 624 und 634, dem leider ein Erdbeben Tambour und Kuppel geraubt hat. Mit seinen Pfeilerbündeln war dieser Bau das älteste Beispiel einer zentralisierten Halle. »Zromi ist aus sauber behauenem Stein von gelblichem Farbton errichtet. In den Fugen zwischen den Quadern war eine weiße Masse geschmiert, die die Linie der Mauerung klar hervorhob. Diese Wirkung wurde durch fassetierte Kanten noch unterstrichen. Die hervorgehobenen Fugen kann man heute noch bei Bogenfenstern beobachten, wobei hier weiße, rote und schwarze Farbe im Wechsel aufgetragen wurde.« (Russudan Mepisaschwili) Die Kirche war – dem Gebrauch ihrer Entstehungszeit folgend – nicht ausgemalt, sondern mit einem goldglänzenden Apsismosaik geschmückt. Die spärlichen Reste davon konnten wir im Museum von Tbilissi sehen. Mit der Kirche verbindet sich die Erinnerung an den heiligen Raschden, einen Perser, der

Zu den Farbtafeln

7 Tbilissi, Metechi-Kirche

8 Tbilissi, Blick über die Altstadt

9 Tbilissi, Blick zur Narikale-Festung

sich vom avestischen zum christlichen Glauben bekehrt hatte, als Offizier im georgischen Heer gegen seine Landsleute kämpfte und, als er ihnen in die Hände gefallen war, als Verräter ans Kreuz genagelt wurde.

Wenn wir schon einmal von der Straße abgewichen sind, können wir auch noch die kaum 2000 Meter nach *Chzissi* zugeben, um die dortige Saalkirche zu sehen, »ein großartiges Beispiel georgischer Baukunst aus der Zeit der größten Blüte. Die Kirche ist hoch, schlank und elegant. Die Fassaden sind mit behauenem Stein von warmgelbem, stellenweise rosa Farbton verkleidet und mit einem strengen, feingezeichneten Blendbogenwerk geschmückt. Fenster und Türen sind durch Ornamente hervorgehoben. Die Darstellungen der monumentalen Kreuze und der übrigen Reliefs breiten sich auf den Fassaden frei aus, und schöne Inschriften vervollständigen den dekorativen Reichtum. Diese Inschriften berichten davon, daß der Erzbischof Anania die Kirche im Jahre 1002, das heißt zur Zeit der Herrschaft Bagrats III., zu bauen begonnen hat.« (Mepisaschwili)

Auf mehr denn 5000 schätzt man die Zahl der alten und erhaltenswerten Bauwerke und historischen Zeugnisse aus Georgiens Vergangenheit. Nur eine Handvoll liegt an dem uns vorgeschriebenen Wege. Ein erstaunlicher Reichtum wird vor fremden Augen verborgen, nur damit sie nicht auch sehen, daß die Wirklichkeit des Bauerndaseins so gar nicht den frohen Fortschrittsparolen entspricht.

Unsere Hauptroute nach Westgeorgien überquert den Liahi-Fluß, steigt, läuft über dem breiten Kura-Tal, senkt sich wieder. Weite Felder, fleißig bestellt, umzogen von Erlen, Pappeln, Robinien. Die Hänge der näher heranrückenden Berge sind fast kahl. Ein seltsam herbes Antlitz zeigt die Landschaft.

In *Chaschuri* zweigt eine Straße in Richtung Batumi ab. Auf ihr könnte man *Borshomi* erreichen, einen bedeutenden Luftkur- und Badeort mit Thermalquellen, 750 m hoch an der Kura und zwei Bergbächen gelegen. Einst von kaiserlichen Hoheiten, Großgrundbesitzern und Industriellen besucht, ist es heute ein Kur- und Erholungsort fürs Sowjetvolk mit Sanatorien, in denen der Heilungsbedürftige einen Platz über seine Gewerkschaft zugewiesen bekommt. Borshomi hat das ganze Jahr Saison – und im Winter ist es dazu noch ein schneereiches Zentrum alpinen Schisports. Lifte führen bis auf 1700, ja auf 2000 Meter, es ist fast wie daheim. Der dünne Werbeprospekt vergleicht den Ort mit Davos und Squaw Valley. Aber wir sind nicht zum Kuren oder zum Wintersport unterwegs.

Die Straße, die weiterführt nach Batumi ist zur Zeit für den Tourismus noch nicht freigegeben – also verzichten wir auf diesen Abstecher, halten uns bei Chaschuri auf der Straße nach Kutaissi und schenken der steilen Kirche und der sagenumwobenen Festung von *Surami* einen kurzen Blick, hören die traurige Mär von dem Knaben, der in den Burgwall eingemauert wurde, um ihm Dauerhaftigkeit zu verleihen (nur durch Blutopfer kann Menschenwerk Dauer gewinnen), dessen stetige Tränen dem Fuß des Gemäuers entquellen.

Durch Kiefern- und Laubwälder schnürt die Straße hinauf zum jetzt auch untertunnelten *Rikoti-Paß* mit Rast- und Gasthaus. Obwohl er nur 997 m hoch liegt, sind die Likhi-Berge, über die er den Übergang gestattet, eine deutliche Scheide. Sie trennen Mittel- und Westgeorgien voneinander, also Kolchis (Mingrelien und Imeretien) von Iberien-Kartli, trennen die Flußsysteme von Kura und Rioni, scheiden die Wasser zwischem Kaspischem und Schwarzem Meer. In Kehren geht es nun zwischen bebuschten und bewaldeten Hängen abwärts, erst am Rikoluta-, dann am Dsirula-Fluß entlang in eine andere Landschaft, eine üppigere, grünere. Würfelförmige Kästchen stehen zu Dutzenden auf Lichtungen oder am Straßenrand: Bienenhäuser. Hängebrücken queren das lustig schäumende Wasser, in dem sich braune Knaben tummeln. Schmucke Zeltdachhäuschen lugen an den Hängen zwischen dem Grün aller Arten von Obstbäumen, von Feigen, Aprikosen, Maulbeeren, Nüssen und Weinstöcken heraus. Wo das enge Tal sich verbreitert, kommt von rechts die dunkle Kurila. *Sestafoni*, wo es schwefelgelb, staubweiß und rostschwarz qualmt und wo überall eine Staubschicht lagert, lassen wir schnellstens hinter uns. Hier wird das Manganerz verhüttet, welches einige vierzig Kilometer nördlich in den Bergen drin abgebaut wird.

Das Land der Jäger, Hirten und Bauern von einst soll ein Industrieland werden. Aber noch immer dominiert die agrarische Produktion, und an ihrer Spitze steht der Weinbau. Unsere einheimische Begleiterin behauptet, Georgien sei das älteste Weinland der Welt und die Wörter ›oinos‹ und ›vinum‹ hätten die Griechen und Römer dem Georgischen entlehnt, heute baue man in Georgien etwa 400 verschiedene Rebsorten an, die es unter mehr als tausend verschiedenen Namen gebe. Wir haben leider keine Gelegenheit, diese Behauptungen hier schon auf ihren Gehalt zu prüfen – das eigentliche Weinbaugebiet Georgiens ist Kachetien, der Osten der Republik –, aber erinnern uns, daß nach dem Buch Genesis Noah der erste Winzer und Weintrinker war – und der landete mit seiner Arche ja am armenischen Ararat. Armenische Weine sind nicht schlechter, aber merklich preiswerter als die georgischen.

Aber Preise bilden sich in der UdSSR auf eine willkürlich-geheimnisvolle Weise, die unsereiner nicht durchschaut.

In und um Kutaissi

Wir merken das wieder einmal auf dem Markt von *Kutaissi*. Hier verkaufen die Bauern der Umgebung das, was sie auf jenen kleinen Parzellen erwirtschaften, die der Staat ihnen zur privaten Nutzung überläßt. Ein Statistiker hat errechnet, daß alle diese Gärtchen zusammen nur knappe drei Prozent des bestellten Landes in der UdSSR ausmachen, daß aber von ihnen 30 Prozent aller Lebensmittel kommen – vor allem das frische Obst und Gemüse. Segen der staatlichen Planwirtschaft! Die staatlichen Geschäfte sind leer, auf den ›freien‹ Märkten jedoch, wo ein reichliches – saisonal bedingtes – Angebot herrscht, sind die Preise horrend. Glaublich, daß sich für den Verkäufer von ein paar Körben Obst selbst der Flug nach Moskau rentiert, wo die Nachfrage besonders groß ist. Jedenfalls gelten in der Hauptzeit vor allem die Georgier als die Beherrscher dieser Märkte. Wir fragen uns, wie eine Hausfrau – bei etwa 165 Rubel soll, unseren Erkundigungen nach, der Monatsverdienst eines Familienvaters liegen, bei dreihundert der einer ganzen Familie – 8 Rubel für ein Kilo Tomaten ausgeben kann. Uns scheinen – umgerechnet – 24 DM ein zu hoher Preis, und wir zahlen auch nicht 36 Mark für ein Kilo Kirschen. Der Markt hier ist zwar ein bunter Farbklecks, aber er ist ›bunt‹ mehr der verschiedenen Typen und Trachten wegen als des Angebots. Wir finden diesmal hauptsächlich Tomaten, Gurken, Radieschen und als Obst Kirschen, Äpfel und ein paar halbgrüne Birnen.

Kutaissi ist die nach Tbilissi zweite Stadt Georgiens: wirtschaftlich, kulturell, administrativ. Aber natürlich kommen wir nicht her, um das Industrieviertel oder die Neustadt zu besehen mit Theater, Palästen der Jugend, der Pioniere, des Stadtsowjets usw. Freilich hätten wir auch nicht erwartet, die Heimat der düsteren Medea, die Residenz des Kolcherkö-

Kutaissi, Kathedrale Südfassade

nigs, als moderne Großstadt zu erleben. Hier fand man Spuren einer sehr frühen Stadt, die im 6. Jahrhundert v. Chr. eine griechische Kolonie wurde und im 1. Jahrhundert römisch. Wir hatten uns, seit wir Gustav Schwabs Nacherzählungen der schönsten Sagen des klassischen Altertums lasen, den Sitz des Aetes und den Hain, wo ein Drache das Goldene Vlies bewachte, näher am Meer vorgestellt. Aber in Kutaissi besteht man auf der mythischen Identität. Nicht ohne das Recht, welches alte Überlieferung verleiht.

In der Umgebung von Kutaissi gibt es die seit alters so genannte ›Burg des Jason‹. Alexandre Dumas sah, als er den Fluß Qurill überqueren wollte, auf einem gegenüberliegenden Berge die Ruinen eines alten Mauerwerks »dessen dunkle Umrisse von der Schneedecke abstachen,« und war verblüfft über das, was er von seinem Reisegefährten, einem imeretischen Adeligen, auf sein Drängen erfuhr. »Wir Imeretier sind zwar nur schlichte Leute, aber Ihr würdet Unrecht tun, wenn Ihr uns verspottet, wenn wir eine alte mündliche Überlieferung unserer Vorväter gegenüber Fremden erwähnen. Hier handelt es sich allerdings um eine Art Fabel, die man unmöglich glauben kann.« – »Aber ich möchte sie doch gerne hören.« – »Wenn Sie durchaus wollen, werde ich sie Ihnen erzählen. Also die alte Überlieferung sagt, daß dies Schloß in uralten Zeiten von einem Manne erbaut wurde, welcher aus einem anderen Teil der Welt hierhergekommen ist. Sein Name soll Jason gewesen sein. Er kam, um ein aus gesponnenen Goldfäden gemachtes Widderfell zu rauben. Ich selbst glaube kein Wort davon, aber der gemeine Mann in Imeretien erzählt diese alte Fabel und nennt diese Ruinen das ›Schloß Jasons‹. Nun, diese alte Geschichte von einem goldenen Schafsfell werden Sie lächerlich finden!« Als der Autor darauf ehrenwörtlich versichert, daß ihm diese Geschichte schon von der Schulbank vertraut sei, da ist der georgische Herr nicht weniger erstaunt als kurz vorher sein Gesprächspartner. »Und wohin ist denn Jason gekommen?« – »Bis hierher, diese Burg war der Endpunkt seiner Reise, übrigens mußte er sich mit seinen Gefährten bald darauf wieder einschiffen, denn die Einwohner jagten ihn aus dem Lande. Aber die Sage berichtet, daß er das goldene Fell und die Königstochter entführte.«

Jedenfalls war die Stadt zu der Zeit, als Tbilissi unter arabischer Herrschaft stand, Hauptstadt Georgiens und nach der Vertreibung der Moslems Residenz eines Kleinkönigs, ward zweimal durch die Türken zerstört und endlich durch die Russen ›befreit‹.

Wenige Schritte vom Markt führt eine Brücke über den Rioni-Fluß, den die Alten Phasis nannten, von dem der Vogel phasianus seinen Namen bekam, den wir Fasan nennen. Reizvoll sind die Blicke auf Viertel mit ›türkischen‹ Häusern am Flußufer, mit kuppeligen Kirchen, die byzantinisch-vertraut anmuten. Ein grobgepflasterter Treppenweg führt hinauf in den Burgbezirk der einstigen Altstadt. Man fühlt sich wie in vergangene Tage zurückversetzt. Nicht, weil viel von alter Bausubstanz erhalten wäre. Was blieb, ist gerade die georgische Stadtsituation mit Brücke, Markt, Unterstadt, Hangstadt und krönender Akropolis. Eher ist's das üppige Grüne, das uns verzaubert, beinahe zurück in den heiligen Hain, aus dem Jason das Goldvlies raubte. Oben im Burgbereich, von dessen Mauerzingel nur ein paar Steine blieben, ragt die Ruine der Kathedrale, welche König Bagrat III. (975-1014) und seine Mutter Gurandocht gestiftet haben. Der Bau war 1003 vollendet, und zu seiner Einweihung rief der Bauherr – so berichtet ein Chronist – »zu sich die nächsten Herrscher, Patriarchen, Erzbischöfe und Äbte aller Klöster und alle Würdenträger der unteren und oberen Schichten der Besitzungen seiner und anderer Königreiche«.

Die Bagratkirche ist ein Dreikonchenbau mit vier freistehenden Kuppelstützen. »Auf der Westseite hat sie einen Narthex und einen dreiteiligen, durch Bögen geöffneten Umgang. Der Eindruck des Innenraumes wurde maßgeblich von den hochaufragenden achteckigen Pfeilern und dem Tambour bestimmt, dessen Fenster gemeinsam mit den Fenstern der Konchen den Raum erhellten. Die Fassaden sind mit abgetreppten Blendbögen gegliedert. Ihr Rhythmus verleiht den schlanken Giebeln Leichtigkeit und Dynamik, die von den schlanken, paarweise angeordneten Fenstern mit dem darüberliegenden kleinen Rundfenster noch betont und unterstützt wurde. Der ornamentale Schmuck zeigt teils den flachen, grafischen Charakter, der für das 10. Jahrhundert typisch ist, teils ist er plastisch-malerisch, mit prächtigem entrolltem Blattwerk und komplizierter Modellierung der Formen, wie wir sie an Denkmälern der ersten Hälfte des 11. Jahrhunderts sehen. Besonders interessant sind die Reliefs

Kutaissi, Kathedrale Westfassade

an den Kapitellen der Kirche und der Säulenvorhallen. Hier finden wir ein reiches Repertoire aus der Tierwelt, das sich mit Pflanzenmotiven gut zusammenfügt. Der Fußbodenbelag, dessen Fertigstellung im Jahre 1003 in der Inschrift erwähnt wird, ist im Ostteil des Gebäudes erhalten geblieben. Das Muster besteht aus großen Kreisen mit verschiedenfarbigen Segmenten aus schwarzer, weißer und roter Paste.« (Mepisaschwili)

Die Türken haben 1692 dieses Gipfelwerk georgischer Architektur – Vorbild für viele Kirchen im Lande – zerstört. So kann man heute nur noch fragmentarisch die einstige

Raumwirkung des Trikonchos mit nach außen gerade geschlossenen Apsiden erleben, doch genug blieb von der Bauplastik. Und selbst Spuren einstiger Malerei haben sich erhalten.

Von der Plattform eines der alten Befestigungstürme des Kathedralbereichs – so unsicher war das Dasein hier, daß man die Heiligtümer zu Festungen ausbauen mußte – geht der Blick über waldige Höhen, durch welche der Rioni-Fluß seinen Lauf gesägt hat, zu einem hellen Geviert in der Ferne: zum Kloster Gelati. Lassen wir die Georgskirche von Kutaissi (einen Bau des 19. Jahrhunderts, nur 200 Schritte etwa von der Kathedrale entfernt), verzichten wir auf den Besuch von anderen noch viel älteren Kirchen und auch auf die Reste des im 11. Jahrhundert gegründeten Mozameti-Klosters und nützen wir die zur Verfügung stehende Zeit für einen Ausflug zu dieser beschauens- und bedenkenswerten Stätte.

Auf und ab kurvt die Straße durch alte Viertel von Kutaissi, und nach einigen für den Bus anstrengenden Kilometern grüßt vom waldigen Gegenhang freundlich-hell der Baukomplex. *Gelati,* das ist nicht ein beliebiges unter den vielen Klöstern Georgiens, sondern ein besonders herrliches und historisch das bedeutsamste. Es lohnt auf jeden Fall, sich für den Besuch genügend Zeit zu nehmen. Er entschädigt dafür, daß wir so viele andere Bauwerke des georgischen Mittelalters nicht zu sehen bekommen. Dawit IV. ›der Erbauer‹ hat das Kloster 1106 gegründet und es großzügig mit Gütern und Privilegien ausgestattet, es jedoch nicht nur wirtschaftlich freigebigst gesichert, sondern auch zu einem Zentrum von Kunst und Wissenschaft gemacht. Ein neues Jerusalem, ein zweites Athen sollte entstehen. Gelehrte wurden herbeigerufen, ihnen folgte eine Schar von Schülern. Der in Konstantinopel gebildete Ioan Petrizi (gest. um 1125), ein Neuplatoniker und ›Humanist‹ längst bevor dieser Begriff geprägt wurde, und andere Gelehrte standen in Verbindung mit den georgischen Klöstern in Bulgarien, auf dem Athos, in Jerusalem, auf dem Sinai und also mit allen geistigen Brennpunkten der orthodoxen Welt. Hier wurde philosophiert und Geschichte geschrieben, entstanden mathematische und astronomische Schriften, wurden Werke der Alten und der Väter übertragen, abgeschrieben, illuminiert, prächtig gebunden und die Einbände mit Gold- und Silberarbeit geziert, wie auch die Ikonen, die fromme Mönche malten.

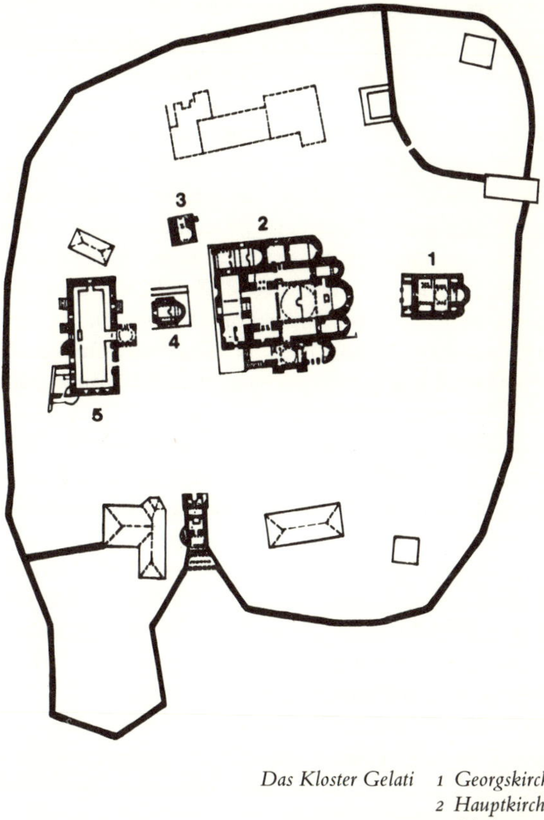

Das Kloster Gelati *1 Georgskirche*
2 Hauptkirche
3 Glockenturm
4 Nikolauskirche
5 Akademie

Gelati war ein Hort georgischer Kultur auch dann noch, als die Außenposten müde wurden. Zwar hat es die Geschicke Westgeorgiens geteilt, wurde es 1512 von den Türken geplündert, wurde – wiederhergestellt – Sitz des Erzbischofs und selbst des Patriarchen von Pizunda. Schließlich aber trat doch klerikale Beschränktheit an die Stelle des freien Geisteslebens von einst, die ›Akademie‹ wurde zum Refektorium der Mönche umfunktioniert. Was das 17. Jahrhundert restaurierte, hat 1759 eine neuerliche kriegerische Heimsuchung zunichte gemacht. Herr Dumas fand das ehrwürdige Kloster heruntergekommen und vernachlässigt vor. »Leider sind die Freskenbilder fast verwischt« – aber fand es noch im Besitz der Kirchenschätze, die nun fern von hier in Museen und Bibliotheken bewahrt werden. Wertvolle Bilder, darunter die, welche nach der Eroberung des Landes durch die Krieger islamischer Nachbarn jahrhundertelang verborgen und später in dies Kloster gebracht wurden. »Die Rahmen der Bilder sind teilweise große Kostbarkeiten aus dem 15. Jahrhundert … alle diese vom Klerus auf Kosten des abergläubischen, primitiven Volkes zusammengerafften Kostbarkeiten machten in der elenden und schmutzigen Umgebung einen merkwürdigen Eindruck … In der Sakristei war der Fußboden mit alten griechischen und sicher seltenen wertvollen Folianten und Pergamenten bedeckt. Aber dann zeigte man uns eine Truhe mit starken Vorhängeschlössern, die in einen zerschlissenen Teppich eingewickelt war. Man öffnete sie und nahm kostbare Priestergewänder heraus: mit Juwelen besetzte Tiaren, mit echten Perlen bestickte Überwürfe, Schmuckstücke und auch eine alte Königskrone von Imeretien … Bezeichnenderweise waren diese unschätzbaren Kostbarkeiten in Lumpen gehüllt und wurden von Leuten vorgezeigt, die man nicht mit einer Zange hätte anfassen mögen, wurden in einem verfallenen Tempel, wo das reine Elend herrschte, aufbewahrt und konnten gegen eine kleine Spende besichtigt werden.«

Die Sowjets haben dieses Kloster wie alle anderen aufgehoben. Aber auch das leere, lang vernachlässigte Gehäus –

heute als Filiale des Museums von Kutaissi der Öffentlichkeit zugänglich – ist wundervoll. Wörtlich: voller Wunder. Schon wie der Komplex in die Landschaft gebettet ist! (Freilich stört heute der asphaltierte Parkplatz den Zusammenhang zwischen dem Kloster und der einstigen Kranken- und Pilgerherberge – sie liegt in Trümmern –, wohin sich auch die Mönche zurückzogen, die sich Schweigepflicht auferlegt hatten.) Wie innerhalb der Klostermauern auf grünem Plan vor Wald und weitem Blick die einzelnen honiggolden patinierten Bauten harmonisch zusammenklingen, sich der Hauptkirche unterordnen und doch ihre eigene Würde wahren, das ist über alle Worte herrlich. Einst betrat man das Kloster durch die südliche Eingangshalle. Hier ließ sich der Gründerkönig bestatten. Jedermann sollte über seinen Staub schreiten und seiner dabei im Gebet gedenken. Heute gelangt man vom Nordosten aus ins grüne claustrum. Wie ein Juwel steht im Schatten der Kathedrale die kleine dreischiffige Georgskirche (1), ein perfekt erhaltener Bau des 13. Jahrhunderts, um die Mitte des 16. Jahrhunderts ausgemalt, leider finden wir die Tür verrammelt und versperrt und können nur durch einen Spalt etwas von den Fresken wahrnehmen. Die Baumasse der Hauptkirche (2) – ein dreischiffiger Kuppelbau aus der 1. Hälfte des 13. Jahrhunderts, an drei Seiten von niedrigen Kapellen und Vorhallen umgeben – staffelt sich elegant in die Höhe. Sparsam ist der äußere Schmuck, um so reicher die malerische Zier des lichten Inneren. Ein byzantinisches Ikonenprogramm in einem gar nicht ›byzantinisch‹ wirkenden Raum. Die von Erzengeln flankierte Hodegetria im Goldgrund der Apsis – mit griechischen Beischriften – ist klärlich ein Werk byzantinischer Mosaizisten und zwischen 1125 und 1130 zu datieren, etwas später also als die Bilder von Daphni bei Athen oder von Hosios Lukas, ihnen aber ebenbürtig in feierlicher Hoheit wie farblicher Raffinesse. Mosaiken findet man selten im Kaukasusbereich. Restauratoren haben die zerstörten Teile des Mosaiks durch Malerei ergänzt. Die meisten Fresken der unteren Wandzonen stammen aus späterer Zeit und gehorchen einer eher

›volkstümlichen‹ Tradition, während in den höheren Regionen Bildprogramm wie Ausführung aufs 12. Jahrhundert zurückgehen. Unter den heiligen Geschichten und Gestalten findet sich auch das Bildnis des Stifterkönigs: einmal im königlichen Ornat, ein zweites Mal in der dunklen Kutte des demütigen Mönchs.

Gelati, Georgskirche

Etwas nördlich der Westfassade steht der zweistöckige Glockenturm (3) über einer wundertätigen Quelle, und genau vor dem Portal die zweistöckige Nikolauskirche (4) aus dem 13. Jahrhundert, die belegt, daß wie in Armenien auch in Georgien damals zweigeschossige Kapellenbauten in Mode kamen. Drei Schritt weiter westlich das, was von der einstigen Akademie (5) bewahrt blieb. Nur noch die Mauern einer ›Trapeza‹, eines Mönchsrefektoriums mit schönem Ausblick. Von wo aus man das einstige Kloster auch anschaut, es ist einfach schön – und wohin man von hier aus blickt, ist's das nicht weniger.

Ein kleines Museum zeigt Dokumente zur Geschichte der Stätte und Fotos von einigen gleich bedeutsamen Werken altgeorgischer Baukunst, die leider nur selten jemand zu Gesicht bekommt.

Am Hauptplatz von Kutaissi steht seitab des auftrumpfenden ›Georgischen Schauspieltheaters‹ ein eher bescheidener Altbau. Er beherbergt das ›Staatliche Historisch-Ethnographische Museum‹, dessen Besuch man sich keineswegs entgehen lassen und für den man gerne zwei Stunden einplanen sollte. Es bietet einen Längsschnitt durch die handwerklich-künstlerischen Hervorbringungen Westgeorgiens seit der Steinzeit, die durch Werkzeuge, Pfeilspitzen und früheste Keramik belegt ist. Eine Vitrine birgt neben Äxten des 2. Jahrtausends und Fibeln auch eine Serie durchbrochener Gürtelschließen, die im Viereckrahmen einen ins Spiralige stilisierten Hirsch, Hasen und Vögel zeigen. Ähnliches sahen wir schon in Tbilissi. In Deutschland beherbergt einzig das Germanisch-Römische Museum von Köln ein solch fernes Beispiel. Ein Unikat ist die nur anderthalb Spannen hohe rundplastische Bronzestatuette eines nackten Mannes in offenbarer Liebesbereitschaft. Ketten aus Steinperlen, Bronzewaffen sind Lebensbelege aus Gräbern. Eine Treppe höher begegnen wir Freskenkopien und Bildern aus Handschriften des Mittelalters. Sie vermitteln den Übergang zu den Sälen des Obergeschosses. Da gibt es bäuerliches Gerät zu sehen, handgemacht und für den Gebrauch mit der Hand, das durch seine schlichte Funktionalität bezwingt, gibt es Handwerks-Werkzeuge und -Erzeugnisse (Webstuhl, Geräte und Schöpfungen eines Silberschmieds), gibt es liturgische Gefäße und Gewänder, Teppiche, Strick- und Stickarbeiten als Zeugnisse weiblicher Kunstfertigkeit, gibt es Bildnisse der letzten Könige Georgiens zu beschauen und Zeugnisse der bürgerlichen Kultur des sich mechanisierenden 19. und frühen 20. Jahrhunderts (Möbel, eine Kutsche, Musikautomaten, ein ganz nostalgisches Telefon, dazu Fotos und Bilder aus dem Kutaissi von damals, Kuriosa heute schon). Natürlich fehlen nicht die Dokumente revolutionärer Bewegungen, der Revolution und ein – hoffentlich – nie in die Wirklichkeit brechendes Projekt für ein Kutaissi von morgen.

Prähistorisch am bemerkenswertesten sind in diesem Museum die Dinge in den Erdgeschoß-Vitrinen, materiell am kostbarsten – und den Georgiern am teuersten – sind die Stücke, welche die ›Schatzkammer‹ birgt, die nur mit Sondergenehmigung und unter Aufsicht betreten werden darf. Hier sieht man Goldmünzen von Alexander dem Großen bis in die Zeit der byzantinischen Kaiser, kolchische Silberdrachmen, eine kleine silberne Situla (auf 400 v. Chr. datiert, aber von einer seltsam-orientalischen Archaik), sieht Reliquiare, die seit dem 5. Jahrhundert entstanden, eine Vielzahl silbergetriebener und vergoldeter Reliefikonen und Ikonenrahmen und Altarflügel, wie Buchdeckel mit Edelgestein besetzt, dazu Kreuze, kostbare Waffen, Gürtel aus edlem Material – und alte, herrlich schöne Handschriften.

Nur Individualreisende dürfen darauf rechnen, die nur wenige Kilometer südlich von Kutaissi über dem Rioni-Tal gelegenen Reste des königlichen Schlosses von *Geguti* sehen zu können, eine reparierte Ruine zwar, aber doch bemerkenswert als eines der Zeugnisse weltlicher Architektur im feudalen Mittelalter. Ihren Ursprung bildete ein königliches Jagdhaus des 7. oder 8. Jahrhunderts, das im 10. Jahrhundert in einen großen gewölbten Saalbau integriert wurde. Das 13. Jahrhundert hat ihm im Westen einige Räume vorgesetzt. Das Schloß erhob sich auf einer hausteinverkleideten Terrasse. Seine Mauern bestanden aus Ziegeln. An den Ecken und in der Mitte der Seiten des quadratischer Form angenäherten Rechtecks sprangen runde oder halbrunde Türme vor. Die Zugangstreppe deckten einst zwei Mauervorsprünge. Zentrum der Anlage bildete ein kreuzförmiger Saal, den über Trompen eine Kuppel von 14 m Durchmesser überfing. In den Ecken und an Ost- und Westseite des Palastes (der übrigens eine Heißluftheizung besaß) lagen Schlafgemächer, Bäder, Toiletten, lagen Wirtschaftsräume und auch die gesicherte Schatzkammer. Von der einst sicherlich kostbaren Ausstattung zeugen heute nur noch ein paar Farbspuren. Die bunten Wandbehänge, die kostbaren Teppiche, die silberbeschlagenen Möbel, die verglasten Fenster und die mit Duftstoffen gespeisten Ampeln, sie sind längst vergangen. Das Schloß war einstmals Schauplatz von Staatsakten, die nach einem byzantinischen Zeremoniell abliefen. Selbst ein ›Erscheinungsfenster‹ an der Südseite, von wo aus der König sich Volk und Heer zeigte, ist nachzuweisen, wie im Goldenen Palast von Konstantinopel. Dawit der Erbauer hat hier residiert und in der Umgebung gejagt, hier proklamierte Giorgi III. 1179 seine Tochter Tamara zur Mitregentin, und die Burg blieb deren Lieblingsresidenz. Wem es gelingt, die Ruine mit Glanz und Leben von einst zu erfüllen, der hat etwas vom Schimmer des mittelalterlichen Georgien geschaut, in dem sich Abend- und Morgenland verbanden.

Fast alle königlichen Schlösser dieser Zeit sind zerstört. Auch nur als Ruinen erhalten sind bischöfliche Residenzen des 8.–10. Jahrhunderts, zweistöckige Rechteckbauten mit einem durchgehenden Kamin (Watschmiadsiani, Nekressi, Samtavissi u. a.). Ihre saalartigen Gemächer dürfen wir uns ebenfalls durchaus wohnlich ausgestattet denken. Die festen Burgen und Wohnsitze der ritterlichen Feudalherren – meist strategisch bedeutsam und auf schwer zugänglichen Höhen gelegen – sind kein Ziel für den in seiner Zeit beschränkten Touristen. Er nimmt nur eben die Tatsache zur Kenntnis, daß es derartiges einst gab in dem immer wieder von äußeren Feinden und durch die Unbotmäßigkeit der großen Herren von innen her bedrohten Lande.

Nur etwa zehn Kilometer nordwestlich von Kutaissi liegt in einem grünen Tal zwischen Hügeln *Zchaltubo*, das bedeutendste, durch seine 33–35 Grad warmen radioaktiven Mineralquellen bekannteste Heilbad Georgiens. Hier werden Frauenleiden, Erkrankungen von Herz, Kreislauf und Nervensystem, vor allem aber Rheuma und Folgeerscheinungen von Kinderlähmung behandelt. Der Kurort verfügt über etwa zwanzig äußerlich recht pompöse Sanatorien mit zugehörigen Bade-, Untersuchungs- und Behandlungseinrichtungen, über Kuranstalten, Pensionen, Diätgaststätten, Sportanlagen und Lesesäle und vor allem über einen etwa achtzig Hektar großen subtropischen Park mit ausgedehnten Spaziermöglichkeiten (Bewegungstherapie). Ausländische Patienten werden für einen dreiwöchigen Aufenthalt im

Kurhaus Schachtjor (das ist Bergmann) untergebracht. Wen bloße touristische Neugier hertreibt oder die Notwendigkeit, auf dem Weg von Tbilissi nach Sotschi ein Unterkommen zu suchen, der findet sich aufs Intourist-Motel am Rand der Stadt verwiesen. Für eine Umschau zu Fuß sind dann die Entfernungen etwas weit. Wer im eigenen Auto unterwegs ist, kann sich auf einer Rundfahrt, in die er ein paar Gehminuten einschaltet, einen Eindruck verschaffen, einen recht oberflächlichen freilich. Wen Intourist hier für zwei Tage einquartiert hat, wird den Bus Nr. 8 nach Kutaissi als die erfreulichste Einrichtung des Kurortes empfinden.

Auf der Fahrt von Kutaissi nach Zchaltubo sind wir zum ersten Male Teeplantagen begegnet. Die Reihen der kugeligen Sträucher werden fortan immer wieder seltsam-schön das Bild von Landschaft und Vegetation bereichern, ja zeitweilig beherrschen, ebenso das ähnliche Grün von Orangen-, Zitronen- und Limonenhainen. Westgeorgien ist, so heißt es, die Landschaft, aus der die UdSSR fast all ihren Tee und 99 Prozent ihrer Zitrusfrüchte bezieht.

Durch die kolchische Ebene

Die Straße zum Schwarzen Meer läuft durch eine von einer abwechslungsreichen Kultur-Vegetation belebte Ebene: Mais-, Tee-, Weinfelder, Birnen-, Aprikosen-, Feigen-, Walnuß-, Granatapfelbäume, Mandeln und Akazien, dazu Pappeln und Kiefern, die Schatten und Holz spenden.

Kaum eine Stunde nach dem Aufbruch von Zchaltubo erreichen wir *Samtredia* am Rioni-Fluß zu Füßen des Kleinen Kaukasus, wo die Verkehrswege sich teilen. Die nach links abzweigenden Äste von Bahn und Straße führen letztlich nach *Batumi,* der südlichsten Hafen- und Kurstadt an der sowjetischen Schwarzmeerküste, wenige Kilometer nur von der Grenze zur Türkei entfernt, dem internationalen Tourismus in erster Linie vom Meer her und im Rahmen von Schwarzmeerkreuzfahrten zugänglich.

Batumi ist die Hauptstadt der Adscharischen ASSR, die einen Teil der Georgischen Republik bildet. Dieses Gebiet ist benannt nach dem georgischen Stamm der Adscharen, welche die westlichen Berge bewohnen, die aber anders als die übrigen Kartvelier Moslems wurden. Heute lebt gut ein Drittel der Bevölkerung nicht mehr in den Bergen, sondern in der Küstenregion um Batumi, das einst ganz hinten in der Liste der Kurorte an der kaukasisch-georgischen Schwarzmeerküste rangierte, aber inzwischen deutlich aufgeholt hat, als Hafen- sowohl wie als Bäderstadt mit Meeresstrand und gut zwei Dutzend Sanatorien und Kurheimen. Es gibt schwefelige Quellen, den bedeutendsten Kureffekt aber dürfte das subtropische Klima bewirken. Batumi kennt keinen Schnee, keine rauhen Winterwinde, und wenn in Moskau und gar in Sibirien klirrende Kälte herrscht, sinkt das Thermometer hier kaum jemals in die Nähe des Gefrierpunktes. Die Sommer sind zwar regenreich, aber die ansehnlichen Niederschläge (2600 mm im Jahresmittel) fallen nicht als trübseliges Landregen-Gerinnsel, sondern mit schier tropischer Heftigkeit, um bald wieder blauem Himmel zu weichen. Die Sommertage sind zwar nicht sehr heiß (die Durchschnittstemperatur liegt nur um 28-29 Grad Celsius), aber Meernähe und Luftfeuchtigkeit schaffen eine Art Treibhausklima, ein ›Reizklima‹ also für Menschen aus trocken-kontinentalen Bereichen, die hohe Hitze- und tiefe Kältegrade ertragen müssen. Fraglich, ob ein Aufenthalt hier allen bekommt und wohltut, aber den Pflanzen der mittelmeerisch-subtropischen Regionen behagt es. Zitrusfrüchte gedeihen, die staatlichen Teeplantagen in der Nähe sollen zu den größten und ertragsreichsten der UdSSR zählen, und der Botanische Garten – 1912 ein paar Kilometer von der Stadt entfernt auf einem Areal von etwa hundert Hektar angelegt – gilt als eine besondere Sehenswürdigkeit. (Aber nicht weniger sehenswert sind die Gärten von Suchumi und Sotschi.) Architektonisch hat die Stadt Batumi keine bedeutenden Eindrücke zu bieten, dazu ist sie zu jung. Natürlich besitzt sie ein Sprechtheater, ein Dramentheater, wie mans hierzulande nennt, und ein folkloristisches Tanz- und Gesangsensemble, das unerläßliche Lenindenkmal und ein Museum, das über Geschichte und Volkstum der Adscharen und Adschariens belehrt. Im Bau gegenüber dokumentiert das ›Museum der Geschichte der Revolution‹ die kämpfereichen Zeiten zu Beginn dieses Jahrhunderts. Und dazu gibt es ein Delphinarium, wo täglich wie in Miami die gelehrigen Meeressäuger ihre Show abziehen müssen.

Batumi, zum Königreich Kolchis gehörig, sah Jason und die Argonauten, Griechen und Römer, im Mittelalter Venezianer und Genuesen und stand bis 1878 unter türkischer Herrschaft. Nur fünf Jahre nachdem Rußland die Stadt gewonnen hatte, befahl der Zar den Bau der Bahnlinie, die Batumi mit Poti, Kutaissi, Tbilissi und Baku verband – und damit begann der Aufschwung der Hafenstadt.

Die von *Samtredia* in genau nordwestliche Richtung führende Straße überquert zunächst einen Rioni-Nebenfluß, der tief drin im Kaukasus entspringt, dann bei der kleinen Stadt *Abascha* den gleichnamigen Wasserlauf, dann den Techuri-Fluß, über dessen Tal rechter Hand auf Bergeshöhe eine Burg thront, zu fern, um sie genauer besehen zu können, wenn wir unser Tages-Soll erfüllen wollen. Wolken stauen sich an den Bergen und verhüllen sie unserem Blick. Nur eben die Flüsse, die aus den Bergen kommen, verraten deren Nähe. Es sind zur Sommerszeit nur schmale Rinnsale in breiten Betten voll Schotter und Geröll, welche nach Gewittern und zur Zeit der Schneeschmelze als kurzlebig-stürmische Gesellen eine wilde Kraft entfalten, die sich nur mühsam durch Stauwehre bändigen lassen, die Techuri, Chobi, Zibi, Inguri, und all die anderen, wie sie auch heißen mögen, die dem Rioni oder dem Meer entgegenfließend durch den Schutt, den sie aus den Bergen mit sich führen, die kolchische Schwemmlandebene geschaffen haben. Sie bildet auf der Karte ein stumpfwinkliges Dreieck zwischen Meer, Kleinem und Großem Kaukasus, markiert durch die Eckpunkte Kutaissi, Poti und Otschamtschira.

Für *Poti,* wohin der Weg von Zchakaja aus abzweigt, haben wir kein Visum. Schade. In Phasis, wie der Ort im Altertum hieß, soll einst die sagenhafte Argo vor Anker gegangen sein, soll archäologischer Spürsinn durch Sumpfwasser konservierte Holzbauten und -geräte des 6. Jahrhunderts v. Chr. entdeckt haben. Nach dem Untergang von Dioskurias konzentrierte sich hier der Umschlaghandel nach dem Osten, in römischer Zeit beherbergte die Stadt eine bedeutende Gelehrtenschule. Im 16. Jahrhundert ließen die türkischen Sultane hier eine Festung errichten, von der gerade nur ein Viereckturm erhalten blieb. In ihm ist heute eine Dauerausstellung zum Andenken an Niko Nikoladse eingerichtet, einen ›georgischen Demokraten‹ und Initiator des Baues der Eisenbahn Tbilissi-Poti (1884), mit der ein neuerlicher Aufschwung zu einem nicht unbedeutenden Handelshafen einsetzte. Heute soll die Stadt etwa 55 000 Einwohner zählen.

Wir haben uns auf der nach Sugdidi, Suchumi und Sotschi führenden Straße zu halten. In *Chobi* am gleichnamigen Fluß müssen wir tanken und lassen es uns nicht nehmen, den Weg zum alten, im 13. Jahrhundert gegründeten Kloster zu erfragen, das einst für Westgeorgien eine ähnliche Bedeutung besaß wie Gelati, dessen Bauten (Kirche, Glockenturm, Wohnpalast) aber nicht dem Mittelalter, sondern erst der Spätzeit des 17. Jahrhunderts entstammen.

Auch *Zaischi* auf halbem Weg zwischen Chobi und Sugdidi war einst ein wichtiges kirchliches Zentrum. Einige der liturgischen Gewänder und Geräte, die hier entstanden, bewahrt das Historische Museum von Tbilissi. Hier, zwischen Bergland und noch nicht sichtbarem Meer sind Erdgestalt und ihr grüner Bewuchs, ist das, was sich vom gegenwärtigen Alltag zeigt, interessanter als alle Erinnerungen an kurzlebige Kulturhistorie. Die von Bergflüssen angeschwemmte Ebene ist Menschenland, von Menschen bewohnt, von Menschen bestellt, von Menschen gegen die Unberechenbarkeiten der ›Mutter Natur‹ gesichert, ist Kulturland. Die Häuser, vor allem die älteren mit ihren buntgestrichenen Veranden, stehen auf Stelzen, auf Pfählen, Stein- oder Ziegelpfeilern als Schutz vor den einst nicht seltenen Überflutungen und der vom Boden her aufsteigenden Feuchtigkeit. In freundlichen Vorgärtchen blühen bunte Blumen, grün liegen die Felder, drängen sich Obstbäume, dazu Pappeln, Zedern, Kryptomerien. Schnatterndes und gackerndes Geflügel watschelt und scharrt am Straßenrand. Kleinwüchsige Kühe und hochbeinige Schweine behaupten auf der Straße ihr Vortrittsrecht, zwingen den Fahrer zur Vorsicht. Manche Schweinchen tragen – possierlicher Anblick – eine Art von dreieckigem Holzkragen. Eine unbequeme Sache, die sie daran hindern soll, in die eingezäunten privaten Grundstücke einzudringen und dort Schaden zu stiften.

Wir wissen ja um die Bedeutung dieser der privaten Nutzung überlassenen Grundstücke. Der privaten Nutzung nur überlassen, denn es gibt in der UdSSR keinen privaten Besitz an Grund und Boden, folglich auch keine Bodenspekulation. Produktionsmittel sollen Gemeineigentum sein. Genossenschaftlich betrieben werden die weiten Teeplantagen, die – ungewohnter Anblick – sich nun immer wieder über die sanften Hügel ziehen. Buntgewandete Frauen brechen geschickt und sorgsam die Blättersprossen von den kugeligen Sträuchern. Wir werden, so verheißt die Begleiterin, noch Gelegenheit haben, eine Teebauern-Kolchose zu besuchen. So halten wir uns hier nicht länger auf als zu ein paar Fotos und einem weitgehend mit deutenden Gesten und freundlichem Lächeln geführten ›Schwätzchen‹ nötig ist. Immer wieder erfrischend die rückhaltlose Herzlichkeit, mit der man hier im Süden dem Fremden begegnet.

Voraus und rechter Hand, wo es heute nur grauwolkig ist, da blaut in der Erinnerung an eine frühere Fahrt auf derselben Route die Kaukasuskette, sogar mit ein paar fernen Schneetupfern auf den Bergzacken.

Sugdidi war seit dem 16. Jahrhundert die Hauptstadt des westgeorgischen Mingrelien. Noch heute ist es eine gründurchwachsene Stadt, eine, deren blanke Walmdachhäuschen von Bäumen und Büschen umgeben sind, über die sich nur ein paar banal-fortschrittliche Neubauten so triste erheben wie Parteiparolen. Es gibt natürlich ein Einkaufszentrum, Kinos, das Kulturhaus, den Pionierpalast, das Staatstheater (ohne stehendes Ensemble), ein Sportstadion und die übliche Langeweile – und auch Überraschendes. Ein Stündchen der Erholung von holpernder Fahrt. Im ›Botanischen Garten‹ – das war einst der Schloßpark der Fürsten Dadiani – erhebt sich deren Schloß, ein Werk des 19. Jahrhunderts. Heute birgt es das lokale Museum mit ein paar archäologischen Fundstücken, einer ›ethnologischen Sammlung‹, ein paar provinziellen Malereien aus den letzten hundert Jahren und außer einem Porträt Napoleons I. auch eine unmittelbar nach seinem Tode abgenommene Totenmaske des Korsen, dazu schöne Möbel und andere Erinnerungsstücke aus dem Besitz von Marschall Murat, weiland König von Neapel. Auf verschlungenen Wegen kamen diese Dinge nach Kolchis. Katharina, Tochter des Dichters und Fürsten Aleksander Tschawtschawadse (wir werden ihm noch mehrmals begegnen) wählte nach dem Hintritt ihres Gatten, des letzten Fürsten von Mingrelien, Petersburg, Wien und endlich Paris zu ihrem Witwensitz. Dort heiratete ihre Tochter nach kurzer, durch den Tod getrennter Ehe mit dem Fürsten Dadiani im Jahr 1868 Achille Murat, den Enkel des einstigen Königs von Neapel und der Carolina Buonaparte, einer Schwester des Imperators. Als 1870 der operettenhafte Glanz des dritten Napoleon zusammenbrach, siedelte sich das junge Paar wieder in Georgien an und brachte die Erb- und Erinnerungsstücke mit.

Sugdidi bildet für den Landfahrer, der diesen Abstecher rechtzeitig bei Intourist gebucht hat, den Ausgangspunkt für den 140-Kilometer-Weg nach *Mestia,* dem Verwaltungszentrum des oberen Svanetien, fast 1500 m über dem Meeresspiegel gelegen, wo er im Hotel Tetnaldi Unterkommen findet. Von da aus schweift das Auge hinunter zu der Ortschaft, die sich jenseits des Flusses mit ihren breiten und hellen Dächern zwischen Pappeln und Kirschbäumen einen sanften Hang emporzieht, begleitet vom Schachbrett grüner Wiesen und erntereifer Feldgevierte, überragt vom anderthalben Dutzend sorglich restaurierter Sippentürme, deren älteste aus dem 12. Jahrhundert stammen sollen. Schon unterwegs, auf der Fahrt entlang des bald nach *Dschwari* links sichtbaren Stausees und dann im grünen, aber immer spärlichere Vegetation zeigenden V-Tal des Inguri-Flusses aufwärts, hat man ähnliche wahrgenommen, ohne sie von der Nähe besehen zu können. Aber einmal, kurz vor Mestia, da muß man anhalten, wenn sich (ein Glücksfall!) der Uschba zeigt (4700 m) in Stufen schreckhaft steil ansteigend wie ein Babelturm, mit abweisenden Felsflanken und zähen Gletscherströmen ins Himmelsblau ragend. Erstmals 1950 wurde die steile Pyramide von Bergsteigern aus Tbilissi bezwungen. Aber dafür, daß man diesen Berg, der im Wappen der Georgischen SSR steht, wirklich erblickt, kann auch die strengzuverlässige Intouristorganisation nicht garantieren.

Der örtliche Führer – ein schlank-knochiger Jüngling mit kurzgeschorenem Schwarzhaar und hellen Augen überschüttet uns zunächst pflichtgemäß mit den schnellvergeßenen Zahlenkaskaden, die beweisen sollen, daß einzig die Sowjetmacht imstande war, ein rückständig-analphabetisches Bergland ins 20. Jahrhundert zu führen – als ob die Zeit nicht auch das ihre täte. Daß die rüstige Bäuerin, die den schnell als Fremdling erkannten Fotografierer um ein Bild bittet, recht gewandt in dessen Notizblock ihre Adresse einschreibt, das spricht deutlicher als alle Statistik vom zivilisatorischen Fortschritt. Von der Vergangenheit redet die historisch-ethnographische Museums-Sammlung mit Bronzewerkzeugen aus der Mitte des 3. Jahrtausends v. Chr., Münzen aus hellenistischer Zeit, liturgischen Geräten des Mittelalters und Erzeugnissen west-östlicher Kunstfertigkeit als Erinnerungen an die weitgespannten Beziehungen des mittelalterlichen Georgien. Hier oben lebt noch Mittelalter.

Wer – als Einzelreisender gar – die zumindest Zwei-Tage-Tour zum Fuß des Uschba bucht, sollte sich versichern lassen, daß das Programm auch einen Ausflug in die Uschguli-

Region vorsieht. Deren dörfliche Siedlungen (Djibani, Murkmeli) sind mit ihren brav restaurierten Wohntürmen überaus erlebenswerte ›alpine‹ Klein-San-Gimignanos.

Suchumi in Abchasien

Auf dem Weg weiter zum Schwarzen Meer überqueren wir – nördlich von Sugidi, vorbei an der alten Festung Ruchi, eine Brücke über den Inguri-Fluß, der einstmals die Grenze zwischen Georgien und dem Osmanischen Reich bildete und heute die der Abchasischen ASSR innerhalb der Grusinischen SSR markiert. Um es gehorsamst pleno titulo zu sagen: die Abchasische Autonome Sozialistische Sowjetrepublik umfaßt eine Fläche von etwa 8600 qkm, aber zählt kaum eine halbe Million Einwohner, darunter nur etwa dreizehn Prozent Abchasen, die größtenteils Moslems sind. Zwei Drittel dieser Autonomen Republik sind Bergland, der Küstenstreifen ist sehr schmal, die einzige größere Ebene ist die, welche wir eben jetzt im Angesicht der Berge durchfahren.

Abchasien, das ist nach Landschaft und Vielfalt der Landesnatur fast ein Georgien en miniature. Unsere informationsfreudige Geleiterin berichtet uns von vier Klimazonen: der subtropischen an der warmen und regenreichen Küste, wo Palmen, Agrumen, Mimosen, Magnolien gedeihen; der gemäßigten Zone der unteren Hanglagen mit Weinbergen und Teepflanzungen, wo auch ausgezeichneter Tabak angebaut wird. Über dieser Region mit großen Eichen- und Buchenwäldern liegt die der Almweiden, welche dann endlich in die der kahlen Felsen und Schneehäupter übergeht. Der Gipfel des Dom-Bai-Ulgen (4046 m), des höchsten Berges des westlichen Kaukasus, liegt nur wenige hundert Meter jenseits der Landesgrenze auf dem Territorium der Russischen Föderation.

Eukalyptus und Zedern, Erlen und Platanen an Berg- und Hügelhängen: immer wieder die gleichen oder einander ähnliche Bilder friedlicher Landschaft begleiten den Reisenden, helle Häuschen mit Außentreppen zum Obergeschoß, Tee- und Obstplantagen, Zedern, Platanen ... *Gali* durchfahren wir ohne Aufenthalt, aber als nach etwa einer Dreiviertelstunde bei *Otschamtschira* das Schwarze Meer erreicht ist, da gönnen wir uns vergnügliche Rast und ein bescheidenes Mittagsmahl in dem Gasthaus hart am Meeresstrand. ›Schwarz‹ kommt uns nicht das Meer vor, denn das spiegelt den blauen Himmel, sondern der Strand mit seinen dunklen groben Kieseln. Das Städtchen, das bisher in erster Linie durch seine Tee-, Tabak- und Konservenfabriken bekannt war, auch durch die Produktion ätherischer Öle, soll – seit in der Umgebung warme kieselsäure-, chlor-, kalzium- und natriumhaltige Mineralquellen entdeckt wurden – zu einem Bade- und Kurort entwickelt werden und sein Gesicht verändern. Einen langen Boulevard als Hauptachse werden Geschäfte, Restaurants, Cafés, Kino- und Theaterpaläste säumen, Hotels und Pensionen mit zusammen mehreren tausend Betten sollen entstehen, auch eine Touristenherberge, ein Motel, ein Campingplatz, eine Ausstellungshalle usw.

Die Straße verläuft nun immer in Meernähe, aber den blauen Spiegel bekommt man nicht zu sehen. Rechter Hand begleiten sie graublau die Ketten der Kaukasusberge, aus denen die kurzlebigen Flüsse herabkommen, deren breite Schotterbetten wir zu überqueren haben. Im Dorf *Dranda* jenseits des Kodori-Flusses, das die Straße nur am Rande berührt, steht eine Kirche, welche den Grundrißtyp der Dschwari-Kirche über Mzcheta ins Unregelmäßige variiert und um eine Vorhalle bereichert hat. Vermutlich ins 7. Jahrhundert zu datieren, wurde sie von den Türken schwer zerstört, verlor dabei ihren einstigen Freskenschmuck, wurde später aber wieder aufgebaut.

Mais, Tabak, Tee, Wein auf den Feldern, Geflügel am Straßenrand: Bauernland mit üppigem Grün um die wellblechgedeckten niedlichen Häuschen, dann ausgedehnte Plantagen von Zitrusfrüchten. *Gulripschu* besitzt eine Versuchsstation für subtropische Kulturen, die sich vorwiegend und erfolgreich mit der Zucht von Agrumen beschäftigt.

Und dann haben wir auch schon *Suchumi* erreicht, die Hauptstadt Abchasiens. Es ist die Nachfolgerin des durch eine Springflut zerstörten antiken Dioskurias, einer Handelsniederlassung, welche im 6. oder 5. Jahrhundert v. Chr. Kaufleute aus Milet gegründet hatten. In Römer- und Byzantinerzeiten hieß die Stadt (sie gehörte nie dem Imperium Romanum an) Sebastopolis. Im 8. Jahrhundert tauchten hier als vorübergehender Schrecken die Araber auf. Zwischen dem 11. und dem 13. Jahrhundert war ›Tschumi‹, wie die Stadt

Suchumi

nun hieß, eine rege Hafen- und Handelsstadt. Seit dem 15. Jahrhundert und bis ins 19. Jahrhundert gehörte sie als Suchum-Kale zum Reich der Osmanen und war damals vor allem ein bedeutender Sklavenmarkt. Vor allem mit georgischen und cirkassischen, das heißt tscherkessischen Jungfrauen, die ihrer Schönheit wegen berühmt waren, ließen sich hohe Gewinne erzielen. Seit 1810 meldete Rußland Ansprüche auf das Gebiet an und 1829 hat der Sultan, der damals schon ›kranke Mann am Bosporus‹, Stadt und Umland an den Zaren abgetreten.

Suchumi ist für sein mildes Klima berühmt. Bei einem Jahresmittel von fünfzehn Grad Celsius und 220 Sonnentagen soll es lebensverlängernd wirken. Freilich macht es einem der Zufall nicht immer leicht, solche Werbewirksamkeiten weiterzuverbreiten. Der Schreiber dieser Zeilen hat die Stadt öfter unter bleigrauen Wolken oder bei laulichem Nieselregen erlebt als unter blauem Himmel. Als heilklimatischer Kurort anerkannt, besitzt Suchumi neben Kurheimen für Sowjetbürger auch Unterkünfte für Ausländer mit Valuta im Beutel. Im Hotel ›Abchasia‹ hat auch Intourist seine Niederlassung und wartet schon darauf, uns mit einer Stadtrundfahrt zu beglücken. Ihr Hauptziel ist die ›Affenfarm‹, eine Versuchsstation, wo die Tiere gezüchtet werden, um sie dann für Experimente zu mißbrauchen: sie ins All hochzuschießen, am Operationstisch zu martern, sie mit Krankheitserregern und Krebszellen zu impfen ... Selbst wenn es dem Menschen wesentliche Vorteile brächte – aber das steht ja noch dahin –: er hat nicht das Recht, seine hilflosen Mitgeschöpfe zu quälen. Ich verweigere die Teilnahme an der Besichtigungsfahrt. Suchumi hat auch anderes zu bieten. Reste aus seiner Vergangenheit freilich nur wenige. An der Strandpromenade, dem Rustaweli-Prospekt, finden sich die Mauerreste der zweitausendjährigen Festung, die von Römern, Byzantinern, Türken umgebaut, im 18. Jahrhundert mehrfach umkämpft wurde. Wer die anderen, auf dem in der Hotelhalle aushängenden Stadtplan eingezeichneten Dinge sehen möchte, wie zum Beispiel den Rest der Großen Abchasischen Mauer, läuft sich ohne Ergebnis die Füße wund. Nur eigentlich durch Zufall finde ich wenigstens die Reste der Burg des Königs Bagrat (1027-72), indem ich jenseits des Basla-Baches hinter der Bahnunterführung durch grüne steile Gassen – auch einmal zwischen frisch zum Trocknen aufgehängter Wäsche hindurch – den Weg in die Höhe steige, um endlich vor dem von Farnen, Brombeerstauden und Wildkirschen überwucherten Mauerzingel und einem ungestalten Bogen zu stehen. Schön und lohnend ist vor allem die Aussicht von hier oben: hinüber auf den Stadtberg, auf die Neustadt unten mit der Hafenmole und das seidig schimmernde Meer.

Den Gedanken, die auch im Plan – weit draußen – markierte Brücke aus dem 12. Jahrhundert aufzusuchen, lasse ich fallen. Dem Foto nach, das ich irgendwo unterwegs von ihr gesehen habe, ist sie kein überaus imposantes Werk.

Suchumi besitzt ein Museum, mit vollem Titel ›Staatliches Dmitri-Gulia-Museum der Abchasischen ASSR‹ genannt (Ulica Lenina 20), in dem man viel bequemer in die Vergangenheit zurückfindet und sich über die Landesnatur unterrichten kann. Von den Versteinerungen von Pflanzen und Tieren (Abdruck einer Riesenmakrele, die das vor undenklichen Zeiten von den Alpen zum Tienschan reichende ›Sarmatische Meer‹ bewohnte) geht es über Mineralien, Holzproben, Herbariumsblätter und Tierpräparate zu den Faustkeilen, die, unweit von Suchumi gefunden, menschliche Anwesenheit seit dem 30. Jahrtausend bekunden. Neolithikum und Kupferzeit hinterließen reichliche Zeugnisse: Werkzeuge und Schmuck. Münzen aus Gräbern zeigen etwas vom kulturellen Stand und dem Reichtum von Kolchis und erwecken, wenn nicht Sympathie, so doch Verständnis für der Griechen listiges Bestreben, mit den fernen Küsten in Kontakt zu kommen – nicht anders, als es später die Genueser taten. Das griechische Disokurias ist im Meer versunken. Taucher haben unter anderem eine – vermutlich attische – Stele des 5. Jahrhunderts v. Chr. aus den Fluten geborgen und sie gilt als ein Glanzstück des Museums. Wir finden auch eine folkloristische Abteilung mit Trachten und Erzeugnissen der Volkskunst, der wir bedeutend mehr Aufmerksamkeit widmen als der obligaten Foto-Dokumentation der sowjetisch-sozialistischen Errungenschaften.

Als Konstantin Paustowskij 1923 – unter Zurücklassung seines Gepäcks – im damals nach allen Seiten isolierten Suchumi an Land ging, um hier einige Wochen zu leben, forderte dort noch die eingewurzelte Blutrache ihre Opfer (der Autor war selbst Augenzeuge). Damals konnte man für einen Rubel am Markt einen jungen Bären kaufen, erhoben sich, wenn der durch die Revolution entmachtete Feudalherr Abchasiens, Fürst Scherwaschidse – einst Generaladjutant à la suite und angeblich der morganatische Ehegemahl der Zarinwitwe Marija Fjodorowna – eine Kneipe betrat, die Männer noch ehrfürchtig von ihren Sitzen. »Er sah sich als Ritter an, dieser alte Fürst. Er sprach ein so gehobenes Russisch, daß selbst Russen ihn nicht verstanden ... Er war ein alter Mann mit einem aufgedunsenen Trinkergesicht, aber mit majestätischer Haltung. Er ging umher in einem Tscherkessenrock aus feinem Tuch ... und wenn er über den Durst getrunken hatte, schlief er seinen Rausch gern auf Boulevardbänken aus.«

Dmitri Gulia (1874-1960), der als Namenspatron des sehenswerten Museums herhalten muß, hat seit 1974 übrigens eine eigene Gedenkstätte als ›Wegbereiter und hervorragender Vertreter der abchasischen Literatur‹. Er war in der Tat nicht nur lyrischer Verseschmied, sondern Übersetzer bedeutender russischer und georgischer Dichtungen (Igorlied, Rustaweli, Puschkin, Lermontow, Tschawtschawadse) ins Abchasische und gilt als hervorragender Stilist. Das Intourist-Faltblatt nennt ihn einen ›Volksdichter‹, was nun weder einen Heimat- und Lokalpoeten meint, noch gar das, was man in München unter ›Volksdichter‹ oder ›Volkssänger‹ versteht, sondern einen in der Sprache des ›Volkes‹, also nicht russisch, schreibenden Historiker-Philologen.

Vor dem historisch-ethnographischen Museum steht im breiten Blätterschatten ein abchasisches Bauernhaus mit dem kleinen Küchenbau daneben, dessen Wände aus Flechtwerk bestehen (und da fällt einem ein, daß ja unser deutsches Wort ›Wand‹ ja von ›winden‹ kommt, vom Flechtwerk, aus dem auch die Wände germanischer Hütten bestanden). Daneben als Denk-Zeichen zurück ins Megalithikum und die frühe Bronzezeit ein hierherversetzter Dolmen, ein Grabhaus aus riesigen Steinplatten (Megalithen), wie sie auf den großen Inseln des westlichen Mittelmeeres (Sardinien, Malta, Mallorca) und von Nordafrika über Spanien, die Bretagne, die Britischen Inseln bis ins nördliche Germanien verbreitet waren. Grabkammern auf rechteckigem oder trapezoidem Grundriß, die aus ein paar – meist fünf – vieltonnenschweren

Steintafeln wie von täppisch-geschickter Riesenfaust zusammengestellt sind. Vermutlich waren sie einst unter einer Erdaufschüttung, einem Tumulus verborgen. Verwendung kleinerer Steine und Schrumpfung zur sparsameren Rundform deuten wohl eine späte Phase an. Aber ›spät‹ ist doch ein sehr relativer Begriff. Die Beigaben, welche sich in einigen Dolmen der Schwarzmeerregion gefunden haben, weisen auf eine Zeit zwischen 2500 und 1000 v. Chr. hin.

All diesen ›Hünengräbern‹ vom Kaukasus bis Sardinien ist eines gemeinsam: das ›Seelenloch‹, eine in der Regel runde Öffnung in einer der Platten. Die meisten Fachleute sehen darin den Aus- und Einschlupf für die Seele des Verstorbenen – wie ja auch die Pyramiden der IV. altägyptischen Dynastie einen Verbindungsgang besaßen für den Ka. Weite Beziehungen in frühen Menschheitstagen tun sich da auf und älteste Glaubensvorstellungen,

Das von vieler Völker Vergangenheiten schwere Suchumi rühmt sich seiner Vegetation, für die es so wenig kann wie für seine Historie. Die Straßen der schachbrettartig angelegten Innenstadt sind von Bäumen und Stauden gesäumt, von Zypressen und Yuccapalmen, Mimosen, Flieder, Lorbeer und Liguster, Trompetenblumen und Oleander, von Fächerpalmen, Pfeffer- und Fieberbäumen und rotblühendem Eibisch. Unter seinen vielen Parkanlagen bildet der Botanische Garten – nur ein paar Schritte vom Museum entfernt – den Hauptanziehungspunkt. Auf einem Areal von etwa vier Hektar bietet er – so die Intourist-Führerin – etwa achthundert verschiedene Pflanzenarten. Aber wer kann oder will das schon nachprüfen. Wir finden Bambus und Fächerpalmen und die verschiedensten Koniferen von der Blau- bis zur Zimmertanne, Araukarien und Zypressen, Kryptomerien und Zedern, Taxus und Gardenien, Passifloren und Pappeln, Sykomoren- und Banyanfeigenbäume, Akazien und Paradiesblumen und Dinge, die man noch nie gesehen hat, deren lateinische Namen sorglich auf Täfelchen vermerkt sind. ›Colletia cruciata‹ nennt sich ein wie aus kubistisch-gegenständigen Dreieckskörpern aufgebauter

Strauch. Und wenige Schritte daneben blaue und rötliche Lotosblüten und die riesigen Blätter der Victoria regia (nicht im Gewächshaus, sondern unter freiem Himmel), deren Blüten so schnell verwelken, dann stachelige und bärtige Kakteen und ... und ... und. Was soll die Aufzählerei, wir sind nicht als Botaniker unterwegs, sondern nur als Schaufreudige. Und so lassen wir uns einfach von der Vielfalt und Fülle freudig verzaubern, nehmen, was sich unserem Auge bietet, als ein Märchen aus dem Orient. In der Erinnerung wird es sich dem annähern, was Nizami, der große persische Poet, dessen Angedenken uns in Aserbaidschan lebendig wird, in einer Episode seiner ›Sieben Bilder‹ gesungen hat:

»Grün; leuchtend wie das liebe Leben selbst und dazwischen Quellen, die sich hier und dort sammelten in verschlafenen Weiherchen ... Hyazinthen hielten Nelken umgarnt, die Jasminblüte war verzahnt mit dem Rosenblatt und der Judasbaum streute über die Wiese seine Purpurpracht aus ... In den Teichen flitzten die Fische wie Silbermünzen durcheinander, und dahinter ragte smaragdfarben ein Berghang, von Zypressenhainen, Pappeln und Teakbäumen ganz überwachsen. Aloe- und Sandelduft wehte von dort zu mir herüber.« (übertragen v. R. Gelpke)

Suchumi in seiner windgeschützten Bucht, die weder Schirokko noch Mistral kennt, ist nicht nur ein anerkannter Luftkur-, sondern auch ein Badeort. Der Strand – immer bevölkert – liegt ein paar Kilometer außerhalb, neben der Straße, auf der wir kamen. In seinem Rücken der herrliche Denderariumspark mit uralt-riesigen Platanen, Kryptomerien, Pinien und Zypressen. Und wie hübsch ist es, abends auf der Rustaweli-Promenade zu bummeln, wo junges und älteres Ferienvolk sich bescheidenes Vergnügen gönnt, eine Tüte Eis schleckend die lauliche Luft atmet, und sich Ost- und Westdeutsche, die Intourist sonst so strenge trennt, an einen Tisch setzen können, zusammen mit einem Ingenieur aus Budapest und einem Ehepaar aus Moskau. Über alle Sprachbarrieren weg verständigt man sich – und versteht sich doch nicht. Der Landsmann aus Magdeburg verdolmetscht die Frage des Genossen Andrej, ob ich denn daheim keine Schwierigkeiten bekäme, wenn ich die UdSSR besuche? »Aber wieso denn Schwierigkeiten?. Die hat man doch nur, wenn man in die UdSSR hineinwill. Sie verstehen: Visumantrag, Zollformalitäten, wie wir sie im Westen nicht kennen, die mangelnde Bewegungsfreiheit ...« – »Wir brauchen das alles nicht, wir können hier ungetrübte Ferien verleben«, meint der Magdeburger und setzt hinter vorgehaltener Hand hinzu: »Nur ein bißchen sehr weit ist's bis hierher.« Und seine Frau klagt. »Und die Zimmer ... und das Essen, ach du meine Güte!« Die zweite und dritte Flasche georgischen Weins löst die Zungen, jeder hat schließlich an seiner eigenen Regierung etwas auszusetzen, an der jeweiligen Wirtschaft und Politik. Unvergleichbares wird verglichen: die Wohnungsmieten und die Preise für Alltagsgüter, für Verkehrsmittel und kulturelle Darbietungen. Hin und Her und Umrechnerei, Gelächter, Kopfschütteln, Einander-auf-die-Schulter-Klopfen ... Und als der Zufallskreis sich – nicht ohne Adressenaustausch – auflöst, da flüstert der Herr aus Magdeburg oder aus bei Magdeburg mir zu, was der blondschopfige Andrej aus Moskau ihm anvertraut hat. »Sie finden es unangenehm, daß Sie nicht so ohne weiteres auch einmal in die UdSSR fahren können. Wir (und das *wir* betont er, weil er sich darin einschließt), wir können überhaupt nicht in all die Länder fahren, die Ihnen offenstehen.«

Der Heimweg führt uns vorbei an den Hafenmolen, zu denen der Zugang jetzt zu nächtlicher Weile vergittert ist. Morgen vormittag werden dort die Schiffe der Schwarzmeerflotte anlegen und dann weiterfahren nach Batumi, nach Poti, nach Sotschi.

Kaukasische Riviera

Wir sollen Sotschi auf dem Landweg erreichen. Die Straße dorthin verläuft nun immer in Küstennähe, windet sich an den Hängen entlang. Bis auf eine längere Unterbrechung hat man ständig links das Meer, rechts die grünen Berge im Blick. Die kolchische Ebene und das, was heute ›Kaukasische Riviera‹ heißt, waren noch im frühen 19. Jahrhundert versumpft, malariaverseucht und als ›warmes Sibirien‹ tödlicher Verbannungsort für dem Zarenregime Mißliebige. Inzwischen sind elende Dörfer von einst zu besuchten Kurorten herangewachsen, geben sich alle Kinder Floras aus Süden und Subtropen hier ein Stelldichein: Platanen und Eukalyptus, Zedern und Bambus, Feigen- und Pfefferbäume, Pinien und Zypressen, Mimosen und Rhizinusstauden, Yuccapalmen, Granatbäume, Eichen und Jasmin, Lorbeer und Mispeln, Magnolien und Rhododendren, Eiben und Oliven, Rosen und Bananen, Azaleen und Araukarien, Mandarinen und Limonen, Opuntien und Oleander, Mais und rankende Reben. Die Bäume sind so mächtig, wie man sie am Mittelmeer nur ausnahmsweise sieht. Manchmal ist's, als träume man von einem Lago Maggiore – mit wie menschenleeren Ufern.

Aber sie sind so menschenleer nicht, das beweisen – wenn nichts anderes – die Haltestellen der öffentlichen Verkehrsmittel, das heißt der Autobusse. Bahnhöfe und Haltestellen sind in der UdSSR, wo der einzelne sich bescheiden muß und kaum eine ›gute Stube‹ sein eigen nennt, so etwas wie die gute Stube des Kollektivs. Der Gedanke, den Genossen im Sinne des Kommunismus zu erziehen, indem man ihm bei seinem täglichen Weg zur Arbeitsstelle manifestiert, wie reich und mächtig das sozialistische Volk sei, hat sich zu Stalins Zeiten in den mit Marmor und Mosaik, Stuck und Bronze üppig ausgestatteten, kommunistisch-patriotische Themen feiernden U-Bahnhöfen verkörpert. Wer die von Moskau einmal gesehen hat, dem stehen sie als massive Zukkerbäckereien noch im Gedächtnis. Eine ähnliche Funktion haben auch die Bushaltestellen zwischen den Städten. Manche zwar sind lieblos-nüchterne Röhren- oder Betonkiosks oder dürftige Bretterhütten, im regenreichen Abchasien wie im sonnenheißen Aserbaidschan jedoch fanden wir viele irgendwie künstlerisch gestaltet und geziert, aber nirgendwo mit so heiterer Phantastik wie entlang der Schwarzmeer-

Riviera. Da gibt es nicht nur die hölzerne Loggia, an deren Rückwand Fliesen mit kräftigen Farben Szenen aus volkstümlichen Märchen erzählen, da gibt es auch eine Art vieltürmiger Schneeburg (aus geweißeltem Beton) mit künstlichen Eiszapfen, gibt es Märchenpilze, Riesen-Regenschirme und orientalische Zwerghütten und bei Gagra auch einen maulaufreißenden bunten Riesenfisch, dessen Bauch Schutz vor Regenstürzen oder brennender Sonne bietet.

In *Novy-Afon* ist uns eine Teepause gewährt an einem freundlichen Ruderteich und ein Blick hangauf, wo aus dem Grünen die kupferglänzenden Kuppeln eines orthodoxen Klosters grüßen, das Mönche vom Athos als Tochter des dortigen Iviron – das heißt der ›Iberier‹ –, also des georgischen Klosters gründeten. Es ist inzwischen natürlich aufgelassen.

Nicht lange hinter *Gudauta* entfernt sich die Straße vom Meer und entläßt bei *Bzyb* eine Bergstraße, die an der Schlucht des Bzyb-Flusses entlangführt und die für ausländische Touristen zugelassen ist, führt sie doch zum *Riza-See,* einem der großen Ausflugsziele im westlichen Kaukasus, das man durch die Schluchten des Gega-, dann des Jupschara-Flusses erreicht. Eine wildromantische Landschaft, die plötzlich den Blick freigibt auf den flaschengrünen See, umzogen von steilen waldigen Hängen. Darüber sind die grasigen Matten und dann tritt das nackte Gestein zutage. Man könnte sich an einen Tiroler Bergsee erinnert fühlen, wäre die Vegetation nicht doch ›südlicher‹: Laubgehölze mit Buchen, Eichen, Edelkastanien, in das sich Kiefern und Rottannen einsprengseln. Und es ist ja meist das Pflanzenkleid, das den Eindruck bestimmt. Kleider machen Leute. Der Riza-See – ein ›natürlicher Stausee‹, denn er soll dadurch entstanden sein, daß vor mehreren tausend Jahren ein herabgestürzter Berggipfel den Bergwässern den Abfluß verbaute, was die örtliche Legende als ein Werk des Teufels hinstellt – ist beileibe keine Belle au bois dormant mehr. In der Nähe wurden Mineralquellen entdeckt, der Luftkurort ist dabei, sich zu einem Heilbad zu entwickeln und dem wilden Bzyb-Fluß werden Staudammfesseln angelegt.

Intourist veranstaltet den Ausflug zum See in den Bergen von Gagra aus. Wieder auf die Hauptstraße dorthin zurückgekehrt, sehen wir nach ein paar Kilometern gerade noch rechtzeitig den Wegweiser, der nach links zeigt: 12 Kilometer durch eine Schwemmlandebene nach *Pizunda,* der griechischen Pflanzstadt Pithiunt, wo Reste von Stadtmauern und -türmen, Wohn- und Lagerhäusern und die Fundamente eines Tempels aus dem 5. Jahrhundert v. Chr. ergraben wurden. Diese Stadt war zusammen mit Phasis/Poti und Dioskurias/Suchumi eine der wichtigsten Stationen der griechischen Kolchis-Fahrer. In dem mit allen in der UdSSR üblichen Einrichtungen versehenen Badeort von heute, der vielen Touristen besonders gut gefällt, steht eine – mehrfach veränderte – Kreuzkuppelkirche des späten 10. Jahrhunderts, ein gestreckter Bau mit Narthex, aufgeführt im byzantinischen Schichtwechsel aus Hau- und Backstein, den heute leider helle Tünche verbirgt. Die Kuppel ermangelt des Spitzhelmes, der die georgischen und armenischen Kirchen charakterisiert, wirkt daher viel russisch-orthodoxer als alles, was wir im doch auch ›orthodoxen‹ Georgien sahen. Wir nähern uns ja wieder den Grenzen ›Rußlands‹, das heißt der Russischen Föderation. Die Kirche – heute als Konzertsaal genutzt – besitzt sehenswerte Fresken aus dem 15. und 16. Jahrhundert. Und wer in Pizunda nicht einzig Badevergnügen im Sinn hat, wird nicht versäumen, das ›Museum‹ zu besuchen, das im Erdgeschoß des Hotels ›Pizunda‹ installiert ist.

Die Kaukasusberge treten nun ganz nahe ans Meer heran, die Uferzone wird handtuchschmal und zugleich drängt sich auf ihr die Vegetation immer dichter. Nach den klaren Konturen der Berge überm Riza-See will uns dieses geile Grünen fast schamlos erscheinen, und doch genießen wir ohne Scham den breiten Schatten, den riesige Eukalyptusbäume, Platanen und Koniferen werfen. In *Gagra* ist der Rivierastreifen besonders eng und die Vegetation besonders üppig. Der Ort ist heute Hauptstadt des westlichsten Bezirks Georgiens und ein See- und Kurbad mit ganzjähriger Saison. Im subtropischen Grün staffeln sich vielsäulig die Sanatorien und

Bei Sotschi

Erholungsheime für die Werktätigen, denen ein Urlaub hier zugebilligt wurde, hangaufwärts. Vom Grünen schon fast überwuchert ist das neugotische Schloß des Herzogs von Oldenburg, dem sein Schwiegervater, der unglücklich-letzte Zar Nikolai II. diesen Küstenstrich geschenkt hatte. Dieser deutsche Fürst hat tatkräftig die malariaverseuchte Küstenregion sanieren lassen. Wenn auch kein Denkmal, kein Straßenname an ihn erinnert, er hat – unbedankt – die Voraussetzungen geschaffen für das Gagra von heute und für seine Zukunft.

Eine kleine halbe Fahrtstunde weiter, kurz hinter der Ortschaft *Leselidse* überqueren wir auf einer Brücke den Psou-Fluß, ein Berggewässer, das aus den Höhen in ungestümem Lauf soviel Grus, Geröll, Geschiebe mitbrachte, daß sich daraus eine winzige Küstenebene, tabakgrün und maisgelb, ins Meerblau hinausgebaut hat. Jenseits befinden wir uns ohne jede Formalität, nur um eine Stunde jünger, denn wir müssen die Uhren umstellen, auf dem Boden der Russischen Föderation und zugleich am östlichen Ortsende des langgezogenen *Sotschi*.

Mit einigem Stolz in der Stimme gibt uns die diesmalige Geleiterin bekannt, daß Groß-Sotschi, verwaltungsmäßig zum Krasnodarer Kreis gehörig, nicht weniger als 150 Kilometer lang ist. Endlich hat sie mal wieder eine schöne runde Imponier-Zahl, die sie uns voller Genugtuung weitergibt. Dafür ist das Gebilde – 1961 aus Planungsgründen durch die Eingemeindung der vier Orte Adler, Chosta, Lasarewskoje und Dagomysch entstanden – ja nur wenige hundert Meter breit.

Der Auto- und Zeltreisende findet auf dem Campingplatz ›Adler‹ (was nichts mit dem König der Lüfte zu tun hat, sondern das abchasische Wort für ›Sumpf‹ ist) unmittelbar am schwarzkieseligen Meeresstrand Übernachtungsmöglichkeit. Eine Art Schrebergartensiedlung mit kleinen Häuschen und Hütten als Ferienwohnungen für jeweils eine ganze Familie, mit schütter bestückten Kiosk-Lädchen, mit wie überall schadhaften Wasch- und schwierigen Toilettenanlagen. Auch die hier mögliche Begegnung mit Landsleuten von jenseits der deutsch-deutschen Grenze ist für uns eher deprimiernd, zeigt sie doch, wie mehr als vierzig Jahre der Trennung Menschen voneinander so zu entfremden vermögen, daß sie mit den gleichen Wörtern wie in zwei verschie-

Sotschi Mazesta

denen Zungen reden. Übrigens ist der ›Sumpf‹ durch Austrocknung mittels Drainagen, Anpflanzungen von Eukalyptusbäumen und durch Einsetzen von Fischen, welche die Larven der Anophelesmücken fraßen, saniert und bereits seit 1956 malariafrei.

Wem Intourist das Hotel ›Dagomysch‹ als Bleibe zugewiesen hat, einen Komplex für westliche Touristen, eine brandneue Kastenpyramide von beinahe amerikanischer Geschmacklosigkeit (und ein Saloon mit Elektronikspielen fehlt dort nicht), der darf sich noch auf mindestens zwei Stunden Fahrt durch ganz Sotschi hindurch gefaßt machen bis ans allerletzte Westende. Selbst bis ins eigentliche Zentrum von Sotschi dauert von Adler aus, wo sich auch der Flughafen befindet, die Fahrt noch ganz schön lange. Ein Abstecher zur neoklassizistischen Anlage, welche die sorglich gefaßte *Mazesta-Quelle* dem Kurbetrieb nutzbar macht, ist obligatorisch. Man sieht die Quelle, riecht den Schwefelwasserstoff und findet die Sache nicht so überaus interessant.

Aber die Sage, die man hier erzählt, entlockt einem ein Lächeln. Einst lebte hier an der Küste ein altes Ehepaar. Der Mann, ein Jäger, entdeckte auf einem Pirschgang im Wald eine Quelle, und weil der Tag heiß war, badete er in ihr, um sich zu erfrischen. Als er abends heimkehrte, da wollte ihm sein Weib die Tür versperren, denn sie erkannte ihn nicht wieder: so hatte ihn das Bad verjüngt. Am nächsten Tag ging die Frau zu der wundersamen Quelle, denn auch sie wollte ihre Jugend zurückgewinnen. Als sie am dritten Tage noch nicht wieder heimgekehrt war, machte sich der Mann auf die Suche und fand bei der Quelle einen greinenden Säugling. Seine Gattin hatte – auf Jugendlichkeit bedacht – gar zu lange in der Quelle gebadet. So stark wirkt – wie man an den Kurgästen sieht – die Quelle heute nicht mehr. Und auch dem Schriftsteller Nikolai A. Ostrowskij (1904-36), dessen stark autobiographisch gefärbter Roman ›Wie der Stahl gehärtet wurde‹ als ein ›klassisches‹ Werk der sowjetischen Literatur gilt (selbstverständlich hat der Autor ein Denkmal in Sotschi), konnte sie das Leben nicht verlängern.

Zwischen Laub- und Nadelgrün über dem Küstensaum, den wie bisher schon die Bahnlinie geleitet, mit Blicken auf das blauglitzernde Meer, nähert man sich dann auf dem zehn Kilometer langen Kurortny-Prospekt, der mit Kurheimen links und Sanatorien rechts auf halber Hanghöhe als Hauptachse verläuft, dem Zentrum von Sotschi. Diese Straße teilt den großen Stadtpark, ›Denderarium‹ genannt, in zwei Hälften, einen Park, mit etwa 1600 zum Teil seltenen Gewächsen aus allen Kontinenten ein botanisches Zauberreich, der uns als die eigentliche Sehenswürdigkeit der Stadt erscheint. Schon vor dem Ersten Weltkrieg von einem Petersburger Zeitungsverleger gegründet, ist er für den Pflanzenfreund eine unerschöpfliche Quelle von Genuß und Belehrung und in seiner oberen Hälfte mit Treppen, Pavillons und Statuen zugleich auch ein instruktives Beispiel einer spätbürgerlichen Parkanlage, gewissermaßen ein Museumsstück der Gartenkunst des pompösen Zeitalters, auf seine Art vergleichbar den manieristischen Gärten von Bagnaia oder Tivoli, den barocken von Versailles oder Schleißheim, den sentimentalen von Bayreuth oder Schwetzingen. Er ist wie sie alle auch nicht unverändert geblieben. Nicht nur, weil das natürliche Wachstum der Bäume und Sträucher sich durch keine noch so scharfe Schere aufhalten läßt, sondern weil auch die wechselnden Moden und Stile überall der ursprünglichen Konzeption nachträglich neue Züge aufprägen. Und doch kann man durch alle Veränderungen (sie sind ja auch Bereicherungen) hindurch noch das ursprüngliche Anlitz wahrnehmen, so wie bei alten Menschen manchmal noch das Jugendgesicht durch alle Runzeln hindurchblickt.

Der ›Rivijera‹ genannte Park ist weniger der botanischen Belehrung gewidmet als der Augen- und Nasenlust und der Unterhaltung. Da gibt es eine Magnolienallee, deren Bäume von den Kosmonauten gepflanzt wurden (auch den amerikanischen Apollo-Raumfahrern), goldfischdurchschossene Wasserbecken mit blaßrosa Seerosen, einen füllig duftenden Rosengarten, baumbeschattete Denkmalsbüsten der großen russischen Dichter (nur Dostojewski hat keinen Platz unter ihnen gefunden), einen Erfrischungskiosk mit Bildern des elenden Fischernestes von einst.

Sotschi ist gänzlich eine Kreation des 20. Jahrhunderts. Wohl hatten schon Griechen und Römer die Schwefelquellen von Mazesta, dem ›glühenden Wasser‹ gekannt, aber der erste Sanatoriumskomplex entstand erst 1909, als ein cleverer Unternehmer aus Moskau hier die »Kawkaskaja Rivijera« eröffnete – als russischen Ersatz für die italienische und französische. Damals zählte man hier kaum tausend Einwohner und fanden sich nur wenige Ärzte. Nach der Oktoberrevolution wurde das Unternehmen verstaatlicht, in den zwanziger Jahren begann der Aufschwung im Zeichen des Sozialismus. Heute zählen die Sanatorien, Kurheime, ›Paläste der Gesundheit‹ nach vielen Dutzenden, stehen mit Aussichtsbalkonen, Ruheterrassen, geheizten Schwimmbecken, von den renommiertesten Architekten der UdSSR entworfen, im Dienst der Werktätigen der einzelnen Sowjetrepubliken oder von Großbetrieben oder Gewerkschaften. Einzelne Kurhotels nehmen auch, so läßt man uns wissen, Ausländer (nach Vorlage der erforderlichen ärztlichen Atteste) für mehrwöchige Kuren auf. Sotschi mit seinem kaum unterbrochenen Strand ist ja, das haben wir inzwischen gelernt, nicht nur ein Seebad und ein heilklimatischer, sondern vor allem ein balneologischer Kurort, in dem man Allergien, Erkrankungen der Atemwege, des Nervensystems, Rheuma und sonst noch mancherlei kuriert. Der Sowjetbürger, den sein Kollektiv für einen solchen – praktisch kostenlosen – Aufenthalt vorschlägt, hat so etwas wie das Große Los gezogen. Der devisenträchtige Ausländer dagegen wird zur Kasse gebeten und fühlt sich irgendwie beeinträchtigt. Es fehlt ihm wohl das gewohnte Automobil, das ihm endlose Fußmärsche oder Fahrten in meist vollen Autobussen erspart, wenn er diese Super-Kurstadt wirklich kennenlernen möchte.

Aber so überaus sehenswert ist sie ja nun gar nicht, und wem nur zwei oder drei Tage für Sotschi zugebilligt sind (oder auch nur ein paar Stunden), der wird sich – nach ausgiebiger Schwelgerei im Denderarium im ›Stadtzentrum‹

umtun, in dem Bereich zwischen dem Hochhaushotel ›Moskva‹ und der Markthalle, dem Eisenbahn- und dem ›Meer‹bahnhof, in den fünfziger Jahren erbaut nach Plänen des armenischen Architekten Karo Alabyan. Eine spitze Turmnadel auf einem neoklassizistischen Vierecksockel (Zitat der Leningrader Admiralität) erhebt sich über einem Bau, der nicht verrät, ob er Musentempel oder Handelshalle ist. Man ist hier offenbar recht stolz auf diesen weißen Riesen, sonst würde er wohl nicht jeden Abend so eitel angestrahlt. Kurios, wie man sich an den ›Klassizismus‹ der Monumente von Washington DC erinnert fühlt. Die beiden Supermächte – schwerhinwandelnde Saurier alle beide – sind einer Art. Wenn sie untergingen ohne den ganzen Planeten mit in den Abgrund zu reißen, dann wahrscheinlich könnte die Menschheit in Hoffnung aufatmen.

Der Hafen ist nicht durch die Natur, sondern von Menschenfleiß geschaffen. Ein Bummel in seinem Bereich ist farbig der Volkstypen wegen, die sich hier bewegen, und auch wenn man sie ins moderne Einheitsgewand gesteckt hat, einen Fächer aus der Völkerpalette der UdSSR herzeigen.

Das Heimatmuseum wie das Ostrowskij-Museum kann man sich sparen. Werke eines Malers oder Bildhauers kann man in einem Museum kennenlernen, die eines Schriftstellers wollen gelesen sein. Was sollen anekdotische Andenken.

In einer fremden Stadt ist zwar alles interessant, aber wer sich die Füße müdegelaufen hat, der bringt weder für den Markt noch für das Theater – einen Vielsäulenbau im Stil eines hellenistischen Tempels –, den Zirkus und schon gar nicht für das Sportstadion und alle die Sanatorien, für die unsere gestrenge Madame Intourist unser Interesse erwecken möchte, irgendwelche Liebe auf. Eher freut er sich auf den Ausflug (vom Abstellquartier ›Dagomysch‹ ein Katzensprung) zu einer Tee-Sowchose, die sich auf Empfang und freundliche Bewirtung Fremder spezialisiert hat. Bei der Fahrt bergwärts geht der Blick zurück auf Sotschis weiße Kurheimkästen zwischen begrünten Bergen und dem blauschimmernden Meeresspiegel und oben dann faßt er die kugeligen Teesträucher, die sich am Hang in Reihen nebeneinandergesetzt haben wie die Zuschauer in einem römischen Theater und geht über sie hinweg zu fernen blaulichen Ketten, hinter denen die Schneehäupter des Kaukasus nur mehr zu ahnen sind.

Alte Eichen bieten uns Schatten, während ein Mitglied der Genossenschaft einen belehrenden Vortrag über den Tee abliefert, seine Geschichte, seinen Anbau, die Ernte und die Fermentation. Man ist nur mit halbem Herzen dabei, das weite Panorama lenkt ab, verführt zum Träumen. Wer Tee von Jugend auf mit China assoziierte, entführt sich beim Blick über die Teestauden in den fernen Osten. Doch daß man sich in Rußland befindet, das wird einem dann freundlich-energisch bewußt gemacht in dem auf rustikal getrimmten Holzhaus, wo die Tafel für eine echt russische Teejause schon gedeckt ist, auf dem Tisch schon der Samowar summt. Mit Strudel und Kuchen, Konfitüren, Dörrpflaumen und Haselnüssen von warmherzig lächelnden drallen Damen in russischer Tracht versorgt, tut man sich gütlich, erhält zum Abschied ein Päckchen Tee. Nehmen wir es als freundliche Geste und rechnen wir nicht nach, daß man daheim für den Preis des Ausflugs gut ein halbes Dutzend Päckchen Tee – oder mehr – kaufen könnte.

Die Weiterfahrt an der Riviera ist uns nicht mehr gestattet. Man tröstet sich, denn grundstürzend neue Eindrücke kann man sich von ihr nicht erwarten. Nur *Tuapse* hätte ich gern gesehen, um einer verehrten alten Dame zu erzählen, wie es dort heute aussieht, die mir von ihren Sommerferien dort und den Ausflügen zu plaudern wußte, die sie mit ihren Eltern zu den rätselhaften Dolmen in den allerwestlichsten Ausläufern des Kaukasus unternahm.

Obwohl die Wegzeiger nach Novorossisk weisen: Sotschi ist Ankunfts- oder Abschiedhafen für den Flugtouristen und für gewöhnlich Endpunkt einer Kaukasus-Transkaukasien-Fahrt. Wir, die wir mehr von Georgien und vor allem auch die anderen Sowjetrepubliken südlich des Kaukasus kennenlernen wollen, müssen nach Tbilissi zurück.

Kachetien
oder: an der ostgeorgischen Weinstraße

Wenn wir einzig den Bereich der Hauptstadt Tbilissi, das Herzland Sakhartvelos/Georgiens am mittleren Kura-Lauf und dazu bestenfalls noch den zum Schwarzen Meer offenen Westen (die alten Landschaften Imeretien, Mingrelien) und – nippend – Svanetien wahr- und zum Maß nehmen, dann tun wir dem georgischen Osten unrecht, dem alten Königreich Kachetien, der weiten offenen Talschaft des Alasani-Flusses zwischen dem Großen Kaukasus und seiner Tschiwi-Gomborski genannten Ausläuferkette: Ist das Land westlich von Kutaissi das der Teeplantagen, so ist Kachetien das Land des Weinbaues.

Wir verlassen Tbilissi durch die Vorstädte am linken Kura-Ufer, grüßen zum Abschied noch einmal die Metechi-Kirche und drüben die alte Burg, erkennen die ›orientalischen‹ Gassen über dem Fluß wieder, durchfahren staubig-gesichtslose Außenbezirke, bis ländliches Grün das Betongrau ablöst. Die gut ausgebaute A 302 ist sehr verkehrsreich. Obstbäume aller Art begleiten sie. Die Hügelhänge abseits sind von immergrünen Büschen gesprenkelt. Die den Kilometern nach kürzere Route nach Telavi zwänge zu unguter Kurverei über Berge und Pässe. So bleiben wir auf der über *Sagaredjo* führenden Strecke, auf der von den Höhen hohe Bohrgestelle grüßen, sich Blicke auftun in ein Hügelland mit schier endlosen Weinfeldern.

Ins Sonnig-Grüne recken sich erschreckend ein paar schwarz-verquälte tote Stämme, die einen Glockenbalken tragen, darunter graue Steinstelen stehen: Gedenkstätte für die 4000 Kriegstoten des Bezirks. Über den mit Buschwald bestandenen Hügeln tauchen linker Hand grün-blaue hohe Berge auf, und auf den Vorbergen erkennen wir den befestigten Kirchenbezirk von *Ninozminda,* berühmt wegen des – nur als Ruine erhaltenen – ersten großen Zentralbaues der georgischen Baukunst aus der 2. Hälfte des 6. Jahrhunderts, eines Vierkonchenbaus mit eingeschobenen tonnengewölbten Eckräumen und wegen des aus dem 16. Jahrhundert stammenden dreigeschossigen Glockenturms, der zu den schönsten Schöpfungen der von persischer Ziegelarchitektur inspirierten Baukunst seiner Entstehungszeit zählt.

Vor *Manawi* krönt links, fern der Fahrstraße, die Ruine einer großen Burganlage eine Höhe, dann taucht rechter Hand eine mehr neugebaute als nur restaurierte Burg auf, ein Mauerpolygon mit bezinnten Ecktürmen. Pappelreihen säumen die Straße, vergittern den Blick auf Obst- und Weinfelder, über denen hell im Fernedunst Hügelketten stehen. Dann senkt sich der Weg in eine weite Wein- und Weizenebene, die sich so weit nach Süden erstreckt, wie das Auge reicht. Vom Hügelgrün linker Hand grüßen Maisfelder und Sonnenblumen durch die Kulisse gleichmütiger Walnußbäume.

Knapp hundert Kilometer hinter Tbilissi gabelt sich die Straße. Wir halten uns nach links, fahren in nordöstlicher Richtung, folgen einem grünen Flußtal. Unter hohen und breiten Platanen steht eine Raststätte mit Getränkekiosk, Schaschlykbrotzlerei, um die herum sich ein ›jarmarki‹ mit bescheiden-schäbigem Angebot etabliert hat. Der Wasserlauf wendet sich der breiten Alasani-Ebene zu, einer einst sumpfigen Niederung am Fuß der jäh aufsteigenden Kette des Großen Kaukasus. Sie ist heute drainiert und künstlich bewässert und lohnt die Mühe mit reichen Erträgen. Zusammen mit dem Jori-Fluß, den wir – gespannt auf die Begegnung mit Ninozminda – unversehens überquert haben, ist der Alasani ein bedeutender Zubringer des Mingeschaur-Stausees im Nordwesten der Aserbaidschanischen SSR, der vor allem die Wasser der Kura speichert und dessen Überfluß der Wersche-Schirwanskij-Kanal abzapft, bevor der Kura-Fluß sich seinen weiteren Weg durch die Ebene Nord-Aserbaidschans mäandern darf und sich ins Kaspische Meer ergießt, nachdem er die Wässer des Aras/Araxes aufgenommen hat. Dieser Fluß, in der Gegend des türkischen Erzurum entspringend, stellt die Grenze dar zwischen Sowjet-Armenien und den einst armenischen Bereichen der Türkei und scheidet die alte Media Atropatene in ein iranisches und ein sowjetisches Aserbaidschan.

Die ausgebaute Straße, sich nun nach Nordwesten wendend, läuft auf halber Höhe des sacht sich zum Alasani-Tal senkenden Fußes der Gomborski-Kette entlang, und hinter Pappel- und Maulbeergeäst zeigen sich rechts schemenhaft im Sommerdunst die Ketten des Großen Kaukasus.

Wer im Vorbeifahren die Ortsnamen entziffert, glaubt eine Weinkarte zu lesen. Ähnlich wie bei einer Fahrt an der Mosel, am Main entlang, in der Wachau oder durch Burgund reihen sich die Namen der Weinbauerndörfer, die klangvoll für köstliche Kreszenzen einstehen: für ganz trockene weiße, wie für vollmundige und schwere Rotweine.

Gurdjaani, Verwaltungszentrum eines ›oblast‹, eines Kreises und bei sowjetischen Weintrinkern so namhaft wie bei uns Krems, Rüdesheim oder Kaltern, Kennwort für die Qualität der Weine einer ganzen Region, verdient einen Halt. Der sowjetische Begleiter will uns zum Kriegerdenkmal führen, dem 13 m hohen Bronzestandbild des voluminösen ›Vaters des Soldaten‹, der Helm und Mantel seines toten Sohnes in stummer Trauer in Händen hält (ein Werk des Bildhauers Merab Berdzenichvili) und zum Freilichttheater für 1600 Zuschauer. Wem die ältere Architektur Georgiens etwas zu sagen hat, wird versuchen, auch die über dem Ort waldig gelegene Allerheiligen-Kirche zu sehen. Es ist ein originell-einzigartiger Bau aus der Übergangszeit: eine Basilika, die als einzige unter den alten Kirchen Georgiens zwei Kuppeln aufweist.

»Die Kirche ist eine dreischiffige Basilika und stammt aus dem 8./9. Jahrhundert. Das breite langgestreckte Hauptschiff besteht aus drei rechteckigen Raumabschnitten, von denen der mittlere durch hufeisenförmige Gurtbögen von den beiden seitlichen abgetrennt ist. Die dem Altarraum und dem westlichen Narthex zugewandten Raumabschnitte tragen über Trompenkonstruktionen zwei gleichgestaltete Kuppeln auf niedrigem achteckigem Tambour. Die Art ihrer Anbringung und ihrer Konstruktion läßt sie nicht zu dominierenden

Bestandteilen des Hauptschiffes werden, dieses hat eher den Charakter eines Saales. Die Apsis zeigt Hufeisenform. Die auffallend schmalen Seitenschiffe öffnen sich im Erdgeschoß in großen Arkaden zum Mittelschiff. Sie sind wie bei dem in Kachetien besonders ausgeprägten Typ der Dreikirchenbasilika umgangsartig durch den westlichen Querriegel miteinander verbunden wie bei den benachbarten Dreikirchenbasiliken von Segani (um 600), Nekresi (6./7. Jahrhundert) und Wadschnadsiani (6. Jahrhundert). Die Kirche ist über den Seitenschiffen und dem Westbau zweigeschossig. Die nördliche Seitenschiffsempore bildet einen in sich vollkommen geschlossenen selbständigen Raum, während sich die südliche Seitenschiffsempore in vier großen Arkaden loggienartig nach außen öffnete, zum Mittelschiff hin aber ebenfalls geschlossen war.« (Neubauer) Der Westbau, ohne Zugang vom Kirchenschiff her, war durch einen erhöhten Separateingang erreichbar. Wie Karl der Große im Westwerk seiner Aachener Pfalzkapelle thronte, so saß hier der Feudalherr, hieratisch vom ›Volk‹ unten im Parterre der Kirche getrennt. Es ist ein trotz seiner blockhaften Geschlossenheit sehr komplizierter Bau, den manches mit der Muttergotteskirche von *Schroma* aus dem 9. Jahrhundert verbindet, einem anderen der Dörfer an der kachetischen Weinstraße.

Wir müssen uns beeilen, programmgemäß und rechtzeitig das Intourist-Hotel ›Kachetia‹ in *Telavi* zu erreichen, der historischen Hauptstadt des Kleinreiches von einst. Es ist ein turmhoher, durch seine Vertikalität brutal und sinnlos die sich sanft abdachende Landschaft störender Klotz, aber es bietet uns nicht nur Obdach, sondern von den Balkons aus im wechselnden Licht unvergeßliche Blicke ins breite Alasani-Tal und hinüber zu den Kaukasus-Ketten. Als ein helles Dreieck erkennen wir fern die Kathedrale von Alawerdi und im Grün des sanften Hanges markieren zwei weiße Pünktchen die Kuppeln von Ikalto. Beides sind Ziele unserer Umschau-Neugier. Zu unseren Füßen liegen Stadt und Festung Telavi auf einer Stufe, die aus dem sacht zur Alasani-Ebene abfallenden Nordosthang der Gomborski-Kette vorspringt, durch einen Steilabfall gesichert. Es ist eine Stelle, die seit der Bronzezeit besiedelt war, später eine Etappe auf den west-östlichen Handelswegen darstellte und als Hauptstadt des georgischen Teilreiches Kachetien eine bedeutende Rolle zu spielen und zu erleiden hatte.

Blick auf Telavi

Kachetien, ein eigenes Königtum, war als Nachbar des persischen Aserbaidschan stets den Pressionen und Repressionen des mächtigen moslemischen Nachbarn ausgesetzt. Aus Aserbaidschan (aus Ardebil südlich des Aras) stammten die Safawiden und die Herrscher dieser Dynastie – Abbas I. wie sein Enkel Abbas II. vor allem – haben Kachetien kriegerisch verheert, ohne es jedoch für Persien gewinnen zu können. Auch die Qadjaren-Schahs setzten dem christlichen Nachbarreich so zu, daß Irakli (Erekle) II. – wir standen in Mzcheta an seinem Grab – 1783 jenen Vertrag mit Rußland einging, dessen zweihundertjähriges Jubiläum Denkmäler an verschiedenen Stellen feiern. In Telavi selbst steht – zwischen dem Intourist-Hotel und dem Bering der von Irakli II. errichteten Königszitadelle sein bronzenes Reiterstandbild, ein Werk des georgischen Künstlers Merab Mesabschwili. Daneben die Reste eines runden Turms, der als Signalstation diente. Mit Hilfe von Feuer- und Rauchzeichen konnte der König, wenn wieder einmal ein feindlicher Einfall drohte, die Gefolgsleute der kachetischen Talschaft mobilisieren.

Die Festungsmauern umschließen den ganz in persischem Stil aus Ziegeln errichteten ›Palast des Erekle‹, mit vier Iwan-Hallen und einem zentralen Saal, wo unter dem lebensgroßen Porträt des Königs in einer Vitrine auf kostbarem Teppich die Vertragsurkunde von 1783 präsentiert wird. Ein Eckraum wird als Geburts- und Sterbezimmer des Herrschers gezeigt. Der Vertrag – eher ein Akt staatsmännischer Verzweiflung – wird heute als ›Dokument der Freundschaft zwischen dem russischen und dem georgischen Volk‹ interpretiert, obwohl dieses Volk von Rußland wenig Gutes erfuhr und – das liegt in der Luft – wenig mit der moskowitischen Systemtreue zu schaffen haben mag. Daß überall – in den kleinen Werkstätten, im Fenster einer Näherei, im Buchladen – die Bilder des sonst abgeschafften Stalin hängen, das ist nicht Gedankenlosigkeit, sondern eine heimliche Hommage an jenen Georgier, der zwar keineswegs ein georgischer Nationalist war, der aber – als roter Zar auf dem Moskauer Thron – endlich einmal die ungeliebten Russen das Beben lehrte.

Innerhalb des Mauerzingels der Festung finden wir auch zwei kleine Kirchen, die Reste eines Bades, den banalen Bau des ›Pädagogischen Instituts‹ und die Gemäldegalerie, die weit über hundert recht mediokre Erzeugnisse französischer, italienischer, niederländischer und deutscher und – am interessantesten – auch georgischer ›Kunstmaler‹ des späteren 19. und des beginnenden 20. Jahrhunderts beherbergt. Die Dame, welche diese Dinge gesammelt und ihrer Heimatstadt geschenkt hat, erhielt, als sie mit 97 Jahren starb, ein Ehrengrab innerhalb der Zitadelle. Wer die Umschau in dieser Galerie versäumt, hat wenig verloren. Man kann die in Telavi konzedierten Tage besser nutzen, nämlich zu Ausflügen in die Umgebung.

Kaum zehn Kilometer entfernt, liegt in der Nähe des Weindorfes *Tsinandali* in einem wunderschönen Park das biedermeierliche Gutshaus des georgischen Dichters und russischen Offiziers Aleksander Tschawtschawadse. 1786 in St. Petersburg geboren, Patenkind der Großen Katharina, wurde er von 1795 bis 1799 im Adeligen Institut erzogen, verdiente sich 1813/14 im Kampf gegen Napoleon Buonaparte seine Sporen, sah erstmals Paris. Seine Bravour im Türkenkrieg von 1828 brachte ihm hohe Auszeichnungen. Der Fürst war angesehen genug, um es sich leisten zu können, seinen Sommersitz Tsinandali zum Treffpunkt der russischen, in den Kaukasus verbannten Dekabristen und der Offiziere des Regiments zu machen, dem auch Lermontow angehörte, und aufstrebende Talente, die zornigen jungen Männer von dazumal, zu fördern. Er selbst war ein bedeutender Lyriker und ist noch heute auch als Übersetzer russischer und französischer Dichtungen ins Georgische außerordentlich populär. Der dichtende General kam 1846 in Tiflis durch einen sinnlosen Zufall ums Leben. Ein Wasserguß aus dem Oberstock eines der Altstadthäuser erschreckte sein Zugpferd, es ging durch und als der Herr im Fond seinem Kutscher zu Hilfe kommen wollte, verwickelte sich sein weiter Mantel in ein Rad der Kalesche, riß ihn aus dem Gefährt, das ihn zu Tode schleifte. In der Kathedrale von Neu-Schuamta wurde der Herr von Tsinandali beigesetzt.

Sein Sohn ehelichte eine Enkelin des letzten georgischen Königs Giorgi XII., seine drei ihrer Schönheit wegen berühmten Töchter gingen gleichfalls standesgemäße Verbindungen ein. Am bekanntesten unter ihnen wurde Nino, die den russischen Dichter und Diplomaten Alexander Gribojedow heiratete, dessen gewaltsames Ende durch den fanatischen Pöbel von Teheran sie schon mit 16 Jahren zur Witwe machte. Wir erinnern uns, die Grabstätte des Paares in Tbilissi gesehen zu haben.

Der Fürst Tschawtschawadse ist durchaus eine Gestalt des ›Feudalismus‹, enger verbunden mit seinen Standesgenossen als mit dem georgischen Volk, aber da er für dessen Sprache eintrat und in ihr dichtete, übersieht man in Georgien gern seinen Stand. Das Gutshaus, in dem er seine Sommermonate verbrachte, ist sorgsam restauriert und ein Museum, in dem Bilder und Dokumente zu den georgisch-russischen Beziehungen (Unterzeichnung des Vertrags von 1783), zu Herkunft und Geschichte der Tschawtschawadse-Familie, zum Schicksal ihrer Mitglieder und vor allem Werke des Dichters in verschiedenen Ausgaben gezeigt werden, dazu eine Reihe von Wohnräumen mit originalen Einrichtungs- und persönlichen Erinnerungsstücken. Der ausgedehnte subtropische Park enthält Hunderte von herrlichen Bäumen aus den verschiedensten Kontinenten. Nur im Vorbeigehen nehmen wir neben den kaukasischen Linden, neben Thuyen, Zypressen und Magnolien eine japanische Kryptomerie wahr und ein besonders schönes Exemplar des spanischen Endemiten Abies Pinsabo.

Unser nächstes Ziel ist die Kathedrale von *Alawerdi*. Auf der nach *Achmeta* führenden Straße verlassen wir Telavi, folgen ihr, bis uns ein Wegzeiger belehrt, daß wir nach rechts abzubiegen haben. Durch die fruchtbare Talebene führt der Weg, und dann steht vor der dunkelbläulichen Bergkette des Großen Kaukasus auf grünem Grund im Lichte flimmernd der mächtige, leicht emporstrebende Bau vor uns. Architektur, eingebunden in die Landschaft, von ihr gleichsam erhöht.

Die mehrmals wiederholte Feststellung unserer Führerin, daß es sich um die zweithöchste Kirche der UdSSR und die höchste in Georgien handle, sagt uns nichts. Der Bau des frühen 11. Jahrhunderts schließt sich – kachetische Baugewohnheiten aufnehmend – eng an die Bagrat-Kathedrale von Kutaissi und den Sweti Zchoweli-Dom von Mzcheta an. Was ihn mit den beiden anderen Hauptwerken seiner Entstehungszeit verbindet, das ist neben der Gemeinsamkeit des Kreuzkuppeltypus die Monumentalität der Baugesinnung und die malerisch-dekorative Auffassung. Dieses ragende Zeungis des hohen Mittelalters ist freilich von der Zeit nicht verschont worden. Ursprünglich besaß die Kirche einen dreiseitigen Umgang, dessen Nord- und Südgalerien vor etwa hundert Jahren abgebrochen wurden. Die auf massiven Pfeilern mit vorgelegten Halbsäulen ruhende Kuppel wurde im 15. Jahrhundert erneuert und im 18. Jahrhundert wiederum verändert, und auch das ausgedehnte, von einer Festungsmauer umzogene Klostergelände, in dem sich ein zweigeschossiger Bischofspalast, das Refektorium, die Bibliothek, ein Glockenturm aus verschiedenen Jahrhunderten erhalten haben, entging nicht dem Wandel der Zeit. Aber der weite lichterfüllte Innenraum der Kirche mit seinen strengen Proportionen hat nichts von seiner baukünstlerischen Einheitlichkeit verloren, bewahrt sogar in seinem Ostteil noch Wandmalereien aus der Erbauungszeit. Man trennt sich schwer von diesem Raum, der den Besucher aus dem Westen besonders deutlich an romanische Räume erinnert, ohne daß er genau sagen könnte, an welchen Bau. Es ist eine Verwandtschaft durch Gleichzeitigkeit eher denn durch gegenseitige Einflußnahme.

Es ist nicht der Tag des jährlichen Alawerdoba-Festes, zu dem die Bauern bei der Kathedrale des Alasani-Tales in fast noch heidnischer Weise christlichen Erntedank feiern, bei dem die Familien nach dreimaligem Umgang um das Gotteshaus, bei dem die Opferlämmer gesegnet werden, die Tiere außerhalb des Mauerzingels köpfen, häuten, um das Fleisch am Schaschlyk-Spieß zu braten. Rauch steigt dann auf wie brausender Gesang. Aber es ist Sonntag heute und abseits von Straße und Parkplatz haben sich Familien aus der Umgebung mit Freunden zu einem Picknick zusammengefunden. Auf einer Decke und weißen Tüchern sind Gurken, Tomaten, Birnen, Melone, Pflaumen ausgelegt, Zwiebeln und Lauch, weißes Brot und dottergelber Kuchen. In einem großen Ballon steht der bräunliche Wein bereit, das nach alter Tradition im Haus bereitete Getränk, naturtrüb und von fruchtigem Aroma wie ein Federweißer oder ›Sauser‹ – und von ähnlicher Wirkung. Harmonika, Klarinette und Trommel begleiten den Gesang, wechseln mit ihm ab, solange der Schaschlyk über einem kleinen Feuer brotzelt.

Noch bevor die Fremden aus dem Bus gestiegen sind, winkt man sie heran, und nur das feste Versprechen, uns nach einer Umschau im Kathedralbezirk als Gäste einzufinden, schafft die Frist, dem Bauwerk zu begegnen, dessentwegen wir hierhergekommen sind. Dann nimmt uns die überwältigende georgische Gastfreundschaft ans Herz. Nur der Fahrer ist suspendiert von der Pflicht, den vom Tamada, dem gewählten Tischkönig, ausgebrachten Lebehochs Bescheid zu tun. Wir haben einige Mühe, ein paar kleine Erinnerungsgaben so anzubringen, daß sie nicht als schnöder Sold wirken. Die gewünschte Gegenleistung, ein deutsches Volkslied nämlich, ist sehr wackelig ausgefallen: beschämend unsicher im Text schon der zweiten Strophe, und musikalisch ziemlich dürftig. Aber es wird freundlich aufgenommen. Ein zweiter und dritter Ballon Wein sind inzwischen angefahren und schon halb geleert. Abschiedswinken. Habt Dank Wano, Malchas, Alik! Mit einiger Schlagseite verlassen wir die frohe Runde.

Die Ruinen der nahegelegenen Festung Bakhtrioni und die an ihrem Fuß liegenden Dörfer Kvemo und Zemo Alvani

Kloster Ikalto

bleiben unbesucht. Nur für das *Kloster Ikalto,* das in nur ein paar Kilometern Entfernung aus dem Waldesgrün des Gomborski-Hanges grüßt, langt heute noch die Zeit. Dieser Komplex wurde im 6. Jahrhundert gegründet und bewahrt eine im 8. oder 9. Jahrhundert erbaute Verklärungskirche, deren Grundriß dem von Zromi (und Samschwilde) repräsentierten Typus einer Vierpfeiler-Kuppel angehört. Die Stützen der Kuppel sind so nahe an die Seitenwände gerückt, daß dem Kuppelraum eine beherrschende Rolle zufällt. Diese Kirche, deren Äußeres im 17. Jahrhundert erneuert wurde, dient heute als ein kleines Museum für Schota Rustaweli, zeigt Ausgaben und Übersetzungen und Illustrationen seines ritterlichen Epos, Fotos, die sich auf seine Zeitgenossenschaft und sein Leben beziehen. Die legendenhafte Überlieferung will wissen, der Homer Georgiens habe hier in Ikalto seine

Kirche von Neu-Schuamta

Bildung empfangen. Das Gebäude der Akademie freilich, welche einst eine der von Gelati vergleichbare Rolle spielte, an der Asen Ikaltoeli Philosophie dozierte, liegt seit 1616 in Trümmern, zerstört durch die Krieger des Perserschahs Abbas I.

Auch *Schuamta* erreicht man auf der von Telavi nach Achmeta führenden Straße, wenn man von ihr links in Richtung Wasiani abbiegt. Nach elf Kilometern weist ein Pfeil nach links. Nach einiger Steigung erreichen wir den Klosterkomplex von *Neu-Schuamta,* ein jüngst erst restauriertes Ensemble, gestiftet von Tinatin, der Gattin König Leons I. von Kachetien (1520-74). Die große Kreuzkuppelkirche weist die für die Spätzeit der georgisch-mittelalterlichen Baukunst charakteristischen Züge auf: die schlanken, fast überschlanken Proportionen und die großen Kreuze, die als beherrschender Blickfang in die Fassaden eingelassen sind. Die Trompengestalt der zentralen Kuppel zeigt eindeutig persische Baugewohnheiten. Die Ausmalung des Innenraumes ist in den unteren Zonen noch eindrucksvoll erhalten. An der Westwand des südlichen Seitenschiffes begegnen wir den ikonenhaften Porträts von König Leon, Königin Tinatin und ihres Sohnes Alexander. Ein Blumengebinde liegt zu Füßen der wappengeschmückten Grabplatte Aleksander Tschawtschawadses.

Zwei Kilometer noch in schattigen Kehren durchs Waldesgrün von Buchen, Eichen und Kastanien, dann weitet sich der Weg zu einem Parkplatz und hinter einem hölzernen Gittertor senkt sich eine duftende, von Hummelgebrumm erfüllte Waldwiese, bis dorthin, wo die Bäume zurücktretend den Blick ins Tal und auf die blau sich staffelnden Ketten des Kaukasus freigeben. Allein diese verzauberte Wiese lohnte träumendes Verweilen, doch sie ist nur der Rahmen für ein Bauensemble, das mit unbegreiflicher Sicherheit in die Landschaft gesetzt, die unbewußte Natur dazu bringt, menschliche Augen aufzuschlagen. Der Klosterkomplex von Dswali-, das heißt Alt-Schuamta besteht aus einer kleinen Basilika des 5. Jahrhunderts, die noch ihre primitive Chorschranke bewahrt hat und zwei Zentralbauten des 7. Jahrhunderts, von denen der größere Plan und Aufbau der Dschwari-Kirche von Mzcheta provinziell verkleinert, der kleinere diesen Plan durch Verzicht auf die Eckräume noch einmal reduziert.

Das Ensemble Alt Schuamta

Zum Markt von Telavi kommen wir immer noch zurecht, einem unter Wellblechdächern zusammengedrängten Mauergeviert am Fuß der Altstadt, wo sie in gesichtslos-billige Neubau- und Industrieviertel übergeht. Der freie Markt, auf dem abgerackerte Mütterchen feilbieten, was der vom Staat einer Familie zur privaten Nutzung konzedierte Grund hergibt: bescheidene Häufchen von Auberginen, Zwiebeln, Knoblauch, Äpfeln, winzigen Birnen, Pfirsichen, von Karotten, Bohnen, Pfefferschoten und Kartoffeln. Petersilie, Basilikum und andere Würzkräutlein liegen gebündelt, ein Dutzend Eier ist zu einer artigen Pyramide geordnet und die prallen Zuckermelonen nehmen ungebührlich viel Raum ein. Die Fühllosigkeit, mit der die Marktbesucherinnen Hennen mit zusammengebundenen Füßen wie Handtaschen überm Arm tragen (wer auf die Tierquälerei hinweist, stößt nur auf Unverständnis und Kopfschütteln), geht so auf die Nerven wie das rücksichtslose und geruchsintensive Geschiebe. Man hat den Markt bald gesehen.

Für den Nachmittag hat Intourist den Besuch einer Weinbaukolchose aufs Programm gesetzt. Sie liegt jenseits der Alasani-Ebene am Fuß der hohen Kaukasusberge. Gibt es in der Nähe keine vorzeigbaren Produktionsgenossenschaften? Der Betriebsleiter begrüßt uns freundlich, stellt sich dann unbewegten Gesichts unseren Fragen, holt sich manchmal Rat beim Oberagronomen, wenn der Weinbauexperte unserer Reisegruppe gar zu spezielle Fragen stellt, geleitet uns dann zu einer liebevoll gedeckten Tafel mit getürmten Platten duftenden Obstes: klein und wurmig manchmal, dafür ungespritzt und von einem Aroma, das man seit Kindertagen nicht mehr geschmeckt hat. In Karaffen steht bernsteinfarbiger Weinbrand, in Krügen hellgelber Wein bereit. Beide sind hausgemacht für den Eigenbedarf.

Ein vom Gastgeber als Tamada ausgebrachtes ›gaumardjoz!‹ folgt dem anderen, der Wein lockert die Zungen. Unsere Intourist-Begleiterin bekennt sich unzufrieden mit ihrem 100-Rubel-Monatsgehalt und der Agronom vertraut uns an, daß 300 Rubel durchschnittlichen Monatseinkommens einer Kolchosbauernfamilie doch nur ein recht bescheidenes Dasein gestatten. Zu der für den Abend angesetzten ›Weinprobe‹ im kühlen Keller des Hotels finden sich nur noch wenige Teilnehmer ein.

Gremi liegt knapp zwanzig Kilometer von Telavi entfernt über dem Ufer des Inzob-Flusses. Noch im 16. Jahrhundert war es die Hauptstadt Kachetiens, mußte diesen Rang erst nach den verheerenden Einfällen der Truppen Schah Abbas' I. am Anfang des 17. Jahrhunderts an Telavi abgeben. Auf dem Hügel über dem Dorf von heute erheben sich eine Kirche des 16. Jahrhunderts und ein alter Wohnturm, dem das 19. Jahrhundert ein Glockengeschoß aufgesetzt hat. Die Kirche von 1565, den mächtigen Erzengeln geweiht, fügt sich in alte Traditionen ein. Es ist ein Kreuzkuppelbau mit zwei freistehenden Stützen. Im schlanken Tambour mit hohen schmalen Fenstern tut sich eine deutliche Vertikaltendenz kund, die der dreigeschossige Donjon in seiner urigen Sprache noch unterstreicht. Die dürftigen Reste der einstigen

Stadt zu Füßen der brav restaurierten Festung (Ruinen von Herbergen, Kirchen, Bädern) sollen uns nicht aufhalten auf unserem Weg nach Aserbaidschan. Schmerzlich, daß wir vom gar nicht weit entfernten, im 4. Jahrhundert gegründeten Kloster Nekressi nichts zu sehen bekommen. Es böte uns eine Dreikirchenbasilika des 6. oder 7. Jahrhunderts, eine aus dem 8. oder 9. Jahrhundert stammende Kuppelkirche, eine Bischofsresidenz aus der gleichen Zeit, der im 17. Jahrhundert ein Turm angefügt wurde.

ASERBAIDSCHAN - EIN ZWISCHENSPIEL

Vom Wein zum Tabak

Die Straßen der Aserbaidschanischen SSR sind – so hat man uns wissen lassen – derzeit noch für den ausländischen Individualtourismus gesperrt. Wer jedoch mit einem Intourist-Bus unterwegs ist, kann auf einer rüttelig-heißen Fahrt doch ein paar Eindrücke sammeln, die geeignet sind, seit Schulzeiten eingewurzelte Vorstellungen von Aserbaidschan als einer fast wüsten Steppenlandschaft über den Haufen zu werfen.

Diese Sowjetrepublik – 87000 qkm, 5,7 Millionen Einwohner – umfaßt nur einen Teil der einst gänzlich iranischen Media Atropatene, nämlich im wesentlichen nur die Kura-Ebene zwischen den von Nordwest nach Südost streichenden Ketten des Großen Kaukasus und dem armenischen Hochland, das seinerseits durch die Arasgrenze politisch geteilt wird. Die Berge des Kaukasus laufen in die Apscheron-Halbinsel aus, die im Kartenbild wie ein Hahnensporn ins Blau des Kaspischen Meeres hineinsticht. An ihrer Südseite liegt um den Halbmond einer weiten Bucht Baku, die Hauptstadt der Aserbaidschanischen Republik. Die Kura-Ebene, etwa zwei Drittel dieses Gebiets umfassend, ist flach, spärlich besiedelt und zeigt sich als ein weißer Fleck auf der Denkmälerkarte des Landes. Mauerzüge und Festungsbauten aus den ersten nachchristlichen Jahrhunderten, Bauten der turkstämmigen Nomaden, die als erobernde Herren seit dem 12. Jahrhundert ihre Herden hier grasen ließen, finden sich eher im Bergland oberhalb der einst sumpfig-ungesunden Ebene. Es sind vor allem Grabdenkmäler (Türben), die heute in einiger Verlassenheit stehen, während die meisten der städtischen Bauten, wie Karawanenherbergen, Bäder, Koranschulen und Moscheen in der Regel nicht älter sind als drei- oder zweihundert Jahre. Die meisten von ihnen sind so gut wie unzugänglich. Der urwaldgrüne Süden der Republik, die Rayons von Lenkoran, Astara, dem südlichsten Kaspi-Hafen der UdSSR, um Jardimli und Masalli sind wegen der Grenznähe zum Iran kein Tummelplatz für Touristen, und die Gebiete (Oblast) von Agdam, Lasin ebenso wie das Nagoro-Karabachische Autonome Gebiet mit dem Zentrum Stelanakert im Südwesten gelten als touristisch unerschlossen und sind der Neugier daher so unzugänglich wie die Nachitschewanische ASSR, ein Grenzgebiet, in dessen Hauptstadt es allerdings hervorragende Meisterwerke islamischer Kunst zu sehen gäbe.

Kirowabad, die zweitgrößte Stadt Sowjetaserbaidschans, die nach der Revolution nur ein paar Jahre lang ihren alten Namen Gandscha tragen durfte, bevor sie nach Stalins Mitarbeiter Kirow, dem gewaltsamen Bekehrer Transkaukasiens zum Leninismus, benannt wurde – nach der russischen Eroberung hatte sie Elisawetpol geheißen –, darf sich rühmen, die Heimat Nizamis zu sein, des großen, neben Firdausi einfluß- und folgenreichsten Dichters persischer Sprache, dem hier ein etwas fragwürdiges Denkmal errichtet wurde. Sie kann nur mit wenigen Zeugnissen aus früherer Vergangenheit locken. Im Norden der einstigen Altstadt steht – oft umgebaut und durchgreifend restauriert – ein Grabbau, dessen Kern auf das 14. oder 15. Jahrhundert zurückgeht, der sein Aussehen aber dem 17. Jahrhundert verdankt. Damals, das heißt im Jahre 1606 entstand auch die Große Moschee der Neustadt, ein flach überkuppelter Zentralbau mit zwei Minaretts persischer Art, der nach mehrfachen Beschädigungen letztmals 1885 grundlegend erneuert wurde. Damals vermutlich auch haben die Stalaktiten ihres Mihrabs die für unseren Geschmack befremdliche Verspiegelung erhalten.

Über hundert Bauten der Aserbaidschanischen SSR aus früheren Zeiten wären des Anschauens wert, doch wir müssen uns mit dem Wissen darum zufriedengeben und buchen schon die Tatsache, daß wir überhaupt etwas von diesem Land zu sehen bekommen, als einen Gewinn. Der Übermut der Ämter und Behörden macht den Menschen klein und dankbar.

Von Telavi sind wir viel zeitiger aufgebrochen, als es die strenge Neun-Uhr-Frühstück-Regel gestattet, also ohne Morgenkaffee, dafür mit einem reichlichen Lunchpaket versehen. Gremi grüßte kachetischen Abschied. Linker Hand begleiten unsere Fahrt über *Kwareli* die blaugrünen Bergketten. Aus dem Reben-, Pappel- und Obstgartengrün blicken die Firste weißblechgedeckter Häuschen, niedlich mit ausgeschnittenen Firstfiguren, gegenständigen Hirschlein und Vögeln geschmückt, in denen wohl uralte religiöse Vorstellungen ungebrochen-harmlose Urständ feiern. Alle paar Kilometer muß die Straße breite Schotterbetten der kurzlebigen, aus dem Gebirge herabkommenden Flüsse überqueren, die nur nach einem Gewitterregen oder zur Zeit der Schneeschmelze Wasser führen, dann aber zu reißenden Ungeheuern anschwellen. Gleich hinter *Lagodechi* bildet ein solches Bett die Grenzscheide zwischen Georgien und Aserbaidschan, aber sie ändert nichts am Bild der Landschaft. Weiterhin stehen uns die blaulichen Kaukasusketten zur Linken. Nur die Weinstöcke fehlen. Aha, denkt man vorschnell, wir sind jetzt in einem Gebiet, das mehr als tausend Jahre lang moslemisch war. Da baut man eben keinen Wein an, weil den nur die Ungläubigen trinken. Es ist, wie wir später merken, eine unfreundliche Illusion, von der uns lange Fahrtkilometer zwischen schier unendlichen Rebflächen heilen werden und endlich die süffigen Sorten, die wir in Baku zu kosten bekommen.

Statt der Rebstöcke stehen also zunächst Tabakstauden auf den weiten Feldern, wechseln mit Birnen-, Aprikosen-, Haselnuß-, Pfirsich-, Mandel- und Pistazienkulturen, arbeitsintensive Plantagen also. Nur sind seit dem Grenzübergang die Siedlungen rar oder unsichtbar geworden. Wenn sich eine zeigt, dann fällt auf, daß die Dächer der rechteckigen Häuschen steiler geneigt sind als in den Talschaften Georgiens. Wo leben die Menschen, die nötig sind, um solch ausgedehnte Kulturen zu betreuen? Ab und zu sehen wir ein Hinweisschild zu einem Kolchos abseits der Straße, sonst nur Bilder wie aus dem Goldenen Zeitalter: eine hellwollige Herde, die im Schatten alter Eichen Zuflucht sucht vor dem steigenden Tagesgestirn; ein berittener Hirt, der rotbraune, dürr- und kleinwüchsige, aber sehr bewegliche Rinder zur Weide treibt; schwarze Büffel, die nur eben Nüstern, Augen und Ohren übers schlammige Wasser halten. Durch eine schattig-schnurgerade Allee alter Walnußbäume läuft unser Weg, begleitet dann von weiten Maulbeer- und Haselnußpflanzungen. Nach kurzer Rast an einer Wasserstelle unter mächtigen Platanen kommt steppenhaftes Gehügel heran, und an seinem Fuß dehnen sich endlose Felder einer Weinbaukolchose. In sie eingesprengt sind ebenso scheinbar unbegrenzte Aprikosen- und Pfirsichkulturen. Die Kaukasusketten, die sich linker Hand immer wieder durch Vegetationslücken sehen ließen, verblauen, werden fast unsichtbar. Weißer Dunst wabert über der Ebene, die Staubfahnen ferner Fahrzeuge stehen unbewegt in der Luft. Hitze brütet auf den Weinfeldern zu Füßen der nur noch von steppendürrem Gras bewachsenen Hügel rechts. Auf der anderen Seite aber, vor den kaum noch ahnbaren Bergen, zeigt sich von fern das Grün einer baumreichen Oase.

Umschau in Scheki

Eine riesige Jungfrau aus silberweißem Blech wendet uns ihre Kehrseite zu. Erst als wir den Straßenkreisel umfahren, sehen wir, daß sie Teekanne und -tasse in Händen trägt. Ein pseudoislamisches Doppeltor mit Schiefereinlagen zwischen den ziegelroten und marmorweißen persischen Spitzbögen, und nach ein paar Fahrminuten grüßt uns das lang erwartete Ortsschild *Scheki*. Diese Stadt an zwei Gebirgsflüssen führte bis 1968 ihren alten Namen Nukha. Unser Weg führt ständig aufwärts im Schottertrichter eines sich aus dem Gebirge öffnenden Tales, das sich endlich teilt und doppelt. Mit flachen Ziegeln benagelte Walmdächer, tief herabgezogen, geben den Häusern hinterm Baumgrün das Aussehen von Pilzen. Im Hotel, an der Hauptkreuzung des Stadtzentrums gelegen, machen wir Quartier, werden dann im Restaurant zur ›Kalten Quelle‹, außer- und oberhalb der Stadt gelegen, freundlich geatzt und genießen die Blicke über die Siedlung. Weniger den über den von Neubaukästen durchsetzten unteren Ortsteil als den über die noch unangetastete Altstadt, die sich mit ihren rostbraunen Hausdächern höchst malerisch ins dunkelbuschige Grün bettet. Die beiden großen Karawansereien sind erkennbar, der wichtigste Anziehungspunkt für den Tourismus jedoch verbirgt sich hinter hohen Platanen: der Palast des Nukha-Khan, erbaut im ausgehenden 18. Jahrhundert. Nach A. Dumas 1782, nach anderen Gewährsleuten erst 1797 errichtet von Mohammed Hassan Khan. Ein Sommersitz, der als einziger Bau innerhalb der 1300 Meter langen und mehrfach restaurierten Zinnenmauer des alten Serails ein verheerendes Erdbeben überlebte. In diesem Bereich finden wir heute den klassizistischen Rundbau einer orthodoxen Garnisonskirche, ein 1895 errichtetes Gefängnis, das heute die Seidenfabrik als Lagerhaus nützt und das bescheidenklassizistische Historisch-Ethnographische Museum, in dem wir uns später umsehen wollen.

Alexandre Dumas notierte: »Der Khanpalast steht auf dem höchsten Punkte der Stadt. Er ist erst 1782 erbaut worden, jedoch von sehr schöner Bauart. Das Schloß mit seinen Arabesken wirkt sehr malerisch, und das Erdgeschoß wurde für den vorübergehenden Aufenthalt zweier Großfürsten renoviert, aber so wie in Rußland alles gemacht wird. Die Arbeit wird nicht über das unbedingt Notwendige ausgedehnt, und man läßt das angefangene Werk wieder verfallen, anstatt es zu erhalten, ja weiter auszubauen.« Worte, die jeder sich merken sollte, der die manchmal ennervierenden Mängel selbst guter Hotels in der UdSSR einzig dem Wirtschaftssystem in die Schuhe schieben möchte. Sie gehören zur Lokalfarbe. Was Dumas père erlebte, als er als Gast des Fürsten Tarkanow in Nukha weilte, zu einer Zeit, als Überfälle durch die noch nicht unterworfenen Lesghier an der Tagesordnung waren und abgeschnittene Feindesköpfe und -hände begehrte Trophäen darstellten, das muß man in seiner ›Kaukasischen Fahrt‹ selbst nachlesen.

Heute ist der Palast – ein zweistöckiger Bau von etwa 33 m Länge, aber nur 8,5 m tief – sorgsam restauriert. Seine Hauptfassade ist der Stadt zugewandt. Die Lisenen sind schön bemalt, zwischen den dichten Mustern der Glasfenster stehen die Iwan-Nischen der Portale. Das Stalaktitenwerk der darüberliegenden Balkonnischen ist neu verspiegelt. Das sind Details, die charakteristisch sind für die persische Spätkunst, ebenso wie die Malereien des Inneren mit ihren realistischen, doch irgendwie an Bauernmalerei erinnernden Blumenstükken, den heraldisch-symbolhaften Sphingen und Löwen an den Decken und – besonderer Aufmerksamkeit wert – dem Schlacht- und Jagdfries im großen Saal des Oberstocks. Er ist ein Ausläufer persischer Miniaturmalerei, der den Betrachter durch seinen kindlichen Stil anzieht, durch die Genauigkeit der Berichterstattung fesselt, durch naive Grausamkeit endlich abstößt. Die Mosaiken der Buntglasfenster sind ohne Bindemittel in fast filigrane Holzgitter eingesetzt und hüllen die Räume in ein üppig-gedämpftes Licht.

Die Führung durch das Historisch-Ethnographische Museum ist bald absolviert. Wir sehen Beispiele der Pflanzen- und Tierwelt der umliegenden Berge (die ausgestopfte Gemse grüßt – trotz ihres kurzen Gehörns – heimatlich), sehen die Gipsbüste eines Neandertalers und – zum Teil in Nachbildung – Vorzeitfunde, Keramik vom Mittelalter bis in die Zeit des Nukha-Khanats, islamische Metallarbeiten, Stick-, Strick- und Webarbeiten der Frauen, Gewänder und formschön-schlichtes Bauerngerät, durch seine klare Funktionalität ästhetisch so überzeugend wie die Waffen, denen ich, eben weil sie Mordgeräte sind, nichts abgewinnen kann. Alte Frauentrachten, Industrieerzeugnisse des 19. Jahrhunderts, dann die Erinnerung an die bolschewistischen Agitatoren und die vieles verschweigende Dokumentation der Machtergreifung durch die Sowjets und den ›Aufbau des Sozialismus‹. Ach ja, das kennt man auch von anderswo. Erinnerungen an die Opfer des Krieges, Statistiken über die Fortschritte der einheimischen Agrar- und vor allem der Seidenproduktion, für die Scheki schon seit langem bekannt ist, in den letzten Jahren – und dann reizende Kinderbasteleien im Vortragssaal, welche die Brücke schlagen zur heranwachsenden Generation.

Beim Weg hinab in die Stadt fallen uns die beiden Karawansereien aus dem 18. Jahrhundert auf, mächtige Steinbauten, die allein durch ihre Maße deutlich von den einstigen Handelsbeziehungen der Stadt reden. Die untere zwar finden wir verschlossen und unzugänglich, die obere jedoch wird gerade restauriert und zu einem Intourist-Hotel umgebaut. Wenn der Plan erfüllt wird, dann können im Jahr 1986 die ersten Touristen dort absteigen, sich in einem sehr orientalisch-stimmungsvollen Rahmen wohlfühlen und zu Fuß oder Roß Ausflüge ins Gebirge unternehmen.

Scheki, das seinen jetzigen Namen – so erklärt uns der Begleiter – von den Sakern ableitet, die in vorchristlicher Zeit hier ansässig waren – Vertreter dieses Volkes sind auf den Reliefs von Persepolis abgebildet, ihr Gebiet war Teil des Achämenidenreiches – liegt etwa 650 m über dem Meeresspiegel, zieht sich aber mit seinen Ausläufern weit die Hänge hinauf. Es hat den behaglichen Charme einer orientalischen Stadt bewahrt. Freilich ragen keine Minaretts in den Himmel, und die einzige Moschee, die noch ›arbeitet‹, wirkt recht bescheiden. Mögen auch nur noch die Älteren den Glaubenspflichten eines Moslems regelmäßig und gewissenhaft nachkommen: daß wir uns in islamischem Gebiet befinden, das verraten die Kopftücher der alten Frauen, ihre mit Henna rötlich, manchmal gar orangerot gefärbten Haare, die Persianerlammfellmützen, welche die würdigen Altmänner trotz der Hitze, die uns etwas zu schaffen macht, auf den geschorenen Köpfen tragen, verraten die Goldhüllen, mit denen auch junge Leute ihre vorderen Schneidezähne überziehen lassen, um bei jedem Lächeln dem Gesprächspartner zu zeigen, daß er es mit jemandem zu tun hat, der sich's leisten kann. Goldlächeln als Statussymbol.

Obwohl sie keine Sensationen bieten, streift man als Fremder gern durch die Gassen mit den steinern-wohlhabenden Häusern, wo über Gartenmauern Weinranken und Granatblüten nicken. Das Grün, das von den Hängen herabfällt, die Wässer, die durch die Stadt rieseln, sie erwecken Erinnerungen ans türkische Bursa. Das ist freilich fern, aber türkisch ist's doch auch hier.

Das Aserbaidschanische ist ein Turkdialekt, folgt den gleichen grammatischen Regeln wie das in der Türkei gesprochene Türkisch, hat allerdings – wegen der vielen Neologismen, die nationalistisch-türkische Sprachreiniger dort einführten – mit diesem nur noch einen Teil des Wortschatzes gemein. Und oft auch meint ein aserbaidschanisches Wort etwas ganz anderes als das gleichlautende in der Türkei. Das aserbaidschanische Türkisch ist die Staatssprache der Sowjetrepublik, in der wir uns bewegen, ist für etwa 63 Prozent ihrer Bewohner Muttersprache und wird nun nicht mehr mit arabischen oder den vorübergehend obligaten lateinischen, sondern mit den kyrillischen Lettern geschrieben, zu denen noch ein paar Zeichen für die im Russischen unbekannten türkischen Vokale treten. Was man über dem Schau-

Zu den Farbtafeln

10 *Teeplantage in Aserbaidschan*

11 *Wandernde Schafherde*

12 *Tischrunde zu Ehren eines 112jährigen*

fenster der Buchhandlung im Stadtzentrum etwas mühsam als ›Kitab-evi‹ entziffert, das entspricht genau dem russischen ›Dom Kniga‹. Außer parteitreuer Literatur und den sozialistischen Vätern, die meterweise in den Regalen verstauben, gibt es nur einige wenige Klassiker der russischen Literatur, etliche Märchensammlungen, aber leider nur auf Aserbaidschanisch, außer einem Band mit Brecht-Gedichten keinerlei Fremdsprachiges und gar nichts, was zur genaueren Unterrichtung über unser Reiseland dienen könnte. Die dunkellokkige junge Dame, die gerade ihre Nägel pflegt, zuckt bedauernd die Schulter: alles ausverkauft. Kommen so viele Fremde hierher?

Auf der Straße nach Baku

Was eigentlich verspricht man sich von einer Reise durch Aserbaidschan? Man hat seinerzeit gehört und später noch einmal gelesen, der größte Teil des Landes sei steppenhaft und dürr. Was sich vor Jahren bei einer Fahrt durch den persischen Teil Aserbaidschans zeigte – bizarr erodierte Bergformationen, im Licht die Farben vom Bläulichen ins Veilchendunkle variierend, Lehmziegelhäuschen und nur in den Flußoasen ein wenig Baumgrün – das läßt einen ähnliches erwarten. Und auch was man auf einem ersten Flug nach Baku gesehen hat, nämlich rötliches und anscheinend kahles Land und dann beim Niedergehen auf den Flughafen die dürre Landschaft, das alles hat die Vorstellung gefestigt, Aserbaidschan sei eben eine armselige Steppe. Und dann erleben wir doch zunächst das Land ganz anders.

Nachdem wir das doppelbogige Tor und an der Weißblechjungfrau vorbei die Straße wieder erreicht haben, die uns gestern herführte, lassen wir uns von ihr durch eine felderreiche Ebene leiten. Am Fuß kahler Hügel ducken sich weißdächig die Kolchosdörfer. Das ist uns inzwischen deutlich geworden – und nicht nur durch die Spruchbandpropaganda, die in Aserbaidschan viel aufdringlicher ist als in Georgien –, daß in unserem augenblicklichen Reiseland die sozialistische Kollektivierung strenger durchgeführt ist.

Einem dünnen Flüßchen folgend zieht die Straße zwischen den Hügeln abwärts. Fahles Gebuckel begrenzt allseits den Blick. Die Siedlung zwischen Pappelgrün, Maulbeer- und Feigenbäumen scheint die letzte Oase, bevor das Steppenland beginnt. Tatsächlich weicht das Weingrün dann goldgelben Stoppeln abgeernteter Weizenfelder. Bizarr gezackte Hügelketten voraus, die, als wir sie durchqueren, an die Erosionsformen des zentralanatolischen Kappadokien erinnern. Abwärts führt der Weg. Für ein paar Minuten schiebt sich der blaue Spiegel des *Mingeschaur-Stausees* ins Blickfeld, verrät aber nichts von seiner enormen Längsausdehnung. Damals, vom Flugzeug aus gesehen, lag er wie ein bläulich schimmernder Fisch mit ausgebreiteten Vorderflosssen unter uns, der auf roten heißen Sand gefallen ist. Er sammelt die Wasser von Kura, Alasani, Iori und vieler kleiner Bergbäche, um das von der Kura durchzogene Flachland vor Hochwassern zu bewahren und der Ebene dann, wenn die Feldfrucht nach Labe dürstet, das lebenspendende Wasser zuzuführen.

Bei Mingeschaur verläßt die Kura wieder den Stausee, um sich gemächlich durch die Ebene zu winden. Die Straße, die über Aksu und Schamachy nach Baku zieht, überquert einen ersten, wie ein stattlicher Fluß in seinem Betonbett dahinziehenden Kanal, der seine Wässer in Nebenarme verteilt und über sie durch Rohrleitungen das dürstende Land tränkt.

Sind es zwei oder drei pausenlose Fahrtstunden im rüttelnden Bus zwischen Wein- und Weizenfeldern, die sich im Hitzedunst horizontlos dahinziehen, eingefleckt dazwischen grüngraues Weideland, darüber weißflockige Herden trippeln? Auf den Drähten der Stromleitung, welche die Straße begleitet, sitzen Vögel, die es bei uns schon längst nicht mehr gibt oder nie gab: Blauracken (Dürer hat eine gemalt), Bienenfresser, dann, so dicht gereiht wie Sechzehntelnoten in einer barocken Partitur, geschwätzige Stare. Amselgroße Merlinfalken fallen ins Geäst der Platanen. Weinlaubgrün, dareingesprenkelt ernteweiße Getreideflächen, Wasserröhren

Das Tal des Ak-Su

und immer wieder kleine Reservoire. Bis dann die Berge, die uns mit ihren schrundigen Flächen linker Hand begleiteten, dunkelgetupft näherrücken. Das breite Bett des jetzt fast ganz trockenen *Ak-Su,* was nichts anderes meint als Weißwasser, wird überquert, die Stadt gleichen Namens bleibt rechts liegen. Völlig überraschend führt dann die Baku-Straße in die Berge hinein, kurvt in engen Kehren durch grünbebuschte Hänge, gewinnt rasch an Höhe. Ein Säulenpavillon auf einem Felsvorsprung und ein Halteplatz laden ein, den Blick in die weite gelb- und grünlich geschachte Ebene, auf die von Eichen, Schlehen, Ebereschen bestandenen Hänge zu genießen. Höher droben noch ein Posten des Fernmeldedienstes und der Gendarmerie, dann ist die Paßhöhe überwunden, abwärts senkt sich die Straße, und gerade, als man vermeint, jetzt sei es wohl vorbei mit der reichen Vegetation, da beginnen die Weinfelder von neuem, sich endlos hinhügelnd bis zum Horizont, wenn sich nicht Walnußplantagen dazwischenschieben.

Bei *Schemacha* halten wir freundlich bewirtete Mittagsrast, aber die Stadt selbst hält uns nicht lange. Die Hauptmoschee, obwohl bereits im 10. Jahrhundert gegründet, geht in ihrer heutigen Gestalt aufs 19. Jahrhundert zurück, auch die alte

Brücke datiert erst von 1829, und die ältesten der ›Sieben Kümbeds‹ auf dem Friedhof, den wir bei der Ausfahrt rechter Hand wahrnehmen, sind kaum mehr als 200 Jahre alt. Die Hitze dröhnt nur so, wir sind dankbar für das bißchen warmen Fahrtwinds, das durch die geöffneten Fenster des Busses hereinströmt. Weinfelder nach Weinfeldern, so weit das Auge reicht, kleine Wasserspeicher dazwischen, bis dann grau-bräunliche Hügel auftauchen und das fahle Gold abgeernteter Getreideflächen die Landschaft beherrscht. Rübenäcker, weitflächig gedehnt, noch einmal Rebengrün, und dann – noch sind es etwa 100 Kilometer bis Baku – trägt die Steppendürre doch den Sieg davon. Zwischen grüngrauen und bräunlichgelben Hügeln zieht die Straße dahin, die den Blick einengen, ihn nur dann und wann freigeben auf fahle Weiten, die unter der Hitze zu zerfließen scheinen. Hochspannungsleitungen, erst ein paar, dann ein halbes Dutzend, dann zehn und mehr begleiten das schwarze Asphaltband, auf dem wir dahinrollen durchs Menschenleere. Schön sind sie nicht, aber tröstliche Versicherung, daß wir nicht in eine völlige Ödnis hineinfahren, daß dort, wo sie hinführen, Menschen wohnen. Ihr Treff- oder richtiger ihr Ausgangspunkt ist das Kraftwerk etwa zwanzig Kilometer vor Baku, und dieses unser Ziel hat sich schon vor dem Sammelpunkt der Energiedrähte durch allerersten Vorstadtschorf angekündigt. Eine Niederung rechts mit dem bleigrauen Spiegel eines Gewässers ist bevölkert von einem halben Schock von Bohr- und Fördertürmen, die Luft, die uns durch die Fenster zuweht, stinkt greulich, voraus erheben sich wie eine farblosgraue Mauer die gegeneinander versetzten Betonblöcke einer der normierten Wohnsiedlungen am Stadtrand. Baku zeigt dem Ankömmling immer zunächst seine eher enttäuschenden oder gar abstoßenden Seiten.

So war es auch bei der ersten Begegnung gewesen. Damals waren wir durch die Luft gekommen, von der Schulbank her nur das Stichwort ›Erdöl‹ im Hinterkopf und noch im Gedächtnis, was Hamsun in seinem Erinnerungsbuch festgehalten hat. »Baku liegt in einer einzigen großen Wolke weißen Staubes. Alles hier ist weiß oder grau, der Kalkstaub lagert sich auf Menschen und Tiere, Häuser, Fensterscheiben und auf die paar Pflanzen und Büsche im Park. Es sieht aus wie eine ganz verrückte Welt, in der alles weiß ist ... Und dann der Ölgestank in der ganzen Stadt! Er ist überall, auf den Straßen und in den Häusern: Öl mischt sich in die Luft, die man einatmet, und ehe man einigermaßen an die Luft gewöhnt ist, muß man unaufhörlich husten. Das Öl mischt sich auch mit dem Staub der Straße, und wenn es windig ist, was hier fast immer der Fall ist, so macht der ölgetränkte Staub Fettflecke auf die Kleider. Baku ist von allen Orten, die wir besucht haben, der ungemütlichste, obwohl wir hier das Kaspische Meer von den Fenstern aus sehen.« Würden wir also nur eine verschmutzte, gesichtslos-langweilige Industriestadt zu Gesicht bekommen, nur das übliche Programm der sozialistischen Errungenschaften abzuspulen haben? Auf was hatten wir uns eingelassen?

Damals war uns die Hitze wie ein Faustschlag in den Nacken gefallen – und dabei war es schon Ende September – und zeigte die dreiviertelstündige Fahrt vom Flughafen zunächst fettig-schmutziges, wie räudiges Gelände, vor-städtische Viertel und Teile der ›schwarzen Stadt‹, der Industriestadt von heute, holprige Straßen, sich bündelnd, Unterführungen, rote Propagandasprüche, wieder und wieder die Züge Lenins, von der Sonne versengte Blumenrabatten, Baumgrün vor Industriebaracken, bis es dann immer städtischer wurde und uns endlich ein riesiges 1500-Betten-Hotel in Empfang nahm.

Was der erste Rundblick vom Balkon zeigte, hatte nichts mit Industriepott und rauchenden Schloten zu tun. Da glänzte der Meeresspiegel unterm wolkenlosen Blauhimmel, zog sich in langem Halbmond die Uferpromenade hin, parkartig gesäumt von einem breiten Band aus grünen Büschen und Bäumen. Der altersschwarze ›Jungfrauenturm‹ deutet an, wo das Dreiviertelrund der Altstadt zu suchen wäre, welche vom Dächerwerk der im wesentlichen aus dem 19. Jahrhundert stammenden Neustadt umzogen wird. Dazwischen- und dahintergestellt und die Höhen im Südwesten besetzend die mächtigen Stein- und Betonkuben der Staats- und Parteibauten, der wissenschaftlichen Institute und des vielstöckigen Hotels Moskwa. Daß die meisten der Ausländer-Hotels – und neue Unterkünfte sind im Bau – in der Nähe des Meerboulevards oder des Kirowparks liegen, das kommt dem Image der Stadt außerordentlich zugute.

Den Tag des Touristen hat Intourist streng für Besichtigungen verplant, die Abende aber sind frei. Tout Baku flaniert zu dieser Zeit in den städtischen Anlagen, bevorzugt in denen am Meeresufer – und genießt hier die frische Brise – oder droben im Kirow-Park, wo ein Kinderkarussel, Autoscooter und hölzerne Reittiere die Kleinen vergnügen. Liebespärchen sitzen händchenhaltend auf den Bänken, riskieren höchstens ganz verstohlen einen Kuß, denn der Austausch von Zärtlichkeiten in der Öffentlichkeit ist hier verpönt. Junge Väter führen rührend besorgt ihren Nachwuchs spazieren. »Sascha, dai rutschku! – Ali, gel!« und die Mütter lächeln, wenn die liebevoll herausgeputzten Kleinen ängstlich, etwas aufgeregt oder dunkeläugig-traumverloren die Ringelspielfahrt genießen.

Drunten im Café Tschinar (das ist Platane), wo man um ein Glas Tee und hundert oder zweihundert Gramm Eis Schlange steht, hat jemand eine Flasche Sekt aufgemacht, um irgendetwas zu feiern – oder auch nur so, weil das Leben so schön sein kann. Ein Rechner schüttelt den Kopf. Schon die Diskrepanz zwischen dem offiziellen Wechselkurs und dem, was dem Fremden auf dem schwarzen Markt geboten wird, ist erstaunlich. Zudem ist das Angebot in den staatlichen Läden, in denen nur harte westliche Währung gilt (sie heißen hier auch Tschinar) dürftig und teuer. Dreihundert Rubel, so hörten wir, verdient eine Familie von Kolchosbauern im Monatsdurchschnitt, fast fünf Rubel kostet ein Liter Sekt – aber überall knallen die Pfropfen.

In den Anlagen am Meer gibts Eis, Bier, Schaschlykbuden, Ruhebänke im Schattendunkel, Gelegenheit, die Beine zu bewegen oder Gespräche anzuknüpfen. Augenkontakt ist schnell hergestellt, der Hellhaarige alsbald als Fremder aus dem Westen erkannt. Sehr viel kommt nicht heraus beim Gespräch, dazu sind die Barrieren zu hoch, nicht nur die sprachlichen. Selbst mit dem goldzahnigen Anglistikstudenten, der sein geläufiges Englisch einzig innerhalb der UdSSR gelernt hat, läßt sich nur über kaum ergiebige Themen plaudern.

Wer im Hotel Moskwa droben auf der Höhe des Kirowparks untergebracht ist, muß sowieso bald aufbrechen, die letzte Zahnradbahn da hinauf geht noch vor 22 Uhr. Das Abendvergnügen ist kurz hierzulande.

Umschau in der Stadt

In der UdSSR reist man nicht, man wird von Intourist gereist. Strenger Zeitplan: 9 Uhr Frühstück, 10 Uhr Stadtrundfahrt. Drei Stunden, in denen Namen und Zahlen auf den Teilnehmer herabprasseln. Bereits im 9. Jahrhundert gegründet, liegt Baku – man wird es uns noch mehrfach sagen – an einer Bucht der Südseite der Halbinsel Apscheron, ist die Hauptstadt der Aserbaidschanischen SSR, zählt eindreiviertel Millionen Einwohner und besitzt daher schon lange eine U-Bahn. Der Name soll ›Stadt der Winde‹ meinen, denn angeblich weht an den meisten Tagen vom Kaspimeer, dem größten Binnensee der Erde, 28 Meter unterm Meeresspiegel gelegen, ein Wind, der die Stauhitze vertreibt und freieres Atmen ermöglicht. Wir wären dankbar, wenn die Stadt heute ihrem Namen Ehre machte, aber die Luft steht, bei 42 Grad im Schatten. Baku ist die fünftgrößte Stadt der

Sowjetunion, ihr wichtigster Hafen am Kaspisee, verfügt über eine 1919 gegründete Universität und weitere zehn Hochschulen, über sechs Theater und eine Vielzahl von Sportanlagen.

Nicht daß man bei einer solchen Busrundfahrt, bei der man mit Zahlenmaterial überschüttet wird – so im Schwall abgeliefert, sind die Informationen schneller noch vergessen als gehört – und man wie ein Wendehals mal links, gleich wieder rechts, denn wieder links, links, rechts schauen soll, eine Stadt wirklich kennenlernte. Das keineswegs, doch man bekommt einen ersten Eindruck von ihrer Schokoladenseite – also eigentlich dessen, was man dann auf eigenen Beinen wandelnd nicht noch einmal in Augenschein zu nehmen braucht. Die meisten der etwas klobigen Neubauten bleiben uns trotz klingender Benennungen stumm, ob es sich nun um die ›Aserbaidschanische Staatliche Kirow-Universität‹ in der Patrice-Lumumba-Straße, das Aserbaidschanische Erdöl- und Chemie-Institut, andere Einrichtungen des Akademischen Stadtviertels, um Bibliotheken oder Theaterbauten handelt. Doch sie künden davon, daß heute hier ein reges kulturelles Leben herrscht – in den offiziellen Bahnen kanalisiert –, wo vor nicht einmal hundert Jahren kaum einer der

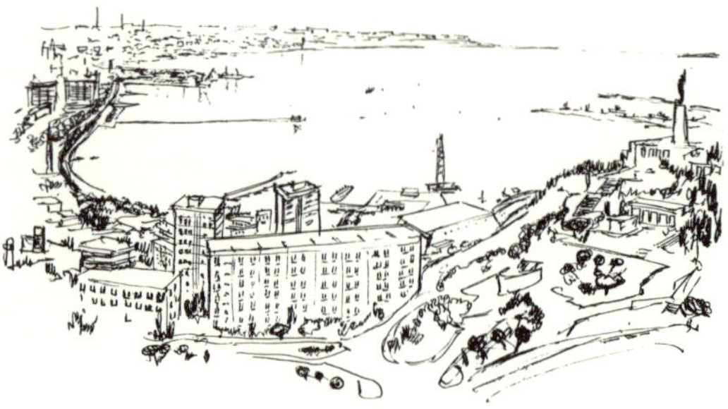

Blick auf Baku

Einheimischen lesen oder gar schreiben konnte. Die Lehrerin, die als erste es unternahm, Kinder – und sogar Mädchen! – zu unterrichten, in ihrem Tun behindert und schließlich umgebracht, hat ein wesentlich besseres Denkmal verdient als das mediokre Machwerk, das uns im Vorbeifahren gezeigt wird.

Viele der Bauten, die wir vom Bus aus sehen, stammen aus der ›bürgerlichen‹ Epoche Bakus. So das Rathaus (der ›Palast des Stadtsowjets‹), einst die Stadtwohnung des Bürgermeisters, entworfen von einem französischen Architekten in üppigem Renaissancestil, heute geschmückt mit dem dikken Wappen der Stadt, das drei Feuerbälle über Wasserwogen zeigt, so das der venezianischen Cà d'oro nachempfundene heutige Heim einer wissenschaftlichen Akademie, so der ›Hochzeitspalast‹. Dazwischen Warenhäuser von heute und Amtsstellen oder andere Büros in Altbauten an den geraden, einem ungefähren Schachbrettmuster folgenden, platanenbeschatteten Straßen. Ein freundlicher Maskenball der Stile, wo jeder gelten darf, wo das Alte gepflegt wird und Neues Platz findet, sich zu entfalten, wie die neue Kongreßhalle am Kirow-Prospekt, einer der Hauptstraßen der Stadt, auf der wir den ›Zentralpark‹ erreichen, in welchem uns beim *Denkmal der 26 Kommissare* das Kapitel von Revolution und Etablierung der Sowjetmacht aufgeblättert wird – freilich nur recht unvollständig.

Das Baku des späten 19. und beginnenden 20. Jahrhunderts war eine kolonial-kapitalistische Industriestadt (die Firma Alfred Nobel & Co unterhielt hier bedeutende und gewinnbringende Werke). Wen wundert's, daß unter der schlecht bezahlten Arbeiterschaft bolschewistische Propaganda Gehör und Anhänger fand, daß andererseits die Besitzenden ihre Stellungen nicht so ohne weiteres räumen wollten. Genug: Am 25. April 1918 wurde in Baku eine Sowjetregierung ausgerufen, jedoch gelang es den ›Weißen‹ mit türkischer und deutscher Militärhilfe am 1. August 1918 die Macht zurückzugewinnen und mit den Gegnern abzurechnen. Viele Verdächtige wurden verhaftet, die Gefängnisse füllten sich.

26 Komissare, die als Hauptschuldige an dem Umsturz galten, wurden in die Wüste geschleppt und dort erschossen. Nackt, was für moslemisches Gefühl die ärgste Schmach bedeutet. An der einen Seite des Parks zeigt ein Relief die Hinrichtung, in der Parkmitte steht das Ehrenmal, prunklos und von klaren Linien. Ein Rundbau, nach oben und den Seiten offen, ein Reif nur, von ein paar Pfeilern getragen, in dessen Mitte – nur wenig übers Bodenniveau erhöht, Kopf, Schultern und Arme eines in Trauer gebeugten Mannes aus dem Boden wachsen, der eine Schale mit ›ewiger Flamme‹ in den Händen hält. Es gehört zum Ritual einer sozialistischen Hochzeit, daß die Neuvermählten hier das Brautbukett niederlegen. Dabei darf ein Fotograf genausowenig fehlen wie bei der Kranzniederlegung durch eine Delegation aus dem befreundeten Ausland. Nur wie hinter vorgehaltener Hand sei erinnert, daß, nachdem die Sowjets die Macht erneut gewonnen hatten, das Pendel zurückschlug. Mit aller Härte. Der in Baku so allgegenwärtige Sergej Mironowitsch Kirow (1886-1934) hat gründlich mit allen potentiellen Gegnern aufgeräumt. Da wurden nicht nur 26 Rädelsführer umgebracht, sondern Hekatomben, von denen kein Denkmal berichtet.

Um zwei oder drei Ecken nur, und man traut seinen Augen nicht. Da steht auf weitem Platz ein vielstöckiges Ungetüm: der *Regierungspalast*. Von den Ecken seiner vier massigen Ecktürme stechen nadelspitze Obelisken ins Himmelsblau. Pfeilerbündel, Rundbogenarkaturen und Loggien – Palladio auf orientalisch – dekorieren dieses Monster aus der Stalinzeit, dessen man sich in Baku ein wenig schämt. Jedenfalls ist er auf dem Stadtplan, den die Hotelrezeption verteilt, nicht eingezeichnet. Aber was soll man mit ihm tun. In der Mitte des Ehrenhofes wirft von hohem Sockel ein mehrfach überlebensgroßer Lenin den Rednerarm in die Höhe, zu seinen Füßen aber liegt kahl und brutheiß der Plattensee des Aufmarsch- und Kundgebungsgeländes. Nicht einmal ein Hund überquert zur Mittagszeit diesen halben Quadratkilometer. Auch die auf dem dunklen Asphalt markierten Verkehrskreisel vor dem hochgetürmten Hotel Aserbaidschan sind um diese Zeit tot, die nahegelegene Fremdsprachenbuchhandlung hält schon Mittagsruhe. Am liebsten überließe man sich einer ausgiebigen Siesta. Nichts da, die Rundfahrt hat drei Stunden zu dauern – und wir haben ja noch gar nicht die Altstadt gesehen, das eigentlich Sehenswerte von Baku.

Also schnell den belebten Neftjanikow-Prospekt entlang, den breiten Boulevard, der den Uferpark stadtseitig begrenzt. In ihn sind die Anlagen vor dem Lenin-Museum einbezogen, das wir nur im Vorbeifahren wahrnehmen. Der Säulenbau mit zentralem Kuppelraum erinnert von fern an das Lincoln Memorial in Washington DC. Die aufwendige Brunnenanlage davor ist allerdings gerade abgestellt. Abends, wenn halb Baku am Meer promeniert, dann rauschen ihre Wässer hollywoodbunt angestrahlt. Das Museum ist kein ›Muß‹ und wenig lehrreich. Es zeigt – ausgewählt nach der Parteilinie – Dokumente zur Geschichte der Kommunistischen Partei Aserbaidschans. Man braucht es nicht aufzusuchen, um zu erfahren, daß in Baku schon 1901 eine erste geheime Druckerei gegründet wurde, die eine bedeutende Rolle bei der Verbreitung von Lenins revolutionärer Zeitung ›Iskra‹ spielte.

Islamisches Baku

Unser Bus hält in der Nähe der *Jungfrauenbastei* (auch ›Mädchenturm‹ genannt), dem Wahrzeichen Bakus oder zumindest seiner Altstadt. Keine alte Abbildung, die den Bau nicht zeigte. Es handelt sich um einen fast dreißig Meter hohen, sich sanft verjüngenden Kegelstumpf, gegen dessen Fuß einstmals die Wellen schlugen. Eindeutig ein Wehrbau, verrät der Turm doch nichts von seiner Geschichte zwischen dem 5. oder 6. Jahrhundert, der Zeit der Sassanidenschahs, welche die Fundamente auf den anstehenden Fels setzte, und dem 12. Jahrhundert, das die oberen Teile mit den ihm eigentümlichen Schmuckformen versah. Es heißt, nie habe ein Feind dieses Verteidigungswerk besetzt. Völlig rätselhaft ist Absicht und Funktion des massiven Sporns, der das niedrigere Mauerwerk überragt. Als Wellenbrecher kann er nicht gemeint gewesen sein, auch wenn der Volksmund ihn so nennt. Zum ersten Geschoß mußte man einst auf Strickleitern turnen; von ihm aus führt eine Treppe innerhalb der Mauerstärke zu acht übereinanderliegenden flachkuppelig überwölbten Rundräumen mit offenem Mittelscheitel. Wölbetechnisch eine Meisterleistung. Von oben her konnte vor der wohlgemeinten Restaurierung das Himmmelslicht bis ins unterste Geschoß herabsickern. Eine auf Zahlen versessene Bauforschung hat errechnet, daß in diese Festung 2900 (oder sagen wir der Bequemlichkeit halber gleich dreitausend) Kubikmeter Stein verbaut wurden. Man ist übereingekommen, in diesem Wahrzeichen Bakus eine Fluchtburg für die Bevölkerung von einst zu sehen. Aber längst sind noch nicht alle Fragen beantwortet, die der ›Mädchenturm‹ stellt. Während wir die Treppen hinaufsteigen, lassen wir die Probleme zurück. In den einzelnen Stockwerken fesseln Foto-Doku-

Baku, Jungfrauenbastei

mentationen zum Bau selbst und zu mittelalterlichen Befestigungsbauten in Aserbaidschan unser Interesse, und auf der obersten Plattform angelangt, fragen wir nicht, ob hier oben einst Geschütze aufgestellt waren und auf welche Weise sie hier heraufgelangten, sondern freuen uns des Ausblicks auf die neue Stadt ringsum und auf die alte zu unseren Füßen.

Wir schauen von oben herab auf die Arkaden eines alten Bazars, die jetzt museal genutzt werden als Lapidarium für Inschriften, Sarkophage und archaische Tierfiguren: Totembilder der einst in Aserbaidschan herrschenden Turkmenenstämme der ›Weißen‹ und der ›Schwarzen Widder‹. Eine schwungvolle Reklameschrift macht auf die *Karawanserei* aufmerksam – eigentlich handelt es sich um zwei einander gegenüberliegende Karawanenherbergen –, ein bei Touristen besonders beliebtes Lokal, das am Abend fast immer ausgebucht ist. Hier kann man in den Zellen, in denen einst die Kaufleute Unterkunft fanden, auf niedrigen Diwanen von niedrigen Tischen aserbaidschanische Gerichte probieren (meist deftiges Schaschlyk, dem pikante Vorspeisen wie Käse, Gemüsebrei, gefüllte Weinblätter präludieren). Das alles ist sehr hübsch aufgemacht, in erster Linie dazu bestimmt, dem Fremden Devisen zu entlocken. Das saftige Aufgeld, das er entrichten muß, um statt des Hotelabendessens eines in der Karawanserei zu genießen, muß in harter Valuta bezahlt werden und weil man meint, die Touristen aus dem Westen kämen ohne laute Musik nicht aus, dröhnt bald aus der Kellerbar vierfach verstärkte Disco-Musik. Wer keine Plätze zum Abendessen mehr buchen kann, braucht sich nicht zu grämen: man kann seine Abende in Baku recht gut anderweitig verbringen. Zum Beispiel bei einem gemütlichen Spaziergang durch eben diese Altstadt.

Aber noch knallt die Mittagssonne herab. Nahe des Jungfernturms sehen wir eine armenische Kirche, die wohl demnächst zur Restaurierung ansteht, eine bereits restaurierte weitere Karawanenunterkunft aus dem 17. Jahrhundert, und dann besuchen wir in einer einstigen Moschee aus dem 19. Jahrhundert das *Teppichmuseum*.

Aus dem Bestand von etwa fünftausend Exemplaren, die in den Magazinen lagern, sind hier einige charakteristische zur Schau gestellt, in ihren zugleich gedämpften und leuchtenden Naturfarben ein Fest für die Augen. Kelims gibt es zu bewundern, gewebte Teppiche, in die Farbakzente eingeknüpft sind, und reine Knüpfteppiche aus Schirwan, Baku, Karabagh, Täbriz (das – erheiternder Versprecher der Führerin – ›noch‹ auf persischem Staatsgebiet liegt) und dazu auch ganz neue Produkte aus den staatlichen Knüpfereien in der Stadt, ›Bildteppiche‹ mit iranisch-aserbaidschanischen Landschaften, mit Porträts von Revolutionsvätern (ein besonders großer Teppich mit Lenins Bild hängt in dem nach ihm benannten Museum; wie viele Mädchen wie viele Monate und für wie schmalen Lohn daran gearbeitet haben, das verrät man uns nicht), mit Phantasiebildern bedeutender Gestalten aus der aserbaidschanischen Vergangenheit.

An prominenter Stelle finden wir Nizami, den großen Poeten. Weil er in Gandscha, dem heutigen Kirowabad, mithin also in der SSR Aserbaidschan geboren wurde und dort auch um 1202/03 als über Sechzigjähriger starb, reklamiert man ihn als Vater der aserbaidschanischen Literatur. Eine Straße ist nach ihm benannt, ebenso die am opulentesten ausgestattete Metro-Station, und als fad-belanglose Denkmalsfigur steht er gegenüber dem Museum der Literatur Aserbaidschans, einem Bauwerk, dessen Fassade von ›persischen‹ Fayencemustern umzogene Nischen gliedern. Das war einst das ›erste Hotel‹ der Stadt. Die in jeder Hinsicht gleichgültigen Statuen, welche die Iwan-Nischen zieren – unbekannte aserbaidschanische Autoren, darunter auch das einer Frau, einer literarisch tätigen Tochter eines der letzten Schirwan-Schahs –, sollen nicht abschrecken. Wer genügend Zeit hat, wird einen Besuch in diesem Museum nicht bereuen. Es gibt nicht nur belehrend-Gedrucktes, sondern auch köstliche Teppiche und farbige Miniaturen zu sehen.

Nizami hat nicht im türkischen Dialekt seiner Heimat gedichtet, sondern in persischer Sprache und gehört, zusammen mit Firdausi (gest. 1025), dem Sänger des ›Königsbuches‹ – Heine: ›seines Liedes Riesenteppich, zweimalhunderttausend Verse‹ –, mit Enweri (gest. 1152) und mit den späteren Dichterkollegen Dschalal ed-Din Rumi (gest. 1262), Saadi (gest. 1291), Hafis (gest. 1389) und Dschami (gest. 1492) zum Siebengestirn mittelalterlich-persischer Dichtung. Sein Dasein – überschattet vom frühen Verlust der Mutter und der geliebten Frau – verlief unauffällig und still, war ein ›Weg nach innen‹. Kein fürstliches Angebot konnte ihn in den goldenen Käfig höfischen Dienstes locken. Die Wirkung seines Werkes aber war gewaltig und begann schon zu seinen Lebzeiten. Nizami hat nicht – wie unsere Führerin lehrt – »die Märchen aus 1001 Nacht ins Aserbaidschanische übersetzt«, sondern in persischer Sprache Versromane geschaffen, die als ›Fünfer‹ zusammengefaßt, ungezählte Male abgeschrieben, mit köstlichen Miniaturen versehen und von anderen Dichtern – von Indien bis in die Türkei – nachgeahmt wurden. Nizamis Pentateuch besteht aus der ›Schatzkammer der Geheimnisse‹, zwanzig lyrisch-philosophischen Abhandlungen zu existenziellen und sittlichen Grundfragen, dem Alexanderroman (ein Stoff, der vor und nach ihm viele Federn in Bewegung gesetzt hat), den romantischen Liebesgeschichten von Chosrau und Schirin und von Leila und Madschnun und endlich der kunstvollen Rahmenerzählung von den ›Sieben Bildern‹ (Haft Peiker) der sieben Prinzessinnen, die der Perserschah Bahram Gur in einem Bildersaal als die ihm bestimmten Frauen erblickt, die er zu Gattinnen gewinnt und deren jede ihm in ihrem, in der Farbe ihres Wochentagsplaneten gehaltenen Kiosk-Pavillon eine zu dieser Farbe stimmende Geschichte erzählt. Obwohl die ihrerseits in einen kunstvollen Rahmen gespannte Märchenerzählung von den Rätseln der Prinzessin Turandocht, welche die russische Prinzessin dem Schah am Dienstag unter der roten Marskuppel zum besten gibt, durch Gozzi, Schiller, Puccini auf die europäische Bühne gelangte, blieb Nizami, der den Stoff zum ersten Mal gestaltete, bei uns so gut wie unbekannt. Hammer-Purgstall, Rückert, Georg Jacobi haben Teile seines Werks ins Deutsche übersetzt, aber diese Texte sind in Bibliotheken eingesargt. Einzig die Prosaübertragungen oder -nachdichtungen, die im Züricher Manesse-Verlag erschienen, können uns einen Abglanz des Originals vermitteln. Die handlich-schmalen Bändchen, mit Wiedergaben erlesener Miniaturen ausgestattet, sind freundliche Begleiter auf einer Reise in den immer noch persisch geprägten Osten. Kenner der Originale nennen die ›Sieben Geschichten‹, welche der Dichter 1197, also nur wenige Jahre vor seinem Tode vollendete, »die Vollkommenheit selbst« (Blochet), »das Reifste und Feinste an metrischer Erzählungskunst« (Hellmut Ritter), »sieben köstliche Verzauberungen« (Jan Rypka).

Wir, die wir uns schwer tun, auch nur die kursive Nastalik-Schrift zu entziffern und auf persisch wenig mehr zusammenbringen als ›Herr Doktor, mir tut der Zahn weh‹, müssen uns, was Metrik und Versmusik angeht, als Taube und Blinde belehren lassen. Aber die kühne Bilderpracht, die die Sonne in ihrem Mantel aus Scharlach versinken und hinter ihr die Nacht mit Abendsternblüten im blauen Gewand aufstehen läßt, wir können sie verstehen, wenn wir zu abendlicher Stunde hinausschauen über das sich verdunkelnde Meer. Goethe, der sich unter allen persischen Dichtern vor allem Hafis verbunden und verwandt fühlte, dem weinfrohen Mystiker von Schiraz, hat gesagt:

»Wer den Dichter will verstehen,
Muß in Dichters Lande gehen.«

Wir sind in Nizamis, des Dichters Land, öffnen, durch ihn und seine Bildersprache aufgeschlossen, unsere europäisch-stumpfen Sinne für die ewiggleichen und doch immer erschütternd neuen, bezaubernden und geheimnisvollen Spiele der Schöpfung, die man heute egoistisch-schäbig nur noch ›Umwelt‹ nennt. Nichts Besseres kann man in ein paar Ruhestunden unternehmen, als sich von Nizami in Träume entführen zu lassen. Der schöpfungsfromme Poet predigt nicht Religion noch Moral. Nicht Chor noch großes Orchester müssen ein ›Brüder, überm Sternenzelt / muß ein guter Vater wohnen‹ anstimmen. Das ist ihm, der um alle Absurditäten und alle Heillosigkeit der Welt weiß, nicht mehr und nicht weniger als eine fraglose Gewißheit.

Obwohl wir schon mit Eindrücken vollgestopft sind, ein Besuch im *Schirwan-Schah-Palast* gehört unbedingt dazu, wenn man die moslemische Altstadt erleben will. Den Komplex umgibt eine hohe Mauer, die nur zwei schmale Pforten und zwei große, mit Schießscharten versehene Tore durch-

Baku, Khanpalast

brechen. Sie ist allerdings eine Zugabe des 19. Jahrhunderts, denn ursprünglich lag der Palast frei inmitten der geschäftigen Altstadtgassen. Das Ensemble treppt sich in drei Ebenen auf. Im untersten Hof liegen ein Bad und eine Zisterne, auf dem nächsthöheren Niveau, im zweiten Hof, stehen das Grabmal des Schahs und eine Moschee mit ihrem Minarett, auf der dritten Ebene stehen das Diwan-Hane, der offizielle und zugleich Wohn-Palast des Schahs, den eine Mauer ausdrücklich vom dritten, dem innersten Hof trennt, und das Mausoleum des Hofastronomen Said Jahia Bakuwi. Von der zugehörigen kleinen Moschee blieben nur Ruinen. Der oberste Hof war mit Steinplatten belegt, mit Wasserbecken, murmelnden Fontänen und Blumenrabatten versehen, bot dem Auge schöne Ausblicke und dem Besucher kühlenden

Meerwind. Der Wohnpalast des Schahs gruppiert in zwei Geschossen zwei Dutzend Räumlichkeiten um einen überkuppelten Achtecksaal. Das Diwan-Hane stellt sich uns als ein mittelalterlicher ›Kreuzgang‹ dar, dessen Mitte ein achteckiger Kuppelbau einnimmt, den eine Säulengalerie umzieht. Der heute gängigen Bezeichnung zum Trotz ist die einstige Funktion des Bauwerks keineswegs eindeutig festzulegen. Seltsam jedenfalls, daß seine Grundrißfigur nur zwei räumlich wie zeitlich sehr ferne Entsprechungen findet: in der Qubbat as-Sulaibiya bei Samarra am Tigris (2. Hälfte des 9. Jahrhunderts) und in den Grabmälern der islamischen Sklavenherrscher Indiens (Lodigräber in Delhi, 15. Jahrhundert). Ist das nur Zufall? Auch der Schah-Palast von Baku stammt im wesentlichen aus dem 15. und 16. Jahrhundert. Allerdings wurde er – nach langdauerndem Verfall – nach 1920 sehr entschlossen und nicht gerade zimperlich restauriert. Immerhin hat diese Aktion das einmalige Ensemble bewahrt. Wir können es durch labyrinthische Gänge und auf schmalen Treppen durchstreifen, uns an dekorativen Details erfreuen. Daß es im Bereich der UdSSR nur ein – aber völlig andersgeartetes – Gegenstück findet, in der Schah-i-Zinda-Nekropole von Samarkand nämlich, das bestätigen unserem Gefühl auch namhafte Fachleute.

Der Palast ist wie nebenbei auch eine Art Museum der Geschichte Aserbaidschans und ein Ort, an dem man seine Füße ausruhen und die Gedanken in die Vergangenheit wandern lassen mag. Aber es gibt in Baku natürlich ein eigenes Historisches Museum (Oliza Malygina 4) mit einer Schatzkammer für die kostbarsten Fundstücke, mit einer archäologischen, einer ethnographischen Sammlung und einer Dokumentation zur Geschichte der Sowjetherrschaft im Lande.

Die ältesten Spuren menschlicher Anwesenheit, die im Bereich der Apscheron-Halbinsel zutage kamen, sind bloße 40- oder 30000 Jahre alt. In den Höhlen des Abedagh hat bereits der Urmensch der Altsteinzeit Zeugnisse seiner Existenz hinterlassen, und auch anderwärts in Aserbaidschan wurden seine Werkzeuge gefunden. Reicher bezeugt ist die neolithische Kultur, die einer über Jahrtausende sich erstreckenden (R)Evolution. Damals ward der Mensch seßhaft, begann er, Tiere nicht mehr nur zu jagen, sondern zu domestizieren. Offenbar aus einer Zeit, da der behauste Mensch nicht mehr ausschließlich auf die Jagd ging, dürften die ältesten Zeichnungen an den Felsen von *Kobistan* (Gobustan, etwa sechzig Kilometer südwestlich von Baku) stammen: Menschen- und Tiergestalten, Jäger, Tänzer, Trommler. Man setzt sie ins 2. Jahrtausend v. Chr. Wie Funde aus der Gegend von Nachitschewan bezeugen, kannte man schon seit dem 3. vorchristlichen Jahrtausend die Kunst der Eisengewinnung.

Damals lebten in den Gebieten des heutigen Aserbaidschan und Iranisch-Kurdistans die Bergvölker der Lullubäer und Gutäer. Mit ihnen vermischten sich später wohl kaspische Völkerschaften. So entstand der Staat der Mannäer, welcher lange Kriege mit den Assyrern zu führen hatte und bis ins 7. Jahrhundert v. Chr. bestand. Kimmerier und Skythen, die über den Großen Kaukasus nach Vorderasien einfielen, brachen die Burgen der Urartäer, schreckten selbst die Assyrer und besetzten vorübergehend Medien. Als die Meder das Skythenjoch abwarfen, im Verein mit den Königen Neu-Babylons das Reich der schrecklichen Assyrer zerstörten, machten sie auch dem der Mannäer ein Ende. Es wurde zur Provinz ›Kleinmedien‹ und fiel unter Kyros dem Großen mit ganz Medien ans neue Reich der Perser, war als Media Atropatene eine Satrapie des Achämenidenreiches. Ihr nördliches Gebiet hieß nach den kaukasischen Albaniern ›Albanien‹ (die Namensähnlichkeit mit dem Balkanstaat der Skipetaren ist rein zufällig und braucht uns nicht zu verwirren) und entwickelte sich im 3. und 2. Jahrhundert v. Chr. zu einem selbständigen Gebilde, dessen Ebenen nach Strabon (63 v. Chr.-26 n. Chr.) besser bewässert waren als die Felder Babyloniens oder Ägyptens. Die Spuren seiner Hauptstadt Kabala sind im Kreis Kutascheni gefunden worden. Dieser Ort entwickelte sich vermutlich bald zu einer bedeutenden Drehscheibe des Handels und damit des kulturellen Austausches. Im 14. Jahrhundert haben ihn die Mongolen ausradiert.

Im Jahre 69 v. Chr. griff der römische Feldherr Pompejus, nachdem er Tigranes den Großen von Armenien besiegt hatte, die Albanier an. Diese erlitten eine Niederlage in der Kura-Ebene, aber die Römer konnten sich in dem entlegenen Gebiet nicht durchsetzen. Eine lateinische Inschrift aus dem späten 1. Jahrhundert ist alles, was sie hinterließen. Mit (in Klammer gesetzten) Ergänzungen lautet sie folgendermaßen: IMP (eratore) DOMITIANO CAESARE AVG (usto) GERMANIC (o), L(ucius) IVLIVS MAXIMVS (centurio) LEG(ionis) XII FUL(minatae), besagt also nur, daß sich zur Zeit Domitians (81-96) ein Hauptmann im Fels verewigt hat.

Zu Beginn des 3. Jahrhunderts wurde die Atropatene dem Sassanidischen Großreich einverleibt, wurde dessen zoroastrische Staatsreligion auch hier verbindlich. Doch ›Albania‹, von Armenien her fürs Christentum missioniert, konnte – vor allem nach dem römisch-persischen Teilungsvertrag von 387 – eine gewisse Selbständigkeit wahren. Zeugnisse des frühen und des armenischen Christentums sind die Klöster von Tsitseravan und Kizilwank, zu denen der Weg uns ebenso verschlossen ist wie zu den Ruinen der Stadt Barada (25 km von der Bahnstation Jewlach entfernt), die um 500 gegründet wurde und Kabala überlebte.

Im 7. Jahrhundert entstand in Albania die Konföderation von Gardman, ein friedliches halbes Jahrhundert von der Dynastie der Mihraniden regiert, in lebhaftem Austausch mit der persischen Atropatene. Persisch wurde die Wissenschafts- und Literatursprache, was enge Beziehungen zu Georgien und Armenien nicht ausschloß.

Gardmans Nordgrenze war befestigt durch die ›Langen Mauern‹, die nomadischen Feinden den Weg verstellen sollten. Ein nahöstliches Gegenstück zur Großen Mauer Chinas – wenn auch nur 120 Kilometer lang. Einziger Durchgang: das Tor von Derbent. Diese einstige Grenzfestung gehört heute zur Daghestanischen ASSR, die einen Teil der Russischen Föderation bildet. Sie steht nicht auf dem Programm für ausländische Neugierige. Vielleicht ersparen wir uns eine Enttäuschung, wenn wir nicht darauf dringen, die heutige Stadt zu besehen. Suggestiver sind vielleicht doch die Zeilen, in Alexandre Dumas' Reiseerinnerungen. »Ein tatarischer Friedhof vor einer Hügelkette verriet uns die Nähe von Derbent. Dann sahen wir die pelasgische Mauer, die sich bis ans Kaspische Meer erstreckt und uns den Weg versperrt hätte, wenn sich nicht ein hohes Tor von orientalischer Bauart vor uns geöffnet hätte ... An der Mauer standen regungslos starkbewaffnete Männer. Sie sprachen nicht miteinander, sie sahen die vorübergehenden Weiber nicht an, sie schienen zu träumen. Derbent ist wirklich das ›Eiserne Tor‹, das Asien von Europa trennt, es ist eine echte Grenzstadt, zugleich europäisch und asiatisch.« Schon Dumas bezweifelte, daß die Mauern »von den Pelasgern erbaut« wurden, datiert sie richtiger »um das Jahr 562 zum Schutz gegen Justinian errichtet«.

Um die Mitte des 7. Jahrhunderts beendete der Einfall der Araber, die im Namen Allahs und des Propheten zur Unterwerfung der Welt unter die Gesetze des Islam aufgebrochen waren, die ruhigfriedliche Entwicklung. Sie stießen auf den Widerstand der Bevölkerung, konnten ihre Herrschaft erst im frühen 8. Jahrhundert festigen. Die Steuerpolitik der Kalifen – 750 hatten die Abbasiden die Omayyadendynastie gewaltsam abgelöst – trieb die friedlichen Albanier zum Aufstand. 816 begann ein Kampf, der erst 30 Jahre später mit der grausamen Hinrichtung des Anführers Babek endete. Aber auch der Sieger, das Kalifenreich, war vom Kampf geschwächt und mußte erleben, daß sich halb oder ganz unabhängige Staaten entwickelten. Der gewichtigste unter ihnen war das Emirat von Schirwan. Die Schirwan-Schahs haben in Nord-Aserbaidschan und in Baku die Angriffe der türkischen Seldschuken im 11. Jahrhundert überdauert, obwohl sie nicht verhindern konnten, daß vor dem Mongolenschrecken geflohene Türken im Lande seßhaft wurden, daß sich ihr oghusischer Dialekt schließlich als Umgangssprache Aserbaidschans durchsetzte. Die Schreckenswogen, mit welchen der entsetzliche Timur Lenk den gesamten Orient überflutete, berührten das Westufer des Kaspischen Meeres nur am Rande.

Der ›Vater aller Dinge‹, wie der ›Dialektiker‹ Heraklit den Konflikt (polemos) nennt, hat das Gebiet der heutigen Aserbaidschanischen SSR zwar zeitweilig verheert, hat es aber auch vielfältig befruchtet. Die Literatur blühte – wir brauchen bloß an Nizami zu denken –, die Baumeister entwarfen persisch-seldschukische Werke, in die vielerlei Anregungen – von Indien wie vom armenischen Anatolien her – einflossen.

Das Khanat von Schirwan überlebte – manchmal nur mühsam – die hilflosen Nachkommen des lahmen Timur, die Turkmenen vom Clan der Schwarzen und der Weißen Widder, mußte sich dann (um 1500) allerdings dem unter Schah Ismail ausgreifenden Safawidenreich beugen, wurde ihm aber nicht einverleibt. Es war auch nicht der einzige, halb selbständige, halb stets von Persien bedrohte Kleinstaat im Gebiet Aserbaidschans. Zeitweise gab es über ein Dutzend seinesgleichen – aber es hätte wenig Sinn, hier diese verschlungenen und verschlagenen Machtkämpfe nachzuzeichnen. Jedoch unter Peter dem Großen, der die osmanisch-persischen Auseinandersetzungen nutzte, faßte Rußland nicht nur am Schwarzen, sondern auch am Kaspischen Meer Fuß. Ohne nennenswerten Widerstand zu finden wurde es zum Nachbarn Daghestans und damit war Aserbaidschan in sein Vorfeld gerückt. Ein Land, das nie so wie seine christlichen Nachbarn im Spannungsfeld rivalisierender Großmächte gestanden hatte, dem anders als Armenien und Georgien die Bindungen ans oströmisch-byzantinische Reich und das Christentum mangelten, das somit fast ausschließlich islamisch geprägt war und ist, wurde zum Ziel zaristischer Expansionspolitik.

Man erinnert sich: 1783 hatte sich Georgien unter russischen Schutz gestellt, seit 1801 war es eine russische Provinz. Fath Ali Schah von Persien, von Napoleon I. umworben, aber ohne viel Vertrauen in französische Versprechungen, versuchte Georgien für sich zu retten – erfolglos. Im Golestan-Frieden mußte Teheran nicht nur auf alle georgischen Ambitionen verzichten, sondern auch Derbent, Schirwan, Karabagh preisgeben. Da die Grenzen dieser Gebiete nur unscharf umrissen waren, kam es immer wieder zu Reibereien, Hin- und Herverhandlungen, bis der Zar kurzen Prozeß machte, die Gebiete militärisch besetzen ließ, womit eine neue Situation geschaffen war. Die öffentliche Meinung seines Landes – nationale Empörung im Zeichen des schiitischen Islam, Freiwillige drängten sich zum Krieg gegen Rußland – zwang den Perserschah zu einer neuen kriegerischen Runde. Wiederum blieb Rußland siegreich. Im Frieden von Turkmancay (1828) wurde der Aras als russisch-persische Grenze festgelegt. Eine Grenzlinie, die bis auf eine spätere ›Schönheitskorrektur‹ – die Bezirke Masalli, Lerik und Lenkoran südlich der Kura-Mündung wurden besetzt und dann nicht mehr an Persien zurückgegeben – noch immer gilt.

Seither haben sich die beiden Teile Aserbaidschans verschieden entwickelt. Der iranische nahm an allen Schicksalen des Iranischen Kaiserreiches teil, war während des Zweiten Weltkriegs von den Sowjets besetzt, bildete einmal eine eigene Republik unterm russischen Fittich – Ereignisse, die auch nur in Umrissen zu referieren hier nicht der Raum ist. Das nördliche, zum Zarenreich geschlagene Gebiet war noch lange ein Land der Unruhe, das sich weder dem Zaren als Haupt der christlichen Orthodoxie, noch dem zaristischen Verwaltungszentralismus fügen wollte. Ein ›Wilder Süden‹, in dem es so erbarmungslos und halbzivilisiert zuging wie in Amerikas Wildem Westen vor 150 Jahren.

Immerhin profitierte die neue – islamische – Provinz von den zaghaften Fortschritten zaristischer Politik. 1870 wurde auch hier die Leibeigenschaft aufgehoben: eine Bahnlinie nach Tbilissi wurde gebaut und 1900 die direkte Verbindung nach Moskau und St. Petersburg hergestellt. Das Erdöl – auch wenn man damals seinen Wert noch gar nicht richtig einzuschätzen wußte – lockte schon seit den fünfziger Jahren des vergangenen Jahrhunderts wagemutige Unternehmer an. In entsprechendem Maße strömten Arbeitssuchende vom Land in Baku zusammen. Das international-kapitalistische ›bürgerliche‹ und zugleich ›proletarische‹ Baku war – Petersburg lag so fern – ein Experimentierfeld für die sozialistischen Klassenkämpfer. Wenige Jahre vor dem Ende des 19. Jahrhunderts wurde ein sozialdemokratischer Zirkel gegründet, nach heute amtlicher Lesart hat schon 1901 in Baku ein Komitee die Ideen Lenins propagiert. Es soll die Generalstreiks von 1903 und vom Dezember 1904 organisiert haben wie den von 1913/14. Nur 6 Tage nach der Oktoberrevolution wollten die Bolschewiki auch in Baku die Macht ergreifen. Daß es ihnen mißlang, und wie es weiterging, darüber wurden wir beim ›Denkmal der 26 Kommissare‹ unterrichtet.

Genuß der Gegenwart

In einem Museum soll man sich ans Schaubare halten. Schaubar, das sind die Teppiche, Waffen, Schmuckstücke, Münzen und Gewänder, welche das *Geschichtsmuseum* versammelt – jedes Stück eine Freude und nur schade, daß es die Zeit nicht erlaubt, sich so unbedenklich dem Genuß hinzugeben. Schaubar, das sind im mittleren Hof des Schah-Palastkomplexes die Inschriftenreliefs von Bajilow, die der russische Orientalist J. Beresin auf einer küstennahen Insel im Golf von Baku fand. Eine der vielen kleinen Burgen, die im Mittelalter ringsum entstanden, die später von den Wellen überspült wurde, kam durch ein Sinken des Seespiegels vorübergehend wieder ans Licht. Die verwitterten Steintafeln im Format von etwa 70 mal 30 cm fassen vielerlei zusammen: abstrakte und realistische Motive und figürliche, darin vieles zu vielem kommt, sich Zuströme aus allen Richtungen der Windrose – aus Persien, Armenien, Georgien, vielleicht auch aus dem mittelalterlichen Rußland begegnen. Die Inschrift wurde entziffert. Sie bezeugt als Architekten einen Abu Raschid ibn Said ed-Din, den Steinmetzenmeister Raschid und als Baudatum das Jahr 1234/35.

Um den Stil des mittelalterlichen Baku kennenzulernen, müßte man wenigstens auch einige der Burgen (wieviele es gibt, darüber ist man sich nicht einig) beschauen, den festen Turm von *Romani* (13./14. Jahrhundert), die beiden Forts von *Mardakjani* aus etwa der gleichen Zeit, die Sommerresidenz und -festung der Schirwan-Khane bei *Nardan* genauer besehen können. Aber nur wer sich – gegen einige Deutsche Mark, Fränkli oder Dollar für einen freien Nachmittag an den hellsandigen Intourist-Strand an der Nordküste der Apscheron-Halbinsel transportieren läßt, kann hoffen, eine dieser festen Stätten wenigstens im Vorbeifahren zu erblicken.

Als man die Besucher um 18 Uhr nicht unfreundlich, aber sachlich aus dem Museum hinauskomplimentiert, da verspüre ich keine Lust ins Hotel zurückzukehren und auch keinen Hunger. Meine Versuche, mit ein paar Strichen und Schraffuren Eindrücke festzuhalten, strapazieren die Geduld der redseligen Zufalls-Reisegenossen. So long – dann bleibt man für sich. Das Licht wird gelblicher, eine Brise vom Meer her weht sachte Kühlung. Nichts hübscher als zu dieser Zeit durch die autofreien Gassen der Altstadt innerhalb der Mauern zu streifen, wo halbnackte Kinder unbekümmert und hingegeben spielen können, die Familien hinter ein paar Zaunplanken unter einem weiten Weinstock zu Abend essen, die fülligen Frauen vor der Haustür sich zu einem Schwatz zusammenfinden. Einen ganzen Sack mit Kaugummi oder Kugelschreibern müßte dabei haben, wer all den bescheiden und zaghaft geäußerten Bitten nach diesen begehrten Dingen entsprechen wollte. Mit nicht mehr als dem Fotoapparat und dem Skizzenblock im Beutel zuckt man bedauernd die Schultern. Freilich gibt es hier nicht nur idyllische Gartenhöfe, sondern auch sehr enge und düstere Wohnlöcher, nur durch dunkle und lieblose Korridore zu erreichen. Und manche Häuser sind seit dem letzten oder vorletzten Erdbeben (über solche Naturkatastrophen zu sprechen ziemt sich in der UdSSR genau so wenig wie über Verkehrsunfälle) in einem so erbärmlichen Zustand, daß ein glaubhafter Vorwand besteht, sie zu ›sanieren‹, das heißt abzubrechen. Fast alle alten Altstadthäuser stehen auf älteren Fundamenten, und wenn man nur die Erdgeschoßmauern restaurierend ergänzt und im alten Stil hochzieht, dann entstehen die alten Bäder, Läden, Bazare, Herbergen neu. Eine etwas zweifelhafte historische Substanz wird dazugewonnen, auf Kosten des lebendigen Lebens. So wird aus einer bewohnten Altstadt langsam ein totes Präparat. Die Stadtmauern aus dem 15. Jahrhundert (Dumas: »Die Befestigungen von Baku sind uralt und gleichen den stärksten Burgen des Mittelalters. Die Mauern sind dreifach und die Tore so eng, daß man mit einer Troika nicht hindurchfahren kann.«) sind, soweit sie nicht dem Verkehr geopfert wurden, schon beinahe zu Tode restauriert, und doch ists immer noch eine Freude, ausgehend vom doppelten Bogentor unweit des Nizami-Denkmals ihnen zu folgen: erst ein Stück außen-, dann später innenherum in die engen Gassen hineinzuschauen. Draußen, jenseits des grünen Gürtels, der die Mauern umgibt, lärmt und stinkt der Großstadtverkehr.

Ich gönne mir noch ein Vergnügen besonderer Art: das einer Schiffchenfahrt auf dem Wasser. Vom Landesteg in der Nähe des Schemzuchina-Restaurants stechen alle 10 Minuten Motorboote in See. Ich ordne mich ein in die wartende Menschenschlange, erstehe für wenige Kopeken den Fahrschein, suche mir einen Sitzplatz und freue mich des regsamen Geschaukels, als das Boot in den Abend hinausfährt. Brandige Himmelsröte liegt über der Stadt, deren Lichter im Kontrast dazu seltsam grünlich wirken, während des Wassers spitzzüngiges Gewelle das Rote widerglänzt und die Lichter zu zitternden Fäden verlängert. Es ist die Zeit, da – um mit Nizami zu reden – »die Sonne in ihrem Mantel aus Scharlach versank und hinter ihr die Nacht aufstand mit der

Abendsternblüte im blauen Gewand.« Die Fahrt geht nicht sehr weit hinaus auf das größte Binnenmeer der Erde, nur etwa 20 Minuten sind es bis zu einer Boje, die den Wendepunkt markiert. Sie bringt also keine Sensationen – obwohl man ja nicht jeden Tag auf diesem fremden Gewässer fährt –, aber ein erholsames Aufatmen und ein enges Beieinander mit Menschen, denen man vermutlich niemals mehr im Leben begegnen wird und die den schnell als Fremden Erkannten nicht als Wundertier betrachten, sondern ihm lächelnd und höflich entgegenkommen. Einfache Freundlichkeit ohne Hinterhalt. Nach einer Dreiviertelstunde ist der Ausflug schon zu Ende, aber weils so schön war, stelle ich mich noch einmal um ein Billet an. Die Nacht ist schon ganz hereingesunken, in den samtdunklen Himmel haben sich die Sterne eingestickt. »Nachdem der Abend über die smaragdfarbene Himmelskuppel die weißen Blütenblätter der Sterne verstreut hatte und die Nacht ihre Ambralocken über die Erde gebreitet hatte, die Sternmuscheln im Ozean des Nachthimmels aufleuchteten« (Nizami), fahren wir wieder der Stadt zu, deren künstlicher Sternenschwarm in langen Lichtbahnen uns entgegenzittert.

Felsbilder und Feuertempel

Den Ausflug ins Tal der Felsmalereien bei Gobustan (Kobistan) haben wir der Intouristvertreterin regelrecht abbetteln müssen. Es sei zu weit, meint sie, die Zeit lange nicht, zu heiß sei es dort außerdem. Heiß ist die mehr als einstündige Fahrt allerdings, aber in Baku ist es auch nicht kühler. Etwa sechzig küstennahe Fahrtkilometer sind es bis zu unserem Ziel. Wir sind uns im klaren, daß selbst ein tage- oder wochenlanger Besuch uns nicht ›alles‹ zeigen kann in diesem in der UdSSR einzigartigen Freilichtmuseum vor- und frühgeschichtlicher Zeichenkunst. Aber wir sind nicht als forschende Fachleute unterwegs, sondern um ein breites Bild eines Landes zu gewinnen.

Von der Sonne geblendet, gewöhnen sich die Augen nur schwer daran, das aufzunehmen, was sich darbietet. Wer die lebensnahen Höhlenbilder der Dordogne oder von Altamira kennt, wer an die Felsbilder der Sahara, des Tassili n'Ajjer vor allem denkt, der steht hier etwas hilflos vor den reptilartigen Jägern, den kokonförmigen Gestalten, die – offenbar Frauen – sich unter der Zeichnung eines Stieres versammeln. Wir sehen Strichmännchen auf der Jagd nach einem mit wenigen Linien beschworenen Hirsch mit würdig-weitem Geweih. In einen Felsblock sind präzise die Umrisse nicht genau zu identifizierender Tiere eingeritzt. Eine Technik wie in der algerischen Sahara – und doch redet das hier eine andere Sprache. Wir sind auf die etwas spärlichen Erklärungen des lokalen Führers angewiesen, es fehlen uns – hinabgetaucht in den Brunnenschacht der Vergangenheit – die Orientierungshilfen. Aus freier Hand sind sie nicht zu gewinnen. Und Zeit für vergleichend-geduldige Umschau haben wir nicht – das wußten wir schon, als wir auf den Ausflug drängten. Trotz allem bereut man das Unternehmen nicht. Und wie nebenbei ist auch mancher Eindruck von der Umgebung Bakus abgefallen.

Wir kommen noch zurecht zum mit freundlicher Eile servierten Mittagesssen. Ansage der Begleiterin: Um 14.30 Abfahrt zum Besuch des Feuertempels.

Das ist keine erquickliche Fahrt. Sie führt etwa auf den Straßen, die wir früher einmal vom Flugplatz herein zurückgelegt haben, wieder hinaus ins Vorstädtische und zu Schmutz und Übelgeruch, und dann – in einer Vor-Vorstadt (einst einem entlegenen Dorf), umgeben von Öltürmen ein fünfeckiger Bezirk mit einem Torbau, das *Ataschgah,* das ›Haus des Feuers‹. Im Inneren läuft parallel zur Mauer ein Podiumssockel, über dem sich ringsum die dunklen Eingänge zu kleinen Räumen öffnen, einst Unterkünften für Priester oder Pilger. In der Mitte steht auf einem schmucklosen Podest ein Vierpfeilerpavillon mit einer Bogenöffnung an jeder Seite, bekrönt von einer bescheidenen Kuppel, unter der das heilige Feuer brennt. Feuer schlägt auch aus den vier

Baku, Ataschgah

Essen über den Eckpfeilern. Das ist kein Kunstwerk der Architektur, aber wer sassanidische Feuertempel nur als Ruinen kennt, nur ihre Abbilder auf Silberschalen der Sassanidenschahs, nur ihre bauliche Nachkommenschaft (darunter vor allem das Samanidenmausoleum im fernen Buchara), für den ist der Besuch ein ›Aha‹-Erlebnis, und er vergißt gerne, daß das, was er heute sieht, kein lebendiges Heiligtum mehr ist.

Die Stätte dürfte freilich schon seit früher Zeit heiliges Ansehen genossen haben, schon seit früher Zeit gibt es Nachrichten über die ewigen Feuer an dieser Stelle und die ersten Europäer, die herkamen, sprechen von ihnen. Die heutige Baugestalt dürfte kaum älter sein als das 18. Jahrhundert. Von dieser Zeit stammen die ältesten der etwa 20 Sanskritinschriften über den Türen der Pilgerzellen. Sie legen die Vermutung nahe, der Tempel sei von indischen Parsen gebaut worden, Anhängern der Religion Zarathustras – unter den Sassaniden Staatsreligion Persiens –, die von den erobernden Moslems verfolgt wurden und im Iran nur noch eine winzige Minderheit (etwa 20 000 in und um Yazd) sind. In Indien, vor allem im Raum von Bombay, bilden sie noch eine größere, durch die gehobene soziale Position ihrer etwa 100 000 Mitglieder einflußreiche Gemeinde. Reinheit des Wandels und Reinerhaltung der Welt im Dienst des Lichtprinzips, das ist ihr Anliegen, ihre Farbe ist das Weiß, das Feuer Symbol ihrer Lichtreligion. Es zu unterhalten ist eine der Grundpflichten.

»Werdet ihr in jeder Lampe Brennen
Fromm den Abglanz höhern Lichts erkennen,
Soll euch nie ein Mißgeschick verwehren
Gottes Thron am Morgen zu verehren.«

Das rein brennende Feuer, das keine Rückstände hinterläßt, bestimmte von früh an schon die Atropatene zum heiligen Land der Zarathustrier. Und eine – unbeglaubigte – Überlieferung sucht ja auch den Geburtsort des Verkünders in Aserbaidschan. Die Sitte der Parsen, ihre Toten in ›Türmen des Schweigens‹ (Bombay, Yazd) den Vögeln des Himmels zum Fraß auszusetzen, um weder die Erde durch ihre Bestattung noch das Feuer durch ihre Verbrennung zu verunreinigen, hat ihnen viel Verfolgung eingetragen. Was die beamtete Dolmetscherin – sichtlich unter der Hitze leidend – von Leichenverbrennungen hier im Ataschgah erzählt, paßt nicht ins Bild. Eher, was A. Dumas notiert: »Die Parsen sind infolge der grausamen Verfolgungen über die Jahrhunderte die demütigsten Leute der Welt. Wir wollten dem Feuertempel dieser armen Menschen einen Besuch machen. Dazu mußten wir zwei Stunden fahren, und dann erreichten wir einen Hügel, von dem aus wir sämtliche Feuer übersehen konnten:

Man stelle sich eine Fläche von etwa einer Quadratmeile vor, aus der unregelmäßig etwa hundert Flammensäulen auflodern, die der Wind ausbreitet, krümmt und wieder hoch bläst oder bis zum Erdboden niederdrückt. Inmitten dieser niemals erlöschenden Feuer steht ein großes viereckiges Gebäude, aus dessen Zinnen wie aus riesigen Gasbrennern hohe Flammen lodern. – Der Anblick war prächtig und ungewohnt. Nur an großen Feiertagen findet diese Festbeleuchtung statt, aber unsere Ankunft war angemeldet, und deshalb konnten wir sie bewundern. Diese armen Leute werden seit zweitausend Jahren verfolgt und bemühen sich jetzt, jeder Obrigkeit zu gehorchen, welche sie gewähren läßt. Aber wer das Kloster besichtigen will, muß sich beeilen, denn es wird nur noch von drei Feueranbetern bewohnt, einem Greis und zwei jungen Männern, von denen der eine erst vor einem halben Jahr aus Indien gekommen ist.

Einige Stufen führen zum Altar, auf dem natürlich auch ein ewiges Feuer brennt. An die Mauer lehnen sich zwanzig Zellen für die Jünger dieses Aberglaubens, vor einer stehen in einer Nische zwei kleine indische Götzenbilder. Ein Parse zog nach unserer Ankunft sein Priestergewand an, ein anderer, der ganz nackt war, bekleidete sich mit einem Hemd, und zu unseren Ehren wurde nun die Vorstellung einer Hindumesse gegeben.«

Die ›Vorstellung einer Hindumesse‹ gibt es heute hier nicht mehr, auch keine Priester, die sich beim Klang der Becken mit dem Gesicht zu Boden werfen, sondern nur noch eine Museumswärterin, die uns die fensterlosen Zellen aufsperrt, die heute eine der üblichen ›Dokumentationen‹ enthalten und eine – nicht nach Dumas' Beschreibung, sondern nach den Skizzen des Malers Gagarin eingerichtete – Wachs- oder Tonfiguren-Schau darbieten. Lebensgroße, halbnackte, langhaarige Gurus, langgewandete Pilger ums Feuer: ein verstaubt-abstoßendes Panoptikum aus dem Baku vor beinahe 200 Jahren.

Vor etwa 100 Jahren erloschen hier die heiligen Flammen. Das ›Haus des Feuers‹ wurde verlassen. Erst seit 1969 ›arbeitet‹ das Ataschgah wieder als Museum und Touristenziel. Die aus dem Unteren gespeisten Feuer von einst werden heute durch kaum kaschierte Rohrleitungen künstlich am Leben erhalten. In einer der Zellen entdeckt der gar zu Neugierige die Regulatoren für die ›ewigen‹ heiligen Flammen.

»Die Stadt besteht aus zwei getrennten Teilen, nämlich aus der weißen und der schwarzen Stadt. Erstere ist modern und wurde erst seit Beginn der russischen Herrschaft erbaut, aber das alte Baku, die schwarze Stadt, die Stadt der Perser und frühere Residenz der Khane, hat ein eigentümliches Gepräge. Sie ist von alten Mauern umgeben, die natürlich nicht gegen Geschützfeuer gebaut sind.« So läßt es sich bei Alexandre Dumas nachlesen.

Heute ist es gerade umgekehrt. Die Altstadt bildet mit der sie umgebenden des 19. Jahrhunderts die ›weiße‹ Stadt und ›schwarz‹ ist das Eastend, wo die Bohrtürme stehen, wo es – wie zu Hamsuns Zeiten – nach Öl stinkt, jenes Gebiet, an dessen Rand sich die kompakten Riegel der hohen Wohnklötze wie ein breites Walhall aufrichten – oder ists nicht eher ein Nifelheim fronender Zwerge? –, die Wohnstadt, in die kein Intourist-Programm führt. Man muß schon auf eigene Hand mit der U-Bahn (eine Fahrt kostet jeweils ja nur 5 Kopeken) von der Station ›Nizami‹ bis zur vorläufigen Endstation Neftchilyar hinausfahren, muß dort auf den eintönig geraden Straßen zwischen einander zum Verwechseln gleichenden Wohnblocks herumwandern, um sich ohne Worte seinen freudlosen Reim zu machen auf freudige Parolen und Utopien. Wobei man andererseits nicht vergessen darf, daß ganz Enormes geleistet wurde und ein Vergleich mit dem Baku vor der Revolution hier einfach gar nicht anzustellen ist.

Aber wir wollten uns doch zum Erdöl aufmachen. Vierzig Jahre bevor Knut Hamsun sich in den Betrieben umsah, welche die Firma Alfred Nobel & Co hier unterhielt, wußte Dumas über den Hauptausfuhrartikel Bakus zu berichten: »Naphtha ist ein brennbares, leichtes und in gereinigtem Zustand durchsichtiges Erdöl. Aber auch nach der Reinigung verbreitet es beim Brennen einen dicken Rauch und hat einen unangenehmen Geschmack. Es wird zum Verpichen von Weinschläuchen benutzt ... Naphtha entsteht bei Zersetzung von festem Asphalt oder Erdpech durch unterirdische Feuer ... Man hat rings um die Stadt, besonders am Meeresufer, verschieden tiefe Brunnen von drei bis zwanzig Metern gegraben, und zwar durch tonhaltigen Mergelboden, der mit Naphtha getränkt ist. Aus etwa hundert dieser primitiven Brunnen wird schwarzes Naphtha gewonnen und aus fünfzehn weißes. Jährlich werden etwa hunderttausend Zentner produziert, welche sowohl nach Persien wie auch nach Tiflis und Astrachan ausgeführt werden.«

Inzwischen weiß man mehr mit ›Naphtha‹ anzufangen, als damit Weinschläuche zu verpichen oder es nach Persien zu exportieren. Obwohl im Wolga-Ural-Gebiet (um Romaschkino-Kuybischew) ein ›zweites Baku‹ entstanden ist und auch in Sibirien (Irkutsk) Erdöl gefunden wurde, Baku also nicht mehr das einzige, nicht einmal mehr das wichtigste Erdölgebiet der UdSSR ist, gilt sein Öl immer noch als ein wichtiger Pfeiler der sowjetischen Energiewirtschaft. Förderzahlen will unsere Begleiterin, die doch sonst immer Statistiken sprudelt, nicht nennen.

Lastwagen, Baracken, Staubwolken begleiten die Straße hinaus in jenen Teil des Erdölgebietes, den ein Ausländer zu sehen bekommt und den er auch nach Belieben fotografieren darf. Jenseits der Landgrenze geht es zu Fuß auf Brücken,

Bohrinseln bei Baku

Stelzen, Bohlen, Planken weiter zu Plattformen von Bohrinseln, gittrigen Obelisken, begleitet von Masten, Drähten und Kabeln, Geländern und Gerüsten. Scheinwerfer, Gleise, bündelweise mehr als armdicke Röhren mit Ventilen und Schraubrädern, zwischen Inseln und Stegen da und dort ein langsames Boot. Kaum ein Mensch begegnet uns. Wir fühlen uns wie in einem seltsamen Totenreich zwischen blankem Meer und blauem Himmel, wie Ameisen auf einem feinen Skelett, das zwischen Blankheit und Bläue bestattet ist. Olga versucht, irgendwelche Informationen abzuliefern, leicht irritiert, weil ihr Pulbikum Enttäuschung darüber kundgibt, daß es hier »nichts zu sehen« gibt. Ein Vorlauter fragt, ob man uns denn von den wirklichen Förderstellen fernhalte und uns hier nur Kulissen zeige. Der ganze Kreis lacht – und Olga lacht einverständig mit.

Da alles gut und ohne zu lange Aufenthalte verläuft, sind wir so rechtzeitig wieder in der Stadt, daß Andenkensucher noch ein paar Einkäufe tätigen können, und noch ein gutes Stündchen Zeit bleibt zum Besuch des *R.-Mustajew-Kunstmuseums* (Ulica Tschalowa 9), das neben alt-heimischem Kunstgewerbe, neben europäischen Porzellanen vor allem Gemälde, Graphiken und Skulpturen zeigt. Wir wollen uns nicht mit den Kopien nach Raffael aufhalten, nicht mit den zweitrangigen Niederländern und Italienern (das Porträt eines Medici von Sustermans sticht heraus), nicht mit den theatralischen Schinken historischer Unglücksfälle. Selbst die mit einigen überzeugenden Werken vertretene russische Malerei des 19. Jahrhunderts darf uns nicht fesseln. Wir suchen die Bilder der einheimischen Maler, aber was sie in Paris oder Venedig schufen, auch das – so schön manches ist – soll nur wie beiläufig gesehen werden. Die knappe Zeit erlaubt uns nicht, die malerischen Qualitäten auszukosten. Wir wollen – einige wenige Tage nur in Aserbaidschan unterwegs – Bilder sehen, die mit Vergangenheit und Gegenwart, mit Natur und Menschen dieses Landes hier zu tun haben. Wir wollen sie sehen mit den Augen derer, die hier lebten und die es verstanden, das, was sie sahen, zum einprägsamen Bild zu formen. Die Namen der Künstler haben wir noch nie gehört, haben sie, kaum entziffert, auch schon wieder vergessen. Was solls, daß wir uns ein paar von ihnen notieren: Azim Azimzadeh (geb. 1880), Genzafer Khalykov (geb. 1898) als Vertreter der Kunst um 1900, die späteren Jahrgängen angehörigen Sattar Bakul-zadeh (geb. 1909) und Shmavon Mangasarov (geb. 1906), als Vertreter der um 1930 geborenen Generation Rasim Babaye (geb. 1928), dessen silbrige Ballons auf schwarzen Stelzen vor tiefblauem Himmel auf einem gelbdünigen und zerrissenen Wüstenboden einen noch im Traum verfolgen, Togrul Narimanbekov (geb. 1930), Muslim Abasov (geb. 1931), Mikhail Abdulayev (geb. 1921) ... Wir schauen Gesichter der Menschen, die dieses Land bewohnen und es geprägt haben (schon die Porträts im ›persischen‹ Stil, die das 18. Jahrhundert hinterlassen hat, gehören zur Sache). Die Genreszenen aus dem alten Baku, die Farben des Landes und der Früchte, die es hervorbrachte, die der feiernden und arbeitenden Menschen, die ihrer Städte und des Lebens in ihnen, das prägt sich selbst bei einem schnellen Durchgang ein, weil es nicht Zufallseindrücke sind, sondern zum Bild verdichtet: Mädchen bei der sommerlichen Erntearbeit, Frauen, die am tiefblauen Bach Wäsche waschen, eine wüstengleiche Landschaft, im Blaugrünen gitterig aufgestellt die Bohrinsel, auf die drei weiße Boote zuschießen ...

Die Frage, ob wir die Stunden, die uns noch bleiben, zu einer weiteren Schifferei auf dem Kaspischen Meer, zu einem Abschiedsrundgang durch die Altstadt oder zu weiteren Spaziergängen auf schon müden Füßen nutzen sollen, erledigt sich via facti. Eine Schaschlykbude im Uferpark bietet freundlich umbuschte Abendrast. Mit aserbaidschanischem Weißwein stoßen wir an auf unser Gastland und auf weiteren glücklichen Fahrtverlauf. Wir brauchen uns keine Sorgen zu machen, Intourist hat uns Schlafabteile reserviert, die Koffer sind auch ohne unser Zutun zur Bahn befördert worden. Wir sind jedoch unserem Engel Olga dankbar, daß wir sie und die reservierten Abteile auch wirklich finden. Es ist eine der für uns verwirrenden Eigenarten der großen Sowjetunion, daß von Königsberg bis Wladiwostok für die Eisenbahn die Moskauer Uhrzeit gilt. Wer als Fahrgast seinen Zug erreichen will, muß immer einige Stunden von der Ortszeit ab- oder ihr hinzuzählen. Östlich von Moskau hat man bei einem Rechenfehler also schlimmstenfalls ein paar Stunden zu warten. Geduld!

Das Abteil ist geräumig, nur: das Fenster klemmt und der Waggon muß den ganzen Tag in der Sonne gestanden haben. So bleibt man am besten so lange wie möglich draußen auf dem Bahnsteig, zum Dankeschön für Olga, die uns nachwinkt, als sich der Zug pünktlich in gemächliche Bewegung setzt. Die Betten sind breit, ich bin nach einem langen erlebnisreichen Tag – schweißgebadet zwar – schnell vom gleichmäßigen hmm-tata -tata-hmm-tata in einen so tiefen Schlaf gewiegt, daß selbst der Halt in Kirowabad unbemerkt bleibt. Und dabei hätte ich so gerne – wenn auch im Halbschlaf – das Gefühl gehabt, an der Stätte von Nizamis Leben und Wirken zu sein. »Die Stätte, die ein guter Mensch betrat, ist eingeweiht …«

Der frühe Morgen zeigt durchs Gangfenster auf weite Strecken steppenhafte Ödnis, rötlichgrauen Boden, Steppengras in fahlen Büscheln zwischen Krümeligem und Steinbrocken. Abseits der Bahnlinie ein paar gesichtslose Siedlungen.

Ein wenig Enttäuschung läßt sich nicht verhehlen. In Baku und unterwegs haben wir zwar – mit wenig Muße – einiges vom heutigen Aserbaidschan gesehen, aber das Bild blieb lückenhaft, denn wir haben den Alltag auf dem Lande so wenig erlebt wie das gesamte landschaftliche Spektrum. Außerordentlich zu bedauern ist, daß die Nachitschewanische Autonome SSR unzugänglich blieb. Sie gehört – ein Gebiet von etwa 150 km Längsstreckung und einer Breite von etwa 60 km als Enklave zwischen der iranisch-sowjetischen Grenze und dem Gebiet der Armenischen SSR verwaltungsmäßig und historisch zu Aserbaidschan. Die einschlägige Literatur rühmt die islamischen Bauwerke des 12. Jahrhunderts in Nachitschewan, der Hauptstadt dieses Gebietes. Die Stadt ist eine Bahnstation an der ›internationalen‹ Eisenbahnlinie von Eriwan über Djulfa – dem einzigen Grenzübergang zwischen der UdSSR und dem Iran – nach Täbriz, der Hauptstadt persisch-Aserbaidschans. Nach alten Abbildungen und Berichten zu urteilen, gehörten das Grabmal des Feldherrn Yussuf ibn Khuseir und das vom gleichen Baumeister Adschemi ibn Abu Bakr entworfene Mausoleum der Mumina Hatun mit ihrer reichen Ziegelornamentik und dem Türkis ihrer keramischen Akzente zu den Spitzenwerken ihrer Zeit. Unmutig gesteht man sich, daß der Ausflug nach Aserbaidschan wirklich nicht mehr war als ein Zwischenspiel.

In Akstafa ein kurzer Halt, dann wechseln wir unvermerkt in die georgische SSR hinüber.

Vom Bahnhof aus merkt man nicht viel von den qualmenden Schadstoffemissionen der Industriestadt Rustawi, die durch ein opulentes Denkmal ihren Anspruch unterstreichen möchte, die Geburtsstadt des Schota Rustaweli zu sein. Keine halbe Stunde später klettern wir in Tbilissi aus dem Zug, am Bahnhof empfangen von einer neuen Intouristbegleiterin. Ohne Verzögerung werden wir in Richtung Armenien auf die Reifen gesetzt.

IN ARMENIEN

Von Tbilissi nach Eriwan

Noch einmal fahren wir durch die ganze Länge Tbilissis nach Süden, wo das Betonkorsett die Kura in freieres und breiteres Strömen entläßt. Die neun- und siebenstöckigen freudlosen Wohnblocks, die so bedrückend wirken, bleiben zurück. Zwischen blühendem Ginster und dunklen Koniferen verlieren sich die Erscheinungen des Stadtrandes, die Wasser- und Gasleitungen. Auch die Kolchos-Gewächshäuser werden rarer. Schafherden trippeln vielfüßig seitab der Straße. Aber dann tauchen erneut triste Einheitswohnblocks auf. Es sind die von *Rustawi,* der erst 1949 gegründeten Industriestadt, welche wir gerade auf der Bahnfahrt von Baku her berührt haben. Die 70000-Einwohner-Stadt mit Hütten- und Chemiewerken, die ihren grauen und giftgelben Stank ungehindert in die Luft entlassen, bleibt links liegen. Aufwärts schnürt die Straße durch spärlich begrünte Hügel, wo wir die qualmenden Schlote schon beinahe aus den Augen verlieren, da sperrt eine wollige Herde das Asphaltband, begleitet von schwerbeladenen Eseln und berittenen Hirten. Einer trägt ein Lämmlein, dessen Kräfte noch nicht ausreichen für den langen Weg, in behutsamen Armen. Der gute Hirte, ein die Zeiten überdauerndes Bild vor dem Hintergrund des giftigen Qualms unseres Jahrhunderts.

Wir durchfahren dann hügelige Steppe, baumlos, nur von Stromleitungen überstelzt – und dabei sind wir noch keine dreißig Kilometer von Tbilissi entfernt. Und dann plötzlich wieder ein anderes Bild: eine schnurgerade Allee, gesäumt von Pappeln und Weiden, die durch breite Gefilde läuft, auf denen Wein und Weizen gedeihen. Die zartblauen Bergketten sind sehr fern. Ab und zu lugen die hellgrauen Wellblechdächer eines Dörfchens aus grünen Baumkronen. Rinder muhen, Gänseherden schnattern. Zwischen dem dichten Baumgrün links muß die Kura fließen. Der Chramu-Fluß, der in sie mündet, bildet die Grenze zum westlichsten Zipfel der Aserbaidschanischen SSR, den wir auf unserem Weg nach Armenien zu passieren haben.

Grenzposten zwischen den Unionsrepubliken sind reine Dekoration. Aber der Posten hier hat auch darüber zu wachen, daß niemand die aus dem 12. Jahrhundert stammende Brücke fotografiert. Brücken sind in der Sowjetunion Fototabus.

Nur noch 37 km bis Kasak verkündet der Wegweiser. Das Landschaftsbild hat sich nicht verändert. Den Kuralauf seitab zu unserer Linken markiert Baumgrün; Wein-, Mais- und Tabakfelder breiten sich beidseits der Straße, dann zeigt sich links ein moslemischer Friedhof – wir sind ja wieder im Bereich des Islam. Oben abgerundete Stelen mit Werkzeug-Abbildern als Symbole für die irdische Tätigkeit des Toten markieren Männergräber, in einiger Entfernung steht eine Gruppe von kleinen Türben, Mausoleen. Dann wieder Dörfchen mit hellen Dächern im dichten Grün der Nuß- und

Friedhof in Aserbaidschan

Maulbeerbäume, Weinfelder vor kahlgelben Hügeln rechts, und linker Hand Auwälder des Kura-Flusses. Es ist, als hätte man Nordafrika und Niederösterreich zugleich im Blick. Noch einmal ein verlassener Moslemfriedhof – und dann werden wir an *Kasak* vorbeigeleitet. Die Tankstelle am westlichen Außenring ist alles, was man zu sehen verstattet. Kasak, am Akstafa-Nebenfluß der Kura gelegen, war seit der späten Bronzezeit besiedelt. Archäologen haben außer Keramikscherben die Grundrisse von Häusern, von Tempeln ergraben. In viel späterer Zeit wurde es bekannt durch die Teppiche, großmusterig und farbensatt, welche die Frauen der christlichen Armenier und der moslemischen Kurden hier knüpften. Die heute einzig für den Export bestimmte Produktion ist längst verstaatlicht, der Besuch einer der Manufakturen leider ganz ausgeschlossen.

Nur achtzehn Kilometer weiter und eine silbrige Frauenfigur bietet Willkomm beim Übertritt in die Armenische SSR und der Meilenstein läßt wissen: nur noch 92 km zum Sevan-See, 157 km bis Eriwan. Es sind sehr abwechslungsreiche Kilometer. Zunächst Tabakfelder und Tabakdarren, umrahmt von Buschwerk. Dann führt die baumgesäumte Straße zwischen dunklen Feldern auf *Idschewan* zu, die erste Stadt auf armenischem Boden. Es war einstmals eine traditionsreiche Raststätte für die Handelskarawanen, aber das Einst hat keine Spuren hinterlassen. Und doch besteht kein Zweifel daran, daß wir in den armenischen Bereich eingetreten sind: der vielfarbige Tuffstein in allen Tönen vom Rußschwarzen übers Rostrote bis zum Elfenbeinhellen verkleidet und belebt die Wohnhäuser, selbst die normierten Einheitsblocks, die sonst überall so grau aussehen.

Zwischen eigenwillig geformten Bergen, in einem romantischen Tal mit Laubwäldern, aus denen rötliche Felsnadeln stechen, folgen wir dem Akstia- oder Akstiata(Achstew)-Fluß aufwärts, um nach kurzer Zeit *Dilidschan* zu erreichen, einen Kurort im waldigen Tal, mit Sanatorien, einem Freibad, Sportanlagen, in dem auch der devisenträchtige Ausländer als Patient willkommen ist.

Schon vorher hat rechts ein Schild nach *Hagartzin* gewiesen, zu einem mittelalterlichen Klosterkomplex. Die Hauptkirche mit bemerkenswerter dekorativer Bauplastik stammt nach neuesten Erkenntnissen erst aus dem späten 13. Jahrhundert (1281). Südlich von ihr, am Rand einer Schlucht, steht die kleine Gregorkirche aus dem 11. Jahrhundert, der um 1200 hier begüterte Adelige eine auf vier Pfeilern ruhende Vorkirche vorsetzen ließen, und östlich davon erhebt sich eine winzige, dem heiligen Stephanus geweihte Kapelle. Der bemerkenswerteste Bau des Ensembles aber ist das wohlerhaltene Refektorium (1248), bestehend aus zwei nahezu quadratischen, von sich kreuzenden Bandrippen überwölbten Sälen, die nur die Pfeiler einer Dreibogenarkade voneinander scheiden. Als Meister des Werks ist ein gewisser Minas bezeugt.

Die Begegnung mit diesem einstigen Kloster in der Waldeinsamkeit böte die beste Einführung in die Baukunst des mittelalterlichen Armenien, in ihr eigene Typen und Formen. Und es wäre am einfachsten und natürlichsten, gleich von unterwegs aus den Abstecher zu unternehmen. Aber das

Kloster Hagartzin

ist von der Reiseorganisation aus gesehen untunlich. Man ist programmiert. Wer einen Aufenthalt in Dilidschan gebucht hat, der kann von dort aus – neben schönen Spaziergängen in der zum Naturschutzgebiet erklärten Umgebung – unter Führung von Intourist diesen Ausflug unternehmen, ebenso wie die Tagesexkursion zu den Klöstern Haghbat, Sanahin und Odzoun.

Wir sind nicht als Kurgäste angemeldet, unsere Reisebegleiterin – sie stammt nicht von hier, sondern aus dem fernen Riga – hat nur den Auftrag, uns zum Sevan-See und weiter in die Hauptstadt Eriwan zu bringen. Verschieben wir also diese Exkursion auf später, lassen wir Dilidschan (hier zweigt eine Straße nach Westen, nach Kirowakan und Leninakan ab, von wo – eine eher theoretische Möglichkeit – eine Bahnlinie mit internationalem Grenzübergang nach Kars in der Osttürkei führt). Fahren wir also über den ›Kleinen Kaukasus‹ ins Armenische Hochland! Aus dem grünen Tal geht es in langen Kehren und engen Kurven aufwärts, durch üppige Laubwälder zunächst. Man hat uns gesagt, nur gerade zehn Prozent Armeniens seien bewaldet – und hier haben wir dieses Zehntel. Nicht mit sterbenden Schwarzwaldtannen bestanden, sondern mit Eichen, Kastanien und riesigen Buchen. In einigen Tälern soll es sogar uralte Eibenhaine geben. Auf nur wenig mehr als zehn Fahrkilometern wandelt sich das Landschaftsbild in beinahe dramatischer Weise. Aus dem schattenden Grün leitet uns die Straße hinan zu baumlosen Almwiesenhängen und endlich ins Steinig-Karge. Der höchste Punkt, Sevan-, Dilidschan-, auch Semjonow-Paß genannt (nach dem Leibregiment des Zaren, dessen Pioniere die erste Straße bauten), liegt 2130 Meter über dem Meeresspiegel. Hinter einer Bodenwelle und einer Biegung taucht dann überraschend voraus der silberblaue Spiegel des Sevan-Sees auf. Noch bevor wir sein Nordufer erreichen, zweigt links eine Straße ab zum Sevan-Motel, einem Rastplatz für ausländische Touristen.

Da die Kapazität der Ausländerhotels in Eriwan für die große Nachfrage kaum ausreicht, ist das staatliche Touristenbüro ganz zufrieden, wenn der Gast für zwei oder drei Nächte an den Sevan-See ausweicht. In der weiten marmorkalten Halle des Hotels hängen am Schwarzen Brett die Intourist-Angebote für Ausflüge nach den erwähnten Klöstern, ins ›Tal der Blumen‹, zum Kloster Ketcharis.

Der *Sevan-See,* der größte Bergsee der UdSSR liegt etwa 1900 Meter über dem Meer. Er ist natürlich nicht der einzige See Sowjet-Armeniens, im Bergland gibt es mehrere Dutzende davon, aber so gut wie alle sind schwer zugänglich und nicht erschlossen. Der See besteht aus dem ›Großen Becken‹, von nur etwa fünfzig Metern Tiefe und dem ›Kleinen‹, etwa doppelt so tief, aber nur halb so groß. An der schmalsten Stelle ist er nur neun Kilometer, an der weitesten 37 Kilometer breit. Seine Oberfläche maß einst mehr denn 1400 Quadratkilometer, ist heute jedoch um etliches kleiner. Der See soll 28 Zuflüsse haben, besitzt auch einen Ausfluß, den Razdan, dem wir in Eriwan wieder begegnen werden. Die Wirtschaftsplaner der Armenischen SSR wollten die Kraft dieses Flusses zur Elektrizitätserzeugung und zur Berieselung von Feldern in der Aras-Ebene nutzen und ließen das Seebecken unterirdisch anbohren. Dadurch wurde der Seespiegel jedoch beträchtlich gesenkt. Als er um mehr als achtzehn Meter gefallen war, setzte sich die Einsicht durch, daß es so simpel nicht weitergehen könne. Jetzt speist aserbaidschanisches Erdgas das Wärmekraftwerk von Razdan und das Fernheizwerk, das die Wohnungen von Eriwan im eisigen Winter erwärmt. Außerdem wurde ein fünfzig Kilometer langer Tunnel gebohrt, um das Wasser des Grenzflusses Arpa Cay in den Sevan-See zu leiten und dessen Wasserspiegel auf dem derzeitigen Stand zu halten.

Die sinkenden Wasser gaben den Archäologen ein reiches Feld frei. Zuerst fanden sie Spuren der Stadt Kijechuni, welche König Argišti I. von Urartu zerstörte, als er den See und seine Ufer seinem Reiche einverleibte, dann wurden in den Gräbern von Itschavan bronzene Waffen und Geräte, darunter auch Beschläge von Wagen gefunden, aus denen sich die Fahrzeuge rekonstruieren ließen. Im Historischen

Museum von Eriwan werden wir sie zu sehen bekommen. Außerdem entstand in der Nähe der Stadt Sevan ein breiter und bequemer Badestrand als Naherholungsgebiet für die Bewohner der Hauptstadt mit Hotel, Restaurant, Badehütten, Bootsverleih, Erholungsheimen und mit einigen kleinen Lokalen, in denen man mit etwas Glück einen der wohlschmeckenden Fische aus dem See vorgesetzt bekommt.

Ein felsiges Inselchen lag einst ein Stück weit im See, das jetzt zum bloßen Ende einer flachen Landzunge geworden ist. Auf diesem Hals ist, seitdem die Wasser wichen, ein Uferwäldchen aufgewachsen: Verbindung zur früheren Insel, die zwei alte Kirchen trägt als Reste eines Klosters, das einst als Verbannungsort für alt gewordene Königinnen und für mißliebige Adlige herhalten mußte. Ein Treppenweg führt vorbei an einigen geschwärzten Kreuzsteinen – Steinplatten oder abgeflachten Blöcken, die an einer Seite, von Rankenwerk gerahmt, ein großes Kreuz herzeigen.

Solche Reliefstelen sind charakteristische Erzeugnisse der christlich-armenischen Kunst. Die Beispiele, denen wir hier begegnen, gehören leider so wenig zu den bedeutendsten Leistungen der mittelalterlichen Steinmetz- wie die beiden

Sevan-Kirchen

Kirchen zu denen der armenischen Baukunst. Es ist wohl schade, daß, wer von Tbilissi nach Eriwan fährt, zunächst mit eher enttäuschenden Beispielen der armenischen Kunst konfrontiert wird, aber es hat auch sein Gutes: er kann sich auf Steigerung freuen. Wer gleich den höchsten Schöpfungen begegnet, für den kann es dann ja nur noch Abstieg und Enttäuschung geben.

Die beiden Kirchen auf der Sevan-Insel sind in ihrer kubischen Geschlossenheit sehr charakteristische Werke für die ernste Kunst der Armenier, aber zugleich auch seltsam verfremdet, weil es den Restauratoren beliebte, die Fugen der Blöcke, welche die Außenhaut bilden, mit einer weißen Paste auszustreichen und dadurch mit einem seltsam unruhigen Netz zu überziehen. Die kleinere der beiden Kirchen, zunächst den Aposteln geweiht und im 13. Jahrhundert dem Vorläufer Johannes, finden wir verschlossen. Die höher gelegene Marienkirche können wir betreten. Beide Kirchen – Trikonchosräume mit einer zentralen Kuppel – verschweigen ihre Innengestalt hinter ihrem kubisch-ungegliederten Äußeren, sind dadurch sehr charakteristisch armenische Werke. Anders als bei den georgischen redet das Äußere nicht von dem, was sich im Inneren verbirgt. Der größeren Marienkirche vorgelagert sind die Reste der ›Vorkirche‹ (armenisch: Gavit), auch eine speziell armenische Hervorbringung. Der Typus – seit dem 11. Jahrhundert bezeugt – stammt vermutlich aus der bäuerlichen Baukunst. Ein Gavit – in der späteren klösterlichen Kirchenbaukunst beinahe unerläßlich – hatte als weltlicher Verwaltungsraum der Klöster zu dienen, die nach dem Schwinden der königlichen und adeligen Macht lokale Herrschaft ausübten. Manchmal nahmen solche Vorkirchen – dann ›Zamatun‹ genannt – auch Begräbnisstätten auf, und die schönsten gehen aufs 12. und 13. Jahrhundert zurück.

Die Umschau auf der Sevaninsel konnte uns zwar wenig vom Rang der armenischen Baukunst früherer Zeit vermitteln, uns jedoch ein paar Begriffe liefern für die Begegnung mit besser erhaltenen Ensembles aus dem Mittelalter. Doch bevor wir mit Intourist den Ausflug zu den Klöstern des Lori-Bezirks antreten, haben wir Zeit genug, von der Insel nach allen Richtungen hinauszuschauen auf die blauglasige Fläche des Sees, den nackte Berghöhen umstehen. Eine große und strenge Landschaft, herb, von ein paar wenigen Farbtönen bestimmt, aber über irdischen Dunkelheiten ›hell‹.

Odzoun überrascht den Ankömmling mit einer wohlerhaltenen dreischiffigen Kuppelbasilika mit Narthex und seitlichen Pfeilerhallen aus dem 8. oder 7. Jahrhundert. Ein paar Schritte nur nördlich erhebt sich ein aus der gleichen Zeit stammendes Grabmonument, zu dem es keine Parallelen gibt. Diesen Doppelbogen als Rahmen für zwei fein gehauene Obelisken datiert die Wissenschaft daher nur ungefähr zwischen das 4. und das 7. Jahrhundert.

Die Hauptkirche des in den Waldhang oberhalb des gleichnamigen Dorfes komponierten Klosters *Sanahin* entstand bereits im 10. Jahrhundert (967-972) und ist durch die ›Akademie‹, einen nach 1100 errichteten breiten Wölbegang mit Gurtbogen und Wandnischen verbunden mit der um 934 errichteten Marienkirche. Das späte 12. und das frühe 13. Jahrhundert haben den beiden Kirchen Gavits vorgesetzt. Nach den Seldschukeneinfällen entstand (seit 1121) der reizvolle Glockenturm. Bereits gut ein halbes Jahrhundert früher (1061) wurde der zierliche, nach außen sich als schlichter Zylinder darstellende Vierpaß der Gregorkapelle errichtet, bald danach die ihm nördlich durch einen Portikus angeschlossene Bibliothek mit übereck gespannten Gewölbegurten. Dieses Klosters besondere Förderin war die Königin Khosrovanusch, die Gattin Aschots III. (952-77). Auch ihre Söhne Smbat II. und Gurgan blieben dem Kloster als Stifter verbunden. Später, unter dem Schutz der Zakarian-Fürsten war es ein reges Zentrum des Lehrens und Lernens, das selbst die Invasion durch die Tataren der Goldenen Horde überlebte.

Nicht unbedeutender war die Rolle des nur wenige Jahre jüngeren Klosters *Haghbat*. Kunstgeschichtlich ist es womöglich noch bemerkenswerter. Innerhalb seiner vieleckig ge-

Haghbat, Glockenturm

brochenen, vielfach erneuerten ,durch halbrunde Türme verstärkten Mauer stehen noch heute nicht weniger als vier Kirchen mit zwei großen Gavits, ein Refektorium, eine Bibliothek, ein Glockenturm. Dazu – außerhalb des umfriedeten Bezirks – Kapellen, Brunnen, Grabmäler, Kreuzsteine ... Als Schöpfer der zentralen Heiligkreuzkirche (976-991) gilt Trdat, der namhafteste Baumeister des armenischen Mittelalters, der sogar nach Konstantinopel berufen wurde, um die durch ein Erdbeben beschädigte Hagia Sophia zu restaurieren. Er hat hier das alte Planschema eines rechteckigen Kuppelsaals neu belebt. Seine Auftraggeberin war die Königin, die auch die Kirche von Sanahin gestiftet hat. Auch hier finden wir ein Abbild ihrer beiden Söhne. Eine Reliefplatte im Ostgiebel zeigt sie mit dem Modell der Kirche. Anstelle eines älteren wurde der Kirche 1208 ein neuer, sehr origineller

Gavit vorgesetzt, ein 21 mal 18 Meter messendes Viereck, überwölbt von sich überkreuzenden Doppelbögen. Ihn flankieren zwei Kapellen. Die südliche (1025) ist dem heiligen Gregor, die nördliche (12. Jahrhundert) der Gottesmutter geweiht. Dem wie in den Boden versenkten Bibliotheksbau (11. Jahrhundert) bescherte eine Wiederherstellung 1273 eine der des Großen Gavit ähnliche Einwölbung. Eine gewölbte Galerie – nicht ganz so eindrucksklar gestaltet wie die ›Akademie‹ von Sanahin – verbindet die Hauptkirche mit dem nördlich gelegenen Vierstützen-Gavit, den ein Bischof 1245 als Hör- und Lehrsaal errichten ließ. Die kleine Kirche an seiner Ostseite wirkt wie ein bloßes Anhängsel.

Etwas erhöht über diesen geballten Baukern erhebt sich der dreistöckige Glockenturm von 1245. An die nördliche Umfassungsmauer des Klosters lehnt sich das Refektorium an, das aus zwei durch eine Bogenstellung eher verbundenen als getrennten gavitähnlichen Räumen besteht. Erdbebenschäden von 1940 sind inzwischen längst behoben. Wenige Minuten bergaufwärts führen zur Marien-Eremitage, einer Kapelle, die ein kleiner Friedhof umgibt und die einige Kreuzsteine flankieren. Von hier tut sich ein weiter Blick über die Landschaft auf, der die alten Klöster nicht aufgesetzt, sondern in die sie mit den Betrachter von heute beglückender Sicherheit eingebunden wurden.

Wir müssen auf den Besuch von Goschavank (Nor-Getik) verzichten, auch – schon nach Eriwan unterwegs – auf den Ausflug zum Bagh Kadzor, dem ›Tal der Blumen‹ und zum Kloster Ketcharis mit den Resten von fünf an die östliche Umfassungsmauer angeschlossenen Kirchen und Kapellen, und zur Vierpaßkirche (9. Jahrhundert) von Hairawank bei Kamo, welcher eine Vorkirche des 12. Jarhunderts und eine Apsidenkapelle angeschoben wurden.

Eine mit Aluminiumblech bekleidete Thamargestalt – Erinnerung an die Hero des Sevan-Sees, deren Leander in den Fluten ertrank, weil die richtungweisende Fackel erlosch – haben wir kaum wahrgenommen, als wir der Sevan-Insel zustrebten. Jetzt, da wir auf der gleichen Straße nach Eriwan unterwegs sind, gilt uns ihre Geste als Abschiedsgruß. Werden wir den Sevansee noch einmal wiedersehen?

Während wir auf der breiten Schnellstraße – die Klosterinsel bleibt links, die Stadt Sevan rechts liegen – auf Eriwan zurollen, steht rechter Hand, jenseits des tief eingeschnittenen Razdan-Tales der Aragaz (4095 m) weißbemützt vor dem Himmelblau, der zweithöchste Berg Armeniens und – da der Ararat, der eigentliche Hausberg von Eriwan, unerreichbar jenseits der türkischen Grenze liegt – der erheblichste Sowjet-Armeniens. Die Straße schneidet baumlose Hänge an, und wo sie es tut, da sind die aufgerissenen Hügelflanken wie Schnittflächen eines rosinenreichen Christstollens anzusehen, bergen Knollen, ganze Blöcke von Obsidian, jenes schwarzen vulkanischen Glases, das den Menschen der Frühzeit scharfe Pfeilspitzen und schneidende Klingen lieferte. Wir halten, um ein paar Stücke vom Straßenrand aufzulesen.

Die bloße Andeutung einer Kurve, und auf einmal steht dann der Ararat, der heilige Berg Armeniens, vor uns. Seine makellose Kegelgestalt mit dem weißen Schneehaupt verrät seine vulkanische Natur. Etwas links vom Großen (5156 m) steht der Kleine Ararat (3903 m).

Der Berg liegt in der Luftlinie kaum fünfzig Kilometer von *Eriwan* entfernt, das wir auf der Sevan-Schnellstraße nun bald erreichen. Es ist die Hauptstadt Armeniens, das heißt der Armenischen Sowjetrepublik, die als einziges Territorium noch den Armeniernamen führt, der einst dem gesamten Land um den Ararat zukam, dem Gebiet, das heute einfach Osttürkei heißt und das nach Westen bis Kayseri und an den Golf von Iskenderun reicht.

Erinnerungen ans Reich Urartu

In der Reise-Wirklichkeit steht wie überall als erstes die Stadtrundfahrt auf dem Programm. Wir aber nehmen uns die Freiheit, dieses Unternehmen auf später aufzuschieben und wollen mit unserer Umschau dort beginnen, wo eine

Stadtbesichtigung sonst zu enden pflegt, bei der Urartäer-Festung *Erebuni*, der Keimzelle, deren Namen noch in dem der heutigen Stadt nachklingt, draußen, auf dem Arinberd-Hügel am südöstlichen Stadtrand.

Hier fand man die Geburtsurkunde Eriwans. Ihre Keilschriftzeichen besagen, daß Argišti, Sohn des Menua, zum Ruhm des Gottes Chaldi diese mächtige Festung erbaut hat für die Macht des Landes Biainili und zum Schrecken seiner Feinde, »und er gab ihr den Namen Erebuni«. Das Original dieser aus dem Jahr 783 v. Chr. stammenden Inschrift befindet sich in der Ermitage von Leningrad, im Historischen Museum der Stadt wie hier im Gelände zeigt man nur noch eine Kopie. Und damit beginnt bereits ein gewisses Mißbehagen. Erebuni ist zwar seit 1950 sorgsamst ausgegraben worden, wurde aber auch teilweise rekonstruiert, was natürlich der Vorstellungskraft hilft, sie zugleich aber auch in bestimmte Bahnen lenkt. Es ist beinahe wie in Knossos, wo man auch nie genau weiß, was man eigentlich vor sich hat: Originales, gutgemeinte Nachbildung oder gar freie Phantasie. Schon vor dem Eingang stehen seitlich einer mit Fresken geschmückten Halle mit hölzernen Stützpfeilern zwei Fabelwesen: eine geflügelte Sphinx mit Hörnerkrone und ein greifenartiger Vierbeiner. Es sind gern fotografierte Figuren, aber bloße Dekoration, denn von urartäischer Großplastik ist nichts erhalten, obwohl die Siegesberichte Sargons von Assur und ein Relief aus Khorsabad bezeugen, daß die erfahrenen urartäischen Bronzegießer auch lebens- oder überlebensgroße Bildwerke zu schaffen verstanden. Zweifel beschleichen einen auch, ob es erlaubt ist, aus ein paar handtellergroßen Fragmenten die tapetenartige Bemalung ganzer Wände zu rekonstruieren.

Trotz einiger Vorbehalte wollen wir schauen, was es zu schauen gibt, und das ist nicht wenig. Da sind die äußeren Mauern der Burg, aus mächtigen Blöcken getürmt, durch risalitartige Türme verstärkt. Ein Betonpfad führt vorbei an der kunstgewerblichen Orientierungstafel und der Kopie von Argištis Weihinschrift zum Burgtor. In seiner Nähe finden wir noch Mauerzüge, an denen sich klar die Bautechnik der Urartäer ablesen läßt: Auf den geglätteten Fels gegründete steinerne Fundamente (oft nur wenige Spannen hoch), über denen das Mauerwerk aus Lehmziegeln aufging. Stellenweise sind sogar noch die Fugen zwischen diesen Ziegeln sichtbar.

Jenseits des Burgtores finden wir uns auf einem freien Hof. Rechter Hand, auf etwas tieferem Niveau, ein Magazintrakt. Die einst gedeckte Halle mit Innenstützen war ein Weinkeller. Jeder der in den Boden versenkten Tonkrüge konnte gut 100 Liter fassen. Ringsum ziehen sich Lagerkammern für Getreidevorräte. Die Baulichkeiten links deuten die Ausgräber als einen kultischen Komplex mit einem langgestreckten Haupttempel, bunt bemalt und mit einer doppelten Säulenstellung an seiner Vorderfront. Später – vermutlich in achämenidischer Zeit – wurde das Heiligtum zu einer Halle umgestaltet, deren flache Decke 30 schlanke Stützen trugen. Zu einer ›Apadana‹ also, wie man sie auch aus Persepolis und Susa kennt. Aber haben nicht die Urartäer den Achämeniden die Vorbilder für solche Hallen geliefert? Ein Teil des Bauwerks ist – mitsamt der Innen- und Außenbemalung – lehrhaft rekonstruiert.

Dem Burgtor gerade gegenüber erhob sich der Palast, mit seinen Anhängseln den gesamten Nordsporn des Geländes einnehmend. Ein von klar gemeißelten Keilinschriften flankierter winkeliger Zugang führt hinauf in einen Peristylhof, an dessen Westseite sich einst ein turmartiger Viereckternpel erhob. Bestehen die Fundamente der meisten Bauten aus grob behauenen Steinen, so sind die Basaltblöcke dieser Tempelfront aufs sorglichste gemeißelt und fugenlos gefügt. Inschriften berichten, Argišti I. habe der Göttin Ibuša das Haus errichten lassen. Östlich gegenüber befinden sich Räume, die vielleicht für zeremonielle Empfänge bestimmt waren. Auch hier ist viel neugebaut und -bemalt. An der Nordseite des Festungshügels finden sich kleine, dickmaurige Gelasse, Magazine, enge Durchlässe dazwischen. Über die Fundamente aus alter Zeit geht der Blick immer wieder hinab auf die Außenbezirke der Stadt von heute und auf das karge und herbe Land ringsum, beherrscht vom schemenhaften Umriß des Araratberges.

Das Alte Testament (2. Kön. 19,37) erwähnt das ›Land Ararat‹, das heißt das Reich Ur(u)artu, aber dann wurde es vergessen. Inzwischen hat die Wissenschaft diesen einstigen Rivalen Assyriens wiederentdeckt als eine der großen, die Geschichte des Orients bestimmenden Mächte in der ersten Hälfte des ersten vorchristlichen Jahrtausends, als ein zweieinhalb Jahrhunderte hindurch aktives und schöpferisches Reich, das sich selbst Biainili nannte. Urartu nannten es seine assyrischen Feinde, und erstmals erwähnt wird es in assyrischen Quellen. Als Salmanassar I. in seinem ersten Regierungsjahr (1274 v. Chr.) gegen ›Ur(u)arti‹ zog, gab es noch keinen einheitlichen Staat der Urartäer, wohl aber einen losen Verband von Stämmen, von Dorf- und Talschaften, die sich zur Abwehr assyrischer Raubzüge zusammengetan hatten und die als ›Nairi-Länder‹ in den Kriegsberichten des Tukulti-Ninurta (1308-1244) auftreten. Vier Jahrhunderte lang, bis ins 9. Jahrhundert v. Chr. hinein, unterrichten einzig assyrische Zeugnisse über die Völkerbünde der Ur(u)arti oder Nairi im Bergland zwischen dem oberen Euphrat und dem Urmia-See. Woher diese Stämme kamen, ist dunkel. Sie mögen einen recht lockeren Bund gebildet haben, als sie sich um die Mitte des 9. Jahrhunderts heftiger Angriffe der Assyrer zu erwehren hatten. Salmanassar III. ließ die Hauptstadt plündern und verbrennen und das Ereignis auf einem Torflügel des Palastes von Balawat (London, Britisches Museum) festhalten.

Der Druck des assyrischen Feindes scheint die Stammeshäuptlinge und Kleinkönige bewogen zu haben, ihre partikularen Interessen einer höheren Notwendigkeit unterzuordnen. Aus vorgeschichtlichem Dunkel stieg so das Reich Urartu auf, unter einem König, der nicht nur primus inter pares war. Stammvater der Dynastie war Sarduri I. (etwa 840-25), Sohn des Nairi-Königs Lutipri. Er ließ auf einem steil am Ostufer des Van-Sees (Türkei) aufragenden Felsrükken eine Burg errichten, die heute Van-Kale heißt und den Kern seiner Hauptstadt Tušpa bildete. Einige Jahrzehnte später begann König Išpuini, ermutigt durch innere Schwierigkeiten Assyriens, eine Expansionspolitik, die sich aus dem Kernland nördlich und östlich des Van-Sees nach Südosten richtete, ins Urmia-Becken und ins Land der Mannäer. Vergebens suchte Assyrien zu verhindern, daß diese wichtige Region in die Hand des Rivalen fiel. Unter Išpuinis Sohn Menua (810-785/80) schob Urartu seine Grenzen nach allen Seiten vor und stieß dabei mit allen seinen Nachbarn zusammen. Ein straff organisiertes Großreich zeigte seine Macht. Die Könige Argišti I. und Sarduri II. berichten der Nachwelt am Fels von Van über ihre Taten. Jenseits des Araxes gründete Argišti in seinem fünften Regierungsjahr jene Festung Erebuni, in der wir stehen, und in seinem elften Jahr Argištihinili (Armavir) am Ufer des Araxes. Damit waren Stützpunkte für weitere Eroberungen nördlich des Araxestales geschaffen und die fruchtbare Ebene des Flusses, die reiche Ernten verhieß, gesichert.

Die Urartäer in ihren Bergtälern waren meisterliche Landwirte, die sich auf Bodenmeliorisation, auf künstliche Bewässerung verstanden, die auf den Talböden Obst, an den Hängen Wein anbauten, Rinder und alle Arten von Kleinvieh, vor allem aber drahtig-sprungtüchtige Pferde züchteten. Sie verstanden sich dazu auf die Fertigkeiten des Handwerks, auf die Herstellung von bronzenen Werkzeugen, von zierreichen Gürtelblechen, von Dolchen und Schilden, von Möbeln mit elfenbeinernen Einlagen, von Keramik verschiedenster Art, von bunten Textilien, die sich nach den Vorbildern der Wandmalerei richteten – oder umgekehrt.

Urartu beherrschte seit alters wichtige Handelsrouten. Auf ihnen vollzog sich der Export auch jener Erzeugnisse der Metallurgie, die ihren Weg nach Hellas und bis ins Etruskerland fanden. Seine Mittagshöhe erstieg es unter Sarduri II. (etwa 764-30). Schwach war damals Assur, sein Heer geschlagen, und Urartu wurde Herr über das Land zwischen den Seen von Van, Urmia und Sevan. Es ging damals im tödlichen Spiel um die Macht nicht anders als später immer wieder. Assyrien raffte sich wieder auf, führte unter Tigletpilesar III. (744-27 v. Chr.) eine Reihe von blutig-erfolgreichen Feldzügen, stieß bis ins Herz Urartus vor, doch auch Urartu sammelte wieder Kräfte und erlebte unter Rusas I. eine Periode des Friedens.

Die tödliche Gefahr für das ›Reich Ararat‹ kam jedoch von Norden. Zunächst durch die Kimmerier, kriegerische Nomaden, die von jenseits des Kaukasus sengend und plündernd vorbrachen, ihrerseits vorwärtsgeschoben von den nicht weniger wilden Skythen, welche schließlich selbst die iranischen Meder unter ihre Botmäßigkeit zwangen. Die Meder sollten, nachdem sie das Joch der Skythen abgeschüttelt hatten, dem Reich Urartu den Gnadenstoß versetzen.

Mit dem Alt-Feind Assyrien dürfte es zu einer Art Interessenausgleich gekommen sein, jedenfalls hört man kaum mehr etwas von kriegerischen Auseinandersetzungen. Vermutlich weniger, weil den assyrischen Königen die Expeditionen ins unwegsame Bergland zu mühsam und kostspielig erschienen, sondern weil sie Urartu die Aufgabe eines Bollwerks gegen die nomadischen Barbaren zuweisen wollten. Da die Assyrer Urartu nicht mehr als einen ihrer Hauptfeinde ansahen, da es kaum mehr Kriege zwischen den beiden Mächten gab, werden auch die Hinweise in assyrischen Quellen recht spärlich, und da die einheimischen sehr wortkarg sind, läßt sich für die letzten Jahrzehnte Urartus nicht einmal mehr eine zweifelsfreie Abfolge der Könige aufstellen. Rusas II. ist inschriftlich als großer Bauherr bezeugt. Er ist der Gründer von Teišebaini (Karmir-Blur), der zweiten Urartäerstätte am Stadtrand von Eriwan. Als Urartus letzter König gilt Rusas III., Sohn des Arimena. Merkwürdig klingt dieser Name an den an, welchen Urartu führen sollte, nachdem es Teil des medischen Reiches und Satrapie der persischen Achämeniden geworden war: Ariminia/Armenien.

Lang vergessen war das Reich Urartu, und noch immer ist es nicht leicht, sich einen umfassenden Eindruck, ein ›Bild‹ seiner künstlerischen und allgemein kulturellen Bedeutung zu verschaffen. Urartäische Bildwerke zeigen auf den ersten Blick eine deutliche Verwandtschaft mit denen ihrer assyrischen Zeitgenossen. Auf urartäischen Metallarbeiten finden sich die gleichen Löwen und Stiere, Prozessionen und Kultszenen am Heiligen Baum wie auf assyrischen Steinreliefs, und mit den gleichen Details. Zugleich aber finden sich Motive, die Assyrien nicht kennt. Durchaus berechtigt ist die Frage, ob Urartu dem assyrischen Vorbild nachtrat oder ob nicht vielmehr die Beziehungen umgekehrt verliefen – so wie auch in der Agrartechnik Assyrien von Urartu lernte, das seinerseits allerdings die Keilschrift – aber sie war ja keine assyrische Erfindung – aus dem Süden übernahm. Daß vom Reich am Ararat die Kunst der Skythen manche Motive entlehnte, das ist inzwischen unbestritten. Größten Ruhm genießt die Metallurgie der Urartäer. Was davon aufgefunden wurde, ist verstreut über Sammlungen in aller Welt: in den Tresoren privater ›Kunstfreunde‹ und Händler, in den Vitrinen und Magazinen des Britischen Museums, in den Museen von Ankara, Istanbul, Van, Leningrad und Moskau. Mehr als anderswo könnte man in Eriwan zu sehen bekommen, stünde der Besuch eines der einschlägigen Museen auf dem Programm.

Wer das am Fuße des Burghügels von Erebuni (Uliza Erebuni 30) gelegene *Erebuni-Museum* besuchen möchte, muß eigens den langen schattenlosen Weg heraus unter die Füße nehmen, und fühlt sich dann etwas enttäuscht, denn er bekommt keine einzigartigen Originale zu sehen, sondern eine ausführliche Dokumentation mit Plänen, Fotos, Rekonstruktionszeichnungen, Modellen und viel belehrendem Text in armenischer und russischer Sprache. (Vom Historischen Museum Eriwans sei später die Rede.)

Lohnend, aber auch nicht sehr bequem ist der Ausflug nach *Teišebaini,* der zweiten Urartäerstätte Eriwans auf dem Karmir-Blur, das heißt dem ›Roten Hügel‹ am südwestlichen Stadtrand. Auf der Fahrt nach Edschmiadsin sieht man das Gelände linker Hand, jenseits der Razdan-Schlucht liegen.

Die Grabungen auf diesem Gebiet, wo man vor 50 Jahren noch Hasen jagte und das heute normierte Wohnblocks mit rosiger Haut vorstädtisch umdrängen, begannen im Jahre 1939. Innerhalb der durch quadratische Türme und Strebepfeiler verstärkten Zitadellenmauer mit einem bewehrten Tor im Süden fand sich ein großer Hof und in ihm die steinerne Terrasse, welche dem Palast als Sockel diente und Vorrats- wie Wirtschaftsräume enthielt. Aus derartigen Räumen – man hat etwa 150 gezählt – bestand wohl auch das Obergeschoß. Die bastionsartig abgeknickten Nord- und Ostseiten des Bauwerks bildeten zugleich die Wehrmauer über der Flußschlucht. Rusas II. ließ die ›Rüstkammer‹ der dem Gotte Teišpa geweihten Stadt unter Einsatz enormer Mittel errichten. Es war eine defensive Anlage, die zugleich ein bedeutendes Wirtschaftszentrum gewesen sein muß. Es gibt Gründe für die Annahme, der größte Teil des Inventars von Erebuni sei hierher überführt worden. Dort nämlich kamen nur wenige Gegenstände zutage, während der Karmir-Blur-Hügel den Ausgräbern ihre Mühe reichlichst lohnte. Nicht nur Tonwaren wurden gefunden (darunter etwa 400 ›Weinfässer‹ mit einer Gesamtkapazität von 40000 Litern, Öllampen, ein Lager mit 1036 Weinkrügen), sondern auch bronzene Kessel und Becken, ein Satz von 97 blanken Bronzeschalen, dazu Waffen (Schilde mit den Namen der Könige Argišti I. und Sarduri II.), Helme, Köcher, Schwerter – »ein Museum urartäischer Kriegsrüstungen des 8. Jahrhunderts« (Pjotrowski), – Goldschmuck, bronzene und hölzerne Statuetten. Das ist es, was die Funde hier für die Erforschung der urartäischen Kultur so wertvoll macht: Daß sich dank glücklicher Umstände auch organische Substanzen erhalten haben. Holz von Decken und Türen, Getreide (Weizen, Hirse, Gerste und Sesam – die Magazine boten Raum für etliche Tonnen davon), Obst (Pflaumen, Äpfel, Quitten, Beeren), Garnknäuel und Reste von verkohlten (daher nicht mehr farbigen) Geweben. Dazu: Skelette von Opfertieren, wie von Pferden, Eseln und Rindern, die beim Brand der Festung umkamen. Knochen auch jener Menschen, die der

Katastrophe von Teišebaini zum Opfer fielen. Das Jahr des Unheils läßt sich nicht mehr genau bestimmen. Es mag um 600 v. Chr. gewesen sein, daß ein nächtlicher Angriff der Skythen sich gegen das nordwestliche Hintertor richtete. Dort jedenfalls staken massenweise skythische Pfeilspitzen in der Lehmmauer. Schon vorher hatte sich die Stadtbevölkerung vor dem anrückenden Feind in die Zitadelle geflüchtet. Die ›Barbaren‹ warfen Feuer in die Burg. Bei hochsommerlicher Trockenheit muß sich der Brand so schnell ausgebreitet haben, daß es für die Belagerten keine Rettung mehr gab, aber auch die Angreifer ihr Ziel nicht erreichten, die reiche ›Rüstkammer‹ der Teišpa-Stadt auszuplündern. Die Beute holten sich die Archäologen. Die kostbarsten und interessantesten Stücke wanderten ins Moskauer Puschkin-Museum und liegen in dessen Magazinen verwahrt. In Eriwan blieb trotzdem noch genug. Und nicht nur Urartäisches, sondern Vieles, was armenische Vergangenheit betrifft.

Die Leiden Armeniens

›Hayastan‹ nennen die Armenier ihr Land und sich selbst ›Hay‹. Und sie erzählen vom Stammvater Haik, der mit den Seinen aus Babel eingewandert sein soll, nachdem dort der vermessene Turmbau im Desaster geendet hatte. Herodot dagegen berichtet, die Armenier seien von Westen her gekommen. Jede dieser Überlieferungen hat etwas für sich, enthält eine halbe Wahrheit. Heute glaubt man, das armenische Volk sei tatsächlich aus zwei ethnischen Komponenten entstanden. In einem noch nicht erhellten Prozeß bildete sich aus den Urartäern und phrygischen (?) Zuwanderern ein neues Volk mit einer in wesentlichen Zügen indoeuropäischen Sprache. Dieser Vorgang dürfte um die Mitte des 6. Jahrhunderts v. Chr. abgeschlossen gewesen sein. In der Dareios-Inschrift von Behistun an den ›Toren Asiens‹ ist 518 v. Chr. erstmals amtlich die Rede vom Lande Arminiya, das fortan als Teil der 13. Satrapie zum Achämenidenreich gehörte. Der große Alexander setzte nach seinem Sieg bei Gaugamela (331 v. Chr.) in diesem Gebiet einen persischen Großen namens Orontes als Statthalter ein, und dieser wurde zum Stammvater der ersten Dynastie armenischer Könige, die allerdings nie eine zentrale Macht über das zerrissene Hochland auszuüben vermochten und die um 200 v. Chr. durch das Geschlecht des Artaxias/Artasches abgelöst wurde. Bedeutendster Herrscher aus dieser Familie war Tigranes II. ›der Große‹ (95-55 v. Chr.), der Schwiegersohn des Mithradates von Pontos. Gegen ihn mußte die römische Republik jahrelangen Krieg führen. Lucullus, der die Kirsche nach Europa brachte, leitete den entscheidenden Feldzug, Pompejus beanspruchte den Ruhm des endgültigen Siegers.

Spätestens seit damals fand sich Armenien zwischen zwei Feinde gespannt, zwischen zwei ›Weltmächte‹, die nur mehrfach ihre Namen, nie aber ihre Ziele und Methoden änderten: zwischen Rom und die Parther, später zwischen Ostrom und die Sassaniden, zwischen Byzanz und die Krieger des Propheten, die Araber, die Seldschuken. Später hießen die Rivalen, die versuchten, Armenien für sich zu gewinnen und rücksichtslos das Blut seiner Menschen vergossen, Türken, Perser, Russen. Alle diese leidvollen Zeitläufte hindurch aber umfaßte Armenien einen viel weiteren Bereich als den der heutigen Sowjetrepublik, einen weiteren auch als bloß das urartäische Kernland zwischen den Seen von Van, Urmia und Sevan – nämlich die ganze östliche Hälfte Anatoliens. Erst in unserem Jahrhundert ist ›Armenien‹ so klein geworden, wie es heute ist.

Nach dem Sieg Roms über Tigranes, der seit 66 v. Chr. nur noch als sein Vasall regierte, wurde das von schweren inneren Krisen geschüttelte Land nicht romanisiert, vielmehr machte sich nach der Niederlage des Crassus bei Carrhae/Harran (53 v. Chr.) immer stärker der parthische Einfluß geltend. Eine Nebenlinie des parthischen Königshauses der Arsakiden gelangte im Jahre 53 n. Chr. auf den Thron Armeniens, doch wurde vereinbart, daß dessen Inhaber den römischen Kaiser als seinen Oberherren anzuerkennen habe. Der

Versuch Trajans, die Grenzen des Imperiums bis an den Euphrat vorzuschieben und Armenien in eine römische Provinz zu verwandeln, blieb Episode. Hadrian setzte wieder einen Partherprinzen als ›König‹ ein. Glaube und Kunst Armeniens waren zu dieser Zeit parthisch geprägt. Persische Gottheiten wie Ahuramazda/Aramazd/Ormuzd, wie Mithras, wie die mütterliche Anahita wurden verehrt.

Daß anno 226 in Persien die Sassaniden den Parthern die Macht entrissen, brachte Armenien neue Kriegsleiden. Schließlich jedoch einigten sich 387 Theodosius der Große und der Großkönig Schapur II. vertraglich darauf, das Land unter sich aufzuteilen. Was westlich von Erzurum lag, fiel unter die Herrschaft Ostroms, die östlichen Gebiete wurden – bis 428 unter arsakidischen Königen – Vasallen des Perserreiches.

Bereits am Beginn des 4. Jahrhunderts war – abseits der Politik, aber nicht ohne politische Folgen – ein entscheidendes Ereignis eingetreten: Im Jahre 301 (dies das traditionelle, aber nicht dokumentarisch gesicherte Datum) erklärte König Tiridates/Trdat III. das Christentum zur Staatsreligion seines Landes. Die Armenier betrachten sich seitdem mit Stolz als die älteste christliche Nation, denn im Römerreich gewann der Glaube an den Erlöser Jesus Christus erst gut ein Jahrzehnt später gerade erst staatliche Duldung.

Die neue Lehre dürfte von Syrien her ins Land gekommen sein. Legenden berichten von einer Missionstätigkeit der Apostel Thaddäus und Bartholomäus in Armenien. Auch hier soll es – in den Jahren 110 und 230 – Christenverfolgungen gegeben haben, und besonders heftig seien die unter Tiridates III. gewesen, was Anlaß bot, die Bekehrung dieses Königs legendenhaft auszuschmücken.

Sie war, so will es die Überlieferung, das Werk Gregors ›des Erleuchters‹. Dieser sei, so heißt es, ein Sohn des parthischen Prinzen Anak gewesen, der des Tiridates Vater erschlug und der mit seiner Familie der Blutrache zum Opfer fiel – bis auf ein Knäblein, das Mönche in Kappadokien zum Christen erzogen und dem sie in der Taufe den Namen Gregor gaben.

In die Heimat zurückgekehrt, soll dieser Gregor dem König gedient haben, von diesem aber dann seines Glaubens wegen in eine Kloake der Hauptstadt Artaschat geworfen worden sein, wo ihn eine treue Mitchristin heimlich und notdürftig am Leben erhielt. Inzwischen flüchtete sich eine Gruppe von Jungfrauen, die Gott Keuschheit gelobt hatten, vor dem Wüten der diokletianischen Verfolgungen nach Armenien. Eine von ihnen mit Namen Hripsime war so schön, daß der König in Begier zu ihr entbrannte. Die Nonne jedoch wies seine lüsternen Anträge zurück. Zornig befahl darauf der Herrscher, die ganze Schar der Obdachsuchenden zu töten. Der Untat folgte die Strafe auf dem Fuß. Vom Wahn befallen, er sei ein Wildschwein, floh der König in die Wälder. (Nach einer anderen Version soll ihm tatsächlich ein Schweinsrüssel gewachsen sein.) Seiner Schwester jedoch, die sich zum Christenglauben bekehrt hatte, wurde in einer Vision geoffenbart, daß allein der gefangene Gregor ihren Bruder zu heilen vermöchte. Und so geschah es. Der Befreite vollbrachte das Wunder und der bekehrte und getaufte König ließ nun die Tempel des Mithras und der Anahita zerstören und an ihrer Stelle Kirchen errichten. Gregor selbst – vom Erzbischof von Caesarea zum Katholikos der Armenier geweiht – habe göttlicher Eingebung voll die Kathedrale von Edschmiadsin entworfen. Sie steht nachweislich an der Stelle eines einstigen Feueraltars.

Gregor hat auch durch seine Predigten in armenischer Sprache den Grundstein für die Eigenständigkeit der armenischen Kirche gelegt. Seine Nachkommen waren zugleich auch seine Nachfolger im Amt, und unter ihrer Ägide vollzog sich – nach der Tradition im Jahr 406 – ein weiterer bedeutsamer Schritt in dieser Richtung: die Einführung der armenischen Schrift. Ihre 36 Zeichen (später kamen noch zwei dazu) lösten das bisher gebräuchliche syrische Alphabet ab. Diese Erfindung wird dem Mönch Mesrop Mashtotz zugeschrieben, der damit zum Vater auch der armenischen Literatur wurde. Nun waren die armenischen Christen nicht mehr auf fremdsprachige Texte angewiesen und konnten –

sofern sie es konnten – die heiligen Schriften in ihrer eigenen Sprache lesen und bald auch ein eigenes Schrifttum entwickeln.

Die Kriege des 4. Jahrhunderts wie die Teilung von 387 hinderten die armenischen Bischöfe, an den Konzilien von Konstantinopel und Ephesos teilzunehmen, doch wurden deren Beschlüsse von ihnen akzeptiert und anerkannt. Die diophysitische Lehrentscheidung des Konzils von Chalkedon (451) jedoch, zu dem wiederum kein Vertreter ihrer Kirche erscheinen konnte, lehnten sie ab. Der Erklärung der dort versammelten Väter: »Wir alle lehren einstimmg einen und denselben Sohn, unseren Herren Jesus Christus, vollständig der Gottheit und vollständig der Menschheit nach ... in zwei Naturen unverwandelt, ungetrennt und ungesondert, die beide in einer Person und einer Hypostase zusammenkommen«, setzte die zweite Synode von Dwin (505/06) ihr Credo entgegen: »Der vollkommene Gott wurde vollkommener Mensch, mit dem Geist, Verstand und Leib: eine Person, ein Gesicht, eine vereinigte Natur.« Damit hatte die Kirche Armeniens ihr monophysitisches Bekenntnis abgelegt. An ihm hielt sie fest und ließ es sich auch durch keinen Versuch des Patriarchats von Konstantinopel rauben – so wenig wie ihre Eigenständigkeit. Die politische Gegnerschaft zur Kaiserkirche, in die sie sich damit begeben hatte, sollte noch verhängnisvolle Folgen haben. Andererseits führte das Bekenntnis zum Christentum auch zur Verschärfung des Gegensatzes zum zoroastrischen Perserreich der Sassaniden. Damit nicht genug: Dem Erbadel der landbesitzenden ›Nachararen‹, die in Kriegszeiten das Heeresaufgebot zu stellen hatten, schien die Etablierung einer Staatskirche als Bedrohung seiner Macht. Diese Adelsherren drückten die freie Wahl des Katholikos durch und trieben endlich den letzten Arsakiden ins Exil. Auf ihren Wunsch setzte der Schah-in-Schah Statthalter (Marzpane) aus armenischen Geschlechtern ein. Doch als er von den Armeniern Abwendung von ihrem Christenglauben verlangte, rief eine in Artaschat tagende Synode zum Kampf gegen die ›Heiden‹. Während armenische Hilfskontingente im Dienst der Perser im Osten gegen die ›weißen Hunnen‹, die Hephthaliten, fochten, trat ein armenisches Adelsheer unter der Führung des Wartan Mamikonian dem Großkönig am Ararat entgegen. Bei Awarair fand am 26. Mai 451 sein Führer mit mehr als tausend Getreuen den Tod. Dreißig Jahre später mußten die christlichen Armenier – wiederum geführt von einem Mamikonian, einem Neffen Wartans – erneut gegen die zoroastrischen Perser antreten. 484 erkämpften sie politische Autonomie und religiöse Freiheit.

Kaum jedoch waren die persischen Ansprüche zurückgewiesen, da meldete Byzanz die seinigen an und erstrebte die Unterwerfung der armenischen Kirche unter die Hoheit des Stuhls von Konstantinopel »ohne die Zügel der Gottesfurcht und ohne Erbarmen«. Kaiser Maurikios (582-602) ließ massenweise Armenier auf die Balkanhalbinsel umsiedeln. Viele ihrer Nachkommen haben später bedeutenden Einfluß auf die Geschichte von Byzanz genommen. Anno 627 endete das mörderische Duell der beiden Großmächte der ausgehenden Antike, der beiden ›Augen der Welt‹ mit dem knappen, aber vollständigen Sieg des Kaisers Herakleios über den Großkönig Chosrau. Kein Menschenalter später hatten die Araber – durch Mohammeds Botschaft zum Kampf gegen alle Ungläubigen geeint – die Sassanidenherrschaft in Persien weggefegt. 640 erschienen sie zum ersten Mal in Armenien, lösten Schrecken und Verwirrung aus, aber haben nicht das Land mit Feuer und Schwert verheert. Gegen solche landläufig-schematische Vorstellung spricht die Tatsache, daß gerade im 7. Jahrhundert die armenische Baukunst sich zu höchsten Leistungen entfaltete und die theologische, historische und philosophische Literatur blühte.

Es waren weniger die Moslems als die einheimischen Feudalherren, die dem Land Unglück brachten. Untereinander verfeindet, schlugen sich die einen Sippen mit ihren Gefolgsleuten auf die Seite der Byzantiner, die anderen dafür auf die der arabischen Eroberer. Die omayyadischen Kalifen hatten andere Probleme, als die unterworfenen Christen zum Islam zu bekehren. Jede Konversion schmälerte ja die Einkünfte, weil sie den Neu-Moslem von der im Religionsgesetz verankerten Kopfsteuer der Unbekehrten befreite. Erst nach der Machtergreifung der Abbasiden (750) setzten Unterdrükkungs- und Gewaltmaßnahmen ein und riefen prompt Widerstand hervor. 778 wurde ein Aufstand des ganzen Landes so blutig niedergeschlagen, daß ein Massenexodus nach Westen einsetzte, der die armenische Provinz zu entvölkern und damit den Byzantinern zu öffnen drohte. Um diesen einen Riegel vorzuschieben, entließ der Kalif 861 die in Samarra als Rädelsführer armenischer Rebellionen eingekerkerten Adeligen und ernannte einen von ihnen, Aschot Bagratuni, zum ›Herrn Armeniens, Georgiens und der Länder des Kaukasus‹.

Damit begann eine Art nationaler Renaissance. Aschot wurde 885 zum König gewählt, und der Kalif als sein Oberherr legitimierte diesen Akt durch Übersendung eines goldenen Diadems, worauf Kaiser Basileios I. – selbst armenischer Abstammung – gleichfalls eine Krone übersenden ließ, um auch seinen Anspruch zu demonstrieren. Die leidige Rivalität der großen Mächte drohte erneut aufzubrechen, doch Aschots diplomatische Geschicklichkeit verstand es, Gefahren abzuwiegeln. Armenien, das Zünglein an der Waage eines stets gefährdeten Gleichgewichtes durfte sich einer Reihe von friedlichen Jahren erfreuen – bis die Uneinigkeit

Zu den Farbtafeln

13 Blick über Baku

14 Scheki, Khan-Palast

15 Öltürme vor Baku

der großen Geschlechter erneut Leid und Not über die Bauern brachte, die doch nichts anderes wollten, als ohne Furcht vor Überfällen die Früchte ihres Fleißes zu ernten. Die Großen dachten anders. Gegen Aschots Sohn Sembat (890-914) wandten sich die Ardsruni und erlangten 908 die Königswürde für ein ostarmenisches Teilreich am Van-See, das sich sechzig Jahre später in drei Kleinkönigtümer teilte. Auch vom Reich der Bagratiden spalteten sich rivalisierende Feudalherren ab, doch ihnen galt als Oberherr der König aus dem Hause des Aschot Bagratuni, dessen Nachkommen allen Schwierigkeiten zum Trotz sich bis gegen 1100 behaupteten.

Ani, ihre Hauptstadt, die unter König Gagik I. (989-1020) eine glanzvolle Blüte erlebte, bietet in aller Verlassenheit wundervolle Zeugnisse armenischer Baukunst, aber sie liegt einen Steinwurf jenseits der sowjetisch-türkischen Grenze und ist – auch wenn der Grenzkontrollpunkt bei Kars für Bahnreisende geöffnet ist – von Eriwan aus praktisch unerreichbar. Immerhin gibt es im Historischen Museum ein genaues und des Besuchers Aufmerksamkeit fesselndes Modell dieser Hauptstadt des mittelalterlichen Armenien, die einst ›Stadt der tausend Kirchen‹ genannt wurde.

Die gregorianische, monophysitische Kirche Armeniens war immer neuen Unierungsversuchen und Pressionen von seiten des Patriarchats von Konstantinopel ausgesetzt, die Hand in Hand gingen mit neuen Expansionsbestrebungen der byzantinischen Kaiser. Seit 966 okkupierten diese einen armenischen Splitterstaat nach dem anderen und besetzten 1045 selbst Ani. Ein Zeitgenosse urteilte über sie: »Die Griechen bilden sich ein, allein Christen zu sein, und so wurden durch ihren bösen Willen alle Gläubigen dem Schwert und der Gefangenschaft ausgeliefert.« Ob die Strategen von damals wirklich geglaubt haben, so wirkungsvoller ihr Vorfeld gegen eine neue Gefahr aus dem Osten verteidigen zu können? Gegen die Gefahr nämlich, welche die oghusischen Türken bedeuteten, die unter Anführern aus dem Geschlecht eines halb legendären Glaubenskriegers Seldschuk aus Transoxanien vorgestoßen waren, Persien erobert hatten und sich nun nach Westen wandten. Seldschukische Reiter suchten 1064 Ani zum ersten Male heim. Nur sieben Jahre später schlugen sie in der Schlacht bei Manzikert/Malazgird (1071) ein bunt zusammengewürfeltes Heer unter dem persönlichen Befehl des Kaisers Romanos IV. so vernichtend, daß Kleinasien fortan ihnen und ihren Herden offenlag. Diese Entscheidungsschlacht machte zwar der Bedrohung Armeniens durch die Byzantiner ein Ende, doch fielen weite Gebiete ›Großarmeniens‹ nun den türkischen Nomaden anheim. Nur ein paar kleinere Fürstentümer bewahrten ihre Selbständigkeit. Eine massenhafte Abwanderung seiner leidgeprüften Bewohner setzte ein: nach Konstantinopel, wo schon seit dem 7. Jahrhundert Armenier eine Führungsrolle spielten, und nach Kilikien. Dort entstand ein Königreich Kleinarmenien, das nach mannigfachem Lavieren zwischen Kreuzfahrern, Mongolen und innerer Opposition im späten 14. Jahrhundert den Mamluken Ägyptens zum Opfer fiel. Großarmenien am Fuß des Kaukasus hätte sich vielleicht wieder erholen können, wären nicht im Gefolge der ersten türkischen Eroberer immer neue Nomadensippen ins Land eingefallen, angelockt zunächst von den Möglichkeiten, die sich ihnen im Reich der Sultane von Rum zu bieten schienen, und dann auf der Flucht vor den Mongolen Dschingis Khans. 1220 erschienen dessen Scharen – ein Spähtrupp zunächst nur – in Armenien. Im Jahr 1235 verwüsteten sie Ani. Ein zeitgenössischer Historiker klagt den armenischen Feudaladel an, er mache mit den Feinden gemeinsame Sache. Deren Reiter »nahmen die noch nicht eroberten Städte und Burgen, plündernd und Gefangene machend. Sie töteten ohne Gnade Männer und Frauen, Priester und Mönche, machten Sklaven, nahmen Diakone gefangen und plünderten die Kirchen der Christen ohne Furcht. Sie beraubten die kostbaren Reliquien der Heiligen und die Kreuze und heiligen Bücher ihres Schmuckes und warfen sie weg, als seien sie wertlos.«

Trotzdem ließen sich die Armenier nicht entmutigen. Ihre Antwort auf alle Schrecknisse war eine Rückbesinnung auf ihr christliches Erbe. Gerade in diesen Leidenszeiten wurden neue Kirchen errichtet, schon bestehende Klöster erweitert, Kreuzsteine gemeißelt, Bücher geschrieben und mit Miniaturen geschmückt. Von Klöstern wie Haghbat, Sanahin, Goschavank oder Geghard gingen bedeutende geistige Impulse aus.

Aber dann erreichten die Leiden des Landes und seiner Menschen einen neuen Höhepunkt: Timur Lenk, der hinkende Todesengel aus Mittelasien, suchte auch Armenien heim und stürzte es in Verzweiflung. Ganze Städte wurden buchstäblich leergemordet. Es waren Schrecknisse, wie sie erst wieder durch die Massaker von 1915 überboten wurden.

Den Erben des gräßlichen Timur nahmen die turkmenischen Stammesverbände der ›Schwarzen‹ und der ›Weißen Widder‹ – so benannt nach ihren Stammestotems – den armenischen Osten Anatoliens ab, und in den wirren und wüsten Kämpfen, die sie untereinander, mit den Timuriden und dann mit den Osmanen führten, war Armenien hilfloses Opfer, immer wieder verheert, Hungersnöten und Seuchen preisgegeben. Wer noch die Kraft besaß, verließ die unglückliche Heimat und suchte Zuflucht in der Ferne: auf der Krim, an der unteren Donau, in Galizien, später auf Zypern, Kreta, Rhodos, in Ägypten, in Italien, Frankreich, Holland, ja selbst in Indien.

In diesen trostlosen Zeiten trat (1441) im damals relativ abgelegenen Kloster Edschmiadsin eine Synode der gregorianischen Kirche zusammen und beschloß, den Sitz des Katholikos, ihres Oberhauptes, an diesen Ort zurückzuverlegen. So geschah es, und damit wurde Edschmiadsin wieder das geistliche Herz und zugleich die heimliche Hauptstadt Armeniens, denn einzig im Haus ihrer Kirche haben die Armenier ihre völkische Identität und ihre Kultur durch Jahrhunderte der Unterdrückung und Knechtschaft bewahrt.

Wir sind auf unserer transkaukasischen Fahrt zwar nur im Gebiet der SSR Armenien unterwegs, die kaum ein Zehntel dessen umfaßt, was einstmals Armenien hieß, und dieses

Zehntel gehörte vom 16. bis ins 19. Jahrhundert zu Persien. Jedoch was im Türkenland geschah, blieb nicht ohne Folgen auch für diesen Teilbereich. Nachdem Mehmet II. 1453 Byzanz erobert und zum Mittelpunkt seines Reiches bestimmt hatte, lockte und preßte er in die halb entvölkerte Stadt neue Bewohner, Moslems wie Christen. Diesen, Griechen und Armeniern, gewährte er Schutz ihrer Religionsgesetze in Stadt und Reich, indem er ihr geistliches Oberhaupt auch zur obersten Instanz in allen zivilrechtlichen Streitigkeiten bestimmte. Wie der griechische Patriarch als Oberhaupt der Orthodoxen, so sollte ein armenischer als das der Armenier amtieren. Aber kirchenrechtlich war er dem Katholikos von Edschmiadsin untergeordnet - und dieser residierte im feindlichen Ausland, im schiitischen Persien, gegen welches erstmals Mehmet des Eroberers Enkel zu Felde zog: Selim I., der den Titel eines sunnitischen Kalifen usurpiert hatte. In die durch seine Janitscharen entvölkerten Gebiete lockte der ›grimm-gestrenge‹ Sultan Kurden als Parteigänger der Sunna, und diese waren – nicht nur in den wenigen Jahren, in denen der seit der Mitte des 16. Jahrhunderts währende Krieg schlief – eine Geißel für die armenischen Bauern, welche dem kargen Boden Erträgnisse abzuringen versuchten. Und wenn der Krieg wieder erwachte, dann fraß er gleichmütig-grausam seine Opfer. Wenn der Osmane Murad III. (1574-95) Eriwan und Tiflis einnahm, der Perserschah Abbas I. (1588-1628) diese Städte zurückgewann, dann vermerkten das die schmeichelnden Hofhistoriographen. Von den Leiden einer Bevölkerung, die nichts anderes im Sinn hatte, als ihr Leben zu fristen und ein paar Jahre ohne Furcht und Schrecken vom Himmel erflehte, von denen reden sie nicht. Und selbst in den Jahren ohne Kriegsgetümmel hörte das Leid nicht auf. Dann erschienen periodisch die Reiter des Sultans, um von den unterworfenen Christen die Knabensteuer einzuziehen, die hübschesten und kräftigsten Buben nach Istanbul zu überführen, damit sie, dort zu Moslems erzogen, als Elitekrieger oder hohe und höchste Beamte dem Sultan dienten.

Kein Wunder, daß die heimgesuchten Armenier nicht anders als die Georgier einen Helfer und Befreier ersehnten und ihn im christlichen Zarenreich zu finden meinten, das in der 2. Hälfte des 18. Jahrhunderts zum gefährlichsten Gegner der Osmanen geworden war. Katharina II. sicherte den Armeniern, die sich schon einmal an Peter den Großen um Hilfe gewandt hatten, 1768 Unterstützung und Selbstverwaltung zu. Durch den Frieden von Kücük Kainarcı (1774) wurde Rußland zur Schutzmacht für alle christlichen Untertanen des Sultans.

Nachdem 1801 Georgien, dann auch die Khanate Schirwan und Scheki von den Russen annektiert worden waren, ließ Nikolaus I. (1825-55) in einem neuen Perserkrieg 1826 Alexandropol (Leninakan) und die Arasebene mit Eriwan und Edschmiadsin besetzen. Seine Truppen rückten auch in die angrenzenden Gebiete des Osmanischen Reichs ein, freudig begrüßt und unterstützt von den dort lebenden Armeniern. Zu deren bitterer Enttäuschung mußte Rußland im Frieden von Adrianopel (Edirne) (1829) auf diese Gebietsgewinne wieder verzichten. Aus Furcht vor türkischer Rache flohen unzählige Familien über den Aras auf das nunmehr russische Gebiet. Hier erhofften sie sich Sicherheit für Glauben und Leben. Tatsächlich eröffnete der vergleichsweise moderne russische Staat den Armeniern wirtschaftliche und gesellschaftliche Chancen, aber ansonsten erwies sich der Zar sehr bald als echter Erbe von Byzanz. Schon 1836 stellte ein Gesetz die armenische Kirche unter seine Aufsicht. Und von Freiheit – gar in einem Grenzland – durfte nicht die Rede sein. Bald setzte eine Russifizierungspolitik ein, welche die Armenier an ihrer empfindlichsten Stelle traf. Die moslemischen Herren von einst hatten sich wenigstens nicht in das geistliche und geistige Leben eingemischt. Der christliche Zar jedoch ließ armenische Volksschulen schließen, verbot armenischen Sprachunterricht an allen öffentlichen Erziehungsanstalten, verpflichtete die Armenier zum Dienst in der russischen Armee, schaltete sich immer massiver in die Kirchenverwaltung ein. Der Katholikos Nerses Aschtaraketsi (1843-57), der 1827 als Bischof mit Kreuz und Schwert an der Spitze einer von ihm gegründeten Freischar für die Russen gegen die Perser gezogen war, ließ Protest auf Protest folgen – vergebens. Verbittert starb er fern der Heimat im bessarabischen Exil. Auch unter dem Zarenadler fand Armenien kein Glück.

Zeugnisse altarmenischer Baukunst

Ein Ausflug nach *Edschmiadsin* gehört zu jedem Armenien-Programm. Diese Stadt hieß einst Wagharschapat und war – als Nachfolgerin von Artschat – bis 387 Hauptstadt Armeniens. Hier bekehrte sich König Trdat/Tiridates III. zum Christentum und erklärte es 301 zur Staatsreligion, hier hatte er vorher die Jungfrauen Hripsime, Gayane und Schogakat hinrichten lassen. Zur Ehre dieser ersten Märtyrerinnen ließ Sankt Gregor Kapellen errichten, und er stiftete auch die erste Kathedrale. Eine aus dem 5. Jahrhundert stammende Legende erzählt, der ›Erleuchter‹ habe in einem Traumgesicht Christus vom Himmel herabsteigen und mit einem glühenden Hammer die Stelle bezeichnen sehen, wo die Kirche erbaut werden sollte. Darum heißt sie noch heute ›Ort, wo der eingeborene Sohn zur Erde herabstieg‹. Und nach Kirche und Kloster ist die heutige Stadt benannt.

Infolge des Persereinfalls im 5. Jahrhundert wurde der Sitz des Katholikos nach der neuen Hauptstadt Dwin verlegt, doch sah Wagharschapat noch im 7. Jahrhundert bedeutende Bauwerke entstehen, trat während der arabischen Besetzung allerdings in den Schatten und gewann erst danach etwas von seinem alten Ruhm zurück. Auch wenn der Katholikos in Ani, dann in Sis, der Hauptstadt des kilikischen Königreiches, residierte: Das Kloster Edschmiadsin war immer ein Punkt geistig-künstlerischer Ausstrahlung und seit 1441 ist es wieder Sitz des Katholikos. Hier schlug in den Zeiten islamischer Herrschaft das Herz Armeniens. Hier wurde 1771 die erste Druckerei im Lande eingerichtet, entstanden in dem befestigten Klosterbezirk immer neue Bauten, hier bewahrte man die reichen Bücherschätze auf, und hier hatte seit 1631 die Hohe Schule ihren Sitz, an der heute noch die Priester der armenischen Kirche studieren.

Das Kloster ist stets Ziel von Pilgern, zur Reisezeit auch von ausländischen Touristen. Vor allem wer am Sonntag herkommt, der erfährt, wie lebendig die Kirche in Armenien ist. Im Klosterbereich und seiner Umgebung bewegt sich eine feiertäglich gekleidete Menge, unzählige Votivkerzen brennen in der Kirche, die während des Gottesdienstes gesteckt voll ist. Und wer zur rechten Stunde kommt, kann Seine Seligkeit Vasgen I. unter Glockengeläut in die Kathedrale einziehen sehen, hört die feierlichen Hymnen des berühmten Chores.

Jeder Armenier weiß, daß er seine nationale Identität und das Überleben seines Volkes einzig seiner Kirche und ihren mutigen, wenn auch nicht immer ganz selbstlosen Exponenten verdankt, daß Volk und Kirche sich beinahe decken. Und die Staatsmacht weiß das auch, und weiß auch, daß die Armenier es wissen. Seit die gregorianische Kirche – durch Zugeständnisse – einen modus vivendi mit dem atheistischen Staat gefunden hat (oder er mit ihr), geht es ihr besser als den anderen Kirchen und Glaubensgemeinschaften in der UdSSR.

An der Stelle der *Kathedralkirche* des Klosters stand, wie Ausgrabungen anläßlich der Restaurierungsarbeiten 1955/56 erwiesen haben, bereits ein heidnisches Heiligtum. Sankt Gregor hat darüber 303 eine dreischiffige Pfeilerbasilika mit 4 Jochen und einer östlichen Apsis bauen lassen. Die Gestalt eines Zentralbaues gewann die Kirche erst am Ende des 5. Jahrhunderts, als Wartan Mamikonian sie neu errichten ließ. Damals entstand der fast quadratische Raum mit vier nach innen halbrund schließenden Apsiden, in dessen Mitte vier freistehende Pfeiler eine Kuppel tragen. Dieser armenische Typus einer Kreuzkuppelkirche wurde zwar nicht hier geboren, doch trug das Prestige von Edschmiadsin wesentlich dazu bei, daß er sich nicht nur in Armenien selbst, sondern im ganzen Kaukasusgebiet verbreitete und weiterentwickelte. Zwei sehr eindrucksvolle Beispiele werden wir auf unserem Ausflug noch sehen können. Der Kern des heutigen Baues ist zwar noch der des 5. Jahrhunderts, aber von späteren Zutaten überkrustet. Eineinhalb Jahrtausend gehen nicht spurlos dahin. Im 17. Jahrhundert wurden Dach und Kuppel erneuert, dann der Boden erhöht. Der Katholikos Philippos (1639-55) begann den westlich vorgesetzten Glockenturm, der 1658 vollendet war. Es ist ein prächtiges, mit reichen ornamental-figürlichen Reliefs geziertes Werk, das sich aber dem alten Bau nicht so recht anpassen will, obwohl auch dessen Außenseiten nicht unberührt blieben, jüngeres Steinwerk die alten Mauern verdeckt. Erst 1869 wurde im Osten der Kuppelraum – ein Fremdkörper – zur Aufbewahrung sakraler Geräte angefügt, der heute eine Sammlung armenischer Kirchenkunst beherbergt (wertvolle Reliquiare, Handschriften, Miniaturen). Zu Anfang des 17. Jahrhunderts hatte der Maler Nagarsch Hownatanian den Auftrag erhalten, das Innere der Kathedrale mit Fresken zu schmücken, sein Enkel vollendete das Werk. Das 19. Jahrhundert hat alle Bilder weiß übertüncht, bei der Restaurierung von 1955/56 aber wurden diese an persische Vorbilder angelehnten Malereien freigelegt und farbenstark und goldstrahlend erneuert. Inzwischen hat der Rauch unzähliger Kerzen wieder für eine gewisse Patina gesorgt. Man nimmt es mit diesen »bedeutenden Zeugnissen armenischer Malerei« (so der Intourist-Führer) lieber nicht zu genau, versteht sie besser als farbige Folie für die farbigen Zeremonien, die sich an Feiertagen hier abspielen.

Im Klosterbereich – vor allem entlang seiner nördlichen Begrenzung – findet sich eine Auswahl sehr schöner Khatchkars. Diese ›Kreuzsteine‹ (Khatch = Kreuz, kar = Stein) repräsentieren einen der originellsten Zweige der armenischen Kunsttätigkeit. Ihre Wurzel reicht weit zurück. Wohl bis in jene Zeiten, da der große oder besonders geformte Stein, hart und schwer, als Zeugnis für etwas über die menschliche Vergänglichkeit Hinausgehendes verehrt wurde, als Zeichen stand für Schutz, Dauer, Fruchtbarkeit, bewohnt von einer übermenschlichen Wesenheit. Dies chthonisch-kosmisch Numinose des Steins mag schon die Bauwerker des Megalithikums zu ihren Kraftleistungen bewogen haben. Ihre Kultsymbole – große, tischförmige Steine mit Vierfüßler- und Vogelgravierungen – finden sich auch in abgelegenen Gebieten Armeniens, an den Hängen des Aragaz. Monolithische Denksteine sind ja auch die oben abgerundeten urartäischen Stelen auf ihrer viereckigen Steinbasis.

Etwas von all dem lebte noch weiter, als Armenien schon christlich geworden war, das Kreuz über die alten Götter gesiegt hatte. Noch vor Konstantins des Großen Traum vor der milvischen Schlacht ließ Gregor der Erleuchter an Straßen, Kreuzwegen und Plätzen hölzerne Kreuze aufrichten. Bald wurden sie in Stein übersetzt, der höheren Bedeutung wegen. Das Kreuz war ja nicht nur christliches Erlösungs- und Siegesmal, es war ja zugleich auch ein uralt-kosmisches Zeichen für die geometrische Ordnung des viergeteilten Erdkreises.

Die ersten regelrechten Kreuzsteine allerdings treten erst zwischen dem 9. und dem 10. Jahrhundert auf, also nach der Befreiung von den Arabern: Plattenartige Stelen, die an ihrer westlichen Schauseite ein großes Kreuz zeigen, den Blick des Betrachters also immer genau nach Osten lenken, dem Aufgang entgegen. Mit Hilfe der Inschriften, welche den Stifternamen nennen, manchmal auch den Steinmetzmeister (varpet) oder Angaben über den Anlaß der Stiftung festhalten, lassen sich die meisten genau datieren. Die ältesten noch ohne Sockel auf der Erde stehenden Steine zeigen das Kreuz in der Mitte, in den Zwickeln über seinen Armen Weintrauben, am Fuß von Akanthusrollen begleitet. Im 11. und 12. Jahrhundert erhielt die durch Blendarkaden gegliederte Basis architektonisches Gewicht. Im 12. Jahrhundert setzt sich immer stärker der Typus der schlanken, mit einem vorkragenden oberen Gesims versehenen Platte durch, gewinnt der Dekor in feinem Relief an Reichtum, wird das Kreuz dekorativer ausgestaltet, werden seine Enden reich geziert, die Füllungen zwischen den Armen zu meisterlichen Schaustücken. Das 13. Jahrhundert, welches da und dort den monumentalen Charakter betont, bringt Meisterwerke von zugleich einheitlich-reicher und harmonisch-leichter Wirkung hervor, wie die Kreuzsteine des Meisters Paghos von Goschavank (jetzt im Museum in Eriwan) oder des ›varpet‹ Momik, der zwischen 1282 und 1321 als Baumeister der ›kleinen‹ Marienkirche von Artik, der zweigeschossigen Mausoleumskirche von Noravank, dortselbst als Bildhauer von Kreuzsteinen, dazu als Wand- und Miniaturmaler und Schriftsteller bezeugt ist. Auch auf diesem Gebiet war es nicht die seldschukische Invasion – die Schlacht von Manzikert wurde schon 1071 geschlagen –, die einer ausdrucks- und bedeutungsschweren Kunstübung ein Ende setzte, sondern der Einfall der Mongolen mit seinen traurigen Folgen. Im 14. Jahrhundert erlahmte jede künstlerische Tätigkeit, und als seit dem späten 15. Jahrhundert in dem zwischen Persern und Türken geteilten, von Moslems abhängigen Armenien wieder Kreuzsteine gemeißelt werden, da zeigen sie sich – obwohl ihrerseits Vorbilder für türkische Grabstelen – deutlich vom islamischen Formengut beeinflußt. Sie stehen nun auch nicht mehr wie einst an Kreuzwegen, Straßen und Grenzen, sondern auf Gottesäckern: keineswegs langweilig über einen Leisten geschlagene Erben.

Immer noch lebt in ihnen etwas von der ursprünglich-vielschichtigen Bedeutung fort. Am begreifbarsten in jenen Steinen, die nicht nur Grenzmarken und kosmische Wegzeichen sind, Symbole am Übergang, sondern zugleich auch Zeugnis für das Seiende der christlichen Kunde. Gemeint sind jene besonders reich gestalteten Khatchkars, welche die figürliche Darstellung des Gekreuzigten und darüber die des Auferstandenen tragen: die Erlöser-(Amenaprkitch-)Steine. Zu dem Mann am Kreuz können Maria und Johannes, Joseph von Arimathia und Nikodemus, die zwölf Apostel, Sonne, Mond, Engel und im Giebelfeld die Himmelfahrt treten (Kreuzstein im Gavit von Haghbat, 1273, und der von Toumanian). In solchen Schöpfungen gewinnt der Kreuzstein über seine komplexen Bedeutungen hinaus noch eine weitere Dimension. Er wird zur Ikone, zum ›Bild‹. Zum Bild nicht im trivialen Sinn einer Information, eines bloßen Abbilds eines einmal geschehenen und damit vergangenen Ereignisses, sondern zum Zeugnis der immerwährenden Gegenwart der Erlösung. Der Ikon-Kreuzstein ist mehr als ein bloß künstlerisches Phänomen und mehr auch als nur Symbolzeichen. Er ist existent als Zeugnis des Heils. Daß man Kreuzsteine den Toten als Male setzte, ist nur folgerichtig. Von Anfang an sind sie ja Zeichen des Übergangs, des Heils zugleich und der Naht zwischen innerer und äußerer Welt, zwischen Profanem und Heiligem, bezeugen sie jenseits ihrer dinglichen Steinhaftigkeit die Gegenwart eines Höheren. Zugleich sind diese Steine in den Kontext ihrer Umgebung einbezogen, ihrem Umraum verbunden, sind sie per analogiam ›sakrale Bauten‹ oder deren Vorläufer, Ergänzung und Vollendung.

Kreuzsteine sind sehr charakteristisch armenische Werke, doch nicht ohne Parallelen. Es ist nicht nötig, ein ›armenozentrisches‹ Welt- und Geschichtsbild aufzubauen, gewaltsam eine ›armenische Wanderung‹ zu konstruieren, wenn man sich vor den Khatchkars an die gleichzeitigen Steinkreuze Irlands, an die englischen Runenkreuze, die Runensteine Skandinaviens erinnert fühlt oder an die Bogumilengräber in Bosnien und der Herzogowina des 12. und 13. Jahrhunderts. Die Bogumilen waren Nachkommen der ›Paulikianer‹, einer in Armenien entstandenen Sekte, Anhänger eines verchristlichten Manichäismus, Verfechter eines dualistischen Weltbildes also wie jene Albigenser, welche die römische Kirche im 12. Jahrhundert mit Wort, Schwert und Feuer bekämpfte, ohne diesen häretischen Unterstrom je völlig austrocknen zu können. Nicht ohne Interesse in diesem Zusammenhang ist die in Aris Isländerbuch überlieferte Nachricht, daß selbst auf dem fernen Eiland im Nordmeer kurz nach dem Jahr tausend drei Armenier, Petrus, Abraham und Stephanus missionierten. Vermutlich hat es sich um Paulikianer gehandelt, die bald zum Verlassen der Insel gezwungen wurden.

Die kurze Fahrt nach Edschmiadsin führte vorbei an dem Hügel von Karmir-Blur. Die normierten städtischen Wohnblocks wichen den niedrigen, weißdachigen Viereckhäusern der Genossenschaftsbauern. Große Obstgärten mit Aprikosen- und Mandelbäumen wechselten mit Wein- und Tabakfeldern. Aber die Hügel nach Norden zu wirkten schon im Frühsommer staubig-grau und steinig. Auf der autobahnähnlichen Straße war das Ziel der Fahrt fast allzu schnell erreicht.

Am östlichen Ortsrand von Edschmiadsin steht rechts des Weges, etwas erhöht in einem Zingel von teils neuen, teils alten Ziegelmauern ein für die Geschichte der armenischen Architektur höchst bedeutsamer Bau: die *Kirche der heiligen Hripsime*. Der Katholikos Komitas ließ sie 618 errichten als Ersatz für eine Kapelle, die seit dem 4. Jahrhundert das Grab der jungfräulichen Glaubenszeugin bezeichnet hatte. Zwar hat das 17. Jahrhundert (1635) Bedachung und Kuppel in seinem Sinn restauriert, dem Westportal einen der damals modischen Turmpavillons vorgesetzt, aber das tut dem Eindruck keinen Abbruch, verschleiert nicht die charakteristisch armenischen Züge. Nach außen gibt sich die Kirche als geschlossener Körper, nur sparsam gegliedert durch die steilen Dreiecksnischen, die jeweils die Apsiden flankieren. Erst das Dach definiert die Kreuzform, und der zentrale Konus läßt auf eine Kuppel schließen, zeigt jedoch nicht ihre Rundform. Das schön proportionierte Äußere verrät nicht das reiche und vielfältige Raumbild, das den Besucher im Inneren erwartet. Der Plan formuliert die Idee der Zentralkuppelkirche in klassischer Reife. Eine Vorstufe bildete vermutlich die kleine Kirche von Avan, das inzwischen in das wachsende Eriwan eingemeindet wurde, das unmittelbare Vorbild jedoch dürfte die Dschwari-Kirche über Mzcheta in Georgien gewesen sein. Hier wie dort schließen an das überkuppelte Quadrat in den Achsen vier halbrunde Apsiden an, denen im Osten und Westen jeweils noch ein breiter Bogen vorgeschaltet ist. Während in Avan die runden Räume in den Ecken des Quadrats noch eng sind, schmale Durchgänge nur zu gleichfalls gerundeten Eckräumen, sind sie nun weiter geworden, behaupten sie sich neben den Apsiden und die von ihnen aus betretbaren Eckräume sind zu selbständigem Wert aufgestiegen. Ein Raum, der ähnliches Wohlgefühl vermittelt wie sein georgisches Gegenstück, ein Bau, der in seiner kraftvollen Festigkeit so überzeugt wie eine romanische Schöpfung – aber wo finden wir in der Romanik Details wie den originellen Übergang von der Trompe zum Rund des Kuppelfußes?

Wir nehmen uns die Zeit, über die Treppe im nordöstlichen Eckraum hinunterzusteigen in die kleine Gruft mit dem Sarkophag der Heiligen und auch einen Blick zu werfen auf die alten Gräber, welche östlich der Apsis aufgedeckt wurden.

Die der zweiten der Märtyrerinnen, *Schogakat* geweihte Kirche, deren steile Kuppel ganz in der Nähe des Hripsime-Bezirks aufragt, ist eine einschiffige Anlage des 17. Jahrhunderts (1694) an der Stelle eines ähnlichen Baues aus dem 13. Jahrhundert, der seinerseits eine ältere Kapelle ersetzte, mit einer Vorhalle, in deren Schmuck deutlich islamische Motive auftauchen. In der Ostmauer, welche die von zwei schmalen Nebenräumen flankierte Apsis rechteckig umschließt, mag noch Steinwerk des ersten Baues aus dem 5. Jahrhundert stecken.

Die *Kirche der heiligen Gayane* etwa 500 m südlich des Klosters gelegen, ist nur wenig jünger als die ihrer Märtyrergenossin Hripsime, doch ihr Raum ist anders konzipiert. Sie entstand 630/31 unter dem Katholikos Ezr, gleichfalls als Ersatz für eine ältere Kapelle, in der Form einer fast quadratischen Basilika, deren vier freistehende Pfeiler über konischen Trompen die Kuppel tragen. Im Osten flankieren zwei geschlossene Viereckräume die halbrunde Apsis, binden sie also in die kubische Blockform ein. Nach einem Jahrtausend schrie die Kirche nach einer Restaurierung. Man hat sie gründlich besorgt. Im Jahr 1652 wurden Außenmauern und Kuppel durchgreifend erneuert, dreißig Jahre später ward im Westen der dreikuppelige Eingangsportikus vorgelegt, aber das konnte weder die kompakte Außengestalt noch die würdige Schlichtheit des Inneren beeinträchtigen. Wie sie noch heute steht, zeugt die Kirche von der schöpferischen Kraft des 7. Jahrhunderts. Leider ist der Besuch dieser wie der Schogakat-Kirche im üblichen Touristenprogramm nicht vorgesehen, und wenn man sich als Gruppenreisender dann doch die Zeit abknapst, dann findet man sie – ähnlich wie die Samtavro-Kirche in Mzcheta – meist verschlossen, da noch immer einer geistlichen Gemeinschaft dienend.

Obwohl die landschaftliche Situation ganz verschieden ist, fühlt man sich im armenischen Edschmiadsin ans georgische Mzcheta erinnert, beide haben viele Gemeinsamkeiten. Königsstädte beide aus jenen Tagen, da Armenien und Georgien christlich wurden, Zentren der Christianisierung und seit damals – auch wenn sie ihre alte Hauptstadtrolle an eine nahegelegene Großstadt von heute abgegeben haben – immer noch unbestrittene Zentren des geistlich-religiösen Lebens des jeweiligen Landes. Und dazu heute auch Touristenziele, wo die Fremden, welche in die Sowjetrepubliken südlich des Kaukasus reisen, ein paar – allerdings hervorragende – Proben der christlich-mittelalterlichen Architektur Transkaukasiens erleben dürfen.

Nach dem Besuch des Kathedralbezirks und nachdem wir im Vorbeifahren das Denkmal des Priester-Komponisten Komitas gesehen haben, biegen wir auf dem Rückweg nach Eriwan – kurz nachdem wir wieder die Hripsime-Kirche passiert haben – bei einem Adlerdenkmal rechts ab in eine schattige Allee. Nach wenigen hundert Metern finden wir uns bei den Ruinen von Palast und Palastkirche des Katholikos Narses III. (641-61), seiner Bautätigkeit wegen ›der Erbauer‹ zubenannt. Die Kirche von *Zwarthnotz,* der größte, ehrgeizigste und eigenwilligste Bau des 7. Jahrhunderts, war den ›die Pforten des Himmels bewachenden Engelsmächten‹ geweiht. Im 10. Jahrhundert warf ein Erdbeben den stolzen Dom wie den anschließenden Palast in Trümmer. Steinräuber schleppten weg, was noch nicht in Schutt und Erde versunken war. Seit 1900, nachdem man die ersten reliefgeschmückten Blöcke gefunden hatte, wurde die Stätte freigelegt und museal bewahrt, wurde es möglich, den genauen Plan dieser bedeutendsten Schöpfung der armenischen Architektur nachzuzeichnen und auch eine Vorstellung von Aufbau und Proportionen, von Raum- und Massenwirkung zu gewinnen. Ein Tetrakonchos auf vier Pfeilern, die über durchfenstertem Tambour eine hohe Kuppel tragen, bildete den Kern, den ein kreisförmiger Umgang mit Emporen umschloß. Der Säulenbau mit seiner nicht blockhaften, sondern ›diaphanen‹ Struktur darf aus römisch-byzantinischen Voraussetzungen verstanden werden (Mailand, S. Lorenzo, 4. Jahrhundert; Konstantinopel, Hag. Sergios und Bakchos; Ravenna, S. Vitale, beide 6. Jahrhundert), diente seinerseits aber im armenischen und georgischen Bereich immer dann als Vorbild, wenn etwas Besonderes entstehen sollte: die Kirche von Ichkhan (8. Jahrhundert), die georgische Kirche von Bana (10. Jahrhundert), die Gregor-Gagik-Kirche von Ani (11. Jahrhundert). Sie alle sind seit langem Ruinen wie ihr großes Vorbild, doch muß dessen Ruhm und Erscheinung noch lange lebendig gewesen sein. Die Türflügel des kleinen Museums, in dem Pläne, ein paar Fundstücke und skulptierte Blöcke gezeigt werden, sind mit zwei Reliefs in gotischen Vierpässen geschmückt. Es sind hölzerne Nachbildungen zweier Szenen aus der Noahgeschichte, welche – ihrerseits Ersatz und Kopie des 19. Jahrhunderts für beschädigte Originale – das Portal der Oberkirche der Ste-Chapelle in Paris zieren. In dem hochgebordeten Kahn, der die Arche meint, steht ein mehrgeschossig-vielfensteriger Rundbau, der aufs Haar dem gleicht, was uns die gelehrten Rekonstruktoren der Kirche von Zwarthnotz vorstellen. Wie dem französischen Bildhauer Kenntnis und Bild des schon seit langem zerstörten Baues zu Füßen des Ararat zukamen, ist ein Rätsel.

Was wir vom reichen bildnerischen Schmuck der Kapitelle, der Friese und Bogenläufe der Engelskirche besehen, Flechtwerk, Weinranken, Kränze, Adler (die Malereien und Mosaiken des Inneren sind ja längst dahin), das zeigt, daß diese größte Kirche des alten Armenien (Höhe wie Durchmesser 33,7 m) auch eine der am reichsten geschmückten war. Kein Wunder, daß der Kaiser von Byzanz, der bei der Einweihung zugegen gewesen sein soll, in seiner Hauptstadt gerne ein ähnlich prächtiges Gotteshaus gehabt hätte. Aber der Baumeister starb auf dem Weg dorthin.

Wir besehen dann noch die durch festigende Ergänzungen in ihrem Bestand gesicherten Reste des Palastes, den zwei große Säle auszeichnen, einer davon einst säulengeziert. Wir treffen auf Wohn- und Wirtschaftsräume, die Reste einer älteren kleinen Basilika (4./5. Jahrhundert), der das 7. Jahrhundert ein Bad angefügt hat und – unter einem Schutzdach – die Reste einer Weinkelterei.

Während wir nach Eriwan zurückfahren, zieht sich der Ararat einen ersten Wolkenschleier übers Haupt. Werden wir seinen Anblick wohl für einige Tage entbehren müssen?

Ein Ausflug nach *Dwin,* südlich von Eriwan, würde nicht mehr als ein paar Stunden erfordern. Diese Gründung des 4. Jahrhunderts in der araxesnahen Ebene löste im 5. Jahrhundert Wagharschapat als Hauptstadt Armeniens ab. Es ist mehr ein denkwürdiger Ort als einer, an dem es sehr Eindrucksvolles zu sehen gibt. Oder jedenfalls setzt sich das, was hier ergraben wurde, nicht eigentlich zum ›Bild‹ zusammen. Im Bereich der alten Zitadelle fand man über den Grundmauern eines Palastes – er dürfte etliche Zeit vor dem 9. Jahrhundert entstanden sein – die Spuren von Werkstätten, Bädern, Wohnhäusern, die seit dem 11. oder 12. Jahrhundert auch schon wieder in Trümmer gesunken sind. Eine Mauer mit Graben schützte den Palast des Katholikos und die Kathedrale. Die Perser haben sie 572 zum ersten Mal zerstört, der Neubau wurde wiederholt umgestaltet, bis ihn ein Erdbeben endgültig zur Ruine machte. Heute sieht man nur noch die Fundamente.

Ein paar Kilometer weiter läge *Artaschat,* die Gründung König Artasches I. (190–159 v. Chr.), die Hauptstadt der Arsakiden-Dynastie, die von Wagharschapat abgelöst wurde. Vermutlich der Grenznähe wegen darf man dort nicht hin.

Man erzählt sich in Armenien eine melancholische Legende, die anders lautet als die drüben in Georgien. Als der Herr die Welt schuf, da schüttelte er allen Boden durch ein Sieb, warf die Steine auf einen Haufen und verteilte das Ackerland an die einzelnen Völker. Als nun alles fruchtbare Land längst vergeben war, da kamen die Armenier und begehrten ihren Anteil. »Wo wart ihr denn, meine Kinder, als die Erde verteilt wurde?« fragte der Herr. »Wir waren versammelt, Vater, um zu dir zu beten.« Da weinte Gott und wies auf den Haufen Steine hin. »Ich habe alles schon verschenkt, das allein ist's, was ich euch noch geben kann.« Wie steinig und karg das armenische Hochland ist, das erleben wir fast erschrocken, wenn wir in die Berge nordwestlich und später auch nordöstlich von Eriwan hinausfahren.

Ashtarak, Karmravor

Nicht weiter als nach Edschmiadsin, also etwa 22 km wäre es nach *Aschtarak,* das sich rühmt, eine der ältesten kontinuierlich bewohnten Ansiedlungen Armeniens zu sein. Malerisch am Ufer des Kassach-Flusses gelegen, dessen Wasser, von einer schönen alten Brücke überspannt, dem Aras zueilt, ist es Etappe für Exkursionen zu vielen Kunstdenkmälern seiner Umgebung, in der malerisch-grüne Täler mit großgeformten kahlen Steinbergen abwechseln. Das älteste Baudenkmal des Ortes – leider nur als Ruine erhalten – ist die ›Purpurfarbene‹, die Dsiranavor-Basilika aus dem 5./6. Jahrhundert; im Friedhof am Ortsrand steht die ›Rotfarbene‹, die Garmravor-Kirche, eine winzige Grablege-Kapelle mit einem originellen, von einer Restaurierung des 10. Jahrhunderts stammenden Ziegeldach. Auf einem Hügel im Nordosten steht die Mariane-Kirche (1281) mit späteren Anbauten, und in der Dorfschaft *Moughni* die Georgskirche, die einen letzten Ausläufer der mittelalterlichen Baukunst Armeniens darstellt: Mit reich-gewähltem Ornament mit islamischen Motiven, mit einem kalkulierten Muster verschiedenfarbigen Steinmaterials und einer gefalteten Schirmkuppel über dem farbigen Tambour prägt sie sich ins Gedächtnis. Östlich von Aschtarak liegt *Eghward* mit seinen Ruinen: denen eines Achteckbaus des 7. Jahrhunderts und denen einer dreischiffigen und fünfjochigen Pfeilerbasilika. Im 6. oder 7. Jahrhundert entstanden, war sie eine der kuppellosen Kirchen Armeniens.

Nur fünf oder sechs Kilometer von Aschtarak steht über der Schlucht des Kassach-Flusses das *Johanneskloster (Hovhannavank),* ein befestigter Komplex des 13. Jahrhunderts, einige Kilometer weiter, gleichfalls am Rand des Cañons, das *Kloster der Psalmen (Saghmosavank),* beide sehr sehenswert, aber fast geflissentlich vor dem Fremden verborgen. Als einziges Ziel in dieser Region hat Intourist *Oshakan* auf sein fakultatives Ausflugsprogramm gesetzt, ein nicht sehr sehenswertes, eher denkwürdiges Ziel, denn von hier soll jener Mesrop Mashtotz stammen, der das armenische Alphabet schuf. Sein Grab zeigt man in der im 19. Jahrhundert stark restaurierten

Kirche, das Andenken an seine Schöpfung hält das ›Denkmal des Alphabets‹ am Ortseingang fest. Aber braucht jener Mann ein Denkmal, dessen Wirkung so lange bleiben wird, solange Armenier irgendwo in der Welt ihre Sprache lesen und sprechen?

Amberd wird in einem mit einer dreiviertelstündigen Wanderung verbundenen Ausflug angeboten. Er führt zu der einsam auf einem Felsausläufer des Aragaz thronenden, im Laufe des 11. und 12. Jahrhunderts verstärkten und erweiterten Festung mit mächtigen Türmen und Basaltmauern, die den Bagratiden, dann den Zakarian-Fürsten gehörte und das Land gegen Einfälle von Norden her schützen sollte. Innerhalb des Mauerkranzes finden sich die Reste eines Badehauses, von Zisternen und Wasserleitungen, einer kleinen zweikuppeligen Basilika, eines feudalen Schlosses, verschiedener Wohngebäude. Die Kirche stellt sich dar als ein Kuppelsaal, in dessen Ecken vier kleine, tonnengewölbte Apsidenräume eingepaßt sind. Ein besonders schönes Beispiel für die Baukunst des 11. Jahrhunderts.

Die aus dem 7. Jahrhundert stammenden Kirchen von *Koch,* von *Talich* und *Thalin* sowie die Johanneskirche von *Mastara,* ein gut erhaltener, baugeschichtlich bedeutsamer Zentralbau – es seien nur diese westlich von Aschtarak gelegenen Bauten angeführt –, sind freilich nicht zugänglich, ebenso wie die im Bergland südlich des Sevan-Sees: die Klosterkomplexe zum Beispiel von *Gladzor, Noravank, Vorotavank* oder *Tatev.*

»Ganz Armenien gleicht einem einzigen riesigen Freilichtmuseum. Die Fülle der Kunstdenkmäler überrascht nicht nur den Laien, sondern auch den Wissenschaftler.« (K. Gombos) Leider kann der Tourist, der ein ›Normalprogramm‹ gebucht hat, nur sehr wenig davon wahrnehmen – selbst die schmale Auswahl von Zielen, die hier darum weniger vorgestellt als nur erwähnt wurden, ist nicht ohne weiteres zugänglich. Immerhin steht bei einem Zwei- oder Drei-Tage-Aufenthalt in Eriwan ein Besuch der Burg von Garni mit ihrem hellenistisch-römischen Tempel und des Klosters Geghard ziemlich sicher auf dem Programm. So sei von diesen beiden etwas ausführlicher die Rede.

Die Straße, auf der wir, am Verkehrskreisel beim Abowjan-Denkmal vorbei, Eriwan verlassen, führt stracks nach Nordosten durch einst dörfliche Vorstädte. Wir bemerken das Denkmal des muskulären ›Haik‹, wissen, daß wir an der Johanneskirche von Avan vorbeikommen, ohne daß uns ein Halt dort gewährt würde. Die Straße steigt – das Vorstädtische zurücklassend – aus der Talbreite aufwärts, vergißt zaghaft grünende Obstplantagen, wenn sie sich in weiten Kehren an graubraunen Hügeln aufwärts windet ins verzweifelt Steinige des Hochlandes. Hier im russisch-sowjetischen Teil Armeniens ist es nicht gar so öde und menschenleer wie jenseits der Grenze zur Türkei, aber so karg doch, daß es selbst den Schöpfer hätte zu Tränen bewegen können. Weiße Berghäupter stehen fern als blasse Schemen, der Große Ararat hat seine Pyramidengestalt verhüllt. Bleierne Schwere des frühen Nachmittags lastet auf dem Land. Aufatmend begrüßen wir das Ortsschild, das uns verkündet, daß wir in *Garni* angekommen sind.

Garni, Tempel

Wir biegen von der Hauptstraße ab, halten auf einem dreieckigen Parkplatz, dessen eine Seite Mauern aus Haustein und ein Torbau bilden, der einst wohl an die 20 Meter hoch aufragte, inzwischen zur Unansehnlichkeit verfallen ist. Dahinter ein neugepflasterter Platz mit braven Blumenrabatten, die den Weg säumen zu einem auf hohem Podium stehenden Tempel über einer romantisch tiefen Schlucht und vor dem Hintergrund steiniger Bergwände. Die Festung muß einmal – durch betürmte Mauern noch zusätzlich befestigt –, ein uneinnehmbarer Horst gewesen sein. An einigen Stellen liegen die blaulichen Basaltquader ihres Zingels, sorgsam behauen, mit Blei vergossen und verklammert, noch zwei- und dreimannhoch übereinander.

Man nimmt an, die Burg habe schon im 3. Jahrhundert v. Chr. bestanden. Erstmals erwähnt sie Tacitus als im Jahr 51 durch Verrat gefallen. Als Kaiser Nero dem armenischen König Tiridates I. eine immense Summe zum Wiederaufbau des von römischen Truppen zerstörten Artaschat zukommen ließ, wurden aus diesem Fonds vermutlich auch die Kriegsschäden an der Burg von Garni ausgebessert. Jedenfalls war diese im 1. Jahrhundert n. Chr. vor allem Festung, dann aber mehr eine Stadt der Handwerker und Kaufleute – mit fünf gesicherten Bauperioden zwischen dem 3. und dem 13. Jahrhundert, bis Schah Abbas I. 1605 die Bewohner aussiedelte.

Hundert Meter über dem Talgrund steht der Tempel. Er ist zwar nur klein (die Cella mißt nicht mehr als etwa 5 mal 8 Meter), aber setzt einen bedeutenden Akzent. Vermutlich hat ihn Tiridates I. für den Kult des Lichtgottes errichten lassen. Einst mag es viele seinesgleichen in Armenien gegeben haben, dem Kult des Mithras oder der Anahita geweiht. Als der dritte Tiridates das Christentum einführte, wurden sie alle zerstört, durch Gotteshäuser des neuen Glaubens ersetzt. Einzig dem von Garni blieb dieses Geschick erspart, er wurde zum Audienzsaal eines königlichen Sommersitzes umfunktioniert. Nach Moses von Choren diente er der Königsschwester als Villa. Erst 1679 hat ihn ein Erdbeben niedergeworfen. 1843 hat der Schweizer Architekt F. Dubois eine

Wiederherstellung vorgeschlagen. Nach sorgsamen Vermessungen machten sich sowjetische Archäologen und Ingenieure an die Rekonstruktion, wobei verlorene Bauglieder ergänzt wurden. Es ist der einzige hellenistisch-römische Tempel der UdSSR, und deswegen ist man besonders stolz auf ihn. Auf einem Podium römischer Art mit Atlantenreliefs an den Wangen der Freitreppe erhebt er sich als ionischer Peripteros, als ein Bau also, der um die Cella, die Wohnung des Götterbildes, sechs zu acht, im ganzen 24 ionische Säulen stellt.

Neben dem heidnischen Gotteshaus finden wir die Grundmauern eines christlichen Zentralbaues aus dem 7. Jahrhundert und ein paar Schritte weiter das, was vom einstigen königlichen Schloß blieb: Fundamente. Und – von einem gläsernen Pavillon geschützt – den Mosaikboden eines Bades aus dem 2. oder 3. Jahrhundert. Themen der griechischen Mythologie, in römischer Technik aus einheimischem Stein, gestaltet in Formen, die eine Brücke bauen zur späteren, zur christlich-armenischen Bildkunst.

Mit weiten Blicken ins Getal und Gebirge unterwegs, wartet unser eines der bedeutenden alten Klöster des Landes: *Geghard,* hoch am Hang auf einem Felsvorsprung, im letzten Winkel eines Bachtales und vor einer Kulisse aus pittoresk zernagten Abstürzen vulkanischen Gesteins, die gefleckt sind vom dunklen Grün zäher Gesträuche. Geghardavank, das ›Lanzenkloster‹, so genannt, weil es jahrhundertelang als kostbarste Reliquie ein Fragment des Speeres hütete, der die Seite des Gekreuzigten durchbohrte, – heute im Kathedralmuseum von Edschmiadsin –, war einst auch bekannt als das ›Kloster der sieben Kirchen‹ oder ›der vierzig Altäre‹ oder einfach als das ›Felshöhlenkloster‹ (Ayrivank). Das deshalb, weil Teile des Komplexes sich in den Fels hineinziehen, Höhlen benutzen, die älter sind als die klösterliche Anlage. Diese besteht heute im wesentlichen – wenn man von den Wohn- und Wirtschaftsbauten aus dem 17. Jahrhundert und einigen neuen Baulichkeiten absieht – innerhalb des schüt-

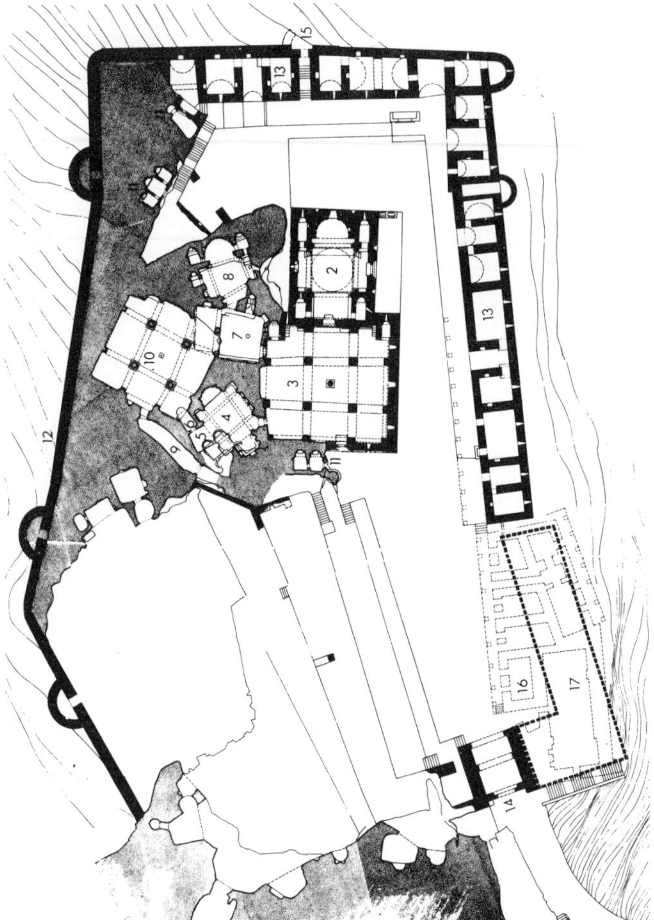

Kloster Geghard

zenden Mauerzingels aus einer Hauptkirche (Katoghike) mit großer Vorkirche (Gavit) und mehreren in den Felsen gehöhlten Kapellen, Zellen und Mausoleen. Frommer Überlieferung nach eine Stiftung Gregors des Erleuchters, sicher bezeugt freilich nicht vor dem 9. Jahrhundert, soll sie im 10. Jahrhundert von Moslems verheert worden sein. Erst um 1160 ist hier die Rede vom Splitter der Heiligen Lanze, welche der Apostel Thaddäus – er war wohl kaum in Armenien – mitgebracht haben soll. Aus dieser Zeit stammen die ältesten Inschriften und Kreuzsteine an der Wand der außerhalb des heutigen Klostergevierts im Fels gelegenen ehemaligen Muttergottes-, jetzt Gregor-Kapelle. (1).

Was wir sehen, datiert im wesentlichen aus dem 13. Jahrhundert. Um 1215 entstand die Hauptkirche, die zehn Jahre später ihre Vorhalle erhielt. Als am Ende des Jahrhunderts eine zweite Bauperiode ihre Spuren in den Felsen grub, war das Kloster schon eines der geistigen Zentren Armeniens, ward mit immer neuen Stiftungen begabt, unterhielt ein Skriptorium und eine Bibliothek, welche die Zeiten der Mongolen und den Einfall Timurs überstand. Den gewaltsamen Umsiedlungen durch Schah Abbas I. entging der Konvent nur mit genauer Not, begann sich zu erholen, bis ihn 1679 ein schweres Erdbeben heimsuchte. Es dauerte Jahrzehnte, bis alle Schäden behoben waren, aber seinen alten Glanz gewann das Kloster nie mehr zurück; es verkam im 19. Jahrhundert und wurde erst in jüngster Zeit zu einem touristischen Schaustück restauriert. ›Schaustück‹ ist ein irreführendes Wort. Man sollte doch lieber ›Wallfahrtsort‹ sagen. Wer hierher kommt, begegnet nicht nur der rauhen Landschaft und ihrer Größe, auch bedeutenden Denkmälern armenischer Kunst – und noch mehr. Noch bevor wir den Klosterbezirk betreten, gewahren wir links oben in der Felswand die mit prächtigen Kreuzsteinen und einer langen Inschrift gezierte Außenmauer der schon erwähnten Felskapelle des Gregor (1).

Wenn wir das westliche Haupttor (14) passieren, steht uns die Hauptkirche gegenüber – genaugenommen nur ihr Gavit

(3), der teilweise dem gewachsenen Fels an-, ja in ihn hineingebaut ist und den nur der Kuppelhelm der eigentlichen Kirche überragt. Die Vorkirche von Geghard (errichtet bald nach Vollendung der Kirche, also um 1225) gehört zu den sehenswertesten ihrer Art, gilt zu Recht als ein besonderes Meisterwerk. Nicht so sehr der wohlkalkulierten Proportionen als des zurückhaltenden, aber einfallsreichen Dekors wegen. Vier gedrungene Rundpfeiler auf massiven Vierecks- und Wulstbasen mit ebenso mächtigen, im Detail jedoch voneinander verschiedenen Kapitellen, von denen die leicht gespitzten, romanisch schweren Gurtbogen abspringen. Diese begleitet ein kräftiges Band, eine Art Viereck-Dreieck-Mäander. Ein Motiv also, das einem an so manchen seldschukischen Portalen schon begegnet ist. Jede der flachen Decken über den einzelnen Raumteilen ist von der anderen verschieden, am schönsten aber ist das prachtvolle Stalaktitwerk des mittleren Joches mit dem offenen Scheitel, durch den das Licht einfällt. Aus vorgefertigten Werkstücken von nur sieben verschiedenen Formtypen ist diese abstrakte Plastik zusammengefügt.

Man wird die Erfindung der für die islamische Baukunst so charakteristischen Stalaktiten nicht schlichtweg den Armeniern zuschreiben wollen, doch darf man sich daran erinnern, daß eines der frühesten Beispiele voll ausgebildeten Stalaktitwerks sich an einem der Stadttore des fatimidischen Kairo findet (spätes 11. Jahrhundert), dessen Bauherr wie Baumeister aus Armenien stammten. So viel Islamisches seit dem 12. Jahrhundert in die armenische Kunst eingeflossen ist, so stark war andererseits der Einfluß Armeniens auf die Baukunst der islamischen Völker und vor allem auf die der türkischen Seldschuken in Anatolien.

Der Kreuzkuppelraum der Hauptkirche (2) mit seinen vom Rauch ungezählter Kerzen geschwärzten Wänden ist kleiner, dafür steiler, konfrontiert den Besucher sofort mit der halbrunden Ost-Apsis, lenkt seinen Blick in die Höhe, wo sich, gleichmäßig-sparsam erhellt, die vollkommene Halbkugel der Kuppel rundet.

Schlank-vertikale Tendenz charakterisiert auch das Äußere, in dessen Block an Süd- und Ostfassaden steile Dreiecksnischen einschneiden. Der Kuppeltambour mit seinen schlanken Blendarkaden (in jede zweite ist ein schmales Fenster eingeschlitzt) setzt den Höhendrang fort. Wie Juwelen sind in die Mauer des Tambours heraldische Figuren gesetzt: Wirbelrosetten, Menschengesichter, Stierschädel, Adler, Löwenhäupter ..., oben abgeschlossen durch einen Bandfries, unten durch eine Kette. Ein Motiv, das man auch an anderen Bauten antrifft. Über dem Hauptportal der Südfront in einem Rahmen aus geometrischem Flechtwerk ein von vegetabilem Gerank umzogenes Tympanon, gefüllt mit Granatäpfeln und Weintrauben, Sinnbildern für die Eucharistie und zugleich für Fruchtbarkeit in einem Land , wo einzig Wasser die Gnade ausmacht, die von oben kommt – oder aus der Tiefe. Auch die naiv-stilisierten Pfauen in den Zwickeln sind nicht nur ›Füllung‹, sondern Symbole: für ewiges Leben und Unvergänglichkeit, galt doch das Fleisch dieses Vogels seit dem spätantiken Physiologus als unverweslich. Über dem Fenster, das zwei Kreuze flankieren, das Relief eines Löwen, der einen Stier schlägt – ein uraltes Sonnensymbol als Wappenzeichen der Zacharidenfamilie, die damals die Herrschaft über das Kloster ausübte und die Kirche erbauen ließ. Die beiden Tiere sehen aber eher aus wie zwei Kühe, die miteinander scherzen.

Die zahlreichen Inschriften – auch im Inneren der kirchlichen Räume – enthalten für die Geschichte des Klosters bedeutsame Nachrichten, sind uns jedoch unlesbar und fesseln uns daher weniger als das abwechslungsreiche Spiel der verschieden getönten Tuffsteinblöcke, aus denen der kompakte Körper des Gotteshauses besteht.

Der anstehende Fels bildet die Nordwand des Gavit. In ihr öffnen sich zwei Türen. Die linke führt in die erste der berühmten Felskirchen (5), die, obwohl gänzlich in das Gestein eingehöhlt, einen gebauten Raum imitiert. Sie folgt dem im 13. Jahrhundert gängigen Planschema einer kreuzförmigen Kuppelkirche mit sich überkreuzenden Gurtbögen, einer halbrunden Apsis, mit Stalaktitwerk gefüllt wie die Kuppel. In einer Nebenkapelle (6) tröpfelt eine klare Quelle, die schon seit alter Zeit Verehrung genießt. Am Boden des Beckens glitzern Münzen, von Frommen hineingeopfert.

Die andere Tür in der Vorkirche führt in einen Vierecksaal (7), der 1283 als Grablege der Familie der Fürsten Prosh angelegt wurde, die inzwischen die Hoheitsrechte über das Kloster erworben hatte. Trotz des schwachen Lichtes fällt ein kräftiges Relief in die Augen: ein Stierkopf, der an zwei verschlungenen Seilen zwei recht bieder dreinblickende Löwen hält. Zwischen ihnen ein Adler mit halbgeöffneten Schwingen, ein zappelndes Lamm in seinen Fängen. Es heißt, das sei das Wappen der Proshian-Familie. Kreuze und immer wieder Kreuze sind in die Wände geritzt, am schönsten das große zwischen der Öffnung zu der schmalen Nische (mit Sirenen in den Bogenzwickeln) und dem mit Heiligengestalten geschmückten Durchlaß in die ›zweite Felsenkirche‹ (8).

Vor der Westseite des Gavit führt eine steile Treppe hinauf in eine Felsgalerie, deren Wände mit feierlichen Kreuzen geziert sind und die in den oberen ›Zamatun‹ (Grablege) führt. In den Felsen im nordöstlichen Winkel des Klosterbezirks erreichen wir über neue Treppenstufen noch ein paar kleinere Zellen. Khatchkars sind in die Felswand eingelassen, viele, viele reich verzierte Kreuze in den lebendigen Fels gehauen. Auch außerhalb der Klostermauern gibt es oben am Hang Felshöhlen und Kreuze, und nicht eines gleicht dem anderen. Diese Zellen dienten jenen Eremiten, die, dem Kloster zwar zugehörig, ein noch einsameres Leben führen wollten, als es im Verband der Gemeinschaft möglich war. Als ob es in diesem Felsental, wo das Auge keinen Weg sieht zu weiteren Horizonten, nicht schon einsam genug wäre.

Geghard ist zwar ein erstaunliches Bauensemble – und wir haben uns mit ihm stellvertretend für so viele andere eingehender beschäftigt –, aber es entstand nicht als Museum, sondern als Stätte für jene ›Tat‹, die paradox aus der Vita contemplativa entspringt: für Gebet und Liturgie. Die Mönche mußten seither ihre Zellen verlassen. Wer aber nicht versucht, dem Geist jener Menschen nachzuspüren, die den Komplex hier als ihren frei gewählten Lebensbereich ebenso schufen, wie er sich heute noch zeigt, begegnet nur leeren Gehäusen, nimmt das Instrument für die Musik, die einst aus ihm erklang.

In Eriwan

Es war im Jahre 1970. Samarkand, die Hauptstadt des schrecklichen Timur Lenk, rüstete sich gerade zu ihrem 2500-Jahr-Jubiläum. In der Medrese Tilla Kari, die noch zur Restaurierung anstand, arbeiteten zwei sichtlich nicht-usbekische Bildhauer an einem langen Relieffries mit Szenen aus der Vergangenheit der Stadt. Meine Neugier war so offensichtlich, daß sich bald ein Gespräch ergab. Zweieinhalbtausend Jahre, meinte ich, sei doch eine ganz beachtliche Zeit. »Aber es gibt ältere Städte in der UdSSR – wie z. B. Eriwan. Wir sind von dort. Wenn die Vergangenheit Sie interessiert, dann sollten Sie einmal Armenien besuchen.« Ich hab es mir gesagt sein lassen.

Eriwan ist tatsächlich 250 Jahre älter als Samarkand, älter noch als Rom (das Sieben-fünf-drei der Ewigen Stadt ist dabei nur ein legendäres Datum) und stolz darauf, eine Geburtsurkunde von 783 zu besitzen (auch wenn das Original in Moskau aufbewahrt wird), aber hat so gut wie nichts von alter Bausubstanz bewahrt, ist eine durch den Architekten A. Tamanian entworfene Stadt des 20. Jahrhunderts, deren normierte Wohnblocks nicht geräumiger oder origineller sind als in anderen sowjetischen Großstädten, aber doch nicht so trostlos-grau. Ihre Außenhaut ›lebt‹, besteht sie doch aus dem rosig-gelblichen Tuff des Landes. Dieses vulkanische Gestein kommt in ungezählten Farbvarianten vor, von Kohlenschwarz bis Eischalengelb. Die armenischen Bauleute haben immer schon die warmen Tönungen bevorzugt, und das Eriwan von heute nennt sich gern die ›rosarote Stadt‹. Daß nicht nur die Wohnblocks, sondern auch und gerade die repräsentativen Bauten aus dem Stein des Landes bestehen und sich dazu gern eines neo-armenischen Klassizismus bedienen, das werden wir bei der obligaten Stadtrundfahrt sehen.

Alle drei Ausländerhotels liegen im Zentrum, am oder unweit des 950 Meter über dem Meer gelegenen *Leninplatzes,* der die Stadtmitte bildet. Das weite Platzoval mit Regierungsgebäude, Palast des Wirtschaftsrats, Post, Hotel Armenia und Museumsbau erhält seinen Akzent durch das achtzehn Meter hohe Denkmal Lenins (von S. Merkurow), dient ihm als Rahmen und Folie. Übrigens findet sich in den Grünanlagen im Rücken des Denkmals etwas sehr Hübsches: ein Brunnengeviert, in dem 2750 Springbrunnendüsen ihren Strahl in die Höhe schicken. Genau 2750, denn die Anlage wurde zum 2750. Geburtstag der Stadt geschaffen.

Vom Leninplatz aus kann man – entsprechendes Wetter vorausgesetzt – nicht nur den Gipfel des Ararat sehen, sondern auch einige andere Orientierungspunkte: auf den Hügeln im Norden den Obelisken im ›Siegespark‹ und das Riesenbild der ›Mutter Armeniens‹, im Osten den Fernsehmast, einen der höchsten der UdSSR, wie uns der Intourist-Stadtführer belehren wird. Ohne Superlative geht es nun einmal nicht. Auf den zentralen Platz münden die großen Verkehrsadern, hier kreisen die Autos, und wenn abends die großen Fontänen aufgedreht und angeleuchtet sind, dann scheint sich hier ganz Eriwan ein Stelldichein zu geben, um nach einem drückend heißen Sommertag ein wenig Kühle zu haschen. Im Sommer zeigt selbst im Schatten das Thermometer 40 Grad und mehr, weißer Dunst wabert über der Talebene, in der die Stadt sich ausbreitet. Im Winter dagegen sollen die Temperaturen bis auf 20 Grad unter den Nullpunkt sinken. Am schönsten ist's im frühen Herbst mit seinen klaren Tagen.

Wie Tbilissi ist Eriwan eine südliche Stadt, nicht nur, weil es etwas südlicher als Neapel, etwa auf dem Breitengrad von Madrid liegt, sondern auch dem Temperament seiner Menschen nach. Was sagt man ihnen nicht alles nach! Sie sollen so fleißig sein wie die Schwaben, als Händler noch gerissener als die Griechen, so lebhaft wie Neapolitaner. Jedenfalls sind sie nicht weniger gastfreundlich und verschwenderisch großzügig als die Georgier, und sie sind in vielerlei Sprachen gewandt.

Was aber Eriwan von den Städten West- und Südeuropas unterscheidet: Vergeblich sucht man hier die kleinen Bistros und Bars mit ein paar Tischchen und Stühlen am Gehsteig, mit bunten Markisen oder Sonnenschirmen, wo man bei einem Espresso rasten, vergebens die schattigen Osterien oder Bodegas, wo man zwischendurch einen Likör oder Weinbrand oder ein Gläschen Wein probieren kann.

Armenische Weine sind vorzüglich (und dazu auch preiswert), gilt der Bibel doch Noah, dessen Arche auf dem ›Hausberg‹ der Stadt landete, als der erste Winzer und sein erster Rausch ist biblisch überliefert. Wer jedoch auf Spaziergängen durch die Stadt seinen Durst löschen möchte, der ist auf einen der zahlreichen Trinkbrunnen angewiesen.

Gut ein Drittel der Bewohner der Armenischen SSR lebt und arbeitet in Eriwan, die Stadt hat also die Millionengrenze bereits überschritten, besitzt seit 1980 auch schon die U-Bahn, auf die jede sowjetische Millionenstadt verbrieften Anspruch hat. Vor hundert Jahren zählte man hier gerade 15040 Einwohner. Der Große Brockhaus von 1883 nennt die Stadt einen »herabgekommenen Ort«, der »sehr schlechte Häuser und enge, ungepflasterte Straßen hat«, einen »großen, jedoch nicht reichen Bazar, eine steinerne Brücke ... drei Moscheen, vier armenische und eine russische Kirche, eine Kanonengießerei und mehrere Kasernen«. Der Baedeker von 1897 widmet der Ortschaft gerade vier kleingedruckte Zeilen. Dieses alte Eriwan ist verschwunden, hat einer großzügig-weitläufigen Stadt Platz gemacht, die man bequemer vom Rundfahrtbus aus erlebt als auf langen Fußwanderungen auf schnurgeraden Prospekten. Was man dabei sieht, zeugt von einem recht bürgerlichen Kultureifer: die Paläste der Jugend, der Pioniere, der Gewerkschaft, des Stadtsowjets, die rosarote neo-armenische Kiewer Straße, die Universität, die Akademie der Wissenschaften, die Fassaden diverser Hochschulinstitute, Bibliotheken, die Warenhäuser, die Markthalle, die Konzertsäle, das große Lichtspielhaus Rossija, die Theater. Außer dem staatlichen Schauspielhaus ›Gabriel Sudukian‹ gibt es ein russisches und ein armenisches Theater, ein Operettenhaus und die Oper, 1936 von A. Tamanian erbaut. Man zeigt uns auch den hellen Bau von Radio Eriwan, dem Rundfunk- und Fernsehsender, der vier Programme auf sieben Wellenlängen und in sieben Sprachen ausstrahlt, bei uns legendär bekannt seiner hintersinnigen Antworten auf ›Hörerfragen‹ wegen.

Ein Überbleibsel aus dem Eriwan des 19. Jahrhunderts ist die Sarkis-(Sergios-)Kirche am südlichen Ende des Lenin-Prospekts über dem Tal des Razdan-Flusses. Sie ›arbeitet‹ noch, aber der Bau dünkt uns nicht sonderlich sehenswert. Man begnügt sich besser mit dem Blick aus der Ferne, während man die Siegesbrücke überquert, welche über die Razdan-Schlucht hinweg die weinbrandfarbene Cognacfabrik mit der dunklen staatlichen Weinkellerei ›Ararat‹ verbindet. Deren Tiefen verließ seinerzeit Maxim Gorki so schwer benebelt, daß er meinte, es sei wohl leichter, den Gipfel des Berges zu erklimmen als die Treppen des gleichbenannten Kellers.

Gorki hat sein Denkmal in Eriwan, ist die Stadt doch wie alle Großstädte der UdSSR mit Denkmälern aller Art gesegnet. Aber hier dienen sie nicht ausschließlich der Verherrlichung der Sowjetmacht oder jener Gestalten, die die offizielle Gschichtsschreibung als ›fortschrittlich‹ und Vorläufer des Kommunismus einstuft. Eine ganze Zahl berichtet von armenischen Dingen.

Neben der vom nördlichen Verkehrskreisel abzweigenden Straße nach Garni spannt ein herkulischer Halbakt seinen imponierenden Bogen: *Haik,* der mythische Stammvater der Armenier, der sich gegen den Tyrannen Belus von Babylon erhob und sich mit einigen hundert Anhängern ins Bergland um den Van-See absetzte. Vorher schon, unterhalb des ›Palastes der Jugend‹ mit einem sich drehenden Turmrestaurant grüßt vom steinernen Postament *Khatschatur Abowjan* (1805-1848), der als Vater der neuen armenischen Literatursprache gilt. Er verschwand, wohl als revolutionäres Element, im Jahre 1848. Seine ›Wunden Armeniens‹, 1840 geschrieben, erschienen zehn Jahre später. Armenien verfügt über mehr als 1600 Schulen aller Art, allein die Universität Eriwan zählt 14000 Studierende, darunter auch solche aus dem befreundeten Ausland. Eriwan unterhält Beziehungen in alle Welt, leben doch Hunderttausende von Armeniern außerhalb der UdSSR. Ihnen ist das sowjetische Restarmenien Garant ihrer nationalen Identität, so etwas wie Heimat, und nicht wenige sind aus der Fremde zurückgekehrt, nehmen die wirtschaftlichen Beschränkungen in Kauf, die das System ihnen auferlegt. Vielleicht ist die Armenische SSR nicht gerade das, was sich die Armenier erträumen, aber es ist ein Reservat, das ihre Sprache und Traditionen schützt. Das Russische ist an den armenischen Schulen nur die erste (obligate) Fremdsprache (wie das Armenische an den russischen Schulen des Landes), armenische und urartäische Vergangenheit werden gepflegt und ›aufgehoben‹, man schreibt und redet armenisch, an Feiertagen läuten die Glocken der Kirchen. Moskauer Systemfrömmigkeit ist – nicht nur der Luftlinie nach – weiter weg als Athen oder Alexandria. Zeichen der Freundschaft mit der Welt: in den Grünanlagen des Kolschewoi-Bulvar die ›Hände‹ aus weißem Marmor, ein Geschenk der Partnerstadt Carrara.

Nicht vergessen ist als Denkmalsfigur *Wartan Mamikonian,* der die Armenier im 5. Jahrhundert im Kampf gegen das sassanidische Perserreich anführte. Sein Bild steht an der Ulica Knunjanza in dem Grüngürtel, der das Stadtzentrum umzieht. In derselben Anlage, am Prospekt Oktemberian, schräg gegenüber dem Rossija-Kinopalast, hat das dankbare armenische Volk einem seiner selbstlosen Freunde ein Gedenken geweiht, dem russischen Dichter *Alexander S. Gribojedow,* dessen Gestalt uns bereits in Georgien begegnete. Er handelte als Gesandter des Zaren den Frieden von Turkman-Cay aus, durch den Ostarmenien an Rußland kam, und brachte es auch fertig, das Leben von 40000 Armeniern zu retten, indem er sie ins russische Gebiet um Eriwan umsiedeln ließ.

Der Oktemberian-Prospekt führt schnurstracks nach Süden, vorbei an dem vielsäulig-spitzgetürmten Hauptbahnhof, vor dem ein muskulöser wildgelockter Reiter, aufgerichtet im Sattel seines zum Sprung ausgreifenden Rosses ein gewaltiges Breitschwert aus der Scheide zieht. Das von dem Maler-Bildhauer E. Kotschar 1959 geschaffene Werk stellt *David von Sassun* dar, den Siegfried des armenischen Volks- und Nationalepos. Dessen Wurzeln reichen bis ins 9. Jahrhundert hinab. Ein Jahrtausend lang haben anonyme Sänger die Sage mündlich überliefert, erst das 19. Jahrhundert hat sie mit ihren vielen Varianten aufgezeichnet.

Eriwan, Denkmal des David von Sassun

Der erste Zyklus der Gesänge erzählt von Sanassar und seinem Zwillingsbruder, den Söhnen einer armenischen Prinzessin, die der Kalif nach Bagdad geraubt hatte. Ihre keusche Mutter hatte sie empfangen, als sie aus einer Zauberquelle trank. Vor dem Haß des Kalifen müssen sie nach Norden fliehen, gründen Sassun. Auf dem Wunderhengst

Dschalali, versehen mit Blitzschwert und dem heiligen Kriegskreuz, ziehen die Brüder nach Bagdad, töten den Kalifen, befreien die Mutter. Später zeugt Sanassar mit der Tochter des Königs der Kupferstadt Mher den Älteren, der als Kind bereits herkulische Kraft an den Tag legt, wie ein kleiner Samson als Siebenjähriger mit bloßer Hand einen Löwen in Stücke reißt. Versehen mit des Vaters Roß und Rüstung verteidigt er sein Land gegen einen arabischen Feind, zeugt als Sieger mit dessen Witwe einen Sohn Mesra-Melik, den immer der Haß auf den Vater verzehren wird. Zu seiner rechten Gattin zurückgekehrt, stirbt Mher zugleich mit ihr bei der Geburt seines Sohnes David. Der ist die Hauptfigur des dritten Liederzyklus, die Gestalt, auf die alles ausgerichtet ist. Sein stentorstimmiger Oheim zieht den Waisenknaben auf, der ältere Halbbruder Mesra-Melik verlangt von ihm Unterwerfung. David weigert sich, entkommt den Verfolgern, verrichtet als Hirt, als Jäger, als Krieger Heldenstücke, besiegt Mesra-Meliks Heer, das ihn in Sassun belagert und tötet im Zweikampf den feindlichen Bruder mit einem einzigen Hieb, obwohl der sich in einem Brunnenschacht hinter vierzig Mühlsteinen und vierzig Büffelhäuten verbarrikadiert hate. Der Ruhm führt den Helden in neue Verwicklungen. Die bildschöne Prinzessin Khandoht verlangt, sich mit ihm im Zweikampf zu messen: eine rechte Brünhilde. Unterwegs zu ihr zeugt David mit der Herrin von Van eine Tochter, mit Khandoht jedoch einen Sohn: Mher den Jüngeren. Dieser wird seinen Vater, der, beiden Frauen wortbrüchig, wie Ritter Ywein sieben Jahre lang durch die Berge und Wälder schweift, unerkannt besiegen: Hadubrand gegen Hildebrand, Sohrab gegen Rustam. Kein tödlicher Ausgang hier, aber der Vater verflucht den ihm unbekannten Sohn, kinderlos zu bleiben und nicht leben und nicht sterben zu können. David fällt durch den Giftpfeil seiner ihm gleichfalls unbekannten Tochter. Der Sohn, so raunt der vierte Zyklus, rächt den Tod des Vaters. Auch er muß eine brünhildengleiche Maid besiegen. Doch des Vaters Fluch erfüllt sich: Er bleibt ohne Erben, und in einer Felsgrotte am Van-See harrt er – wie ein Kaiser Friedrich im Kyffhäuser – mit Wunderroß und Wunderschwert, bis eine bessere Welt heraufkommt. Vielerlei Mythen und Motive verweben sich in dieser Geschichte. Wie in jeder Sage birgt sich hinter ihren Schleiern historische Erinnerung aus der Zeit der arabischen Herrschaft und der Befreiungskriege. Manche Interpreten wollen in David von Sassun den Fürsten David Bagratuni erkennen. Auch andere Namen klingen an die historisch bezeugter Persönlichkeiten an. Doch so wenig wie das Lied von den Nibelungen ist das von David ein historischer Bericht. Es ist vielmehr ein zersprungener, da und dort blind gewordener Spiegel, in dem noch immer die Armenier ihr Bild wiedererkennen. In Nachdichtungen auch jene, denen die sprachliche Archaik der alten Texte fremd geworden ist.

Daß diese Dichtung in armenischen Lettern aufgezeichnet werden konnte, das verdankt Armenien dem *Mesrop Mashtotz*, der das armenische Alphabet schuf als Voraussetzung für die armenische Literatur. Seine Sitzfigur ziert das Schatzhaus armenischer Handschriften, das ›Matenaderan‹.

Im ›Siegespark‹ auf der Höhe darüber die 56 Meter hohe *Mutter Armeniens*. Sie hat den Schild niedergelegt zum Zeichen des Friedens, trägt aber das Schwert, um zu zeigen, daß sie bereit ist, jederzeit das Land gegen Angreifer zu schützen. Uns mag allerdings scheinen, man bekunde friedliche Absicht eher, indem man das geschliffene Schwert aus der Hand gibt, zum Schutz aber den Schild führt. Aber das hier ist halt ein Kriegerdenkmal, dem man einiges nachsehen muß. Die ›Ewige Flamme‹ und das Museum ›Armenisches Volk im Großen Vaterländischen Krieg 1941-1945‹ erinnern an die Opfer, die das Land damals zu bringen hatte. Von den Opfern jedoch, die Stalins Säuberungswellen gefordert haben, ist nirgends die Rede. Gilt für sie nicht das Denkmalsmotto ›Niemand ist vergessen, nichts ist vergessen‹?

Ein Denkmal jedoch gibt es in Eriwan, das nicht bloß historische Erinnerungen weckt oder durch markiges Pathos leicht belustigt, sondern das erschüttert und ergreift: Die

Gedenkstätte für die von den Türken ermordeten Armenier, die ein Künstlerkollektiv – A. Tarhanian, S. Kalasian, O. Chatschatrian – 1967 schuf, auf der Höhe des Tschitschernaka-Parks westlich über dem Razdan-Tal. Zwölf dunkle Steinmale neigen sich wie in namenlosem Schmerz erstarrte Nioben über das vertiefte Kreisrund, in dessen Mitte eine Ewige Flamme brennt, brennt wie die Erinnerung an die mehr als anderthalb Millionen Opfer der Massaker von 1915.

Gelitten und geduldet hatten die Armenier immer, seitdem ihr Land unter türkische Herrschaft gefallen war, die ihnen schließlich verhängnisvolle ›armenische Frage‹ aber ist eine Ausgeburt des europäischen – und nicht zuletzt des britischen – Imperialismus, der 1878 zu verhindern wußte, daß Rußland weitere Teile Armeniens annektierte, andererseits den Armeniern Hoffnung auf baldige Befreiung machte, sekundiert von armenischen Exilierten im Westen. Daß sich die Großmächte, die nur auf den Tod des Kranken Mannes am Bosporus lauerten, für die Armenier interessierten, machte diese in den Augen des Sultans Abd ul-Hamid (1876-1909) – selbst Sohn einer armenischen Tänzerin – suspekt, und er beschloß die Frage auf seine Weise zu lösen. 1891 rief er in den östlichen Provinzen eine aus Kurden rekrutierte Ordnungsgruppe ins Leben, die nichts anderes war als eine staatlich konzessionierte Räuberbande. Wer sich gegen sie zur Wehr setzte, war ein ›Staatsfeind‹, gegen den jede Strenge erlaubt war. 1894 kam es in den Gebirgen um Diyarbakır zu blutigen Zusammenstößen, bei denen Hunderte von Armeniern den Tod fanden. Als Antwort auf halbherzige Protestnoten der europäischen Mächte, fand der Sultan sich bereit, die ›armenischen Räuber‹ – nämlich die Opfer – zu ›amnestieren‹, ließ zugleich durch seine Polizei den armenischen Untertanen alle Waffen abfordern oder -foltern. Der 86jährige Gladstone brandmarkte den ›roten Sultan‹ öffentlich als »Mörder auf dem Thron«, »Verbrecher im Palast«, aber der spielte die gekränkte Unschuld, führte die europäischen Diplomaten an der Nase herum und hatte schon alles vorbereitet für ein Pogrom. Den Anlaß lieferte der friedliche Zug armenischer Bittsteller zur Hohen Pforte, bei dem es aus ungeklärter Ursache zu einer Schießerei und einem Gemetzel unter den Teilnehmern kam. Da war nun endlich der ›Aufstand‹, der ein schärferes Vorgehen gegen die armenischen ›Reichsfeinde‹ rechtfertigte. So lautete der geheime Befehl des Sultans: »Alle Armenier töten, ihre Häuser plündern und niederbrennen. Nicht ein einziger darf geschont werden.« Zwischen dem August 1895 und dem Februar 1896 fielen den staatlich organisierten Massakern an die 90000 Menschen zum Opfer. Tausende retteten das nackte Leben über die Grenze ins russische Ostarmenien, wo ihre Landsleute alle nur mögliche Hilfe leisteten. Vor der Welt erklärte der Sultan die Greuel als Notwehr der bedrohten Moslems, bat England den »aufrührerischen Sinn« seiner armenischen Untertanen beschwichtigen zu helfen.

Bald lieferte ein verzweifeltes Terrorunternehmen einer kleinen Armeniergruppe, nämlich die Besetzungen der Ottomanischen Bank in Istanbul im August 1896 (schon Zeitgenossen vermuteten die Drahtzieher dieses Unternehmens im ›Hohen Palast‹ selbst) den Vorwand für ein neues Armenierpogrom, diesmal in der Hauptstadt.

Im Juli 1908 brach von Makedonien aus die Jungtürkische Revolution los, die den despotischen Sultan entmachtete. Sein wenige Monate später unternommener – vergeblicher – Versuch, durch einen Militärputsch die Macht zurückzugewinnen, war begleitet von erneuten Armeniermassakern in den östlichen Provinzen.

Die neuen jungtürkischen Machthaber waren zwar frei von religiösen Vorurteilen, dafür befallen vom Bazillus des Nationalismus. Alles, was im osmanischen Vielvölkerstaat nicht türkisch war, das sollte türkisch werden. Was ihre Pläne von denen Abd ul-Hamids unterschied, war ihre methodische Konsequenz. Ihnen genügte die Tatsache, daß vom russischen Armenien aus seit 1892 wiederholt zum bewaffneten Vorgehen gegen die Türken aufgerufen worden war, daß nach dem Kriegseintritt der Türkei an der Seite der Mittelmächte im Ersten Weltkrieg ein in Tiflis tagender all-armenischer Nationalkongreß (Februar 1915) die in der Türkei lebenden Armenier zum Aufstand gegen den Sultan aufforderte. Dieser Aufruf wurde zwar nicht befolgt, aber er diente als Vorwand für die schon seit langem ins Auge gefaßte gänzliche und systematische Ausrottung der Armenier. Während so gut wie alle armenischen Männer zwischen 20 und 43 Jahren zum Militär oder zum Arbeitsdienst in der türkischen Armee einberufen waren, begann die ›Säuberung‹ der östlichen Provinzen in Kilikien. Die Bevölkerung von Zeitun im Taurus trat als erste den Todesmarsch in die mesopotamischen Wüsten an, ihr folgten die Leute von Dörtyol an der Küste. Die Dorfschaften von Suediye allerdings flüchteten auf einen küstennahen Berg, von dem aus sie sich mehrere Wochen gegen eine türkische Übermacht verteidigten, bis ein französisches Geschwader sie rettete. Franz Werfel hat dieser Episode in seinem bannenden Roman ›Die vierzig Tage des Musa Dagh‹ ein Denkmal gesetzt, »um das unfaßbare Schicksal des armenischen Volkes dem Totenreich allen Geschehens zu entreißen«. Das Buch – gleich nach seinem Erscheinen von den Nazis verboten – ist zum immer wieder erschütternden Sinnbild für Leid und Todesmut aller verfolgten Minderheiten geworden.

In der Nacht vom 24. auf den 25. April wurden auf Anordnung des Innenministers Talaat Bey alle ›führenden‹ Armenier Istanbuls verhaftet und in den Osten deportiert, von Juni an wurde ein östlicher Regierungsbezirk nach dem anderen von Armeniern ›gesäubert‹: Die im Heer diensttuenden Männer wurden entweder gleich entwaffnet und erschossen oder in Arbeitsbataillone gesteckt und später füsiliert. In den Städten und Dörfern wurden alle Armenier zusammengetrieben. Es waren zumeist Frauen, Kinder, Greise und Krüppel. Alles mußten sie zurücklassen: Haus und Hof, Habe und Heimat.

Nicht alle örtlichen Kommandanten aber waren mit den mörderischen Maßnahmen ihrer Regierung einverstanden. An sie erging unter dem 15. September 1915 ein drohendes Chiffretelegramm des Innenministers: »Es wurde schon früher mitgeteilt, daß die Regierung auf Befehl des Komitees beschlossen hat, alle in der Türkei lebenden Armenier auszurotten. Wer sich diesem Befehl widersetzt, kann nicht als Freund der Regierung angesehen werden ...« Schon zwei Wochen vorher hatte Talaat Bey dem deutschen Botschafter erklärt: »La question arménienne n'existe plus.«

Wieviele Opfer diese ›Endlösung‹ das Leben kostete, konnte nie genau ermittelt werden. Die Schätzungen schwanken zwischen 800 000 und einer Million Toten, andere rechnen, daß von 1 645 000 armenischen Bürgern der Türkei nur ein Drittel überlebte.

Die Schrecknisse blieben der Welt nicht verborgen.Die deutschen Geschäftsträger sandten Berichte über Berichte nach Berlin, doch die Reichsregierung war weder imstand noch willens, ihrem Bundesgenossen in den Arm zu fallen, wenn dieser die ›Umsiedlung‹ der Armenier als kriegsnotwendige Maßnahme deklarierte. Weder der Kriegsminister Enver Paşa (den einmal armenische Regimenter aus einer fast aussichtslosen Lage bravourös herausgehauen hatten) noch der Innenminister Talaat Bey ließen sich von ihrem grausamen Programm der ›Erledigung der armenischen Frage durch die Vernichtung der armenischen Rasse‹ abbringen.

Die Weltöffentlichkeit war empört über die Türken, lastete deren Verbrechen auch dem deutschen Bundesgenossen an, der solchen Massenmord aus politischen oder militärischen Gründen nicht zu verhindern wußte.

Die Empörung der Welt nutzte die Entente zu starken und feierlichen Versicherungen. Die Armenier sollten sich ihr anschließen, ihre Waffenfähigen an der Seite der Alliierten in den Kampf schicken, um nach dem Sieg von Recht und Gerechtigkeit volle Freiheit und Unabhängigkeit zu erlangen. Jenen, die den jungtürkischen Massakern entkommen waren, blieb gar keine andere Wahl. Mehr als 200 000 armenische Soldaten fielen im Ersten Weltkrieg. Wenn man die ermordeten Zivilisten mitrechnet, war etwa jeder zehnte Kriegstote ein Armenier.

Die Versprechungen aber blieben schöne Worte. Das Ende des Krieges brachte den Armeniern keinen Frieden. Während das Zarenreich zusammenbrach und die Türken auf Baku vorstießen, fielen zwischen 1917 und 1920 auch in Russisch-Armenien Zehntausende Pogromen zum Opfer.

Als die Februarrevolution von 1917 die militärische Kraft Rußlands lähmte, da glaubten die bürgerlichen Parteien in Russisch-Transkaukasien, ihre Ziele erreichen und nationale Republiken verwirklichen zu können. Sie bildeten regionale Komitees, die mit der Provisorischen Regierung in Petersburg konform gingen. Der Dichter Aharonian wurde Präsident des im Oktober 1917 gewählten Armenischen Nationalrates, der sich als oberstes Organ der Armenier betrachtete und für eine Autonomie innerhalb einer russischen Republik eintrat.

Alle Parteien und Organisationen (mit Ausnahme natürlich der kleinen Gruppe der Bolschewiki) wandten sich gegen die proletarische Oktoberrevolution. Sie ließen sich auch nicht durch Lenins am 15. November 1915 veröffentlichtes Dekret über die ›Selbstbestimmung der Nationen‹ gewinnen, das allen Völkern des einstigen Zarenreiches Gleichheit und Autonomie verhieß. Die Parteien Transkaukasiens erklärten am 24. November 1917 ihre Selbstverwaltung und wollten den Kampf gegen die Türken fortsetzen. Doch die russische Armee löste sich auf, und im Kaukasus begann der Bürgerkrieg, in dem armenische Nationalisten und ›Weiße‹ Tausende türkischer Aserbaidschaner totschlugen.

Der Friedensvertrag von Brest-Litowsk (22. April 1918) gestand den Türken die Regionen von Kars, Ardahan und Batumi zu, also verdrängten sie die Armenier aus diesen Gebieten. Zur gleichen Zeit riefen die heillos zerstrittenen armenischen, georgischen und aserbaidschanischen Politiker die kurzlebige ›Transkaukasische Demokratische Föderalistische Republik‹ aus, welche dem Vertrag von Brest-Litowsk zustimmte. Die Türken dagegen anerkannten zwar das neue Staatsgebilde, doch rückten sie gegen Tiflis vor und besetzten am 27. April Kars.

Bei neuen Verhandlungen, die 14 Tage später in Batumi begannen, verlangten sie mehr, als ihnen in Brest-Litowsk zugestanden worden war und besetzten am 15. Mai 1918 Alexandropol und sein Umland. Zwar forderte die deutsche Heeresleitung ihren Verbündeten energisch auf, sich an die ausgehandelten Bedingungen zu halten, doch unbekümmert darum drang dieser weiter vor, ringsum Schrecken verbreitend.

Am 26. Mai 1918 löste sich die Transkaukasische Republik auf. Georgien rief deutsche Interventionstruppen zu Hilfe. Die Armenier aber wurden wieder einmal allein gelassen. Vier Tage nachdem sie in verzweifeltem Kampf den strategischen Zugang zum Aras-Tal verteidigt hatten (24. Mai 1918), deklarierten sie eine unabhängige Republik, die einen harten Frieden mit der Türkei akzeptieren mußte (4. Juni 1918).

Das war noch immer nicht das Ende der Leiden. In Georgien und Aserbaidschan starben armenische Flüchtlinge zu Hunderten an Hunger oder als Opfer ›unbedeutender‹ Pogrome. Im Oktober griffen die Georgier den jungen Staat an, stießen jedoch auf erbitterten Widerstand. Die Lage war verzweifelt. Jeder zweite war als Flüchtling völlig mittellos, bei rapider Inflation herrschte allgemeine Hungersnot. Für den Samen kommunistischer Propaganda war der Boden bereit, doch wurden die ersten Sowjets von der ›bürgerlichen‹ Regierung zerschlagen.

Im selben Monat begann der Zusammenbruch der Mittelmächte. Am 30. Oktober mußte die Türkei den Waffenstillstand von Mudros unterzeichnen, ihre Truppen hinter die Grenze von 1914 zurückziehen. Die Armenier konnten nun wieder Alexandropol, Kars, Ardahan besetzen. Zu mehr reichten ihre Kräfte nicht. Der Arbeitseifer des lebenszähen armenischen Volkes ermöglichte der Regierung in Eriwan (an ihrer Spitze stand Dr. Chatissian, einstiger Bürgermeister von Tiflis), nach und nach geordnete Verhältnisse herzustellen, Gewerbe und Handel wieder in Gang zu setzen, die Flüchtlinge unterzubringen. Ihrer und der Tausende von Waisenkindern nahm sich die ›Near East Relief‹ rettend an.

Am 28. Mai 1919 wurde die Unabhängigkeit des einst russisch- wie des einst türkisch-armenischen Gebiets proklamiert. Aber diese ›Vereinigte Armenische Republik‹ war im internationalen Kräftespiel einzig auf sich gestellt. In Paris verhandelten die Sieger über die Friedensverträge. Dort trat auch ein panarmenischer Kongreß zusammen, der in einer vom 12. Februar 1919 datierten Adresse an die Friedenskonferenz jene staatliche Selbständigkeit forderte, welche die Alliierten den Armeniern immer verheißen hatten. Tatsächlich erkannte der Friedensrat den neuen Staat de jure an. Der Völkerbund, der das Mandat für ihn übernehmen sollte, ließ jedoch wissen, er verfüge nicht über die Organe für eine derartige, seine Kompetenzen überschreitende Aufgabe. So ersuchte der Friedensrat den amerikanischen Präsidenten Wilson, den Vater des ›Selbstbestimmungsrechts der Völker‹, das Mandat zu übernehmen, was der US-Senat verhinderte (31. Mai 1920). Trotzdem wurde Wilson Schiedsrichter. Ihm blieb im Vertrag von Sèvres (10. August 1920), den auch der Präsident der Armenischen Republik unterzeichnete, überlassen, die neuen Grenzen zwischen der Türkei und Armenien festzulegen. Die ›Wilson-Linie‹ vom 22. November 1921, die eine Grenzziehung etwa von Trabzon über Erzincan und Bitlis nach Südosten vorsah, blieb eine Linie auf dem Papier. Die Signatarmächte unternahmen nicht den geringsten Versuch, den Armeniern Hilfe zu leisten, als Mustafa Kemal Atatürk sich weigerte, den Vertrag von Sèvres anzuerkennen, und einen Volkskrieg organisierte, in dem die kampferfahrenen Türken der erstaunten Welt zeigten, daß sie keineswegs ›verrottet‹ und am Ende waren.

Die kemalistisch-nationalistischen Kongresse von Erzurum und Sivas hatten schon im Sommer 1919 erklärt, daß »kein Fußbreit türkischen Landes« abgetreten werden dürfe. Nur mit papierenen Versprechungen freigebig versehen, aber sonst von niemandem unterstützt, mußte die junge Armenische Republik am 18. November 1920 einen Waffenstillstand mit der Türkei unterzeichnen und 75 Prozent ihrer Waffen abliefern. Gespenstische Groteske: Genau in den Tagen, da

Wilson seine Grenzziehung verkündete und die Diplomaten in Genf und Paris ihr Beifall zollten (ohne sich freilich zu irgendeiner Intervention zugunsten der Armenier zu entschließen), mußte deren schwacher Staat im Frieden von Alexandropol (2. Dezember 1920) als de facto rechtloser Vasall der Türken mehr als die Hälfte des ihm zugesprochenen Gebietes abtreten. Unmittelbare Folge: Sturz der Regierung. Vom demokratischen Westen im Stich gelassen, sahen die Armenier den einzigen Ausweg in der Ausrufung einer Sowjetregierung. Dagegen putschten zwar die ›Weißen‹ und besetzten Eriwan am 18. Februar 1921, doch als im April die Rote Armee – ›herbeigerufen‹ wie immer, wenn sie eingreift, um ›Freunden‹ zu helfen – die Macht übernahm, da atmeten hier tatsächlich viele auf. Zu verlieren hatten sie nichts. Der Vertrag von Alexandropol (bald in Leninakan umbenannt) ward annulliert, und am 30. Dezember 1922 schloß sich Sowjet-Armenien der UdSSR an. Ein in Kars unterzeichneter Vertrag legte die Grenzen fest, innerhalb derer fortan das armenische Volk seinen Lebensraum finden sollte.

Ein recht enger Bereich – und das Glück, das die leidgeprüften Armenier innerhalb der von Moskau gelenkten roten Union fanden, war in höchstem Maße fragwürdig. Die Hungersnöte der frühen zwanziger Jahre, die ideologischen Wirtschaftsexperimente mit ihren verheerenden Folgen brachten neue Nöte und forderten neue Opfer. Lenin hatte den unter dem Decknamen Stalin zu Revolutionsruhm gekletterten Georgier Dschugaschwili zum Volkskommissar für Minderheiten ernannt, und dieser regelte die verwickelten Nationalitätenprobleme in zunächst zufriedenstellender Weise. Aber einmal hinaufgelangt, zeigte sich der blutige Despot als georgischer Nationalist. Um die Bevölkerungszahl der Armenischen Sowjetrepublik so weit zu mindern, daß sich ein verfassungsmäßiger Grund ergab, sie an die georgische Nachbarrepublik anzuschließen, ließ er Tausende deportieren. Erst nach dem Tod des schnauzbärtigen Massenmörders kann Armenien aufatmen. Die weitaus kleinste der Sowjetrepubliken genießt heute den Ruf einer ›Schweiz‹ der UdSSR.

Aber immer noch leben Armenier auch in aller Welt verstreut. Ihre Zahl läßt sich schwer schätzen – wieweit sind sie noch ›Armenier‹, wieweit sind sie bereits in ihren Gastvölkern aufgegangen? Die vermuteten Zahlen bewegen sich zwischen 1,2 und 3 Millionen.

Rück- und Umschau in den Museen von Eriwan

Obwohl sie höchst sehenswert sind, stehen die Museen von Eriwan – mit einer Ausnahme – nicht auf dem vorgefertigten Intourist-Programm. Sie sind – mit einer Ausnahme – montags geschlossen, an den anderen Tagen von 10.30 bis 16 Uhr geöffnet. Mit einer Ausnahme: die Gemäldegalerie schließt erst um 17 Uhr.

Seltsam und schwer verständlich die Scheu auch kluger Leute, sich in einem Museum bedächtig umzusehen, in einem Schatzhaus, wo Dinge, derengleichen man nur auf mühsamen Fahrten zu Gesicht bekommen könnte, sich gepflegt und gut beleuchtet besehen und bedenken lassen. Aber Intourist trägt der Museums-Scheu Rechnung, und wer anderer Meinung ist, muß seine Zeit weislich zu Rate halten.

In dem hohen Bau am Hauptplatz, dem Lenindenkmal genau gegenüber, sind gleich drei Sammlungen untergebracht. Da ist zum ersten das bereits 1921 gegründete, hier 1935 neugeordnete *Historische Museum,* dessen Besuch aufs wärmste empfohlen werden muß. Es kann in seinen zwanzig Sälen freilich nur einen Bruchteil seiner reichen Bestände zeigen, ist zudem als eine ›Lehrschau‹ angelegt, fügt also den originalen Exponaten Nachbildungen, Fotos, Karten, Skizzen, Modelle und schriftliche Erläuterungen bei, natürlich nur in armenischer und russischer Sprache. Aber was es zu sehen gibt, spricht ja für sich selbst.

Im ersten Saal – mit einer Reliefkarte des Landes um den Ararat an der Wand – drängen sich die ältesten Dinge: Obsidianknollen und -klingen, Pfeilspitzen, Faustkeile, Steinäxte, dann Geräte und Keramik der stein- und kupferzeitlichen Kultur und solche der Bronzezeit. Viel Platz beanspruchen die rekonstruierten Wagen, deren metallene Reste bei den Ausgrabungen von Itschavan am Sevan-See gefunden wurden. Dazu in Vitrinen bronzene Dolche – schmale Dreiecke mit einem unhandlich kleinen Heft, aber schön geziert – schlanke Äxte, eherne Idole und Gebilde, die an hattische Standarten aus den Gräbern von Alacahüyük in Anatolien erinnern.

Im Nebenraum sind diesmal Funde aus Artaschat und Garni ausgestellt. Römisches: Gläser, Statuetten. Die kleine marmorne Venus Anahita unterm Glassturz ist gerade als provinzielles Produkt interessant. In den Sälen 2 und 3 sind die wichtigsten Funde aus den urartäischen Festungen zu sehen. Neben anderen die Keilinschrift des Argišti, die Erebuni dem Gott Chaldi weiht. Die Reste eines Schuppenpanzers und ein Helm, die dem Gründerkönig gehört haben könnten, originale Bruchstücke der Fresken von Erebuni, ein riesiger Bronzekessel aus Karmir-Blur/Teišebaini, gewaltige tönerne Vorratsgefäße, handliche Gebrauchskeramik – und auch ein paar Stücke der feinen polierten Ware, die als Erzeugnis ›höfischer‹ Werkstätten angesprochen wird, dazu Fragmente der beliebten, mit Figurenfriesen gezierten Gürtel aus Bronzeblech. Hinter Glas Halsketten aus bunten Steinen, Statuetten von Tieren und Menschenwesen aus Ton und Bronze, Votividole und Amulette, Götterzeichen und Abwehr des Feindlich-Üblen wie die Greifenprotomen an archaischen Dreifußkesseln. Da reihen sich Teile von einst sakralen Geräten und kultischem Mobiliar.

Ein kleines Zimmer ist der persisch-parthischen Zeit gewidmet, zeigt Tonsarkophage, Münzen, Inschriften und ein Foto armenischer Gabenbringer von den Reliefs an der großen Halle des Xerxes in Persepolis. Im 5. Saal steht ein Modell des Tempels von Garni, hängt eine Kopie des im dortigen Bade gefundenen Mosaikbodens. In den Vitrinen stehen römische Gläser und Keramik aus spätantik-frühchristlicher Zeit. Heidnisch ist noch der Anahitakopf vom Typ einer hellenistischen Venus (Kopie nach dem Original im British Museum), bereits christlich sind die Reliefstelen des 4. und 5. Jahrhunderts und die recht rohen steinernen Köpfe, die gleichfalls in Garni ans Licht kamen.

Das große Modell der Palastkirche von Zwarthnotz im nächsten Saal vermittelt eine plastische Vorstellung vom einstigen Aussehen dieses Bauwerks (Pläne und Zeichnungen sind ja immer nur zweidimensionaler Notbehelf). Hier treffen wir dazu auf Relieffragmente von Kirche und Palast von Dwin – die stilistische Verwandtschaft mit den Dingen, die wir in Zwarthnotz gesehen haben, ist augenfällig. Die Kollektion von Münzen aus dem 5. bis 7. Jahrhundert würde zur genaueren Beschau mehr Zeit in Anspruch nehmen, als uns für das ganze Museum gegönnt ist. Die Fotos an den Wänden zeigen älteste Kirchen in Armenien und solche aus der ›ersten Blütezeit‹ (5.–7. Jahrhundert). Die armenische Baukunst des Mittelalters kennt ähnliche Entwicklungsphasen wie die georgische, also auch eine zweite Blütezeit vom 10.–12. Jahrhundert und eine ähnliche Typenvielfalt. Voraussetzung ihrer besonderen Entwicklung, die sie von der byzantinischen Architektur grundlegend unterscheidet, ist die Technik des Gußsteinmauerwerks zwischen nach außen sorgfältig geglätteten und gefügten Hausteinschalen (es handelt sich nicht um eine ›Verkleidung‹, wie man öfter lesen kann), dank deren die Bauten sich nach außen als von tektonischen Spannungen unbeeinflußte stereometrische Körper darstellen konnten, in welchen ein einheitlich-reicher Innenraum verborgen ist. Das 4. Jahrhundert bürgert in Armenien neben einfachen Apsidensälen die gewölbte Pfeilerbasilika ohne Lichtgaden ein: einen Typus, der bis ins 6. Jahrhundert nur geringe Abwandlungen erfuhr, doch tritt schon damals die Kuppel als ein in der Folgezeit unerläßliches Element hinzu. Nach außen hin stets durch ein Pyramiden- oder Kegeldach kaschiert, gestattete sie die Kombination von Längs- und Zentralräumen und führte schließlich zur Ausbildung rein zentralisierender Grundformen, deren interessantesten Vertreter wir in der Hripsime-Kirche von Edschmiadsin kennengelernt haben – und in deren naher Nachbarschaft wir die

Reste der Palastkirche von Zwarthnotz sahen, des ›byzantinischsten‹ Zentralbaues der altarmenischen Baukunst. Im korridorartigen Raum, dessen Fenster auf den Leninplatz hinausgehen, zeigt man weitere Fotos von Kirchenbauten und einige bedeutende Stücke Keramik und wieder Münzen, das Fragment einer monumentalen Inschrift Trajans und das eines riesigen naiven Kopfes aus Sissian, Tonsarkophage, das steinerne Abbild einer Kirche aus dem 7. Jahrhundert: Votivgabe des Stifters oder Modell, das der Baumeister für seinen Auftraggeber schuf? Prächtige Holzschnitzereien: Der Flügel einer Tür von 1134 und einer anderen von 1486, die aus dem Sevankloster ins Museum gelangte. Geschnitzte Lesepulte, die verblüffend an islamische erinnern, ein Modell des Höhlenklosters Geghard und neben vielerlei anderem großartige Beispiele für ›Kreuzsteine‹: besonders frühe und besonders fein ziselierte.

Im ersten Oberstock illustrieren weitere Säle die Geschicke Armeniens bis zur Gegenwart, weniger archäologisch als ethnographisch und schließlich nur noch ›dokumentierend‹. Hier gibt es eine umfangreiche Sammlung armenischer Münzen und Medaillons, von Gemmen und Siegeln zu sehen, dann weitere mittelalterliche Schnitzwerke und prächtige Beispiele islamischer oder islamisierender Keramik: persisch-blaue Gefäße, die zwischen dem 9. und dem 13. Jahrhundert entstanden, Gläser und Lüsterware aus der gleichen Zeit, Kopien von Fresken des 13. Jahrhunderts.

Den Saal 11, gewidmet der armenischen Kunst der zweiten Blüteperiode, beherrscht ein Modell von Ani, der Hauptstadt des Bagratidenreiches, die wichtigster Schauplatz dessen war, was die Kunsthistorie als ›zweite Blüteperiode‹ oder ›Renaissance‹ der altarmenischen Bau- und Bildkunst etikettiert, in der man gerne einen Vorläufer der europäischen Romanik und Gotik sehen möchte. Die eindrucksvollsten Werke dieser Periode liegen jenseits der von Eriwan aus für den Fremden ganz undurchdringlichen Grenze zur Türkei. Die Klöster jedoch, die nach dem Fall von Ani (1064) die kulturelle und architektonische Führung übernahmen, die können oder könnten wir auf dem Gebiet der Armenischen SSR sehen. In ihrem meist befestigten Bereich finden sich immer gleich mehrere Kirchen vom ›Kuppelsaal-Typus‹, der sich seit dem 12. Jahrhundert als kanonisch durchsetzt. Im gleichen Saal sehen wir Stuckfragmente, Gefäße aus korallenrotem Ton und dunkler Bronze, mittelalterliche, uns sehr ›romanisch‹ anmutende Kruzifixe, Figürchen aus Bein und Holz, Schmuck und Gläser und nicht zuletzt wieder einige alte steinerne Kirchenmodelle.

Im nächsten Saal warten unser dann bereits Zeugnisse armenischen Lebens im 17. Jahrhundert: Sakrale Gewänder und Möbel mit Perlmutteinlagen, die den Einfluß persischen Geschmacks verraten, Waffen und die ersten Dokumente für Rußlands Interesse an Transkaukasien. Auch im folgenden Raum Waffen, dazu Volkskunst, Kostüme, Zinngefäße und farbenglühende Teppiche, Musikinstrumente und andere Zeugnisse dafür, wie stark die Kultur der islamischen Nachbarn damals armenisches Schaffen und Leben bestimmt hat. Die Schau gewinnt zunehmend didaktischen Charakter mit Bildern und Übersichtstafeln, die mit dem Eingreifen Rußlands in Armenien zu tun haben. Ein Diorama stellt die Einnahme der persischen Festung Eriwan durch die Russen am 1. Oktober 1827 dar. Dann sehen wir Volkskunst, bäuerliche Geräte des 19. Jahrhunderts, Trachten, Hausmodelle und Bilder vom Handwerk, begegnen Dokumenten zum Beginn des technisch-industriellen Zeitalters (Bergbau), zu den russisch-türkischen Kriegen des verflossenen Säkulums, einer Sammlung von Fotoporträts bedeutender Armenier, werden nachdrücklich an die türkischen Armeniermassaker erinnert. Die erste armenische Ausgabe von Franz Werfels Musa-Dagh-Roman hat einen Ehrenplatz, der Saal 20 schließlich ist Armenien unter der Sowjetmacht gewidmet.

Das *Museum der Revolution* auf dem gleichen Stockwerk bildet gewissermaßen Ergänzung und Fortsetzung dazu. Es dokumentiert – bei freiem Eintritt – die Ausbreitung des Marxismus und den Verlauf der sozialistischen Revolution in Transkaukasien vom parteiamtlichen Standpunkt aus.

Das Historische Museum Armeniens findet seine Parallele im *Museum der Stadt Eriwan* (Prospekt Lenina 12). Es besitzt reiches Fundmaterial aus der prähistorischen Zeit (Schengawit) und aus den urartäischen Festungen und ist deswegen sehenswert. In erster Linie der Stadtgeschichte gewidmet, vermittelt es keine überraschend neuen Einsichten. Wer jedoch ausgerechnet an einem Montag die Museen besuchen möchte, der muß sich an dieses halten. Es bleibt als einziges am Dienstag geschlossen. Dasselbe Haus beherbergt übrigens auch das Naturkundliche Museum Armeniens.

In dem ragenden Museumsbau am Leninplatz ist auch die *Staatsgalerie* untergebracht. Sie gilt als eine der reichsten Gemäldesammlungen der Sowjetunion, und wenn sie sich auch nicht mit den großen Galerien von Leningrad und Moskau messen kann: Schon mit den Sammlungen von Kiew nimmt sie es auf, und die gelten als sehr gut. Man zahlt an der Kasse seine zehn Kopeken und wird von den Wärterinnen in den Fahrstuhl verfrachtet, damit man ja alles sieht. Der Rundgang hat im obersten Stockwerk zu beginnen und führt dann von Geschoß zu Geschoß wieder hinunter zu dem, was wir hier eigentlich sehen wollten, zur neueren armenischen Malerei. Schließlich sind wir ja nicht nach Eriwan gekommen, um den Abguß eines Augustuskopfes oder von Michelangelos Brügger Madonna zu begegnen. Auch spätere venezianische Veduten, das, was unter den Namen Tintoretto, Bassano, Rubens, van Dyck, Jordaens läuft, die durchschnittlichen niederländischen Landschaften und Stilleben, die französischen Meister, von den Brüdern Le Nain über Lancret, Greuze, Fragonard bis zur Schule von Barbizon sind gut vertreten, – ein Mädchenkopf von Courbet, das einzige Werk des Künstlers in der UdSSR – sollen uns nicht zu lange aufhalten. Was man nicht so oft zu Gesicht bekommt: die Werke russischer Maler des 19. Jahrhunderts. Da ist K. Brullov (1799-1852) mit einem aparten Damenbildnis vertreten, der Armenier Ivan Aivazovski (1817-1900) mit gepflegt-romantischen Seestücken, Isaak Levitan (1860-1900) mit einem groß gesehenen ›Reifenden Feld‹, der in

Tbilissi geborene Georgi Jakolov (1884-1928) mit seinen expressiv farbigen und phantastisch geteigerten Schöpfungen, und wir begegnen den kühnen Versuchen der ›Modernen‹ der zwanziger Jahre: P. Kuznetsov (1878-1944) A. Lentulov (1882-1943), K. Petrov-Vodkin (1878-1939) und ihrer Generationsgenossen.

In den Museen des Westens finden sich keine Bilder dieser Maler. In Moskau und Leningrad immerhin könnte man der russischen Malerei begegnen. Der armenischen jedoch einzig in Eriwan. Die Namen der Künstler waren uns bisher bloße Wortschälle oder nicht einmal das, und nur zu bald vergessen wir sie wieder. Ihre Bilder freilich bleiben länger im Gedächtnis als rein-gestaltete Abbilder des Landes um den Ararat und seiner Menschen, ihrer täglichen Mühen, ihrer Freuden und ihrer Leiden.

Da sind die reizenden, gefühlvoll-realistischen Frauenporträts des Hakop Hownatanian (1806-81), des Abkömmlings einer Familie mit generationenlanger Malertradition, der wir in der Kathedrale von Edschmiadsin schon begegnet sind. Sein eindrucksvollstes Werk ist das Bildnis des Katholikos Nerses Ashtaraketsi. Die Malerei der 2. Hälfte des 19. Jahrhunderts ist durch die Landschaften von Gevork Bashinjaghian (1849-1923) vertreten und die nachimpressionistischen orientalischen ›Historien‹ des Vardghes Sureniants (1860-1921), der sich, erschüttert durch die Massaker von 1915, ganz armenischer Thematik verschrieb. Beachtliche Porträts von Stephan Agajanian (1863-1940) – und dann die Werke jener Maler, die um die Jahrhundertwende glänzend hervortraten: Der Pleinairist Egishe Tatevosian (1870-1936) – psychologisch bannend eines seiner letzten Werke, das Bildnis seines Freundes Komitas, des Musikers, den die Klänge eines fernen farbigen Reigens inspirieren. Hakop Kojojan (1884-1959) fand den Weg von ornamental-karikierenden Straßenszenen aus Täbriz zu einer ernsten und farblich zurückgenommenen Monumentalität. Er war auch der Begründer einer armenischen Buchgraphik. Sedrak Arakelian (1884-1919) schuf lyrisch-farbige Landschaften. Der bedeutendste

Maler dieser Generation war Martiros Sarian (1880-1972), ein Proteus, der sich selbst doch immer treu blieb, bei aller thematischen Vielfalt (Landschaft, Stilleben, Porträt) und trotz aller Wandlungen, die ihn von einer fauvistischen Ausgangsposition über immer kühnere Kontrast-Harmonien zu den ganz ›armenischen‹ Bildern finden ließen, von denen man gesagt hat: Wer Armenien nicht kenne, der lerne es in Sarians Bildern kennen und lieben. Bis ins höchste Alter hinein von urgesunder Intensität, war er der Vater der folgenden Künstlergeneration. Genug aber der Namen. Nur einige Bilder, die man nicht so schnell vergißt: die dunkel-erdigen ›Frauenbäder‹ von Alexis Bazhbeuk-Melikian (1891-1966) und die auf ähnlichen Ton gestimmten Arbeiten von Gevork Grigorian (geb. 1897) und Ervand Kochar (1899-1979). Da sind die farbfrohen siegessicheren ›Bilder aus der Kriegszeit‹ des Petros Konturian (1905-56), die doch so gar nichts von Propagandaplakaten haben. Da reitet vor erdigen Hügeln ein Mann ›Unterwegs zur Stadt‹ (Joseph A. Karaljan geb. 1897) und strahlt die ›Vision einer Landschaft um den Ararat‹ von Megher Abeghian (geb. 1909), von dem wir auch ein leuchtendes Stilleben sehen können. Was sich sonst noch einprägt: ein poetisch-sensibles und farbstarkes Männerbildnis von Lavinia Bazhbeuk-Melikian (geb. 1922), die an B. Buffet erinnernden Steilformate Hakop Hakopians (geb. 1923). Und noch so vieles überzeugt durch frohen Ernst und menschliches Engagement. Themen immer wieder: das Land, seine Menschen, ihr Alltag und das Leid ihres Volkes.

Auslandsarmenier wie Kalentis oder Konturian sind nach dem Zweiten Weltkrieg in ihre Heimat zurückgekehrt. Andere blieben ihren neuen Vaterländern treu und deren Malkultur eng verpflichtet, fühlten sich der Heimat jedoch so verbunden, daß sie der Galerie Eriwans einige ihrer Werke schenkten, was das Spektrum interessant bereichert. Heute zählt die wenig mehr als ein halbes Jahrhundert alte Sammlung mehr denn 17000 Werke der Malerei, Graphik und Skulptur. Keine Angst – sie sind nicht alle ausgestellt. Was man zeigt, ist stets gegenständlich. Abstraktes fehlt ebenso wie schrillste Avantgarde, aber auch auf ›sozialistischen Realismus‹ und propagandistische Didaktik wird verzichtet.

Das Œuvre des Martiros Sarian, des Patriarchen der armenischen Malerei dieses Jahrhunderts, können wir noch eingehender in seinem zum Museum umgewandelten Wohnhaus (Uliza Sarjana 3) studieren. Andere Gedenkstätten wie zum Beispiel das Museum für den Dichter Howhanes Tumanian (1869-1923), in dem sein Arbeitszimmer originalgetreu rekonstruiert wurde, oder das zur Gedenkstätte umgewandelte Wohnhaus des Komponisten Aram Khatschaturian (1903-1978) scheinen uns dagegen von eher lokaler Bedeutung – womit der Rang des Musikers nicht bezweifelt werden soll. Aber wer nur wenige Tage Zeit hat, muß wählerisch werden.

Eriwan ist eine Stadt sehenswerter Museen – und dabei haben wir eines noch gar nicht genannt, ein Institut, das mehr ist, als bloß ein Museum: das *Matenaderan* am Nordende des Leninprospekts, das Schatzhaus des armenischen Buches und der armenischen Literatur. Die Anfänge der Sammlung gehen bereits auf das 5. Jahrhundert zurück. Seit damals trug man im Kloster Edschmiadsin Handschriften zusammen. Zwar wurden in den blutigen Kriegen der folgenden Jahrhunderte Tausende von Manuskripten geraubt, zerfetzt, verbrannt, wurden viele vor drohenden Gefahren ins Ausland gerettet, gelangten nach Jerusalem, Wien und Venedig, nach Paris, London – und doch wuchsen unter der Aufsicht des Katholikos selbst die Bücherbestände in Edschmiadsin an, wie von der 1631 dorthin verlegten Hohen Schule beständig geistige Impulse auf das armensiche Volk ausgingen, die ihr Teil dazu beitrugen, daß die Armenier als Volk überlebten, nicht aufgingen in den mächtigen Völkern ringsum.

Im Jahre 1923 wurden Bibliothek und Archiv des Klosters verstaatlicht und zum wissenschaftlichen Forschungsinstitut erklärt, 1939 hat man dieses aus dem ›geistlichen Dunstkreis‹ in die Hauptstadt und 1959 in die jetztige Unterkunft überführt, die seit 1945 von dem Architekten Marte Grigorian im ›klassischen‹ armenischen Stil errichtet und von Howhanes Khatchaturian u. a. künstlerisch ausgestaltet wurde.

Das Institut ist nach Mesrop Mashtotz benannt – er thront als Denkmalsfigur an der Front –, jenem Heiligen, der 396 die 36 Zeichen der armenischen Schrift erfand – später wurden noch zwei hinzugefügt – und damit die Voraussetzung für eine armenische Schriftsprache schuf. Ihrer bedienten sich die Gelehrten bis ins 19. Jahrhundert, noch heute ist sie die Ritualsprache der gregorianischen wie der mit Rom unierten Kirche. Vor des Mesrop Tat hatten sich die armenischen Christen mit griechischen und syrischen Texten behelfen müssen, die der Masse des Volkes unverständlich waren. Nun konnte die Heilige Schrift ins Armenische übertragen werden, konnte eine reiche Literatur emporblühen. Nicht daß Armenien vorher keine Dichtung gekannt hätte. Es gab in vorchristlicher Zeit rituelle, epische, vielleicht auch dramatische Poesie, aber nur spärliche Spuren zeugen von ihr. Sie lebte ja nur mündlich – und die Christen haben sie nicht aufgezeichnet, sondern verfolgt. Mesrop organisierte auf Anregung des Königs eine Übersetzerschule und sandte seine Leute nach Konstantinopel und Edessa, um nicht nur die biblischen Bücher, sondern auch andere wichtige Werke aus dem Griechischen oder Syrischen zu übertragen. Übersetzertätigkeit kennzeichnet das ganze 5. Jahrhundert, doch entstanden damals bereits auch originale Werke, wie die ›Widerlegung der Häresien‹ des Eznik Koghbatzi, dessen Prosastil klassisches Ansehen gewann. Eine reiche Geschichtsschreibung setzte ein. Das Matenaderan bewahrt allein achtzig verschiedene Geschichtswerke und Chroniken vom 5. bis ins 18. Jahrhundert. Als Meister- und Musterwerke gelten die ›Geschichte Armeniens‹ des Moses von Choren (5. Jahrhundert) und – nur fragmentarisch erhalten – die des Phaustos von Byzanz, welche im 6. Jahrhundert in Ghazar Pharbetzi einen Fortsetzer fand, und Heiligenleben wie die Vita Gregors des Erleuchters von einem ›Agathangregor‹. Das sechste war das Jahrhundert der ›hellenistischen Schule‹, das heißt der Übersetzer vor allem griechischer Werke, nicht nur religiösen, sondern auch profan-wissenschaftlichen Inhalts. Die Bibliothek besitzt noch über dreihundert Übertragungen von Schriften des Aristoteles, dazu Werke, deren Originalfassung verlorgenging, die einzig in armenischer Version erhalten blieben. Das berühmteste unter diesen dürfte die Kirchengeschichte des Bischofs Eusebios von Caesarea sein, eines Hoftheologen Konstantins d. Gr. Im 7. Jahrhundert verfaßte Ananias von Schirak eine Anzahl mathematischer und astronomischer Abhandlungen, gaben andere Autoren eigenständige medizinische und botanisch-alchemistische Schriften heraus.

Die Folge der arabischen Eroberung war ein Bruch in der literarischen Tätigkeit, doch wie die Baukunst entfaltete sich die Literatur unter den Bagratiden zu neuer Blüte: Die mystische Dichtung mit Sankt Gregor von Narek (951-1003), dem Autor auch eines Kommentars zum Hohen Lied. Zu seiner Zeit schrieb Thomas Artzruni die Geschichte seiner Dynastie, welche ein Anonymus bis 1121 weiterführte. Aristakes Lastivertzi beklagt in seinem Geschichtswerk den Sturz der Bagratiden, die Zerstörung von Ani (1064), die seldschukischen Greuel.

Nach dem Ende Großarmeniens führte das kilikische Kleinarmenien die literarische Tradition weiter. Auch hier: geistliche Gedichte, Theologisch-Philosophisches und wieder Chroniken, die seit dem 14. Jahrhundert immer öfter auch Laien zum Verfasser haben. Doch auch in Thatev (in dem östlich nach Aserbaidschan hineinreichenden Zipfel der heutigen Republik) entwickelte sich eine Historiographenschule, blühte im 14. Jahrhundert die Philosophie. Der Fall des kilikischen Reiches (1375) und die Verwüstungen durch Timurs Scharen (1385) machten für lange Zeit allem geistigen Schaffen ein Ende. Selbst aus der Finsternis dieser Jahre ragen noch einige Werke heraus: die Timurgeschichte des Thomas von Metsob (1379-1446), das versifizierte ›Buch von Adam‹ des ›Abtes von Tatev‹. Die bedeutenderen Autoren des 15. Jahrhunderts jedoch lebten bereits in Istanbul, das seit Mehmet II. bis zu den Pogromen des späten 19. Jahrhunderts das wichtigste Zentrum des westarmenischen Schrifttums werden sollte und eine eigene Literatursprache entwickelte.

Im Land um den Ararat lebte nur noch die mündliche Dichtung des Volkes: schlichte Wiegen-, Arbeits-, Hochzeitslieder und eine Liebeslyrik, die von wandernden Sängern getragen wurde. Man nannte sie mit einem arabischen Wort ›ashugh‹, die ›Liebenden‹. Und immer wieder erklangen die Gesänge um David von Sassun. Erst das 19. Jahrhundert hat sie aufgezeichnet. Die dreibändige Gesamtausgabe (Eriwan 1936-52) enthält etwa fünfzig Varianten in fünfzehn Dialekten.

Im Edschmiadsin des 17. Jahrhunderts schrieb der Mönch Araqel von Täbriz die traurige Geschichte vom persisch-türkischen Krieg, von der Verschleppung der Armenier von Djulfa nach Isfahan. Dort bereits war Oskan von Eriwan geboren (1614-75), der 1666 in Amsterdam die erste armenische Bibel druckte. Die mit Rom unierte Kongregation der Mechitaristen – in Venedig und später auch in Wien ansässig und tätig – leitete von der Fremde aus eine ›armenische Renaissance‹ ein, gab viele der bisher nur handschriftlich verbreiteten Werke im Druck heraus. Das erste in armenischen Lettern gedruckte Buch war ein 1512 in Venedig erschienenes Kalendarium. Die erste armenische Landkarte kam 1622 in Amsterdam aus der Presse, die erste Zeitung 1794 in Madras.

Seit der Mitte des 19. Jahrhunderts gewann die literarische Produktion wieder Gewicht und Gesicht. Zeitung und Bücher erschienen, nur hatte sich das Armenische in der Fremde anders entwickelt als in der Heimat. So kam es zum Streit um eine einheitliche Schriftsprache für die neue Zeit. Schließlich ›siegten‹ jene, welche die Umgangssprache der armenischen Viertel Instanbuls auch in der Literatur anerkannt sehen wollten, über die Anhänger des stärker von klösterlichen Traditionen und der Kirchensprache geprägten ›Ararat-Dialektes‹. Die Neuerer schauten auf die moderne Literatur des Westens, Frankreichs vor allem. Uns, denen keine Übersetzungen helfen, bleiben Namen wie Tovmas Terzian, Petros Durian, Daniel Varuzan u. ä. bloße Vokabeln. Es waren wohl nicht die schlechtesten, die sich den Problemen Russisch-Armeniens zuwandten wie Khatschatur Abowian (1805-48) – wir haben im Vorbeifahren sein Denkmal gesehen.

Nach den Armeniermassakern Abd ul-Hamids und der Jungtürken war Istanbul kein Zentrum literarischen Schaffens mehr. Wer überlebt hatte, schrieb von Paris, von Boston, von Beirut aus. Zu welchen Ergebnissen die Erziehung armenischer Autoren auf sozialistisch-staatlichen Schulen und Schriftsteller-Kursen geführt hat, können wir nicht beurteilen.

Das Matenaderan, mit seinen mehr denn 16000 Manuskripten die reichste Handschriftensammlung der Welt, bewahrt mehr als 11000 vollständige und etwa 2000 fragmentarische armenische Manuskripte, dazu fast zweieinhalbtausend nicht-armenische, das heißt griechische und lateinische, syrische und arabische, persische und georgische, altslavische, polnische, äthiopische, türkische u. a., aber auch die ältesten Druckwerke, die in armenischen Lettern erschienen, dazu ein Archiv mit etwa 100000 Urkunden. Doch ist es keine bloße museale Bewahr- und Restaurierungsanstalt, sondern eine Stätte philologischer, historischer, kunst- und musikwissenschaftlicher Forschung, der Editions- und Übersetzertätigkeit. Als ein Zentrum der Armenistik steht es in Verbindung mit allen bedeutenden Bibliotheken der Welt und ist bestrebt, wenigstens in Form von Mikrofilmen die in aller Welt verstreuten armenischen Handschriften zu sammeln.

Die etwa zwanzig Vitrinen des bescheidenen Schauraumes im Oberstock können nur einen Querschnitt durch den Reichtum zeigen. Von den ältesten Pergamentfragmenten mit armenischen Buchstaben (5. Jahrhundert), Teilen von Handschriften, die später als Buchbindematerial verwendet wurden oder als Palimpseste abgeschabt und neu beschrieben (Vitrine I), über die Übersetzungen klassischer Texte (Vitrine III), die Werke der armenischen Geschichtsschreiber eines ganzen Jahrtausends (Vitrine IV, V) führt die Umschau. Da liegen unter Glas philosophische, theologische und juristische (Vitrine VII), naturwissenschaftlich-medizinische (Vitrine VIII, IX) Traktate, musikalische Handschriften (Vitrine X), deren aus dem 8. oder 9. Jahrhundert stammendes Notationssystem den Fachleuten immer noch Kopfzerbrechen bereitet, Bücher geistlicher Poesie (Vitrine XI) und poetischer Prosa (Vitrine XII). Der Riese unter den armenischen Handschriften, die Predigtsammlung aus Mush aus dem 15. Jahrhundert vom unhandlichen Format 55 x 70 cm wird gezeigt und der Zwerg, ein 13 x 4 cm kleines Kalenderlein von 19 g Gewicht. Da sind nicht-armenische Handschriften zu sehen, älteste armenische Druckwerke und Dokumente aus dem Archiv und Beispiele der Buchbindekunst. Einige Schaukästen enthalten ausgewählte Werke der Miniaturmalerei, deren Reichtum bei uns fast unbekannt ist. Sie interpretiert frühchristliche Ikonen-Überlieferung in einer der byzantinischen Kunst zwar nahestehenden, in Farbwahl und Details jedoch eigenartigen Weise. Die besonders reichen Bilder aus dem kilikisch-kleinarmenischen Bereich sprechen von Wechselbeziehungen zum fränkischen Westen. Die unter dem Namen des Toros Roslin gezeigten Bildseiten prägen sich nachdrücklich ein.

Ein Besuch des Matenaderan ist manchmal im Programm der Stadtführungen vorgesehen, aber wird dann in einiger Eile erledigt. Und wenn eine ganze Busladung schwitzender Touristen sich um ein beschriebenes Blatt oder eine handgroße Miniatur drängt, sieht keiner viel. Man besieht sich die Sammlung besser allein. Wer die kyrillischen Zeichen lesen kann, wird die Beischriften mit einigen oberflächlichen Russisch-Kenntnissen entziffern – und die beigefügten Daten sowieso.

Wer sich aber genauere Belehrung wünscht, dem stellt Intourist einen Führer, jene Organisation, ohne die in der UdSSR gar nichts geht, deren Hauptaufgabe es aber manchmal zu sein scheint, dem Touristen harte Währung zu entlokken und ihm dafür jeden Blick auf die sowjetische Wirklichkeit hinter den offiziellen Fassaden zu verwehren. Und doch sind wir rückblickend dieser Organisation zu Dank verpflichtet. Sie hat uns durch ihre freundlich-bestimmten und perfekt programmierten Angestellten umsichtig umhegt, und diese haben uns mit unmerkbarem Augenzwinkern auch manchen Blick hinter die Kulissen verstattet – und sei es manchmal nur durch beredtes Schweigen. Sie alle – Marja, Ana, Olga, Vera, Galja, Ella, Grigori, David, Rusudan, Tatjana, Ahmet – sie seien bedankt.

Eine gar nicht armenisch aussehende Katja hat uns am Morgen zum Flughafen geleitet, die Formalitäten erledigt. Wir brauchen nur noch geduldig zu sitzen. Durch die großen Scheiben des Wartesaals geht unser Blick zum zweigipfeligen Ararat, dem Schneeberg jenseits der Grenze, abgesperrt, unzugänglich. Ein Punkt, da drei Erbfeinde sich trafen: die ottomanischen Türken, die safawidischen Perser, die orthodoxen Russen, wo ihre Territorien aneinanderstießen. Die Worte des ehrwürdigen Berichts vom Anbeginn menschlicher Dinge, sie klingen uns in den Ohren. Nachdem der Herr in seinem Grimm alles Leben ersäuft hatte, da, »am 17. Tage des siebten Monats ließ sich Noahs Arche nieder auf dem Gebirge Ararat.« Wir erinnern uns der Taube mit dem Ölzweig, des siebenfarbigen Bogens am Himmel und des Versprechens von Oben: »Ich will fortan nicht noch einmal die Erde verfluchen um des Menschen willen, denn der Drang seines Herzens gehet zum Bösen von Anfang an.« Wie sehr zum Bösen, das lehren die bösen Dinge, die sich im Land um den Ararat abgespielt haben, in einer Landschaft, die das kühlblickende Auge der Wissenschaft immer deutlicher als eine Wiege menschlichen Lebens und Gestaltens erkennt. Mag sich der Heilige Berg Armeniens unserem Auge langsam verhüllen: Von ihm nahm – wenn wir den biblischen Mythen vertrauen – nach einer weltweiten Katastrophe das Leben erneut eine gereinigte Welt in Besitz, hörte die Verheißung, daß sich solches nicht wiederholen solle. Wir nehmen sein Bild im Herzen mit als ein Zeichen der Hoffnung.

ANHANG

Zeittafel

seit 40000 v. Chr.	Erste Zeichen menschlicher Anwesenheit südlich des Kaukasus
um 15000 v. Chr.	Magdalénien-Stufe
um 7000 v. Chr.	Altsteinzeitlicher Obsidianhandel in Ostanatolien
um 2000 v. Chr.	Lullubäer und Gutäer erobern Mesopotamien
um 1800 v. Chr.	Gräber am Sevan-See – Eisenverarbeitung
um 1200 v. Chr.	Seevölkerwanderung
1115/1114 v. Chr.	Tigletpilesar von Assur schlägt die Nairi-Könige
783 v. Chr.	Gründung von Erebuni durch Argišti I. von Urartu
680 v. Chr.	Einfall der Kimmerier und Skythen
6. Jh. v. Chr.	Erste Herausbildung von kartvelischen Staatsgebilden
518 v. Chr.	Erste Erwähnung Armeniens und der Media Atropatene als Teile des Achämenidenreiches in der Inschrift des Dareios I.
331 v. Chr.	Alexander der Große setzt orontidischen Statthalter in Armenien ein. Media Atropatene selbständig
118 v. Chr.	Beginn der Artaxidendynastie
95-55 v. Chr.	Tigranes II. der Große von Armenien
65 v. Chr.	Georgien wird römisches Protektorat
36 v. Chr.	Des Antonius Feldzug gegen Atropatene
53 n. Chr.	Beginn der armenischen Arsakidendynastie
ab 114	Armenien vorübergehend römische Provinz
163	Römische Truppen zerstören Artaschat
226	Herrschaftsantritt der Sassaniden in Persien
287-330	König Trdat III. von Armenien. Unter ihm wird – nach anfänglicher Verfolgung – das Christentum Staatsreligion in Armenien (Gregor der Erleuchter), wenige Jahre später auch in Georgien (König Mirian, Hl. Nino)
387	Römisch-persischer Teilungsvertrag, der die Einflußsphären abgrenzt
um 435	Mesrop Mashtots schafft die armenische Schrift
Mitte 5. Jh.	Armenischer Aufstand gegen Persien. Abhebung der armenischen Kirche von der römischen durch Ablehnung der Konzilsbeschlüsse von Chalkedon
5. bis 7. Jh.	Erste Blütezeit der georgischen und armenischen Baukunst (Alt-Schuamta, Bolnisi, Nakresi, Segani, Ninozminda, Dschwari-Kirche (586-605), armen. Basiliken von Aschtarak, Ereruk, Edschmiadsin: Hripsime 614, Gayane 630, Zwarthnotz 645-60)
627	Sieg der Byzantiner über das Sassanidenreich
636	Einfall der Araber in Palästina

640	Araber erstürmen Dwin und fallen 654 in Georgien und Aserbaidschan ein
655	Emirat Tiflis
8. Jh.	Wirtschaftlicher Niedergang und kultureller Stillstand
750	Herrschaftsantritt der Abbasiden
seit Ende 8. Jh.	Einigungsbestrebungen in Georgien, Widerstand gegen die arabische Herrschaft
869	Aschot Bagratuni († 890), vom Kalifen als Statthalter eingesetzt, begründet die armenische Dynastie der Bagratiden
888	Adarnese IV. ›König von Georgien‹. Gründung des Iberier-Klosters auf dem Athos
961	Aschot III. der Barmherzige (953-77) in Ani zum König von Armenien gekrönt
990-1020	König Gagik I. von Armenien (Hauptstadt: Ani)
1001	Vollendung der Kathedrale von Ani Bagrat III. vereinigt die georgischen Fürstentümer
1027-72	Bagrat IV. von Georgien
1064	Seldschuken suchen die armenische Hauptstadt heim
1071	Der Sieg bei Manzikert öffnet den Seldschuken Kleinasien
1079	Ende der Bagratiden von Ani
1089-1125	David IV. der Erbauer: Befreiung Georgiens vom Joch der Seldschuken, Beginn der Blütezeit des mittelalterlichen Georgien
1184-1213	Königin Tamara von Georgien. Schota Rustawelis ›Mann im Pantherfell‹
1202/03	Tod Nizamis
Seit 1220	Mongolische Einfälle nach Georgien
1235	Dschinghis Khans Enkel Batu verheert Ani
1259-60	Georgien erhebt sich gegen die Mongolen
1271-89	Demetre II. der Selbstaufopferer König von Georgien
1314-46	Giorgi V. der Prächtige stellt die Einheit Georgiens wieder her
1384	Erster Einfall Timurs, dem nach 1386 weitere folgen
1453	Eroberung Konstantinopels durch die Osmanen
1516	Selim I. erobert Ostanatolien
1555	Aufteilung von Armenien und Georgien zwischen Persern und Türken
1590	Osmanen erobern Transkaukasien
1589-1629	Schah Abbas I. Er unternimmt nach 1600 wiederholt Feldzüge
1620	Grenzziehung zwischen Osmanen und Safawiden teilt Armenien

1639 König Teimuras von Kachetien erkennt russische Oberhoheit an

1651 König Alexander von Imeretien folgt seinem Beispiel

1659 Aufstand gegen die Perser in Ostgeorgien

1709-24 König Wachtang IV. von Kartli: Beginn einer georgischen Renaissance

1722 Feldzug Zar Peters des Großen gegen Persien

1762 Vereinigung von Kartli und Kachetien

1768-74 Russisch-türkischer Krieg

1770 Sieg der Georgier und Russen bei Apsindas

1774 Friede von Kücük Kainarcı. Gründung Wladikawkas

1783 Rußland gewinnt die Kuban-Grenze und die Reste des Khanats Astrachan. Vertrag zwischen Irakli II. von Kartli-Kachetien und Rußland

1801 Tod Giorgis XII. Georgien wird Rußland angegliedert

1806-13 Russisch-persischer Krieg

1826-28 Russisch-persischer Krieg

1829 Friede von Adrianopel

1830 Russisch-persischer Friede von Turkman Cay legt die Arasgrenze fest

1854-56 Krimkrieg

1856 Schamyl, der Anführer der muridischen Befreiungsbewegung, ergibt sich († 1871)

1877 Russisch-türkischer Krieg, der mit dem Frieden von S. Stefano endet. Einspruch Großbritanniens führt 1878 zum Berliner Kongreß

1894-96 Armenierverfolgung durch Sultan Abd ul-Hamid II.

1900 Bahnverbindung Petersburg–Baku

1908 Jungtürkische Revolution (Abd ul-Hamid 1909 abgesetzt)

1914 Beginn des Ersten Weltkrieges, Kriegseintritt der Türkei an der Seite der Mittelmächte

1915 Beginn des Völkermords an den Armeniern

1917 Sozialistische Oktoberrevolution in Rußland Transkaukasische Föderalistische Republik

1918 (22.4.) Friede von Brest-Litowsk (28.5.) Demokratische Republik Armenien und unabhängiges Aserbaidschan proklamiert Machtkämpfe zwischen Weiß und Rot in Baku und Tiflis

1920 Friede von Sèvres verspricht den Armeniern eigenen Staat. Türkischer Angriff auf die Armenische Republik, die sich am 29. Nov. auflöst. Ihr östlicher Teil wird der UdSSR eingegliedert

1921-25 Kirow Parteisekretär der Aserbaidschanischen SSR

1922 Gründung der Transkaukasischen Sozialistischen Föderativen Sowjetrepublik (TSFSR), die

1936 (5.12.) aufgelöst wird. Armenien, Aserbaidschan und Georgien treten als eigene Republiken dem Verband der UdSSR bei. Beginn der stalinistischen ›Säuberungen‹

1939 (23.8.) Hitler-Stalin-Pakt

1941 (22.6.) Hitlers Angriff auf die UdSSR – Vorstoß bis in den Kaukasus

1953 Tod Stalins. Seine Verurteilung auf dem XX. Parteitag der KPdSU 1956 leitet Entstalinisierung und wirtschaftliche Erholung der transkaukasischen Republiken ein.

Quellennachweis und benutzte Literatur in Auswahl

Im folgenden keine – auch nur entfernt – vollständige Bibliographie, sondern einige Werke, denen sich der Autor besonders verpflichtet weiß und die ihrerseits meist umfangreiche Literaturhinweise bringen.

Architecture arménienne IVe-XVIIIe siècle, Ausst. Kat. Brüssel 1980

Architettura medievale armena, Ausst. Kat. Rom 1968

Avant les Scythes. Préhistoire de l'art en URSS, Ausst. Kat. Paris 1979

Bamaridse, A. u.a.: Georgian Literature. Tiflis 1968

Barnett, R. D.: Russian Excavations in Armenia, in: Iraq 14, S. 132 ff.

Bauer, E.: Armenische Geschichte und Gegenwart. Luzern 1977

Brentjes, B.: Drei Jahrtausende Armenien. Leipzig 1974

Burney, C. und Lang, D. M.: Die Bergvölker Vorderasiens. Armenien und der Kaukasus von der Vorzeit bis zum Mongolensturm. Essen 1975

Choo Kaszian, B. L.: The Mashtots Matenaderan. Eriwan 1980

Der Nersessian, S.: The Armenians. London 1969

Der Nersessian, S.: L'Art Arménien. Paris 1977

Documenti di Architettura Armena. Ed. Facoltà di architettura del Politecnico di Milano. Mailand 1974 ff.

Dumas, A.: Rußlandreise – Kaukasische Fahrt. Hamburg 1964

Fähnrich, H. (Hrsg.): Georgische Märchen. Wiesbaden 1980

Frankfort, H.: The Art and Architecture of the Ancient Orient. Harmondsworth 1954

From the Land of the Scythians, Ausst. Kat. New York 1975

Georgische Erzähler der neueren Zeit, übtr. v. R. Neukomm. Zürich 1984

Gink, K. und Turánszky, L.: Aserbaidschan – Paläste, Türme, Moscheen. Hanau 1980

Gombos, K. und Gink, K.: Die Baukunst Armeniens. Leipzig 1972

Haeckel, E.: Über den Kaukasus nach Tiflis. Reisebriefe, in: Georgien, Jenaer Reden und Schriften 1972. Jena 1972

Hamsun, K.: Im Märchenland. Darmstadt 1981

Jedin, H.: Kleine Konziliengeschichte. Freiburg 1959

Khalpakian, O. Kh.: Sanahin – Architectural ensemble of Armenia, X-XIII centuries. Moskau 1973

Khatschatrian, A.: L'architecture arménienne du IVe au VIe siècle. Paris 1971

Khutsichvili, G.: Tbilissi. Moskau 1982

Kleinbauer, E.: Zvart'notz and the Origins of Christian Architecture, in: The Art Bulletin LIV, 1972, S. 245 ff.
Krautheimer, R.: Early Christian and Byzantine Architecture, in: The Pelican History of Arts. Harmondsworth 1975
Lang, D. M.: The Armenians. A People in Exile. London 1981
Lang, D. M.: Armenia, Cradle of Civilisation. London o. J.
Lepsius, J.: Deutschland und Armenien. Sammlung diplomatischer Aktenstücke 1914-1918. Potsdam 1919
Lepsius, J.: Der Todesgang des armenischen Volkes. Potsdam 1919
Lermontov, M. J.: Werke, Hrsg. A. Luther. Leipzig 1922
Lynch, H. F. B.: Armenia, 2 Bde. London 1901
de Maffei, F.: Armenien, in: Propyläen-Kunstgeschichte, Bd. 3. Berlin 1968
Malcolm, M. V.: The Armenians in America. Boston 1919
Mandelstam, A. N.: La Société des Nations et les Puissances devant le problème arménien. Paris 1925
Mango, C.: Byzantinische Architektur. Mailand–Stuttgart 1975
Mepisaschwili, R. und Zinzadse, W.: Die Kunst des alten Georgien. Leipzig 1977
Mepisaschwili, R. und Tsintsadse, V.: Kutaisi, Gelati, Geguti. Tbilissi 1977
Meskhia, Sch.: Geschichte Georgiens, in: Georgien, Jenaer Reden und Schriften 1972. Jena 1972
Nansen, F.: Armenia and the Near East. London 1928
Nansen, F.: Betrogenes Volk. Eine Studienreise durch Georgien und Armenien als Oberkommissar des Völkerbundes. Leipzig 1928
Nansen, F.: Durch den Kaukasus zur Wolga. Leipzig 1930
Neubauer, E.: Altgeorgische Baukunst – Felsenstädte, Kirchen, Höhlenklöster. Wien-München 1976
Neubauer, E.: Armenische Baukunst vom 4. bis 14. Jahrh. Dresden 1970
Nizami: Chosrau und Schirin, übtr. v. J. Chr. Bürgel. Zürich 1980
Nizami: Die sieben Geschichten der sieben Prinzessinnen, übtr. v. R. Gelpke. Zürich 1959
Nizami: Leila und Madschnun, übtr. v. R. Gelpke. Zürich 1963
Ormanian, M.: L'Eglise Arménienne. Antelias 1954
Oro degli Scitti, Ausst. Kat. Venedig 1977
Parigi, I.: Südrußland – Kiew, Transkaukasien, Schwarzmeerküste. Stuttgart-Berlin-Köln-Mainz 1980
Pasternak, B.: Briefe aus Georgien. Frankfurt am Main 1968
Paustowskij, K.: Sprung in den Süden. Frankfurt a. M. 1984
Piccard, E.: Michhail Lermontov. Neuchâtel 1948
Pjotrowski, B.: Urartu (Archaelogia Mundi). München 1980
Puschkin, A. S.: Erzählungen, übtr. v. Fred Ottrow. München 1976
Renz, A.: Geschichte und Stätten des Islam. München 1977
Renz, A.: Land um den Ararat. München 1983
Riemschneider, M.: Das Reich am Ararat. Heidelberg 1966

Rustaweli, Sch.: Der Mann im Pantherfell. Zürich 1974

Sahanian, A.: Garni i Gegard. Eriwan 1969

Steinhaus, K.: Zur Soziologie der türkischen Revolution. Frankfurt am Main 1969

Stepanian, N. und Tschakanaktschian, A.: Art décoratif de l'Arménie médiévale. Leningrad 1971

Strzygowski, J.: Die Baukunst der Armenier und Europa. Wien 1918

Ternon, Y.: Tabu Armenien. Geschichte eines Völkermordes. Frankfurt am Main-Berlin 1981

Urartu. Ein wiederentdeckter Rivale Assyriens, Ausst. Kat. München 1976

Urudjian, E.: Les monuments arméniens du IVe siècle au XVIIIe siècle. Paris 1967

Wisraminani – oder die Geschichte der Liebe von Wis und Ramin. Zürich 1957

Register

Russisches Alphabet

А	A	К	K	У	U
Б	B	Л	L	Ф	F
В	W	М	M	Х	Ch
Г	G	Н	N	Ц	Z
Д	D	О	O	Ч	Tsch
Е	E	П	P	Ш	Sch
Ж	J	Р	R	Щ	Schts
З	S	С	S	Ы	J
И	I	Т	T	Я	Ja

Russisches Register

Abbildungsnachweis

Die Vorlagen für folgende Farbtafeln stellte freundlicherweise die Bildagentur Jürgens in Köln zur Verfügung: Schutzumschlag, 2, 5, 7, 8, 9, 10 und 12. Alle übrigen Aufnahmen wie auch die Zeichnungen im Text stammen vom Autor.